普通高等院校物流管理专业核心课程精品规划教材

物流运输组织管理（第二版）

Logistics Transportation Organization and Management

王长琼　袁晓丽　编著

华中科技大学出版社
http://www.hustp.com
中国·武汉

普通高等院校物流管理专业核心课程精品规划教材

编委会

主　任：马士华

副主任：崔南方　刘志学

编　委：（以姓氏笔画为序）

王长琼　王　林　王海军　卢少平　沈小平　李延晖

李昆鹏　周水银　林　勇　徐贤浩　海　峰　鲁耀斌

总　序　Preface

随着我国经济的迅猛发展,企业为消费者提供的商品和服务日益丰富和多样化,极大地提高了我国人民的生活水平。但与此同时,企业面临的竞争环境也日趋严峻。人们已经认识到,要想提高企业的整体竞争力,企业不仅要在产品开发、生产、销售等核心领域取得竞争优势,在物流管理乃至整个供应链管理上也应该,而且必须拥有自己的优势,单凭个别企业的能力已经不能适应当今的竞争要求了。在这种情况下,企业表现出对物流管理越来越强烈的需求。在过去,企业不是很重视物流管理,甚至不了解物流管理存在的意义和价值。现在,企业已经逐步认识到物流在整个企业竞争力中的重要地位,更希望能够通过实施有效的物流管理为提高企业竞争力增添力量。为了满足企业对物流管理人才的需求,我国高等教育体系中重新设立了物流管理专业,为社会和企业培养急需的专业管理人才。

从我国物流管理教育的发展历史看,虽说过去也有少数高等院校设有物流管理或者类似物流管理的专业,但是,无论专业的系统性,还是学科的先进性,以及专业的基础理论研究方面,均与社会发展对物流管理专业的要求相去甚远,所具有的专业教育基础性资源远远不能满足当前的发展需要,这就需要我们尽快确立能够适应当今社会发展需要的物流管理专业人才的培养体系,而教材无疑是这个体系中最为重要的组成部分。"普通高等院校物流管理专业核心课程精品规划教材"就是在这样一种背景下策划出版的。

为了编撰好这套教材,我们特地组织了编委会。经过认真研究,编委会在组织本套专业教材时突出了如下几个特色定位。

第一,将国际上先进的物流管理理论与我国有特色的物流管理实践充分结合,在体现中国具体国情和社会现实的基础上,吸收和借鉴国际比较成熟的理论、方法、概念、范式、案例,同时体现本土化特色,使读者可以在学习、借鉴和研究的基础上发现问题、解决问题,获得理论上的发展与创新。

第二,加强案例分析和配套教学课件建设。物流管理学科是实践性与应用性很强的学科,只有通过对大量典型的、成熟的案例的分析、研讨、模拟训练,才能拓展学生的视野,积累学生的经验,培养学生独立分析问题、解决问题和动手操作的能力。同时,为方便老师教学,每种教材配有教学课件,免费赠送给相关任课教师。

第三,寻求编写内容上的突破与创新。结合当前已经出版的物流管理专业教材存在的不足之处,结合当前学生在学习和实践中存在的困难、急需解决的问题,积极寻求内容上的突破与创新。

在考虑本套教材的整体结构时,编委会参考了大量国内外著名大学的物流管理专业设置资料,认真分析了课程设置和配套教材的构成情况,然后结合中国实际,提出了以《供应链管理》、《采购与供应管理》、《第三方物流》、《物流园区规划的理论与方法》、《物流运输组织与管理》、《物流管理基础》、《仓储管理》、《物流配送中心规划与运作管理》、《物流系统建模与仿真》、《物流信息技术与应用》、《物流网络规划与设计》、《物流项目管理》为主体的系列教材体系。本套教材所选定的体系,包含了物流管理从操作层、运营层到战略层的综合需要,涵盖了定性分析和定量分析的各个层面,试图给读者一个完整的理论与实践体系。当然,考虑到一个系列教材的容量和实际教学学时数的具体要求等情况,这里所说的"完整体系"只是相对的,还有一些比较重要的内容没有选择进来。这并不意味着这些内容不重要,只是因为取舍的原则而导致的结果。

本套教材的作者都具有比较丰富的教学经验,这些教材都是作者在已经试用过多次的讲义的基础上扩充编撰而成的。他们将自己在教学中的心得和成果毫无保留地奉献给读者,这种奉献精神正是推动我国物流管理专业教育发展的动力。

在系列教材的编写过程中参考了大量国内外最新研究和实践成果,各位编著者已尽可能在参考文献中列出,在此对这些物流管理的研究者和实践者表示真诚的感谢。由于多方面的原因,如果有疏漏之处,作者表示万分歉意,并愿意在得知具体情况后予以纠正,在此先表示衷心的谢意。

编撰一套教材是一项艰巨的工作,由于作者的水平有限,对本套教材所涉及的先进企业物流管理理念的理解还不是十分透彻,因此,本套教材难免会有疏漏和不妥之处,真诚希望广大读者批评指正、不吝赐教。

2009 年 1 月 10 日

目 录 | Contents |

第一章　物流运输组织与管理概论 ·· 1
  第一节　物流运输概述 ·· 1
  第二节　物流运输的功能和作用 ·· 5
  第三节　物流运输系统的构成 ··· 12
  第四节　物流运输组织与管理的内容 ····································· 19

第二章　物流运输需求分析 ·· 22
  第一节　物流运输需求的概念及特征 ····································· 22
  第二节　物流运输需求函数及需求弹性 ··································· 26
  第三节　货流分布分析及货运调查 ······································· 32
  第四节　物流运输需求预测概述 ··· 38

第三章　物流运输的组织形式 ·· 46
  第一节　物流运输生产过程及特点 ······································· 46
  第二节　公路货物运输的组织形式 ······································· 53
  第三节　铁路货物运输的组织形式 ······································· 58
  第四节　水路货物运输的组织形式 ······································· 61
  第五节　航空货物运输的组织形式 ······································· 64
  第六节　管道货物运输组织管理概述 ····································· 65

第四章　物流运输组织计划 ·· 72
  第一节　物流运输组织计划概述 ··· 72
  第二节　公路货运生产计划 ··· 73
  第三节　铁路货运生产计划及组织技术 ··································· 81
  第四节　水路货运生产组织技术 ··· 93
  第五节　航空货运生产组织技术 ·· 100

第五章　货物运输装卸的组织与管理 ·· 107
  第一节　货物运输装卸管理概述 ·· 107
  第二节　装卸作业组织 ·· 112
  第三节　装卸机械化方案的选择及评价 ·································· 117
  第四节　装卸机械与运输车辆的配合组织 ································ 120
  第五节　排队理论在货物装卸组织中的应用 ······························ 123

1

第六章 物流运输成本管理与定价 …… 136
- 第一节 物流运输成本的影响因素 …… 136
- 第二节 不同物流运输方式的成本结构 …… 138
- 第三节 货物运输价格的形成因素 …… 140
- 第四节 运价的结构及形式 …… 145
- 第五节 物流运输定价策略 …… 148

第七章 物流运输优化与决策 …… 161
- 第一节 物流运输服务选择决策 …… 161
- 第二节 货物运输调配决策 …… 166
- 第三节 单车辆运输路径规划 …… 169
- 第四节 多车辆运输路径规划 …… 175
- 第五节 运输工具与货载的最优分配 …… 184

第八章 集装箱运输组织管理 …… 200
- 第一节 集装箱运输概述 …… 200
- 第二节 集装箱运输方式及运输过程 …… 209
- 第三节 集装箱运输组织 …… 213
- 第四节 集装箱船舶配载 …… 218
- 第五节 集装箱运费计算 …… 223

第九章 国际多式联运 …… 235
- 第一节 国际多式联运概述 …… 235
- 第二节 国际多式联运的组织及管理 …… 240
- 第三节 国际多式联运的单证 …… 246
- 第四节 国际多式联运的事故与责任 …… 249

第十章 物流运输发展趋势 …… 262
- 第一节 物流运输业发展趋势概述 …… 262
- 第二节 物流运输的信息化与智能化 …… 264
- 第三节 基于供应链的协同运输管理 …… 272
- 第四节 绿色物流运输模式 …… 276

参考文献 …… 285

第二版后记 …… 288

第一章 物流运输组织与管理概论

本章重点理论与问题

> 运输成本是物流活动总成本中支出最大的部分,是物流系统最关键的要素之一。随着现代物流向多频次、小批量、准时制方向发展,运输在现代物流中的地位越来越重要。而现代运输不仅需要现代化的运输设施与运输工具,还必须依赖科学的方法和手段对运输过程进行合理的组织和管理,以提高运输效率,降低运输成本,并最终提高物流效率,降低物流成本。本章介绍物流运输的概念及其基本特征,分析物流运输的功能及作用;对物流运输系统的构成要素及要素间的关系进行阐述,最后概括介绍物流运输组织与管理的主要内容。

第一节 物流运输概述

一、物流运输的概念

(一)物流与运输的概念

物流是供应链流程的一部分,是为了满足客户需求而对商品、服务及相关信息从原产地到消费地的高效流动和储存进行的计划、实施与控制过程。狭义地讲,物流是产品从生产地到消费地的物理性转移活动,由包装、装卸、运输、保管、信息处理等活动组成。

这些定义均强调了运输在现代物流中的重要性。实际上,在20世纪80年代以前,企业物流管理的目标主要是降低产品配送方面的出货运输成本和仓储成本,强调通过产品运输和仓储环节的整合降低物流总成本。从国内外物流成本的统计数字看,运输成本一般占到物流总成本的40%~50%。

随着现代物流管理向供应链管理阶段的发展,管理的焦点延伸到整个供应链中的产品、信息、资金及相关信息的流动。高效的运输对实现供应链成员企业的产品、信息和资金的流动仍具有重要作用,对实现供应链一体化也是至关重要的。

那么,什么是运输呢?运输与物流之间具有什么关系?

所谓运输,是指人们借助于运输工具,在一定的交通线路上实现运输对象(人或物)空间位移的有目的的活动。运输活动把社会生产、分配、交换和消费各个环节有机地联系起来,是保证社会经济活动得以正常进行和发展的前提条件。换句话说,运输是借助公共运输线路及其设施和运输工具来实现人员与物品空间位移的一种经济活动和社会活动。运输分为客运和货运,现代物流中的运输是指货物运输,即物流运输。

我国国家标准《物流术语》(GB/T 18354—2006)中对运输的定义是:"用运输设备将物品从一地点向另一地点运送。其中包括集货、分配、搬运、中转、装入、卸下、分散等一系列操作。"

运输是物流系统中最直观的功能要素之一,也是现代物流的最基本功能。它克服了产品生产与消费之间的空间障碍,使产品产生价值增值,从而创造现代物流的空间价值。

(二)物流运输与一般运输的区别

物流运输与一般运输是有区别的,这种区别表现在两个方面。

1. 两者的劳动对象不同

一般意义的运输既包括物品的空间位移(货运),又包括人员的空间位移(客运);而物流运输仅仅是物品在供应地与需求地之间的实体运送,不包括人员的空间位移。

2. 两者的工作范围不同

一般意义的运输是指流通领域的运输,不包括生产领域的运输;而物流运输作为物流系统的一个重要组成部分,不仅包括流通领域的运输,还包括生产领域的运输。

物流运输与一般运输的区别可用图1-1表示。

图1-1 一般运输与物流运输之间的区别

综上所述,物流运输是指流通领域和生产领域中货物的运输,它是物流系统的重要组成部分。物流过程中的其他活动,如包装、装卸、搬运、信息处理等,都是围绕着运输进行的。只有通过运输活动,才能将物流系统的各环节有机地联系起来,实现产品从生产地到消费地的转移,创造产品价值的空间效用。从社会经济的角度讲,物流运输功能的发挥,缩小了物质交流的空间,扩大了社会经济活动的范围,并实现了在这种范围内价值的合理化。

(三)物流运输服务的基本特征

产品通过运输,从一个地方转移到另一个地方从而增加价值,这就是运输创造的空间效应。当这种转移是在客户需要的时候发生,运输就创造了时间效应。运输的本质是一种服务,而不是可触摸的实体产品。物流运输服务的基本特征主要包括以下两个方面。

1. 物流运输服务的无形性

运输生产的目的是使物或人在保持原样的情况下进行空间场所的移动,并不改变物或人的形态。运输生产为社会提供的效用不是实物产品,而是一种服务,是一种无形的产品。这就是运输服务的无形性。

物流运输服务作为一种无形的产品,其生产过程和消费过程是同时进行的,这种特征也称为运输服务的即时性。与有形的产品不用,运输服务不能储存、不能调拨。

2. 运输服务产出以复合指标为主要计量单位

运输服务是通过提供运输工具来实现人或物的移动,因而运输服务的产出同时体现了两种指标,即运输对象的数量(吨)及其被移动的距离(千米)。因此,物流运输服务的产出量是以两者的乘积来计量,即以复合指标"吨·千米"($t \cdot km$)来表示的,称为货物周转量。这是运输服务在计量形式上不同于工农业产品的特点。

以复合指标为计量单位的优点,主要是便于对各种运输工具所完成的运输产品的产量进行统计、分析、比较,用以计算企业或单个车辆的产量,并可作为计算运费的依据,因而被国内外广泛采用。其缺点是不能准确地表示运输对象的全部移动内容,例如,运输生产结果为 $10\ t \cdot km$,所运货物的吨位数与被移动的距离可以有多种组合,无法准确记录到底运送了多少吨货物、移动的距离是多远。为此,运输企业又常用运输货物吨位数(即货运量)来辅助计量运输服务产品。

二、物流运输方式的分类

不同的分类标准有不同的分类结果,下面介绍几种主要的分类方法。

(一)按运输工具的不同分类

按照运输设备及运输工具的不同,物流运输可分为公路运输、铁路运输、水路运输、航空运输、管道运输等五种基本运输方式。下面对这五种基本运输方式进行简要介绍。

1. 公路运输

公路运输主要是使用汽车(也包括使用其他非机动车工具)在公路上进行客货运输的一种方式。狭义上,物流运输中的公路运输专指汽车货物运输。公路运输主要承担近距离、小批量的货运,水运、铁路运输难以到达地区的长途大批量货运,铁路、水运优势难以发挥作用的短途运输,等等。公路运输具有原始投资少、机动灵活、能实现门到门直达运输等优点,已成为高档工农业产品及中、短距离客货运输的重要方式。近年来,由于高速公路的兴建和大载重量车辆的发展,长途大批量公路运输的发展势头非常强劲,其运输量在社会货物运输总量中所占比重不断上升。

2. 铁路运输

铁路运输是利用机车、车辆等技术设备沿铺设轨道运行的运输方式。铁路运输主要承担长距离(经济里程一般在 200 千米以上)、大批量的货运,在干线运输中起主力军的作用。

铁路运输的主要优点表现为运能大、运行速度快、能耗低、运输成本低等。其缺点是原始投资大、建设周期长;由于在运输过程中存在列车编组、解体、中转改编等作业环节,因而货物在途运输时间长,营运缺乏弹性。

适合铁路运输的货物主要包括煤、粮食、木材、钢材、建材等大宗货物,以及阔、大、重件货物等。

3. 水路运输

水路运输是以船舶为交通工具,在水域沿航线载运旅客和货物的一种既古老又现代的运输方式,具有运量大、成本低、线路投资少、能耗低等优点。水路运输主要承担大批量、长距离的运输,是在干线运输中起主力作用的运输形式之一。在内河及沿海,水路运输也常以小型运输工具来担任补充及衔接大批量干线运输任务。水路运输适合运送对时间要求不高的货物运输(如低值原料、散装货物等);远洋水路运输则是国际货运的主要形式。

4. 航空运输

航空运输是以航空器作为运输工具,实现旅客、行李、货物、邮件在区域内的位置转移的活动。航空货运的主要优点是高速、安全性高、货损率小等。但是,航空运输也具有运能小、运输成本高、可达性差等缺点。因此,航空运输主要适合急快件、易腐货物、高价值小体积的贵重物品的运输。

5. 管道运输

管道运输是随着石油的生产而产生和发展的,是一种利用管道输送气体、液体和粉状固体的运输方式。其原理主要是利用管道,通过一定的压力差实现货物的位移。管道运输具有运输安全、连续运输、货损率小等优点,但存在运输物品品种单一、方向单一等局限。

上述五种基本物流运输方式具有不同的技术经济性能,运输生产过程也各有区别。实际应用中,应根据货物运输的特殊要求,科学合理地利用各种运输方式,并使各种运输方式间相互协作,实现运输生产的高效益和高效率。

(二)按运营主体的不同分类

根据运营主体的不同,货物运输方式可分为自营运输、经营性运输和公共运输等三种形式。

1. 自营运输

自营运输是指货主自己承担货物的运输,即自备车辆,自行承担运输责任,自行从事货物的运输活动。自营运输中最普遍的形式是自有货车运输;其次,水路运输中也有一部分是自营运输,一些公司通过购买或租赁船舶,承担煤炭、矿石或石油的运输。铁路自营运输是指货主租赁或购买列车车辆来完成货物的运输,因为设备投资高,这种自营运输形式并不普遍。而自有航空运输通常是用来满足大公司高层管理人员或行政官员出行需要的,很少用于货物运输。

2. 经营性运输

经营性运输是以运输服务作为经营对象,为他人提供货物运输服务,并收取运输费用的一种运输运营方式。经营性运输可以在公路、铁路、水路、航空等运输业中广泛开展,是运输业的发展方向。

3. 公共运输

公共运输是指由政府投资或主导经营的各种运输工具(如飞机、火车等)以及相关的基础设施(如公路、铁路、港口、机场以及相关信息系统等)组成的统一体系。由于其涉及因素相当多,因此又称为综合运输体系。这种体系的构筑投资相当大,回收期长,风险大,与国民经济的发展息息相关,是一种基础性系统。

(三)按运输范围的不同分类

根据运输范围的不同,可将运输方式分为干线运输、支线运输、二次运输和厂内运输等形式。

1. 干线运输

干线运输是利用铁路、公路的干线和大型船舶的固定航线进行的长距离、大批量的运输,是进行远距离空间位置转移的重要运输形式。干线运输的一般速度较同种工具的其他运输要快,成本也较低。干线运输是运输的主体。

2. 支线运输

支线运输是与干线相接的分支线路上的运输。支线运输是干线运输与收、发货地点之间的补充性运输形式,路程较短,运输量相对较小。

3. 二次运输

二次运输是一种补充性运输形式,指的是干线、支线运输到站后,在站与用户仓库或指定地点之间的运输。由于是某个单位的需要,一般运量较小。

4. 厂内运输

厂内运输是指在工业企业范围内,直接为生产过程服务的运输。一般在车间与车间之间、车间与仓库之间进行。小企业内的这种运输以及大企业车间内部、仓库内部的运输通常称为搬运。

第二节　物流运输的功能和作用

物流运输是促进国民经济健康发展的基础和必要前提。本书主要从产业层面和供应链角度分析物流运输的作用。

一、物流运输的基本功能

物流活动中,通过运输,能克服产品在生产与需求之间存在的空间和时间上的差异,或者通过运输,对产品进行临时存储。因此,物品转移和物品储存是物流运输的两大基本功能。

(一) 物品转移

物品转移是物流运输的主要功能,也就是物品在供应链中的移动。物品转移实现了产品在空间上移动的职能,无论产品处于哪种形式,是材料、零部件、配件、在制品或产品,或是在流通中的商品,运输都是必不可少的。运输的主要功能就是将物品从原产地转移到指定地点,运输的主要目的就是要以最少的时间和费用完成物品的运输任务。同时,物品转移所采用的方式必须能满足顾客的要求,产品遗失和损坏必须降低到最低的水平。通过位置转移,产品实现了价值增值,也就是产生了空间效用。产品最终流入顾客手中,运输成本构成了产品价格的一部分。

一般来说,运输成本占物流总成本的 35%～50%;对许多商品来说,运输成本占商品价格的 4%～10%。也就是说,运输成本占总成本的比重比其他物流活动都大。因此,降低运输成本可以实现以较低的成本提供优质服务。

（二）物品储存

运输有时也可对产品进行临时储存，因此，对产品的储存也是运输的功能之一。如果转移中的产品需要储存，而短时间内产品又将重新转移的话，卸货和装货的成本也许会超过储存在运输工具中的费用，这时，将运输工具暂时当做储存工具是可行的。当交付的货物处在转移之中，而原始的装运目的地被改变时，产品也需要临时的储存。另外，在仓库空间有限的情况下，利用运输工具储存也不失为一种可行的选择。尽管用运输工具储存产品的费用可能是昂贵的，但如果需要考虑装卸成本、储存能力的限制等，那么从成本或完成任务的角度来看，往往也是合理的，有时甚至是必要的。

二、物流运输对产业部门的效应

（一）运输业扩大了商品的市场范围

交通运输业的存在使社会生产得以顺利进行，而运输业的发展，通过不断地征服空间，从而扩大了商品的市场范围，为生产、流通创造着更加有利的条件。

可用一个简单的模型来解释这个问题。如图 1-2 中，A 地生产某种产品，当地的生产成本是 OC，将此产品运往 B 地销售，B 地与 A 地的距离为 AB；而 B 地人们购买此产品所愿意支付的最大价格在纵轴上显示出来，即 OE。

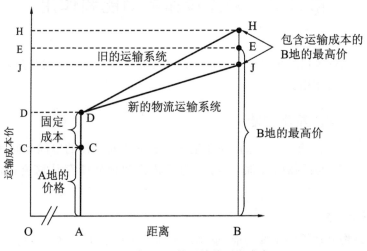

图 1-2　新、旧运输系统的到岸成本

产品从 A 地运送到 B 地的固定成本为 CD，如果采用原来的运输系统，产品从 A 地到 B 地的运输可变成本如直线 DH。利用这种低效率的运输，产品在 B 地的总成本是 OH，远远超出了 B 地人们愿意支付的最大价格 OE，这样产品就无法在 B 地形成市场。若改善运输系统，每千米的运输成本下降，运输可变成本变为直线 DJ，那么产品在 B 地的总成本为 OJ，低于 B 地人们愿意支付的最大价格 OE，这样产品在 B 地有了市场，而生产地仍在 A 地。根据图 1-2，我们可以从空间和时间两方面分析新的物流运输系统的效应。

1. 空间效应

A 点与 B 点之间运输成本的下降产生了产品的"空间效应"(place utility)。在旧的运输系统中,产品的价值在 B 地无法得到体现,是因为产品运输成本过高,产品价格大于人们愿意支付的最大价格,因此产品卖不出去。而新的物流运输系统大大降低了产品在 AB 途中的运输成本,有效地限制了产品价格,创造了效益,因此,产品在 B 地有了价值,从而形成市场。

运输成本的降低势必会加速产品的流通,因此企业的经营者为了获取更大的利润,也会逐渐将产品运送往其他的地区进行销售。根据图1-2所示,产品从生产地 A 地送往 B 地的运输成本中包括固定成本 CD 和可变运输成本 DH,由于固定成本不变,则运输的距离越大,固定成本占运输总成本的比例越小,新的物流系统能产生的效益越大。这是由运输的距离经济性原理决定的。换句话说,如果企业能有效地降低物流运输成本,以尽可能低的价格向尽可能远的地区提供产品,则可以获得更大范围的产品市场。

运输经济学家狄奥尼修斯·拉德纳(Dionysius Lardner)将这种现象称为运输和贸易的平方法则,也称为拉德纳法则(Lardner's law)。从图 1-3 我们可以看出,A 地的生产者向 100 千米内的区域提供产品,并能获得利润,然而它的市场区域被限制在很小的范围内。如果新的物流运输系统使运输成本下降一半,供应商就可以将同样多的产品运输到 2 倍远的距离,即向半径为 200 千米的范围销售产品。这时,产品的运输距离由 100 千米扩展到 200 千米,是原来的 2 倍,而相应的产品市场面积则是原来的 4 倍。这样就更有效地实现了产品价值,实现了物流运输的空间效应。

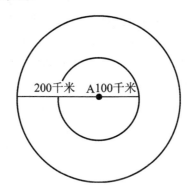

图 1-3 拉德纳的运输与市场区域关系理论

2. 时间效应

"时间效应"(time utility)与空间效应的概念类似。它是指人们只在特定的时间内对某一种产品产生需求。如果市场上没有需求,那么产品就没有价值。而物流运输正是保证了这些产品在需要的时候出现在适当的地方,从而创造产品的时间效应。例如,产品的原材料、水果和传统假日的礼品都需要在特定的时间出现在特定的市场,准确适时的物流运输是实现产品价值的条件;否则,产品的价值实现会受到限制。

拉德纳法则也可以解释运输的时间效应。物流运输通过提供快速有效的运输,在规定的时间内向特定市场提供保质保量的产品,是实现时间效应的关键。假设图 1-3 中的小区域代表某一运输速度下的市场区域,那么当运输速度变成原来2倍的时候,产品的市场区域同样会变成原来的4倍。这就是说,如果企业能够发挥各种运输方式的优势进行联合运输,以尽可能快的速度向尽可能远的区域提供产品,同样能够获得更大比例的产品市场。

(二)物流运输业促进并保障了区域分工的实现

社会分工是人类社会进步的一大标志。从农业到畜牧业的第一次分离,一直到现在越来越细的各个产业的不断形成,对社会生产力的提高发挥了巨大的促进作用,同时,又大大地节约了社会生产资源。区域间的分工作为社会分工的一个方面,同样如此。因为,无论从一国范围来看,还是从世界范围看,各个不同地区都在自然资源、地理条件、技术、资金、人力和文化传统等方面存在差异,所以,每个地区并不是在所有产品生产上都有相同的生产能力;相反,或者生产能力不同,或者生产能力相同但生产成本不同,或者生产能力和生产成本都不同。如果每个地区都以其比较优势生产对其有利的产品并进行交换,不仅可以大大提高整个社会的生产力水平,还会降低社会生产成本。商品经济的产生源于社会分工,商品经济的快速发展又得益于社会分工。它把世界各个角落连成一片,使全国、全球经济一体化。但是,区域间的分工和生产的专业化,始终以运输条件的改善为前提。因此,没有交通运输,就没有区域间的分工和专业化,也不会有社会生产力的快速发展。

(三)运输使生产、销售集中,从而使规模经济、集聚效应得以实现

从单一的企业看,由于大批量生产和销售比小批量及分散的生产和销售更能降低生产成本和销售成本,节约资源,并获得更多的收益。经济学中把这一现象称为规模经济效应。在实际中,从小企业到大集团公司,无一不是遵循这一规律的结果。但是,如果没有充分的运输条件把大批的原材料运往生产地点,批量生产就无法进行;同样,批量产品必须由足够的运输系统将其运往消费地点。另外,从商品集散地、各种生产基地、销售基地以至到城市的兴起,都起因于集聚效应,而要获得集聚效应,更需要发达的交通运输条件。事实上,在工商业集聚的城市地区,从形成的第一天起,就与交通运输条件密切地联系在了一起。

(四)交通运输的发展可以加速社会生产过程,节约社会生产费用

交通运输业不仅可以改变货物的空间位置使商品生产得以正常进行,而且,运输效率的提高,还可以缩短时间,加速社会生产过程,节约社会生产费用。具体可从以下两方面进行分析。

1. 可缩短生产企业的原材料采购时间,节约原料采购费用和储存费用

生产企业所需的原材料要连续供应才能确保生产正常进行,但一次采购并储存得过多,虽然能使生产的连续性得以保障,却带来了许多不利结果。一是原材料占用了大量的流动资金;二是必须支付更多的储存、保管费用,且保管过程中会发生一定的货物损失;三是储备时间是生产时间的一部分,储备时间的长短对资金的周转速度有一定的影响;四是原材料的市场价格经常变化,一次采购的原料过多,不利于采购成本的平均化。

在运输条件受到限制、运输效率不高的情况下,企业更容易出现大批量采购原材料的现象,因为生产过程中如果因运输问题使原材料供应中断,将会造成更大的损失。随着物流管理的重要性被更多的企业所认识,物流运输朝着小批量、高频率、准时制、"门到门"等方向发展,一些先进的企业已开始实施"零库存"经营模式。其关键就是通过快速而准时的小批量

运输来替代大批量的物资采购,从而将库存压缩到最低水平,以缩短资金在原材料上停留的时间,提高资金的周转速度。

2. 可缩短产成品的销售时间

产品的销售是价值实现的手段和最后一环,销售时间同样作为社会生产时间的一部分影响社会生产过程。销售时间的长短除与销售过程本身所需的时间的长短有关系外,还与运输时间的长短有关系。发达的运输业,可以将同样数量的货物在更短的时间内运往同样距离以外的市场销售,也可以使不易保存的货物因运输时间的缩短而运往更远的地方销售。通过缩短销售时间,不仅有利于资金的周转、流通费用的节约,还能使生产企业抓住销售机会,从而在及时满足市场需求的同时,获得更多的收益。

(五)运输业作为一个巨大的市场能对其他产业的发展起带动作用

交通运输业的发展,为其他产业的产品提供了庞大的市场;而对运输市场需求的增长又进一步对其他产业起到了刺激和促进作用。多少年来,西方国家大力发展运输业,随之而来的是对火车、船舶、汽车、飞机等运输工具的大批量生产,与此相伴随,工业以前所未有的速度迅速发展。铁路、港口、公路、机场的大规模兴建,促进了建筑业、建材工业的发展;运输业巨大的能源消耗,促进了煤炭、石油、电力工业的发展;铁路和运输工具的制造,对钢铁、木材、橡胶、金属的需求大大增加,这又进一步促进了采矿业、冶金工业的发展;而运输工具的制造则有力地推动了机械制造业、电子工业的发展,推动了科学技术的发展。所以,运输业正是以其各方面的需求,有力地推动了工业社会前进的步伐。当今世界,与交通运输业相关的建筑业、车辆制造业、电子工业等,都被许多国家作为支柱产业加以发展。

另外,交通运输业还提供了劳动力就业的巨大市场。交通运输业作为劳动力相对密集的产业,在就业人数的吸纳方面作用十分突出。在世界各国,从事运输业以及与运输业直接有关的行业的劳动力人数,在就业总人数中都占有较大的比例。

(六)运输条件影响土地价格

土地是财富之母,同时它又给人们提供生产和生活的场所,因而,土地被人类视为最宝贵的资源。但不同地理位置的土地却有不同的价格。土地价格的实质也就是土地收益的资本化,因此,土地价格的存在原因就在于土地能给其使用者带来收入。马克思在分析地租时认识到,土地的地理位置与运输条件是引起土地级差地租的重要原因之一。同样认为,矿山地租、建筑地段的地租的形成都与地理位置和运输条件有关。因而,按照土地价格的形成规律,土地价格的高低,除了与资金利息率的高低有关外,还取决于地租或土地使用者所能获得的收入的高低。

就地理位置和运输条件而言,二者之间是密切联系在一起的。所谓地理位置的优越,归根到底体现在运输条件的便利上;同时,运输条件的改变,在一定意义上相当于土地具有流动性。因此,人们可以看到,不仅土地、矿山,就是城市住房、生产用地等,其价格、租金无不受其地理位置和运输条件的影响。所谓"黄金地段"的含金量,其本身就包含了运输条件便利这一因素。国内外投资者在选择投资地点时,总是把交通运输条件的好坏作为投资环境的重要组成部分加以考虑。

当然,运输并不总是对土地价值有积极的影响,运输基础设施除了占用土地资源外,运输所产生的噪声污染以及废弃物排放也会对沿线环境造成破坏,也会在一定程度上降低附近土地的价值。

三、物流运输对供应链管理的重要性

现代物流关注从原材料、零配件到成品的整个物资流动过程,将运输、仓储、加工、配送等过程通过信息有机结合,形成完整的供应链和需求链。随着经济的全球化以及互联网技术的普及,供应链活动的地域范围越来越广,供应链节点之间的运输活动越来越重要。随着供应链物流向小批量、多频次、准时制、快速响应等趋势的发展,运输在供应链中的重要性得到进一步增强,成为供应链物流系统最核心的要素之一。

(一)运输与物流其他各环节联系紧密

运输对物流系统其他环节都具有一定影响,因此,运输管理是物流管理的关键。

1. 运输与装卸的关系

要想完成整个物流过程,运输活动必然伴随有装卸搬运活动。一般情况下,完成一次运输活动,往往伴随着至少两次装卸搬运活动,即在货物运输的起始点和终止点的装、卸货作业。装卸搬运活动的质量的好坏,包括车辆装载是否合理、装卸工作组织是否得力等将直接影响运输活动的效率和质量。除此之外,装卸搬运也是实现各种运输方式有效衔接的重要环节,特别是在多式联运的情况下,货物装卸的效率直接影响着运输过程的整体效率。例如,从铁路运输转向公路运输,或从水路运输转为铁路运输等,都必须依靠装卸作为不同运输方式间的必要衔接手段。

2. 运输与储存的关系

储存保管是货物暂时停滞的状态,是货物投入消费前的准备,其最终目的是将货物分拨到合适的地点。高效的运输分拨系统,可以降低库存量,提高库存周转率。如果运输活动组织不善或运输方式选择不合适,会导致货物运输时间的延长,这样不仅会增加库存水平,降低库存周转率,还会加大货物损耗的几率。

3. 运输与配送的关系

一般情况下,我们经常将"运输"和"配送"这两个词放在一起使用。其原因是要完成整个物流活动,往往需要通过运输与配送两个过程之后才能将货物送达到消费者手里。配送是指在经济合理区域范围内,根据用户要求,对物品进行拣选、加工、包装、分割、组配等作业,并按时送达指定地点的物流活动。它是从最后一个物流节点到用户之间的物资空间移动过程。从两者各自的定义可以看出运输和配送重要的区别在于:运输是两设施点之间货物的移动过程,而配送是一点对多点的综合性的物流过程,运输只是其中一个环节。

根据运输的线路特征,可从狭义上将货物运输分为干线部分的运输和支线部分的运输。从产品生产企业仓库到配送中心之间的批量货物的空间位移称为运输,而从配送中心向最终用户之间的多品种、小批量货物的空间位移用"配送"描述更恰当,因为在这一过程中还涉及与产品运输相关的包装、分拣、流通加工、订单处理等活动。两者的关系见表1-1。

表 1-1　运输与配送的比较

内　容	运　输	配　送
运输性质	干线运输	支线运输、区域内运输、终端运输
运输特点	少品种、大批量	小批量、多品种
运输工具	大型货车或火车、船舶	小型货车
管理重点	效率优先	服务优先
附属功能	装卸、捆包	装卸、保管、包装、分拣、流通加工、订单处理等

4. 运输与包装的关系

运输与包装之间也是相互影响的。货物的包装材料、包装程度、包装规格都会不同程度地影响运输方式的选择以及同一种运输方式对运输工具的选择，即使确定了货物的包装规格（包装物的长、宽、高），货物在车厢内如何码放也会直接影响到运输的效率；只有当包装的外廓尺寸与承装车厢的内部尺寸构成可约倍数时，车辆的容积才能得到最充分的利用。因此，货物的包装材料、包装程度、包装规格以及码放方法应该与所选择的运输工具相吻合，这对于提高车辆的装载率、物流效率与效益都具有重要意义。

（二）运输是供应链物流系统的核心要素

1. 运输是影响供应链物流成本的最重要因素

运输费用在物流总费用中占有最大的比重。大多企业的运输费用占企业物流总费用的40％以上。我国近几年的社会物流总费用中，运输费用占到50％以上。因此，必须通过有效地组织与管理运输活动来降低运输成本，这也是降低物流总成本的关键。

2. 供应链物流发展趋势更加突出了运输的主导作用

首先，在社会化大生产以及经济全球化发展趋势下，产品生产和消费在空间位置上分离的矛盾将进一步扩大。这种趋势带来的直接影响就是对物流业、特别是对运输越来越大的需求，这在客观上突出了运输功能的主导作用。

其次，随着生产技术、管理技术及方法的发展，零库存、JIT（just in time，准时制）生产方式、快速响应等成为供应链发展的新趋势，这些新理念的实现对运输服务提出了更高的要求。可以说，这些新的变化进一步强化了运输在供应链物流中的地位和作用。

3. 电子商务的发展使运输成为物流的支撑要素

电子商务的发展，极大地扩展了商品流通范围，使交易活动可以跨越时间和空间的制约，在极短的时间内完成相距遥远的异地之间的买卖交易。对于有形的商品而言，完成商品所有权转移之后的实体空间转移，不仅需要运输，而且更加强调快速的、"门到门"的运输服务。网上交易的速度越快、范围越广，就越对物流系统的快速反应能力提出了更高的要求。实际上，商品配送系统不发达，正是制约电子商务发展的一个重要因素。也就是说，电子商务的发展更加突出了运输在物流系统中的地位，使运输成为物流配送系统中的支撑要素。

总之，由于运输在物流系统中的重要地位，以及运输与其他物流环节之间的紧密联系，运输的合理化也成为物流合理化的关键。

第三节　物流运输系统的构成

一、物流运输系统的构成要素

物流运输系统，也称为物流运输体系，是指由铁路、公路、水路、航空、管道等5种主要运输方式构成的统一体。

物流运输系统是一个由人、资源、交通设施和信息组成的庞大复杂的动态系统。它由以下子系统构成。

（一）货流系统

货流系统，也称运输对象系统。货流随时间和地点而改变，而且不同地点的不同特征的货流还相互影响；同样，不同运输方式之间的货流也相互影响。因此，各种运输方式的货流系统是一个相互依存、相互影响、相互制约的动态的系统。货流系统的流动是货物的空间组合和空间移动的动态过程。实现这一过程，就是运输系统运转的目的。

（二）载运机具系统

载运机具系统包括运输工具和装卸机械两大组成部分。运输工具是实现货物的运送和集散的；装卸机械是实现货物上、下运输工具的位移和运输枢纽内的空间组合，一方面将运输对象送入运输工具，另一方面将运输对象从运输工具内取出。运输工具和装卸机械二者是紧密相连的，二者的运作过程相辅相成、相互配合。二者的功能及其匹配程度将直接影响整个运输系统的质量和效率。

物流运输工具根据其从事运送活动的独立程度可以分为3类：①没有装载货物的容器，只提供原动机的运输工具，如铁路机车、拖船、牵引车等；②没有原动机，只有货物容器的从动运输工具，如车辆、挂车、驳船等；③既有装载货物的容器，又有原动机的独立运输工具，如轮船、汽车、飞机等。管道运输是一种相对特殊的运输方式，其运行方式有别于其他4种运输方式。它的载货容器与原动机的组合较为特殊，载货容器为干管，原动机为泵（热）站，这些设备总是固定在特定的空间内，不像其他运输工具那样凭自身的移动带着货物发生位移。从这个角度看，可以将泵（热）站视为运输工具，甚至把干管也视为运输工具。

物流运输工具随着科学技术水平和管理水平的不断提高而日益先进、完善，理想的运载工具应具备结构简便、安全、轻巧，易于操纵管理，造价低，宽敞舒适，耐用，故障少易维修，容量大，振动小，耗用能源少，污染少等特性。

（三）路网系统

路网系统是指由运输线路、港站、枢纽等固定设施组成的整体。它是运输工具得以运行、装卸机械能够进行作业的物质基础。从其功能来看，路网系统直接为运输对象的运送服务，而港站、枢纽则间接为运输对象的运送服务。

在现代物流运输系统中,主要的运输线路包括铁路、公路、航线(路)和管道。其中,铁路和公路为陆上运输线路,需承受运输工具及其装载物或人的重量,并主要地或部分地引导运输工具的行进方向;航线(路)分为水运航线(路)和航空航线(路),主要起引导运输工具定位定向行驶的作用,不必承受来自运输工具及其装载物或人的重量,船舶等浮动器和飞机等航空器及其装载物或人的重量由水和空气的浮力来支撑;管道是一种相对特殊的运输线路,由于其严密的封闭性,使之部分承担了运输工具的功能。良好的线路应具备安全可靠、建造及维护费用低、便于迅速通行及运转、不受自然气候及地理条件影响、使用寿命长、距离短等特点。

运输港站是指处于运输线路上的节点,是货物的集散地,是各种运输工具的衔接点,是办理运输业务和运输工具作业的场所,也是对运输工具进行保养和维修的基础,主要有港口、铁路车站、汽车站(场)、航空港和管道站等。良好的场站应具备地点适中、设备优良齐全、交通便利、自然气候条件良好、场地宽大等条件。

(四)运输行业管理系统

运输行业管理系统,主要是指作为国家政府的各级运输主管部门及其授权的管理机构,为了实现国家的经济发展的总目标,履行政府行政职能,对交通运输业的经济活动所进行的规划、协调、监督和服务工作的系统。

从管理体制上看,目前世界各国对交通运输的行业管理可分为集中管理和分散管理两种形式。集中管理模式,也称综合运输管理模式,是指将各种运输方式归于一个政府主管部门统一管理;分散管理模式,也称多家管理模式,是指按运输方式从中央到各地方政府分别设立若干运输主管部门,分别对各种运输方式实行管理、垂直领导。

从管理手段上看,运输行业管理主要采取计划手段、经济手段、法律手段和行政手段。其中经济手段包括价格、税收、信贷、工资等。在市场经济相对完善的国家,政府主要采用经济手段和法律手段。

从管理层次上看,运输行业管理机构通常分为决策层、中间层及执行层等3个层次。比如,部、省级行业管理机构为决策层,市(地、盟)级行业管理为中间层,县及县以下行业管理为执行层。

从管理的范围上看,运输行业管理机构主要实施如下4个方面的管理。

(1)运输基础设施规划与建设管理,即对拟建的运输基础设施进行规划、立项、审批、修建等方面的管理。

(2)运输基础设施维护管理,即对已建成投入使用的运输基础设施实施的各项管理,主要包括路政(航政、港政)管理、交通运输基础设施的养护、费用征收等。

(3)运输市场管理,主要包括制定运输市场管理的政策法规、运价,审核参加客货运输及其相关业务的企业或个人的开业或停业条件,并核发经营许可证等。

(4)运输安全管理包括两个部分:一是属于社会治安性质的交通安全管理,包括交通安全教育、交通指挥、维护交通秩序、交通事故的调查处理等;二是交通安全技术管理,包括运输工具检验、驾驶员考核、发牌发证、交通安全设施的设置与维护等。

(五)运输生产组织与管理系统

运输生产组织与管理系统,是指由各个运输生产者组成的系统。它与运输行业管理系统及信息系统共同组成运输体系的"软件"部分。

运输生产者是指运输行业内从事运输活动的企业、社会组织和个体经营者。根据服务对象和性质划分,运输业可以分成运输经营业和与运输相关的辅助性经营业。

1. 运输经营业

这是运输服务的供给者。它是指以运输货物为服务对象,直接向运输服务需求者提供运输劳务并收取运费的行业。运输经营业由各种运输方式的供应商,即通常所称的运输企业组成,比如,汽车运输企业、船舶运输企业、航空公司、铁路局(集团公司)、个体运输户等。运输企业既包括利用自身运输工具开展运输经营的所有人,也包括利用长期租赁(即期租和光租)的运输工具开展运输经营的经营人。在法律上,运输服务需求者被称为发货人(托运人)、收货人,他们统称为货主;作为运输服务供给者的运输企业则被称为承运人,有时为了同本身不拥有运输工具但却以承运人身份开展运输经营的契约承运人或无船承运人相区别,这类承运人也称为实际承运人。

2. 与运输相关的辅助性经营业

这是指专门从事与运输经营相关的辅助性经营活动并收取报酬的行业。与运输相关的辅助性经营业可细分为以下三大类。

1) 运输中间商

运输中间商,是指介于运输需求者与运输供给者之间,为它们提供中介服务,促进运输交易行为实现的中介组织。

运输中间商具有双重性,既具有运输供给者的特点,又具有运输需求者的特点。它是实现运输市场交换行业的中介组织,是运输供给主体实现市场营销活动的有效渠道之一。

目前,常见的运输中间商主要包括以下5类。

(1) 货运代理人,通常是指代表货主代办货物运输及其相关业务并收取报酬的人。

(2) 船务代理人,是指代表承运人为其揽货或为其在港船舶办理各项业务和手续并收取报酬的人。在其他运输方式中,这类代理通常称为销售代理。

(3) 运输经纪人,是指以中间人的身份代办洽谈业务,促使交易成功并收取报酬的人。

(4) 契约承运人,是指以承运人身份接收托运人的货载,签发自己的运输单证,向托运人收取运费,通过拥有或控制运输工具的实际承运人完成货物运输,承担承运人责任的人。在海上运输中,契约承运人被称为无船承运人。

(5) 多式联运经营人,是指本人或者委托他人以本人名义与托运人订立一项多式联运合同并以承运人的身份承担此项合同责任的人。

值得注意的是,以上货运代理人、船务代理人、运输经纪人的定义仍局限于传统的范畴,即仍将其性质定义为代理人或居间人。实际上,很多货运代理人、船务代理人和运输经纪人已突破传统的代理人、居间人的界限,成为契约承运人或多式联运经营人。在实际业务中,运输中间商的身份往往具有多重性:有些处于代理人的地位,承担代理人的责任;有些处于居间人地位,承担居间人的责任;有些则已拥有一定的场站设施和载运工具,发展成为运输组织者,处于当事人的地位,承担承运人或场站经营人的责任。当然在实践中也有一些并不具有契约承运人或多式联运经营人资格的货运代理人、船务代理人或运输经纪人,利用信息不对称、制度上存在的某些缺陷等因素,以当事人身份开展业务,却无法承担法律责任的现象。因此,在实践中,无论是运输供给者还是运输需求者,在选择运输中间商时都应正确界定运输中间商的性质及其责任,以避免风险。

2) 运输港站经营人

运输港站经营人(operator of transport terminals),是指接受货主、承运人或其他有关方的委托,在其所投制的或有权使用的场地上,负责接管运输货物,并对这些货物提供或安排包括堆存、仓储、装载、卸载、积载、平舱、隔垫和绑扎等与货物运输有关的服务的人。

运输港站经营人包括拥有场所或有权使用场所进行货物装卸作业、储存、包装和分拨,准备货物拆装及修理、短距离货物报运与加工的航空港、海港、内河港、铁路和公路车站的经营人,以及与货物运输业务有关的保税仓库、仓储公司、货运站、装卸公司等均属港站经营人。

大型场站设施,如港口、机场、车站等是国民经济的基础设施、先行工程,具有较强的社会公共性。这些港站经营人既带有营利的企业性质,同时也带有为地区公众服务的事业性质。因此,这类企业基本上仍由国家经营与管理,实行国有民营化或私有化的并不多。以航空机场为例,目前世界上可分为国家管理、当地政府管理和私人企业管理3种。

(1) 国家管理。这种管理方式在一些非市场经济国家比较流行,我国在体制改革前的所有机场都采用这种方式。所谓国家管理是国家民航主管当局直接管理机场。这种体制的优点是可以迅速适应国家政治任务的需要,并且容易和空中交通管制系统配合,集中力量统一调度。它的缺点是和当地政府、经济社团联系不密切,往往不能从地方经济和社会发展出发考虑问题,从而形成矛盾。同时由国家管理会造成工作层次和工作人员偏多,效率不高,不能合理配置资源适应经济发展。但国家管理的形式是必要的,即使在美国,它的首都特区的两个机场也是由联邦航空局直接管理的。

(2) 当地政府管理。目前世界上的大部分机场都采取这种形式。机场是当地经济发展的重要组成部分,当地政府管理能把地方社会经济发展的要求和机场统一协调起来,也调动了地方的投资积极性,因而这种形式的管理效果较好。不足之处是有时和空管当局及非本地的航空公司产生利益上的矛盾,须注意协调解决。

(3) 私人企业管理。这种方式只有英国和美国的一些小型机场在实行,它完全按照企业经营,但受到政府相关法规的限制。这种模式主要的目标是企业的利润和效益,优点是经营效率很高,缺点是必须由政府来控制与协调经营的波动性和忽略社会效益的倾向。

3) 其他运输服务企业

除了以上企业之外,还包括提供理货、运输工具租赁与买卖、运输工具管理、船员劳务、运输工具修理、燃料物料供应、道路维护、运输信息服务等企业。

在上述各类企业中,运输企业和港站企业分别拥有运输工具和港站设施,是运输业的核心,有时习惯上将它们称为运输企业或运输生产企业,而将其他类型的企业称为运输服务企业。

在我国,铁路运输仍然实行"网运合一"模式,即运输企业与港站企业混业经营,而公路、水路、航空运输则实行"站(港)运分离"模式,即运输企业与港站企业分业独立经营。随着运输市场需求多样化以及市场竞争日趋激烈,很多大型的运输企业都力图向多功能、多元化方向发展，以适应综合物流业的需要。比如，中国远洋运输集团就是以国际航运为主业，集船务代理、货运代理、空运代理、码头仓储、内陆集运、贸易、工业、金融、保险、房产开发、旅游、劳务输出、院校教育等业务于一体的综合物流企业。

（六）信息系统

信息系统是指操纵运输系统运转过程中与一切活动相关的信息的收集、传递和流动的系统，它由软件与硬件两大部分构成。从物流系统的参与者看，信息系统是由与物流发生有关的宏观管理层、行业管理层、物流企业参与者的信息系统通过通信网络平台联成的大网络体系。通过交通口岸公共信息系统可以将海陆空、加工贸易、流通、海关、检验检疫、海事、税务、银行等物流链上的各相关企业和单位有机地连接起来，可以提供诸如物流服务信息、商品综合信息、路况信息、车辆实时信息、交通管理信息、交通状况信息、关贸信息、商检信息、港口综合信息、机场综合信息、铁路综合信息、船舶交通信息等各类信息。

二、物流运输系统构成要素之间的关系

在物流运输系统中，各个子系统缺一不可，它们之间是相互依存、相互影响、相互协调、相互制约的，共同维护整个物流运输体系的正常运转。整个物流运输体系的运转过程，就是货流借助于载运机具系统，在路网系统之上、在运输生产与管理系统的组织下、在运输信息系统的调控下，以及运输行业管理系统的宏观控制之中进行运输生产的过程。

（一）货流系统与载运机具系统的相互关系

货流系统是载运机具系统运转的目的。载运机具系统一方面应以满足货主的需要为中心，向其提供优质服务；另一方面，货流系统依存于载运机具系统，货物的流动，是在装卸设备的服务下，依靠运输工具的运行来实现的。装卸机具的装卸能力和运输工具的运送能力，直接约束了货流的流量、流速。同时，运输工具的状况，在很大程度上决定了运输的质量，如运输过程中的安全性、速达性以及舒适性等。此外，货主又可根据自身的实际情况，对运输工具和装卸机具进行选择。

（二）载运机具系统与路网系统的相互关系

载运机具系统依存于路网系统，路网系统向载运机具系统提供服务。载运机具要想运行，必须以路网系统为基础。路网系统的服务功能直接约束它对载运机具的容量和通过能力，同时，路网系统直接影响载运机具工作的效率和质量。只有路网系统的合理布局，才能实现载运机具的合理运转。

（三）载运机具系统受运输生产组织与管理系统的制约

载运机具系统的运转，受运输生产组织与管理系统的约束。在运输体系中，运输工具如何运行、装卸机械作业如何展开，都必须在运输生产组织与管理系统的指挥下进行。否则，会引起整个运输系统的混乱。

（四）信息系统对其他子系统具有促进作用

信息系统是物流运输系统的神经网络，连接物流运输系统的各个层次、各个方面。从运

输行业管理的角度看,信息系统在于构筑一个政府部门协同工作的环境,通过信息技术实现行业管理及市场管理的规范化,并为宏观部门提供决策需求信息,提升物流运输系统参与方的工作效率,促进物流总体效率的提高。从运输生产的组织与管理的角度看,一方面信息贯穿于运输生产活动的各个方面,运输生产必须依据一定的运输信息而进行,运输信息的变化,必然带来运输生产组织工作的改变;另一方面,通过利用计算机技术、通信技术等现代高新技术对传统的运输组织与管理过程进行全面的改造,有助于提升物流运输活动的整体效率与用户服务水平,比如利用条码、EDI、GPS等技术实现货物的跟踪查询功能等。

另外,货流系统、路网系统、载运机具系统和运输生产组织与管理系统的运转,均受运输行业管理系统的调控。

三、物流运输系统的结构

运输结构是指运输部门的内外部相互联系的各个方面和环节的有机比例和构成。随着社会经济的发展和科学技术的进步,物流运输系统的结构也在不断变化与发展。研究运输结构并使之趋于合理,有效利用和发挥各种运输方式的优势,使之协作配合、相互促进、全面发展,对于高效率、高质量地满足国民经济对运输的需要,保持生产和运输的平衡,从而获得最大的经济效益和社会效益,有着十分重要的意义。

(一) 物流运输系统结构形式

1. 并联结构

各个运输子系统之间为单一的并联关系,由一个运输子系统独立完成运输任务,如图1-4所示,一般在区域面积大、经济发达的国家或区域可能出现这种结构。根据需要,可能是两种或几种运输方式之间的选择。

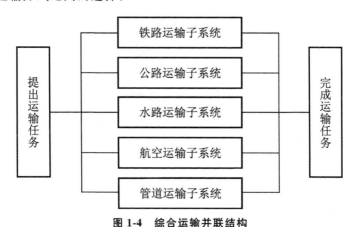

图1-4 综合运输并联结构

2. 串联结构

各个运输子系统之间为单一的串联关系,如图1-5所示,亦称为多式联运。根据运输需求不同,串联的运输方式可能是其中的两种或几种,串联的顺序亦可不同,可为公-铁联运、公-水联运、铁-水-公联运等多种形式。

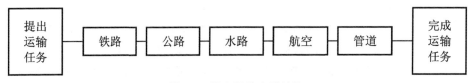

图 1-5　综合运输串联结构

3. 混联结构

混联结构是一个国家和地区最常见的运输系统组成结构,如图 1-6 所示。当然混联结构的运输子系统可能有不同的组合形式。

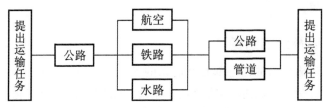

图 1-6　综合运输混联结构

(二)物流运输系统结构层次

物流运输系统的结构层次可分为宏观、中观和微观 3 个层次,具体说明如下。

1. 宏观运输结构

宏观运输结构反映了运输业与国民经济结构的关系,它从国民经济角度考察运输业与国民经济的相互关系及其构成比例,包括运输供给与运输需求的比例及其适应程度,为发展运输业而投入的生产要素(资金、人、物资)占国民经济的比例及其发展趋势,运输业产出(运输量、运输业产值)占国民经济的比例及其发展趋势等。考察宏观运输结构的目的在于揭示运输业与国民经济的内在联系及其发展规律,根据运输态势,采取适当对策,增加运输供给,满足运输需求。

2. 中观运输结构

中观运输结构从运输业内部考察各种运输方式的相互关系及其构成比例,包括各种运输方式的运量构成比例及运输分工和协作,各种运输方式运网结构及其衔接、运输投资分配比例关系等。考察中观运输结构,目的有 3 点:①发挥各种运输方式的优势,扬长避短并采取措施,引导和调控运量分配,建立合理的运输结构;②发现各种运输方式的滞后程度,以便确定建设的重点;③推进运输协作,发展联合运输。

3. 微观运输结构

微观运输结构是从每种运输方式的内部考察运输对象和各个运输环节的构成比例,包括不同货类运输比例、运输构成比例、运输技术结构(即运输线路与运输工具)的比例,点(港、站、枢纽)线(运输线路)能力比例,技术等级比例,资金、劳力投入要素的比例,技术装备构成以及运输企业组织结构等。考察微观运输结构的目的在于发现运输的薄弱环节,以便采取措施重点加强,提高总体运输能力。这是各个运输部门进行运营管理和安排建设的对象,所以各运输部门对所管理的运输方式的内部结构十分重视。

上述运输结构的 3 个层次不是孤立、互不关联的,而是相互联系、相互影响的。宏观运输结构决定着中观和微观运输结构;中观和微观运输结构是宏观运输结构的基础,并且要服从宏观运输结构的要求。

第四节 物流运输组织与管理的内容

物流运输组织与管理是对物流运输生产活动和经营活动的管理。其涉及的内容既包括对运输工具、装卸工具等设备本身的组织与管理工作,也包括对货运市场及货物的组织与管理工作。

根据物流运输系统中企业类型及作用的不同,运输组织与管理的侧重点也有所不同。以物流运输系统中的两类主要企业运输生产企业(即从事运输生产活动的企业)和港站经营企业(即从事与货物运输相关的服务如货物堆存、仓储、装载、卸载等活动的企业)为例,其运输组织与管理主要包括了生产计划制订、业务组织或生产作业组织、调度管理等三个方面的任务。

一、运输企业的运输组织与管理任务

就运输企业而言,其运输组织与管理的主要内容如下。

1. 制订物流运输生产计划

物流运输生产计划也就是货运生产计划,主要涉及货物运量计划、运输工具利用计划(即运力计划)、运输工具作业计划等。货运生产计划是制订运输企业其他计划(例如设备维修更新计划、物资供应计划、成本计划、财务计划等)的依据和基础,也是整个运输组织与管理的基础性工作。

货物运量计划的制订是以货运市场分析和运输量预测为基础的。实际上,运量计划还要结合企业资源和运输设备的效率和能力,在运输成本分析与收益分析的基础上,最后制订。另外,要使运输生产计划最佳,就要对运输方式、运输工具、运输线路、运输时间、运输成本预算、运输人员配备等多种方案进行最佳决策,因而要借用运输优化与决策技术。

2. 运输业务组织与运输工具运送组织

运输业务组织是对货运生产、经营过程中有关运输服务交易及业务进行的组织与管理,其目的是对企业所拥有的各种资源进行协调和最佳配置,贯穿于整个货物运输生产过程。运输业务组织与管理包括的范围很广,例如运输合同及谈判、运输市场营销及客户关系管理、运输成本分析及定价、运营组织方式、运输业务流程管理等内容。

而运输工具运送组织,包括铁路行车工作组织、公路车辆行车组织、船舶运行组织、飞机飞行组织,主要是为了完成货物运输任务,通过编制和执行运输工具运送作业计划,力求运输工具在时间、速度、行程、载重量、动力等方面有良好的利用程度,以最佳的运输线路和运

行方式来组织载运工具的运行。

3. 运输调度管理

货物运输生产活动具有流动、分散、作业环节多等特点,且时间上有连续性要求。为保证各环节协调进行,有必要成立一个统一的组织机构来监督、管理整个运输生产过程及相关部门和环节,需要进行运输调度管理。可见,运输调度管理就是指企业调度部门为保证货物运输作业计划的实现而进行的一系列检查、督促、沟通、协调、指挥和部署工作的总称。

运输调度管理的主要内容包括:通过一系列作业计划来组织运输生产活动,对载运机具的作业和安全状况进行监控,对运输生产活动进行统计分析,进行运输效果评价等。

二、港站企业的运输组织与管理任务

港站企业与运输企业的生产具有不同的特点。运输企业的生产活动是围绕运输工具的运行而展开的,而港站企业的生产活动是以在港运输工具作业为中心的,主要涉及在港运输工具及其货物的进出、装卸活动的组织与管理等。因此,它们在运输组织与管理方面具有不同的内容。

首先,从港站生产计划来看,主要是根据运输工具到港、离港的信息和港站通过能力,制订运输工具靠泊(进站)计划,进而制订货物装载或卸车计划、装卸设备运用计划等。

其次,在港站货运业务组织与生产作业组织方面,主要是货物装卸、搬运、堆存保管等作业过程的组织与管理。

最后,港站企业的调度管理是以在港(站)运输工具作业为中心的,主要涉及对所有在港(站)运输工具的进站、离站、货物的装卸及存取等环节的调度和管理。港站企业的调度管理工作只有与运输企业的调度工作相互配合,才能共同完成货物运输工作。

由上可知,物流运输组织与管理是一项复杂的系统工程。从其任务构成看,包括了运输企业和港站企业的运输计划制订、业务组织、运输工具的运行组织、运输效果评价等内容,而货运市场分析与运输量预测是制订货运生产计划的基础。在物流运输的组织与管理过程中,还需要具备运输成本分析及定价管理的方法,掌握一定的运输优化决策的技术。另外,不同的运输方式具有不同的组织与管理特点,特别是集装箱运输和国际多式联运的发展,对其组织与管理的研究也变得日益重要。

【本章关键术语】

运输	transportation	货物运输	freight transportation
空间效应	place utility	时间效应	time utility
公共交通	common carrier	旅客运输	passenger transportation
自营运输	privately owned transport		
运输港站经营人	operator of transport terminals		

【本章思考与练习题】

1. 五种基本运输方式各有什么特点？其适用范围如何？
2. 与工业产品相比，运输产品具有哪些特殊性？
3. 运输是如何为生产企业和分销企业增加价值的？
4. 运输对大规模生产有何贡献？
5. 物流运输系统有哪些结构形式？
6. 物流运输生产系统由哪些要素构成？它们对运输生产各有何作用？

第二章 物流运输需求分析

本章重点理论与问题

不同层次的运输管理者,包括经济管理综合部门、中央或地方的运输主管机构、企业物流管理者等,不论是进行运输系统的规划建设,还是进行运输方案的计划决策,都需要分析货运需求及其发展趋势。从某种意义上说,运输需求的数量和质量特征决定运输供给的数量、特征以及相应的运输组织方式和组织水平。因此,分析货物运输需求特点,准确预测货运量及其发展趋势,对提高物流运输组织工作的预见性、改进运输规划具有重要意义。本章介绍物流运输需求的概念及特征,分析影响物流运输需求的因素和物流运输需求弹性;介绍货流分布规律及货物运输调查方法;最后,对物流运输需求预测进行了概括介绍。

第一节 物流运输需求的概念及特征

专业化分工和大规模生产的结果是,产品在一些地方供过于求,而在另一些地方供不应求。运输正好为解决由于大规模生产而造成的产品供求失衡问题架起了桥梁。这是引起运输需求的根源。

一、货物的分类及特点

货物是物流运输的直接对象,是物流的流体要素。货物的种类繁多、性质各异,不同特点的货物在其物流过程中,对运输工具及装卸搬运作业均有不同的要求。例如,散装货物、灌装液体货物、阔大件、笨重货物等,需要使用不同的专用运输工具和装卸机械来组织运输工作。另外,货物的批量、流向、流时、运输距离、运达期限等也将影响运、装卸的组织及管理决策工作。因此,了解物流运输对象的种类及其特点,对于合理组织货物运输、提高物流效率、提高运输服务质量和降低运输成本均具有重要的意义。

货物分类的方法很多,不同的分类标准会得出不同的分类体系。为了有效地进行货物运输组织工作,常常将货物按运输组织工作的需要进行分类。一般可从货物装卸方法、运输和保管条件、托运批量、物理属性和重要程度等特征进行分类。

(一)按货物装卸方法分类

1. 计件货物

计件货物是可以用件计数的货物。每一件货物都有一定的质量、形状和体积,可按件重或体积计量装运。带运输包装的件装货物，按其包装物的形状可分为桶装、箱装和袋装货物等多个种类；按其包装物的性质，又可分为硬质包装、软质包装和专业包装。集装货物可以视为成件货物的一种特殊形式，如采用托盘、集装箱、集装袋等运输的货物。

2. 散装货物

散装货物又可分为堆积货物和灌装货物。堆积货物是指不能计点件数，可以用堆积方法来装卸的货物，即允许散装散卸的货物，如煤炭、砂石、矿石、土等。灌装货物一般指液体货物，如油类、液体燃料、水等，可以用罐装方法进行装卸搬运的货物。

大批量运输或专门运输散装货物，对车辆性能、装卸设施、承载器具等均有一定的要求。

（二）按货物运输和保管条件分类

1. 普通货物

普通货物指在运输、配送、保管及装卸搬运过程中，不必采用特殊方式或手段进行特别防护的一般货物。

2. 特种货物

特种货物指在运输、配送、保管及装卸搬运等过程中，必须采取特别措施才能保证其完好无损和安全的货物。特种货物又可分为危险货物、大件（长大、笨重）货物、鲜活易腐货物和贵重货物等。

（三）按货物托运批量分类

1. 整车货物

根据运输工具的不同，整车货物又可分为公路运输整车货物和铁路运输整车货物。

公路运输整车货物是指一次托运货物的质量在3吨以上或虽不足3吨，但其性质、体积、形状需要一辆汽车运输的货物。铁路运输整车货物是指一批货物的质量、体积或形状需要一辆30吨或30吨以上货车运输的货物。

整车货物的特点是货流较稳定，装卸地点变动较少。常见的货物有粮食、煤炭、建筑材料等。

2. 零担货物

零担货物也可分为公路运输零担货物和铁路运输零担货物。

公路运输零担货物是指一次托运货物的重量在3吨及3吨以下或不满一整车的小批量货物。铁路运输零担货物是指不够整车运输条件的货物，且一件体积最小不得小于0.02立方米（一件重量在10 kg以上的除外），每批货物不得超过300件。

零担货物的主要特点是货物种类繁多、批量小、货流不稳定、装卸地点经常变动，因此宜采用载重量小的运输工具进行运输。

另外，还可根据货物的物理形态，将运输的货物分为固体、液体和气体等三种不同性质的货物；也可以根据货物运输时间要求的缓急性，将运输对象分为紧急物资货物和一般物资货物。紧急物资货物主要指在时间上对国民经济和人民生活有重要影响的物资，如抢险救灾、战备急需物资等。

二、物流运输需求的概念

（一）运输需求的含义

运输经济学认为，运输需求是指在一定的时期内、一定的价格水平下，社会经济生活在货物与旅客空间位移方面所提出的具有支付能力的需要。运输需求必须具有两个条件，即具有实现位移的愿望和具备支付能力，缺少任一条件，都不能构成现实的运输需求。

尽管不同学者对运输需求定义的表述有差异，但都认为运输需求是在一定价格水平下的、具有支付能力的需要，这是指实际的运输需求。值得注意的是，在分析运输需求时，还存在一种经常被忽略的运输需求，即具有支付能力，消费者也有需要的意愿，但市场上没有提供服务的那一部分需求。我们可称这部分需求为潜在运输需求。随着运输设施的建设与服务水平的提高，这部分运输需求必然转化为有效需求。对于运输服务提供商来说，不断地寻找潜在的运输需求，并通过自身建设提供相应的运输服务，是运输企业不断创新和持续发展的有效途径之一。

（二）物流运输需求的含义

运输需求的定义中既包括旅客运输需求，也包括货物运输需求即物流运输需求。两种运输需求在产生的原因上有较大区别。物流运输需求的产生原因比客运需求的更复杂，它同产业活动、社会经济发展密切相关。总的讲，物流运输需求是建立在某地对产品的需求之上的，主要是由于产品供给在地理位置上的失衡才产生了货物运输需求。

对一个具体的货物运输需求而言，一般都包括五个方面的内容：①流量，即运输需求量，指运输需求的规模大小和数量多少，常用货运量或货运周转量表示；②流向，指货物位移需求的地理走向，表明货流的产生地和消费地；③流程，即运输需求的距离，指货物发生空间位移的起讫点之间的空间长度；④运价，是运输单位重量或体积的货物所需的运输费用；⑤流时和流速，反映运输需求的时间特征，前者是指货物发生空间位移时从起始地至到达地之间的时间，后者指货物发生空间位移时从起始地至到达地之间单位时间内的位移。此外，对于运输总需求来说，还存在运输需求结构问题，即对各种运输方式的需求的数量关系和比例。

物流运输需求从本质上讲，是对于给定数量的货物一个特定距离的位移的需求。社会经济活动对运输的需求通常用"运输量"这一指标反映。对于物流运输而言，反映运输需求的两个基本要素是货物的重量和移动的里程。因此，运输需求的测量单位通常用复合单位"吨千米"表示。例如，200 吨千米的货物运输需求可以是指将 200 吨的货物运输 1 千米，也可能是指将 50 吨的物资运输 4 千米，或者是其他情况。这说明，用"吨千米"来测量运输需求，只能反映出货物重量和移动距离的组合需求情况，无法表示出运输需求市场上的货物运输总量。

另外，同样的吨千米数，会在运输方向、所需的运输设备及服务水平等方面有不同的运输要求。例如，200 吨千米的运输需求可能要求使用冷冻车辆运输，也可能是火车运输或汽车运输。这说明相同的运输需求，可能会产生不同的运输成本或不同的客户服务需求。

三、物流运输需求的特征

运输需求来源于社会经济活动，不同的社会经济活动对运输的要求不一样。因此，社会经济活动的多样性和复杂性,决定了运输需求及其影响因素的多样性和复杂性。与商品需求相比,物流运输需求具有多方面的特殊性,主要表现在如下四个方面。

(一)派生性

如果对某种商品或服务的需求是由另一种或几种商品或服务的需求所衍生出来的,那么对该商品或服务的需求就称为派生性需求。运输需求基本上是一种派生需求,它是由社会经济活动派生出来的,因为货主或旅客提出位移要求的目的并不是位移本身,而是为实现生产或生活的目的,完成空间位移只是其为实现真正目的的一个必不可少的环节。

对于物流运输来说,这种派生性尤其明显,因为产品的移动并不是目的,而是实现目的的手段。产品移动的真正目的是为了进入生产过程,维持生产的连续性,或者是为了运抵市场,满足人们的消费需求。一种产品有被运到指定地点的运输需求取决于该产品在当地存在消费需求或使用需求;如果这种产品在当地不存在需求的话,是不会被运往该地的。因此,货物运输需求来源于该货物的消费需求。这就是物流运输需求的派生特性。

我们可用图 2-1 来描述物流运输需求的派生性特点。某种小电器产品在其生产地城市 A 是过量供给的。现在城市 B 需要 200 个这样的产品,所以,200 个小电器被运输到城市 B,这就是说,产生了从城市 A 到城市 B 的运输需求。再看另一城市 C,因为不存在对该产品的需求,所以,产品没有被运到城市 C 的必要,即没有从城市 A 到城市 C 的运输需求。

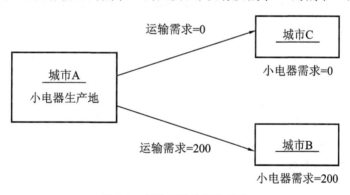

图 2-1 货物运输的派生需求

派生性特点说明,货物运输需求总是由目的地对货物的消费需求或使用需求引起的,运输企业的行为不能导致货物运输需求。例如,在一个经济十分落后、缺少电力供应且公民受教育水平很低的闭塞地区,几乎不存在对计算机的需求,这时,即使某运输公司愿意提供免费的运输服务,也不能改变该地区对计算机产品的需求本质,即不能产生货物运输需求。

然而,当某地本质上存在对某产品的消费需求时,运输提供商的行为——例如,特定的运输路线、运输费率、服务水平——会影响产品需求量的大小,进而影响运输需求量。因为低廉、优质的运输服务能降低产品的到岸成本,能在一定程度上增加对产品的需求,进而增加运输该产品的需求。

(二)多样性

人类活动的目的、形式多种多样,由此产生的运输需求在方向、范围、强度和质量方面也各不相同,因此,运输需求的种类繁多。

首先，不同的货物具有不同的物理、化学性质，在重量、体积、形状上具有不同的特殊性，需要不同的包装、保管和运输条件来维持货物的使用价值，因而在运输过程中必须采取不同的技术措施。例如，油品等液态货物需要用槽车、罐车、油船或管道来运输；危险品、易腐货物、长大件货物等要求特殊的运输条件。这些都可形成不同的货物运输需求。

其次，不同的运输工具也对应着不同的运输需求。例如，铁路运输需求、公路运输需求、航空运输需求、水运需求、管道运输需求。

（三）波动的规律性

运输需求的规律性是指运输需求随时间作规律性的波动。在一天之内、一年之内，甚至较长的时期内，旅客运输需求和货物运输需求都会随时间而波动，由此形成运输需求的旺季和淡季。例如，对城市公共交通运输服务需求的高峰出现在每天的早晨和傍晚时段；一年中，不同地区之间的旅客运输需求也呈现规律性的波动，基本上与公共节假日有关。

对于物流运输需求来说，由于大多数产品在生产和消费上都具有季节性特征，因此，产品运输需求也具有较强的时间波动性。例如，农业生产资料，虽然在生产上是均衡的，但在消费上却不均衡，在农作物的生产时期，其需求量会更大；再如对空调、服装、季节性食品的需求也具有明显的季节性特点。对这些产品需求的波动是运输需求波动的根源，而且，运输需求波动规律与产品需求波动规律是一致的。

从较长的时期范围来看，不同年份的运输需求也呈现出周期性波动，这是由宏观经济的周期性波动引起的。例如，国际货物运输需求的波动规律主要与贸易国家的经济波动周期有关，当贸易国家的经济状况处于周期的谷底时，运输需求下跌；当处于周期的顶点时，运输需求迅速上升。运输需求的这种高峰低谷倾向反映了运输服务提供的最终产品的需求波动。

总之，运输需求起源于社会经济活动和工业活动，而社会经济及工业经济的发展具有一定的规律性，因此，对物流运输的需求也具有规律性。正确把握物流运输需求波动的规律性对分析和预测运输需求变化具有十分重要的作用。

（四）部分可替代性

可替代性是指不同的运输需求在一定范围内可以相互替代的特点。从运输需求产生的基本目的看，其基本目的是改变货物的空间位置，这一基本效用决定了不同种运输需求的可替代性。例如，某货物从A城市到B城市的运输需求，既可以利用铁路运输或公路运输，也可以使用航空运输或船舶运输；既可以由甲公司来运输，也可以由乙公司来运输。

应该注意，运输需求的替代性只能存在于一定的范围内。在很多情况下，不同的运输需求之间是不能相互替代的。例如，不同目的地的运输需求是不能相互替代的，不同类型的产品的运输需求也不能相互替代。

第二节　物流运输需求函数及需求弹性

一、影响货运需求的因素

物流运输需求的产生较之客运要更复杂，它同产业活动、社会经济发展有着密切的关系。影响货物运输需求的因素很多,既包括国家或地区的经济发展状况、资源分布、产业结构、政策、体制等外部环境,又包括运输业本身的网络布局状况、运输价格等内部因素。

(一)经济规模及发展水平

货物运输需求属于派生性需求,该需求的大小首先取决于整个经济发展的规模和发展的水平。经济规模越大的国家和地区,物质生产部门的产品数量必然增多,商品流通规模和范围将增大,因此,货物运输需求相应也越大。

其次,不同经济发展水平的国家,在其经济发展的不同阶段,对货物运输的需求在数量和质量上也有很大差别。一般来说,在一个国家工业化发展初期,由于重工业的发展对原料和能源的需求增加,采掘业和原材料工业迅速发展,因此,对大宗、散装货物的运输需求急剧增加。在加工制造业成为一个国家国民经济主导产业的时候,产品生产的专业化程度不断提高,工业生产的特点主要表现为大批量、小品种生产,这个时期对大宗货物、散装货物的运输需求仍在增加,但增长幅度开始下降,而产成品的运输需求不断增大;而且,零部件生产的专业化和中间产品(如机器零部件、配件)的往返运输也会引起运输需求的迅速增长,此时对杂货运输、集装箱运输的需求也逐渐增大。而当工业发展进入精加工工业时期,工业生产呈现出小批量、多品种的特点,经济增长对原材料的依赖明显减少,货运需求在数量方面的增长速度低于经济增长速度,但运输需求越来越多样化,在方便、及时、快速等服务质量方面的需求则越来越高。

(二)产业结构和产品结构

所谓产业结构是指不同产业在整个经济中的比例,如农业、轻工业和重工业的比例,第一、第二和第三产业的比例等。不同的产业结构必然引起不同的产品结构,如基础产业的产品大都是原材料、能源之类,它们的突出特点是长、大、重,形成的运输量大;而加工业大都是最终消费品,具有短、小、薄、附加值高的特点,形成的运输量较小。因此不同的产业结构和产品结构对运输需求的影响十分明显。具体表现在以下三个方面。

第一,生产不同产品所引起的厂外运量(包括原材料、辅料、能源的运进,半成品和产成品的运出等)差别很大。例如,生产1吨棉纱所引起的厂外运量约2.5~3吨;生产1吨水泥引起的厂外运量约为4~5吨,生产1吨钢所引起的厂外运量约为7~8吨,而生产1吨铜则会引起50~100吨的厂外运量。因此,生产不同产品的企业和地区对运输的需求是不同的。

第二,不同的产业构成在运输需求的量与质上的要求是不同的。如果用单位GDP所产生的货物周转量来表示货运强度,那么重工业的货运强度最大,轻工业的货运强度次之,而轻工业的货运强度又大于服务业。电子、生物工程、信息产业等一类新兴产业对运输的需求数量很小,但对运输质量要求很高。可见,不同国家、不同地区的产业结构不同,货运强度也不同;同一国家同一地区经济发展的不同阶段,随着产业结构的调整,货运强度也呈现出阶段性的变化。

第三,不同产品对各种运输方式的依赖程度是不同的。例如,煤炭、金属矿石、钢铁等基础原材料对铁路运输和水路运输的依赖性较大,高附加值产品(如IT产品)对航空运输的依赖性较大。

(三)资源状况及生产力布局状况

一个国家或地区具有的特定的自然条件和资源状况对经济活动有重要影响,而不同的自然资源状况便产生了不同的货物运输需求。例如,我国东北地区的三江平原、松嫩平原、松辽平原是重要的商品粮产地,因而每年都要有大批粮食由哈大铁路经大连港装船运往我国南方或出口到国外。

从世界范围来看,自然资源的分布是不平衡的,尤其是经济活动必需的煤炭、石油、各种金属和非金属矿藏等自然资源的分布更是如此。生产力布局的重要原则之一就是尽可能接近原料、燃料产地,而资源分布的不平衡性又决定了我们不可能将所有的生产据点都安排在原料和燃料产地,于是在原料、燃料资源丰富的地区就存在着大量的对外运输需求。如我国能源的地理分布很不均衡,全国煤炭资源的85%以上分布在秦岭、淮河以北,其中山西、陕西、内蒙古三省区就占68%。这种状况便决定了煤炭成为我国运输量最大、运销范围最广、运距最长的大宗物资。在几种基本运输方式中,铁路是运煤的主力,约承担总运量的70%,水运则是水陆联运中的主要转运方式;煤炭的短途运输主要靠汽车,约占公路总运量的20%~25%。

生产力布局对货运需求的影响主要表现在货物的流向、流距和流量上。无论是旧矿区的衰竭、新矿区的开发,还是新的生产加工中心、销售中心的形成等都会使货运需求发生大的变化。因此,在分析较长时期内货运需求的影响时,必须全面了解生产力布局的变化情况。

(四) 运输网的布局及其质量

交通运输网的布局和质量,直接影响运输线路对货物的吸引范围、线路的通过能力及对需求的适应程度。如果说经济发展水平是影响货运需求的本源性因素的话,那么运输网的成网水平、规模、密度、质量等因素则是影响运输需求的可能性因素。

运输业作为运输市场的供给方,它对运输需求有着反作用。良好的运输网络系统可以实现货畅其流,使许多潜在的货运需求成为现实的运输需求,从而增大货运需求量,并反过来刺激经济的发展;而经济的发展又引起货运需求的进一步增长,使国民经济出现良性循环。

相反,如果运输业发展滞后,运输网络布局不合理、运网不完善,就不能很好地满足经济发展所引起的运输需求,抑制运输需求的增长,进而抑制经济的增长,使国民经济陷入恶性循环。

(五) 运价水平的变动

货运需求对运价水平的变动是有弹性的,即运价水平的变动对货运需求的变动有着直接的影响。尽管不同货物的需求价格弹性值有差别,但总体来说,运价水平下降时运输需求会上升,而运价水平上涨时运输需求会受到一定抑制。

运价之所以能影响货运需求,关键在于运价水平的高低意味着货主所支付的运费水平的高低,而运费作为其产品生产成本的一部分并影响其产品成本,继而影响其产品的销售价格和赢利水平。也就是说,运价和货主的经济利益密切相关。同时,运价水平通过影响商品的市场范围来影响货运需求。较低的运费能使同一商品运往更远的地方参与竞争,这必然会形成更高的货运需求。

(六) 国家经济政策和经济体制

1. 经济体制的改变对运输需求产生重大影响

在计划经济体制下,经济活动受到指令性计划的控制,自由度低、封闭性强,商品流通的内容及范围有限,因而产生的运输需求相对较少。在市场经济条件下,由于竞争和追求效益的作用,产品在市场上更自由地流动,商品交换的范围广、交换频率高,引起运输需求的迅速增加;同时,商品市场半径的扩大,也增加了产品的平均运距。

2. 宏观经济政策对短期内货运需求有明显的影响

如果整个经济在扩张性政策的刺激下处于高速发展时期,投资规模扩大,能源、原材料需求增加,商品流通活跃,市场繁荣,将使货物运输需求急剧增加。相反,在整个经济处于紧缩政策抑制下放慢增长速度时,对货运需求将明显减少。

另外,有些产业政策和地区开发政策还会对某些地区或某些产业的发展产生影响。如果国家的产业政策发生调整,所扶持或限制的产业必然要发生变化,整个产业结构将随之发生变化,特别是物质生产领域的各产业的变化,会对货运需求产生直接的影响。例如,我国在改革开放后,国家经济政策向沿海地区倾斜,东部沿海地区经济迅速发展,导致这些地区的货物运输需求猛增;随着国家区域发展战略的推进,西部大开发、东北老工业基地的振兴、中部崛起战略等,这些地区的经济将以更快的速度发展,货物运输需求也会迅速增加。

(七) 运输方式之间的替代因素

如果要具体分析对某一运输方式的货运需求的影响因素,还须考虑其他运输方式的替代程度。替代性是运输需求的特点之一,运输总需求和对某一运输方式的货运需求不同,运输总需求的增加并不意味着社会对某一运输方式的货运需求就增加;相反,运输总需求的减少,也不一定会引起对某一运输方式的货运需求的减少。如果在一定时期内,某种运输方式的市场竞争力提高,它就会有更高的市场占有率。对某个运输企业的运输需求而言,同样应考虑该企业的市场竞争能力和其他运输企业的分担能力。如果只单纯考虑对运输总需求的变化,所进行的需求分析将是不全面的。

二、运输需求函数及需求曲线

(一) 一般运输需求函数

运输需求的大小通常用运输需求量的大小来表示。为了定量地研究运输需求量受各因素影响的程度,引入运输需求函数的概念。这里,运输需求量是指在特定的时间、空间和一定的条件下,运输消费者愿意购买运输服务的数量。根据研究目的及范围的不同,从时间上说,可以是一年、一季、一月或一日的运输需求量;从空间上,可以是一个国家、一个地区、一条线路的需求量;从运输方式上,可以是各种运输方式的总需求,也可以是某种运输方式的需求量。运输需求函数抽象的表达式为

$$Q = f(P, a_1, a_2, \cdots, a_n) \tag{2-1}$$

式中:Q——运输需求量;

P——运输服务价格;

$a_1,a_2,\ldots,a_n$——除运价以外的其他影响因素。

式(2-1)只是运输需求量的一般表达式,并没有表示运输需求量同其影响因子之间的确定关系。要得到有实际应用价值的函数关系,必须对具体问题进行具体的经济分析和数据统计及数量计算等工作,从而得到确切的函数表达式。

(二)运输需求曲线

如果仅仅分析运输需求量与运输价格之间的关系,可视其他因素均保持不变。在此情况下,运输需求量随运输价格而变化的关系曲线就是运输需求曲线。在维持其他因素不变的情况下,运输需求量一般与价格水平呈反方向变化,如图 2-2 所示。当某一条件组合中的运价上涨时,运输需求量将减少,反之则增加,并且此变动是沿该条件组合既定的需求曲线移动的。当运价以外的其他条件改变时,则导致整条需求曲线的变动。如果引起需求量增加,则曲线移至右上方;如果引起运输需求量减少,则曲线移至左下方。

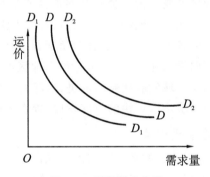

图 2-2 运输需求曲线

三、物流运输需求弹性

(一)需求弹性

运输需求受多方面因素的影响,为了弄清各因素对运输需求影响程度的不同,需要对需求弹性(demand elasticity)加以分析。经济学中,"弹性"是指因变量变化的比例与其自变量变化比例的比值。假设两个经济变量之间的函数关系为 $Y=f(X)$,则弹性系数可表示为

$$E_d = \frac{\Delta Y/Y}{\Delta X/X} = \frac{\Delta Y}{\Delta X} \cdot \frac{X}{Y} \tag{2-2}$$

式中:E_d——弹性系数;

ΔX、ΔY——变量 X、Y 的变动量。

由弹性公式可知,弹性是两个变量各自变化比例的一个比值,所以,弹性是一个具体的数字,它与自变量、因变量的度量单位无关。

需求弹性用来表示影响需求的诸因素发生变化后,需求数量发生相应变化的程度大小。根据需求影响因素的不同,需求弹性相应地可分为需求价格弹性、需求收入弹性等。对于商品需求来说,由于价格是影响需求量的主要因素,因此,经常将需求价格弹性简称为需求弹性。

（二）物流运输需求弹性的概念

物流运输需求弹性用来分析货物运输需求量随其影响因素变化而变化的程度，即影响货物运输需求的因素每变化1%，运输需求量相应变化百分之几。具体公式为

$$E_d = \frac{Q_{变动率}}{Z_{变动率}} = \frac{\Delta Q/Q}{\Delta Z/Z} \tag{2-3}$$

式中：E_d——运输需求弹性系数；

Q——货物运输需求量；

Z——影响货物运输需求的某种因素；

ΔQ——货物运输需求量的变动量；

ΔZ——因素 Z 的变动量。

根据影响物流运输需求因素的不同，相应的也有不同的物流运输需求弹性。例如，运输需求的价格弹性、对经济发展水平的需求弹性、对产业结构和产品结构的需求弹性等。各种运输需求弹性的计算和分析方法基本相同。这里以运输需求的价格弹性为例进行分析。

当只考虑运输价格对货物运输需求的影响时，式(2-1)的运输函数可简化为 $Q=f(P)$，则运输需求的运价弹性为

$$E_d = \frac{\Delta Q/Q}{\Delta P/P} \tag{2-4}$$

式中：E_d——货物运输需求对运价的弹性系数值；

ΔP——运价的变化绝对值；

ΔQ——运输需求量的变化绝对值。

运输需求价格弹性系数是运输需求量变化的百分比与运价变化的百分比的比值。

（三）物流运输需求弹性分析

让我们先分析运输需求价格弹性的两种情况。如果运输需求对运输价格的变动很敏感，运输需求量的变化就大于运输价格的变化，即运输需求价格弹性系数大于1，这时称运输需求是富有弹性的。这就意味着运价以一定的幅度上升或下降，会引起运输需求量更大幅度的下降或上升。相反，如果运输需求量的变化小于运价的变化，即运输需求价格弹性系数小于1，运输需求是缺乏价格弹性的（price inelastic），或者说运输需求对运价的变动不敏感。

不同的运输需求之所以对运价的反应不同，是由其本身的性质和特点所决定的。对货运需求而言，其运价弹性的大小主要取决于以下两个因素。

一是运输需求的可替代性。一个地区如果有几种运输方式，或者虽然只有一种运输方式，但有多个承运商能满足同样的运输需求，这就增加了需求者的选择机会，即这种运输需求具有可替代性。如果某一运输方式或某一承运人提高运价，运输需求就会发生转移。这种情况下的运输需求是具有价格弹性的。否则，如果运输需求之间不存在相互替代性，运输需求的价格弹性就会较小。例如，集装箱运输价格的提高不会增加对零担运输的需求；长途铁路运价的降低，也不会减少对公路短途运输的需求。

二是运输费用在产品总成本中的比重。如果运输的产品价值较高，运费在产品成本中的比重较低，这种货运需求的价格弹性就较小，因为运价的提高或降低，对产品的市场竞争

能力不会产生较大的影响。相反,如果产品价值较低,运费在产品总成本中占的比重较大,这类产品运输需求的价格弹性就较大。比如,初级产品,大都因其运量大、附加值低,对运价的变化反应灵敏;而最终产品,因其体积小、重量轻、附加值较高,本身形成的运量较小,对运价的变化敏感性较低。

根据以上分析,不同的物流运输需求,其需求弹性具有不同的特点,具体分析如下。

1. 从社会总货物运输需求来说,货物运输需求是缺乏弹性的

这就是说,货物运输价格的降低不会明显增加社会总的货运需求量。只有运输价格显著降低,以至于产品价格明显下降了,产品需求才会大量增加,从而引起货物运输需求量的大量增加。

2. 从不同运输方式来看,运输需求是富有价格弹性的

在总的运输需求中,各种运输方式所占的比例与其运费率有很大关系。在几种相互竞争的货物运输方式中,一种运输方式的运费率下降,就会引起该方式的货物运输量增加。例如,在同一流向,铁路运输费率的下降就会夺走一部分公路运输的货运量,使铁路货物运输的份额增加。在美国的商品车运输方面,20世纪60年代,商品车的长途运输几乎是由卡车运输垄断的;到了70年代,铁路运输研究机构研制出一种专门适合商品车运输的车厢,这种新型车厢大大提高了铁路运输商品车的效率,降低了运输费用。随后,通过铁路运输商品车的比例逐渐提高,而城际间通过卡车运输商品车的比例则相应下降。

3. 对于同一种运输方式的不同承运人来说,运输需求也是富有价格弹性的

在能提供同样服务水平的前提下,某承运人的运输价格降低,会赢得更多的客户和货源,从而增加货物运输量。

4. 对于相同运输方式的不同承运人来说,运输需求还富有服务弹性(service elasticity)

在运输价格不变的前提下,客户(货主)对运输承运人所提供的服务水平的变化是非常敏感的。例如,大多数货主十分重视货物运输的准时性和安全性,如果两家运输公司,其中甲公司运输的准时到货率是95%,乙公司的准时到货率为60%,那么,货主会选择甲公司承担货物运输,因此,该公司的货物运输量会增加。

第三节 货流分布分析及货运调查

一、货流分布分析

(一) 货流及货流图

1. 货流

货流是在一定时期和一定范围内,一定种类和一定数量的货物沿一定方向进行有目的的位移。货流是一个经济范畴的概念,本身包含着货物的类别、数量、方向、运距和时间等5个要素。货流通常借助路段货流量表示。

路段货流量(t/h)是指在一定时间内沿该路段的一个方向通过的货物量。流向是指货流沿路段的流动方向。当沿路段上两个方向都有货流时,货流量大的方向称为该路段的货流顺向,货流量小的方向称为货流反向。路段货流量的计算公式为

$$I=Q/T \qquad (2-5)$$

式中:I——路段货流量,单位为吨/小时(t/h);

　　Q——统计期内沿路段单方向通过的货物数量,单位为吨(t);

　　T——统计时间,单位为小时(h)。

2. 货流表及货流图

货流图是用来表示一定时期内沿某运输路线货流特征的图形,借助货流图可清晰描绘出货物种类、数量、方向等因素构成的货流量和流向。货流图可针对某一地区、某一调度区、某车站、车队或班组营运范围的主要货物种类或重要物资来绘制。对一些运量较大的主要路线,也可视情况分别绘制。为了便于绘制货流图,可先编制各发货点、收货点之间货流量大小的货流表,见表2-1。

表2-1　货流表示例　　　　　　　　　　　　　　　　　　单位:吨

发货点＼收货点	A	B	C	共计发送
A	—	200	300	500
B	500	—	400	900
C	200	300	—	500
共计到达	700	500	700	1900

根据货流表就可方便地绘出货流图。参看图2-3,绘制方法如下。

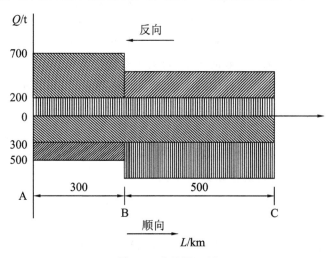

图2-3　货流图示例

(1) 将货物沿实际运输路线的流动表示成直线(如图中的水平轴线),从起运点开始,按比例绘出各货运点间的距离。例如图2-3中,货运点A到B之间的距离为300千米,B到C

之间的距离是 500 千米。

（2）将不同种类的货物量按一定比例,用不同阴影符号(或颜色)标在纵坐标上,将不同流向的货物分别反映在横坐标的上方和下方。例如图 2-3 中,将从货运站 A→B→C 方向的货流表示在横坐标的下方,将反方向(即 C→B→A)的货流表示在横坐标的上方。

这样就得出一个表明不同货物种类构成的流向和流量的货流图。货流图上的每个矩形面积表示不同种类构成的货物周转量。

货流图清晰地表明了各种货物的流量、流向、运距,对于制订合理的运输组织计划、增强货物流向的合理性、为车辆组织及装卸设备的配置与调度等提供了重要依据。

(二) 货流的影响因素

货流能在一定程度上反映国民经济各部门、各地区、各企业间的经济联系。货流的变化对运输组织工作影响很大。货流的数量、结构、性质决定了站场设施、运输工具、装卸机械等的类型、结构和能力,决定了运输工艺和装卸工艺、运输组织方式和劳动组织形式,进而决定了劳动生产率水平和运输成本。因此,了解货流的影响因素,掌握货流的变化规律,是合理组织货物运输、促进社会物流合理化的基础。货物运输的数量及其增长速度、内部构成、运输距离等,主要取决于以下四个方面。

1. 工农业生产发展水平与速度

工农业生产的发展水平是影响货物运输量的决定性因素。随着工农业生产的不断发展,基本建设规模不断扩大,必然引起地区之间、城乡之间、工农业之间货物运量的相应增长。工农业生产的发展与货运量的增长速度一般是不相等的,一般情况下,货运量增长速度高于工农业生产的增长速度。

2. 产品运输系数

当产品数量一定时,运量的大小取决于运输系数的大小。产品运输系数就是产品运量与生产量之比。运输系数越大,其运量也越大。一般来说,商品率高的产品,其运输系数较大;商品率低的产品,其运输系数较小。由于同一产品在不同时期产销关系会发生相应的变化,其运输系数也会发生变化。一般而言,随着生产专业化与协作化的发展,各地区经济优势的发挥,产品商品率的提高以及传统商品、名牌商品的增长等,运输系数会相应提高。

3. 产业结构的调整

一般来说,工业分布相对集中,其生产的社会化、专业化程度高;农业分布相对比较平衡,而且工业产品的商品率高于农产品的商品率,所以工业结构的变化对货流的影响要比农业大。因此,不同的产业结构,运输系数将不同,产业结构的变化,会直接影响货流的结构变化。

4. 生产布局和资源分布状况

生产布局不仅影响着生产的发展,也决定着运输网以及运力的布局,决定着货物的流量、流向和运距。一般来说,资源的分布与开采状况在宏观上决定了货流的基本情况。例如,我国煤炭资源与开采大多集中在北方和西北地区,因此,决定了北煤南运、西煤东运的煤炭货流格局。道路运输作为城乡之间联系的纽带,从农村到城市时,装运的大多是各种农副产品;而从城市到农村时,装运的则大多是工业品。

(三) 货流分布的不平衡性

货流分布在方向和时间上是不平衡的。

1. 货流的方向不平衡性

这是指货流沿运输路线两个方向的货流量不相等。这种不平衡的程度可用回运系数进行度量。回运系数 r_d 指运量较小方向的货流量 Q_{min} 与运量较大方向的货流量 Q_{max} 之比,即

$$r_d = \frac{Q_{min}}{Q_{max}} \times 100\% \tag{2-6}$$

显然,回运系数 r_d 越小,货流方向的不平衡程度越大;反之,方向不平衡程度越小。

产生货流在运输方向上不平衡的主要原因是资源分布的不均衡性与开发程度不同、生产部门在地理位置上的差异以及生产力水平的参差不齐等。货流的方向不平衡性不可能完全消除,其结果必然导致部分运载工具的空载运行,造成部分运力的浪费。通过合理组织运输工作可将这种浪费减小至最低限度。

2. 货流的时间不平衡性

这是指货流在不同时间的货流量不相等。这种不平衡程度可用波动系数来度量。波动系数 r_t 指全年运量最大季度(或月份)的货流量 Q_{max} 与全年平均季度(或月份)货流量 $\overline{Q}$ 之百分比,即

$$r_t = \frac{Q_{max}}{\overline{Q}} \times 100\% \tag{2-7}$$

显然,波动系数 r_t 越小,货流的时间不平衡程度越小;反之,时间不平衡程度越大。

货流在时间上的不平衡主要是由生产、消费以及其他条件(如自然条件)造成的。一般而言,大部分工业制成品形成的货流,在时间上的不平衡性较小;而农产品、支农工业品以及以农产品为原料的工业品所形成的货流,在时间上的不平衡性较大。此外,由于某些自然因素(如冰冻、台风、水灾、地震等)的作用,也会增加时间不平衡程度。

(四) 货流分布规律

货流的分布规律是指货流在其起点、终点的发运量或运达量在某段时间内的分布特征。正确掌握货流的分布规律,是合理选择车辆类型、规划装卸系统及构建运输系统的基础。货流的分布规律主要取决于物品的生产与消费过程中各随机因素的影响,货流分布随运输时间的不同分为离散型分布、连续型分布及混合型分布。混合型分布比较复杂,下面只讨论前两种分布。

1. 离散型分布

离散型货流分布最常见的形式是泊松分布。由概率理论可知,如按泊松分布处理,在长度为 t 的时间内发生货物批量数为 n 个的概率 $P_n(t)$ 为

$$P_n(t) = \frac{(\lambda_t)^n}{n!} e^{-\lambda_t} \quad (n=1,2,3,\cdots) \tag{2-8}$$

式中:λ_t——单位时间货物批量的均值。

多数情况下,简单货流发生概率的计算均可按泊松分布处理。当式(2-8)中的 λ_t 值很

大时(通常 $\lambda_t > 10$),泊松分布将近似于正态分布,此时的货物批量为连续型随机变量。

在车站、码头等作业场的组织设计建模过程中,通常可将货场、装卸现场的车辆源分布视为泊松分布。

2. 连续型分布

连续型货流分布大多数情况下服从正态分布,少数情况下服从指数分布等其他形式。例如,大批量货物运达火车站或港口时,其批量分布服从正态分布,如图 2-4 所示。正态分布的随机变量概率密度函数 $f(x)$ 为

$$f(x) = \frac{1}{\sqrt{2\pi}\sigma} e^{-\frac{1}{2\sigma^2}(x-\bar{x})^2} \tag{2-9}$$

式中:x、$\bar{x}$——分别表示货流量的随机变量及其均值;

σ——随机变量 x 分布的标准差。

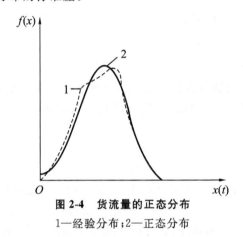

图 2-4　货流量的正态分布
1—经验分布;2—正态分布

二、货物运输调查

运输调查也称运输市场调查或货源调查,指运用一定的调查手段和方法,对一定范围内的货物运输需求状况和运力供给状况进行有计划、有目的的搜集、整理和分析,并最终形成调查报告的过程。货运调查通常包括货流起讫点调查与货运车辆出行调查,运输调查的结果可为运输市场预测和规划决策提供依据。

(一)货物运输调查的方法

货物运输调查一般有综合调查、专题调查、典型调查、日常调查等形式。

综合调查是对营运区域内货源的形成及其影响因素进行全面调查。综合调查所得的资料较全面,但人力、物力和财力的消耗大,一般是在年度计划开始前两个月进行;有时为开辟新的营运路线,也应对该路线沿线区域进行全面调查。专题调查是对某些重点部门、特定任务或在特定时间(如节假日)进行调查。典型调查是选择有代表性的区域或路线进行调查,探讨类似区域或路线的货流规律。日常调查是通过货运场站、港口等货运业务场所,通过组织货源、业务联系等日常工作,向货主了解货流的变化情况以及运输要求,并作出各项记录。

运输调查可采用访问法、观察法和经常性调查法等几种方法。其中,访问法需先拟订调查表或调查问卷。观察法是指深入到货运场站、调度室等场所,通过直接观察了解货运量及

车辆安排情况。经常性调查法也称统计调查法,是利用售票、检票等原始记录,得到调查资料。

运输调查的步骤主要包括成立联合调查组、制订调查方案、实施调查方案、调查资料的整理和分析、编写调查报告等五个方面的内容。其中,制订调查方案是关键。运输调查方案主要包括调查目的、调查项目、主要调查对象、调查时间、调查内容等;调查方案可体现为调查问卷和调查表的形式。表 2-2 是常见的货源调查表。

表 2-2 货源调查表

货物名称	货源量					运输量										
						运输线路			铁路		水运		公路		航空		管道
	年产量	期末库存量	进货量	当地供销量	其他	起	止	距离	运量	周转量	运量	周转量	运量	周转量	运量	周转量	运量	周转量
对运输部门的意见和要求																	

对统计数据的分析包括运量分析、运量发展趋势分析、市场占有率分析等。在对资料进行整理分析的基础上,编写调查报告,为运输量预测提供客观依据。

(二)货运调查的主要内容

1. 货流起讫点调查

货流起讫点调查是指对货物发生与吸收的地点分布、货物流向与流量的调查,通常称为 OD 调查(origin destination survey)。令 Q_{ij} 表示起点为 i、终点为 j 的货流量(吨),G_i 表示起点为 i 区的发货量总计(吨),q_j 表示终点为 j 区的收货量总计(吨),则货流 OD 调查表的形式见表 2-3。

表 2-3 货流 OD 调查表   单位:吨

终点 j 起点 i	1	2	…	n	G_i
1	Q_{11}	Q_{12}	…	Q_{1n}	G_1
2	Q_{21}	Q_{22}	…	Q_{2n}	G_2
…	…	…	…	…	…
n	Q_{n1}	Q_{n2}	…	Q_{nn}	G_n
q_j	q_1	q_2	…	q_n	$\sum q = \sum G$

当营运服务区域内货运点数量多、分布面很广时,为了便于调查和统计,通常将整个区域划分为若干个小区,以小区为货流的起讫点进行调查。当小区内货运点数量较多时,可在各小区内进行货物发生与吸收地点抽样调查,据此推算出小区的货物运入、运出数量,然后将调查结果汇总到 OD 调查表中。

OD 调查的主要项目包括:货物种类、数量及流向;货流起讫点及其地理位置;货流按时间及空间的分布;货物转运、装卸、途中保管地点及分布;货物运输需用运输工具或车辆类型。

2. 运输工具出行调查

以货运汽车为例,其出行调查的主要项目包括:车型、核定载重量、牌照号、车主;起讫地点名称以及经过的路段;装载货物的种类及重量;出发时间与到达时间;重车里程与空车里程;车辆总行程及总趟次数。调查的车辆对象为营运服务区域内的所有货运车辆,当车辆数目较多时也可以采取抽样调查。货运汽车的调查形式通常采取询访(车主)调查,并辅之以路旁调查的方式进行。

通过调查运输工具的出行情况,可了解营运区域内的货运供求信息,为改进货运服务质量、编制运输网规划、加强运行管理提供基础资料。

第四节 物流运输需求预测概述

所谓预测,就是对尚未发生或目前还不确切的事物进行预先的估计和推断。科学的预测是建立在客观事物发展变化规律基础之上的科学推断。物流运输需求预测是根据物流运输需求的变化规律、历史和现状,分析相关影响因素,对物流运输需求发展的状况、前景和趋势进行的一种推测。物流运输需求预测是物流运输需求分析的重要内容之一,是一项重要的基础性工作;科学、可靠的预测对于进行运输经济分析和运输系统决策将产生重要影响。

一、物流运输需求预测的实质

(一)运输需求预测与运输量预测的关系

物流运输需求是社会经济生活在货物空间位移方面所提出的有支付能力的需要;而货物运输量则是指在一定运输供给条件下所能实现的货物空间位移量。这两个概念既相互区别又相互联系。在运输需求与运输供给基本均衡、或者供给大于需求的情况下,运输需求量等于现实的运输量。如果供给不足,实际运量肯定要小于经济发展所产生的运输需求量,二者间的差值不是由于人们的支付能力不足造成的。因此,符合经济发展实际的运输需求能否实现,不仅取决于支付能力,还取决于运输供给能力。只有在运力完全能满足社会需求的情况下,运量才是需求量;当运输供给严重不足时,现实的运输量只是运输需求的一部分。

弄清"运输需求量"和"运输量"两个概念间的区别与联系是非常有必要的。我们通常会依据过去的历史运输量数据来预测未来的运输需求,即以运输量预测简单地代替运输需求量预测。这种做法存在一定局限,尤其是在一个运输供给长期不足的地区,因为这样预测的结果不能完全反映出经济发展对运输的真正需求。

但是,另一方面,运输量预测已经在实际工作中被人们广泛接受和使用。如何减少二者之间由于不一致带来的影响呢?在社会运输供给长期不足的情况下,我们可以在运输量预测的基础上,再对所预测的结果进行适当的调整,以便能更真实地反映经济发展对物流运输业的实际需求。

（二）物流运输需求预测的内容

由于预测的对象及范围的不同,物流运输需求预测的内容也不同。

按照物流运输需求预测的范围来划分,可分为宏观运输需求预测和微观运输需求预测。

宏观运输需求预测是指对国家范围或国民经济各个部门、省市地区范围的货物运输需求量进行的预测。对社会范围的各种不同运输方式的货运需求量进行预测也属于宏观需求预测。宏观的运输需求预测,是政府制定运输业发展政策、进行运输基础设施建设的重要依据。

微观运输需求预测是针对运输系统内具体组成的运输需求进行的预测。它包括的内容较多,例如地区之间的货运交流量预测、不同运输线路的货运需求预测、不同企业的货运需求预测等。微观的运输需求预测,是运输企业制定企业发展战略、生产经营决策计划的依据。

宏观运输需求预测一般比较抽象,它只是把握总运输需求量及其在全国、各地区、各部门的分布情况,主要指标包括发送量、到达量、周转量与平均运程等；其特点是只考虑总量及其大体分布,基本上不涉及具体发送地、到达地。而微观需求预测的内容则更具体,例如某企业的运输量预测,不仅要考虑货运量、周转量,还要考虑货物运输量中的货物分类及其比例、不同流向的运输量、淡季和旺季的运输量,等等。

（三）物流运输需求预测的重要性

物流运输需求预测的内容比较多。根据主体目的及作用的不同,常见的预测内容包括社会总运输量预测、各种运输方式的运输量预测、地区之间的运输量预测、运输企业在运输市场上的占有率预测等。按照预测指标的不同,预测的内容可以是发送量预测、到达量预测、周转量预测、平均运程预测等。

物流运输需求预测的主体是多方面的,包括经济管理综合部门、中央或地方的运输主管机构、物流企业等。对于不同的预测主体来说,物流运输需求预测具有不同的作用。

对于国民经济宏观管理部门来说,货物运输需求量预测是编制国民经济计划、制定经济发展战略、进行运输基础设施建设的基本依据；对于各级运输主管机构来说,运输需求量预测是对各种运输方式进行规划和进行有效的宏观调控的重要依据；对于具体的运输企业来说,运输需求量预测是企业制定经营战略、保证企业经营决策科学性的重要依据。

货运量预测还是运输组织工作中规划运能利用和编制日常运输计划的基本依据,也是配置运输设备的依据。因此,准确预测货运量及其发展趋势,对提高物流运输组织工作的预见性、改进运输规划具有重要意义。从某种意义上说,运输需求的数量和质量特征决定运输供给的数量、特征以及相应的运输组织方式和组织水平。

二、物流运输需求预测方法简介

适合物流运输需求预测的方法很多。常见的预测方法可归纳为三类:定性预测法、时间序列预测法、因果关系预测法。下面简要介绍各类方法的适用范围以及预测物流运输需求时的特殊性。本文略去各方法的具体过程,详细请读者参阅预测相关教程。

(一)定性预测法

定性预测是预测者根据自己掌握的实际情况、实践经验、理论知识等,对物流运输需求的未来发展趋势和状况所进行的预测。物流运输需求的定性预测主要以研究货物运输需求发展变化规律为基本出发点,以分析影响货运需求变化的各因素为主要内容,主要利用判断、直觉、调查或比较分析等手段,对未来的货物运输需求做出定性的估计。

定性预测大多根据专业知识和实际经验进行,对把握货物运输需求的本质特征和大体程度有重要作用,在定性预测的基础上有时也可以提出数量估计。其特点是:需要的数据少,能考虑无法定量化的因素,简便可行。通过定性预测,提出有预见性的建议,可以为政府和企业进行运输系统的决策和规划建设提供指导依据。因此,对政府综合部门、运输主管机关以及各类运输企业来说,定性预测都是一种不可缺少的灵活的需求预测方法。

定性预测的方法较多,主要有专家调查预测法、市场调查预测法、主观概率法、领先指标法、预兆预测法、类推法等。

(二)时间序列预测法

时间序列预测法属于定量预测法,是将预测目标的历史数据按照时间的顺序排列成为时间序列,然后分析它随时间的变化趋势,外推预测目标的未来值。

应用时间序列分析法进行物流运输需求预测,就是将影响货物运输需求变化的一切因素由"时间"综合起来描述,即只考虑货物运输需求随时间的变化规律。由于货物运输是国民经济中的一个传统行业,拥有相当数量的历史数据,因此,应用时间序列方法进行货运需求预测是有效的。该方法的基本前提就是假设未来的时间变化模式会重复过去的模式。

常用的时间序列预测法主要有移动平均法、指数平滑法、差分指数平滑法、趋势外推法等。

(三)因果关系预测法

根据本章前面的分析,货物运输需求受很多因素的影响。如果能找出影响货运需求结果的一个或几个因素(自变量),并建立起它们之间的数学模型,就可以根据这些因素(自变量)的变化预测货运需求量的变化。这就是货运需求的因果关系预测法。

因果关系预测法首先要能根据过去和现在的货物运输需求状况,建立货运需求量与其影响因素之间的量变关系,因此,必须对影响货运需求量变化的诸多因素予以充分的认识,并掌握其变化规律。由于这些影响因素是多方面的,且变化情况错综复杂,有些因素无法进行定量化描述,因而因果数学模型的建立不可能考虑所有因素。因此,包括时间序列分析及因果关系预测法在内的定量预测结果一般都会与未来实际需求量之间存在误差。

因果关系预测模型有很多不同形式,例如回归模型、投入-产出模型、计算机模拟模型等,每种模型都是从历史数据中建立货运需求量与其影响变量之间的关系,从而有效地进行预测的。

除上述预测技术外,近几年在信息领域和人工智能领域广受关注的人工神经网络方法、灰系统预测方法等也越来越多地应用到预测领域。

货物运输需求属于派生性需求,因此,货物运输需求预测要正确认识运输与国民经济发展的规律,在此基础上,采用适当的统计方法和数学模型,把定性预测与定量预测有机地结合起来,才能作出科学合理的预测,为决策提供参考。

【经典案例】

宜昌港货物吞吐量分析及预测

一、宜昌市的交通及经济发展概况

1. 地理位置

宜昌市位于湖北省西部,地处长江中上游结合部,辖夷陵、宜都、枝江、当阳、远安、兴山、秭归、长阳、五峰九县(市)。全市总面积2.108万平方千米,人口约415万。宜昌市作为全国最大的水电能源基地、新兴的工业城市、一流的风景旅游区、重要的交通枢纽和通江达海的商贸口岸,在未来的发展中,具有不同于其他城市的独特的区位优势——由于宜昌市处于东部地区和西部欠发达地区的过渡地带,介于东部技术优势和西部资源优势的交汇处,所以从区位上一定程度地承担着联系东南西北、维系四方交流、策应东南沿海、支援西部发展、开发长江中上游的枢纽和传递作用,是全国生产力由东向西推进的"接力站"和"支撑点"。宜昌也是湖北"一主两辅"——即武汉城市圈、"宜(昌)荆(州)荆(门)"和"襄(阳)十(堰)随(州)"城市群的中心城市之一。

从交通条件看,目前宜昌市已成为位于国家一级开发轴线——长江黄金水道与焦柳铁路、沪蓉国道主干线交汇处的交通枢纽城市;一个以公路、铁路、水运和航空四大运输方式为主体,水陆空协调发展,全方位对外开放的交通运输格局已初步形成规模,成为湖北省西部地区的重要对外枢纽。

宜昌市属于一个内河港口城市。长江"黄金水道"历来就是长江上游及川江沿岸地区经济发展的命脉。川江沿岸地区(包括湖北省宜昌市全境,恩施土家族苗族自治州与重庆市的大部分地区等)的货物进、出主要是通过长江航运实现的,除上海方向为水上运输直达外,来往于其他地方的货物都是通过宜昌港中转。因此,宜昌港成为货物进出三峡库区的水陆转运中心,宜昌港可以看成是货物进出三峡库区的始发港和终点港。这也正是本案例之所以分析宜昌港货物吞吐量的重要原因。

2. 经济及资源特点

长江三峡周边区域,包括湖北省宜昌市全境,恩施土家族苗族自治州与重庆市的大部分地区等,位于长江中上游结合部,处于武汉经济区与重庆市之间,它上控巴蜀,下连荆襄,北达中原,是东部技术、资金与西部资源物产的交汇区。该地区境内地形复杂、地势差异悬殊,山地、丘陵、谷地、平原共存,虽然发展农业生产条件较差,但该地区在水能、旅游、矿产等资源优势方面尤为突出。

首先是矿产资源丰富。目前,三峡库区矿产资源已探明矿种50多种,占全国矿产资源种类的1/3,不仅有比较丰富的金属、化工和能源矿,建材及非金属矿也很丰富,具有一定的组合优势。具有较大优势的矿产资源见表2-4。

表2-4 三峡库区优势矿产资源一览表

名称		主要分布区	工业储量/吨
金属矿	铁矿	宜昌、长阳、巴东、秭归、五峰	10.54亿
	锰矿	长阳、巴东、城口、秀山、宜昌	2858万
	汞矿	长阳、秀山、酉阳	13168
	铝矿	南川、武隆、丰都	3012
化工矿	磷矿	宜昌、兴山、远安	11.23亿
	硫铁矿	宜昌、枝城、秭归、巫山、奉节、城口等地广泛分布	2823万
能源矿、建材及非金属矿	天然气	垫江、涪陵、丰都、忠县等	30240亿 m³
	煤	分布广泛	21.6亿
	水泥用石灰石	分布广泛	11.40亿
	石墨	宜昌	635万
	石膏	万州、宜昌	5048万
	石英砂岩	当阳、涪陵、枝城、丰都、南川	5846万
	花岗岩	宜昌、兴山	1267.4万 m³
	大理石	武隆、南川、石柱、酉阳、丰都、宜昌	7600万 m³
	萤石	涪陵、黔江	136.90万
	重晶石	彭水、酉阳、黔江、秭归、五峰	527.30万

其次,三峡是长江流域重点木材产区,茶、果区和草地畜牧区,林产品及特色产品资源丰富。主要特产有茶叶、烤烟、香菇、柑橘、脐橙、板栗、柿子、猕猴桃、药材以及肉类产品等。

二、宜昌港货物吞吐量的统计数据

1. 港口货物分类

根据宜昌港的辐射范围及辐射区域的经济特点和产品特点,按货物形态、包装及货类的不同,宜昌港的吞吐货物种类主要是液体散货、散干货、件杂货、集装箱货物、滚装汽车 5 个类型。其中,液体散货主要包括原油、成品油、液化气、天然气及制品;散干货主要包括煤炭及制品、金属矿石、散水泥、非金属矿石、矿物性建筑材料;件杂货包括钢铁、粮食、化肥、水泥等。

2. 货物吞吐量的历史数据

根据政府交通部门提供的统计数据,对宜昌港吞吐货物进行分析。这里主要分析液体散货、散干货和件杂货三类物资的吞吐量情况。从 1995 年到 2002 年的历史数据见表 2-5。

表 2-5　宜昌港主要货物吞吐量历史数据　　　单位:万吨

	货种 年份	1. 液体散货	2. 散干货	其中:煤炭及制品	矿石	3. 件杂货	化肥	水泥	合计
历史数据	1995	0.97	554.45	126.04	147.7	158.13	60.43	33.84	713.55
	1996	20.2	552.45	131.1	154.1	162.85	37.9	33.2	735.5
	1997	5.25	500.92	153.98	160.1	139.09	34.09	40.53	645.09
	1998	2.9	415.1	97.2	186.5	118.3	34.1	43.3	536.2
	1999	7.48	470.58	93.41	228.79	115.92	41.56	49.26	594.25
	2000	9.03	494.93	100.47	257.39	126.27	44.66	35.97	630.23
	2001	4.16	538.39	90.5	312.49	191.3	54.99	51.66	733.85
	2002	17.79	769.83	184.71	453.48	243.17	67.56	89.26	1030.79

分析 1995 年—2002 年的数据变化趋势,可以发现 2002 年的货运量较前一年的增幅非常大。分析其原因,主要是由于特大型工程的建设对水泥、煤炭、矿石需求量的急剧增加而造成的。随着该大型工程项目建设的完成,对这类物资的需求量将维持平稳增长趋势。因此,在预测各货种运量的变化趋势时,应该对变化异常的数据进行相应的处理。

三、宜昌港货物吞吐量预测

1. 货运量预测的影响因素分析

运输系统是国民经济大系统中的一个子系统,运输需求同时受来自系统内和系统外因素的影响。

(1) 国民经济的发展规模和速度与货运量的增长速度之间有着密切的关系。

(2) 经济结构的变动对货运需求有一定的影响,而且对不同运输方式的货运需求量也产生大的影响。

(3) 基础设施建设投资方向的变动,建材科学和建筑工业的发展,城市和农村居住条件的改善,都将给货运需求带来较大的影响。

(4) 运输供应改善的程度不同,也将引起各种运输方式所承担的货运量发生较大的变动。近年来由于铁路、公路、航空、水运和管道运输业的合理发展,大大改变了以往各种运输方式所承担的货运量的构成比例。

考虑到长江沿线铁路及高速公路的建设,会使现有货源分流,因此,应该对预测的数据进行适当调整。

2. 货运量预测方法选择

将定性预测与定量预测相结合,采用指数平滑预测法,平滑指数则用定性方式确定。平滑指数越大,对近期数据影响越大,模型灵敏度就越高;反之,平滑指数越小,则对近期数据影响越小,消除了随机波动性,反映了长期的大致发展趋势。为了预测中长期的发展趋势,选取的平滑系数应较小,为0.05～0.25。(具体的计算通过专门的预测软件完成)

3. 各货种吞吐量预测结果

在实际预测过程中,对各分货运量与总货运量进行预测时,采用的都是高次指数平滑预测模型。表2-6是各货种的预测结果。

表2-6 宜昌港货物吞吐量预测结果　　　　　单位:万吨

	年份\货种	1.液体散货	2.散干货	其中:煤炭及制品	矿石	3.件杂货	化肥	水泥	合计
历史数据	1995	0.97	554.45	126.04	147.7	158.13	60.43	33.84	713.55
	1996	20.2	552.45	131.1	154.1	162.85	37.9	33.2	735.5
	1997	5.25	500.92	153.98	160.1	139.09	34.09	40.53	645.09
	1998	2.9	415.1	97.2	186.5	118.3	34.1	43.3	536.2
	1999	7.48	470.58	93.41	228.79	115.92	41.56	49.26	594.25
	2000	9.03	494.93	100.47	257.39	126.27	44.66	35.97	630.23
	2001	4.16	538.39	90.5	312.49	191.3	54.99	51.66	733.85
	2002	17.79	769.83	184.71	453.46	243.17	67.56	89.26	1030.79
预测值	2005	15.33	746.46	156.72	437.18	222.26	53.5	85.31	984.23
	2010	22.45	982.29	200.2	615.17	285.63	62.63	122.71	1290.37
	2015	30.82	1290.2	257.81	828.19	365.45	76.42	168.67	1686.47
	2020	40.44	1670.41	329.54	1076.26	461.71	94.88	223.21	2172.6

根据港口吞吐量预测结果,可以对港口现有生产能力进行估算,以决定是否对港口设备或码头泊位等进行扩建。

【思考与讨论】

1. 结合案例分析适合水路运输的主要货物有哪些。
2. 结合案例分析地区产业经济特点和交通条件是如何影响运输需求的。

【本章关键术语】

需求弹性　demand elasticity　　　　价格弹性　price elasticity
派生需求　derived demand　　　　　OD 调查　origin destination survey
指数平滑法　exponential smoothing　　回归模型　regression model

【本章思考与练习题】

1. 结合我国现有的几个经济圈(如珠江三角洲、长江三角洲、西部地区等)的经济规模和发展水平,分析这些地区的运输需求有何差异。
2. 货物的分类方法有哪些?了解货物分类对货物运输组织管理有何作用?
3. 什么是货物运输需求?一般用什么指标来描述货物运输需求?
4. 物流运输需求波动的规律性体现在哪些方面?
5. 影响货运需求的因素有哪些?各是如何影响货运需求的?
6. 什么叫货流?货流图有何作用?简要说明货流图的绘制过程。
7. 为什么要进行物流运输需求量的预测?有哪些常见的预测方法?

第三章 物流运输的组织形式

本章重点理论与问题

物流运输组织形式是指货物运输企业为提高运输工具利用率和运输生产率,依据货流情况、用户要求及其他运输条件,合理组织货物运输的方式或方法。科学、合理的货运组织形式是提高物流运输企业经济效益、使运输合理化的重要手段,也是物流合理化的重要内容之一。

本章首先介绍五种基本的物流运输方式的运输生产过程及其特点、适合运输的货物种类等,然后分别介绍公路货物运输、铁路货物运输、水路货物运输、航空货物运输及管道运输适合的组织形式。

第一节 物流运输生产过程及特点

不同的运输方式适合于不同的运输场合。了解各种运输方式的生产过程及其特点,掌握运输方式选择的原则,是优化物流系统和合理组织物流活动的关键。

一、公路运输生产过程及特点

(一)公路货物运输生产过程

物流运输中的公路运输是指汽车货物运输。货物通过汽车运输实现其空间场所的移动,需要经过许多作业环节。根据各项作业环节在运输过程中的作用,公路货运生产过程可分为运输准备、运输生产和运输生产辅助三个主要环节。

1. 运输准备工作

运输准备工作,指运输客货之前所需进行的全部准备工作。主要包括:运输经济调查与运输工作量预测、营运线路开辟、营运作业站点设置、客货运输对象组织、运力配置、运输生产作业计划安排,以及制定有关运输组织管理制度、规章等。其中有些准备工作需要在运输生产作业前进行较长时间准备,如运输经济调查等;有些准备工作则是日常持续进行准备的,如客货运输对象组织等。

2. 运输生产工作

运输生产工作,指直接实现货物空间场所转移的车辆运输工作,它是整个运输生产过程最核心的作业环节。根据货物运输过程的阶段不同,又可划分为发送作业、途中作业、达到作业。

（1）发送作业。货物在始发站的各项货运工作统称为发送作业，主要由货物托运与承运、组织货物装车、核算制票三部分组成。

（2）途中作业。途中作业是指货物在运输途中发生的各项货运作业，主要包括途中货物整理或换装、拼装或分卸作业等。

（3）达到作业。达到作业是指货物在达到站发生的各项货运作业的统称，主要包括货运票据的交接、货物卸车、保管、交付等作业内容。

3. 运输生产辅助工作

运输生产辅助工作，指为运输生产及其准备工作提供后勤保障服务的各项工作的总称。它主要包括车辆选择与技术运用的组织、运输生产消耗材料的组织供应与保管工作、运输劳动组织工作等。

上述各环节是构成汽车运输生产过程的主要工作环节。其中运输生产工作是最基本的环节，其余工作环节必须围绕运输生产工作环节的各类需要，科学、及时地进行组织，以保证运输生产过程正常进行。

（二）公路货物运输的特点

与其他几种货运方式相比，公路运输的货车购置费用更低，在运输线路、车辆停放场地、运输时间选择等方面具有更强的灵活性。其主要优点如下：

（1）公路运输线路呈网状分布，便于实现"门到门"的直达运输。

（2）受地形气候限制小，运用灵活。

（3）原始投资少，经营简单。

但是，由于汽车载重量受限，公路运输具有劳动生产率低、单位运输成本高、单位能耗高、污染严重等缺点。

正是由于上述特点，公路货物运输一般用来承担运距不超过200公里的中、短途货物运输及特定条件下的长途货物运输。随着高速公路网络的不断发展，公路货物运输正从中、短途运输向短、中、长途运输并举的趋势发展。另外，公路货物运输还具有一项重要的功能——衔接其他运输方式，即承担货物集散运输功能。特别是随着供应链物流的一体化发展，JIT生产与配送，对多频次、小批量的门到门配送需求不断增加，公路运输成为不可缺少的重要手段。这就进一步强化了公路运输在综合物流运输体系中的地位。

（三）公路货物运输的主要对象

适合公路运输的货物品种繁多，根据运输、装卸等要求的不同，可分为多种类型。

按运输条件分类，公路运输货物可分为普通货物和特种货物。特种货物在运输过程中需要特殊结构的车辆或需要采取特殊措施运送，如长大笨重货物、危险货物以及采用驮背运输方式运送的商品等。

按装卸条件分类，货物可分为件装货物、散装货物和罐装货物。件装货物是指按件重或体积装运的货物；散装货物，也叫堆积货物，采用输送、铲抓、倾卸等方法装卸，如煤炭、矿石、砂石等；罐装货物，一般是指无包装的液体货物，随着装卸技术的发展，许多粉末状货物（如水泥、粮食等）也采用罐装运输。

按托运货物的批量分类,可分为整批货物和零担货物。一批托运货物重量不超过3吨的为零担货物;一批托运货物重量在3吨以上或虽然不足3吨,但其性质、体积、形状需要一辆汽车运输的为整批货物。

按货物的品名(种)分类,目前道路运输货物可分为17类21种,即煤炭及制品,石油天然气及制品,金属矿石,钢铁,矿建材料,水泥,木材,非金属矿石,化肥及农药,盐,粮食,机械、设备和电器,化工原料及制品,有色金属,轻工、医药产品,农林牧渔业产品,以及其他货类等。

二、铁路运输生产过程及特点

铁路货物运输在社会大宗货物运输和中长距离货物运输领域具有独特优势,在社会物流网络体系中占有重要的地位。

(一)铁路货物运输生产过程

铁路货物运输过程主要是利用线路、机车、车辆等技术设备,将货物以列车方式从一个生产地运送到另一个生产地或消费地的过程。在运送过程中,必须进行装车站的发送作业、途中运送以及卸车站的终到作业;为了更合理地利用铁路技术设备,在运送途中有时还必须进行列车改编作业。为了满足装车需要,卸后空车还要及时调送到需要的装车站。不同的货物运输方式具有不同的作业特点和要求,但其基本运输过程可用图3-1表示。

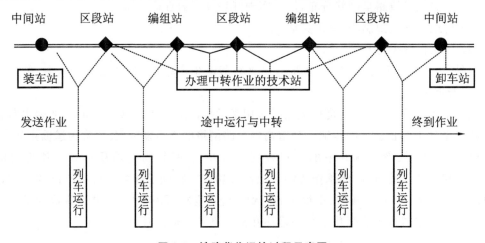

图3-1 铁路货物运输过程示意图

(二)铁路货物运输的特点

铁路货物运输能力取决于列车载重量和每昼夜线路通过的列车对数。每一列车载运货物的能力远高于公路运输或航空运输的能力。另外,铁路运输具有明显的规模经济和距离经济效应,即一次运输量越大或运距越长,单位产品或单位距离的运输费用就越低。归纳起来,铁路货物运输的主要优点如下。

(1)大运量、低成本、长距离的运输优势。这种优势有效扩大了商品的市场范围,能为企业创造更大的空间效应,更好地满足经济发展对国内商品流通和国际贸易不断增长的需求。

(2) 较高的安全性和环境适应性。铁路运输受地理和气候条件的影响较小,环境适应能力强;随着机车生产技术和控制技术的进步,铁路运输事故率较低,具有较好的运输连续性和可靠性。

(3) 较低的能耗和污染排放。与公路运输相比,尽管机车车辆的能耗很大,但其单位运量能耗远远低于公路运输的单位能耗。无论是内燃机、还是电力机车,所有类型的火车废气排放量都相对较低,因此,铁路运输具有较低的能耗和污染排放。

但是,铁路运输也具有一些局限性。铁路机车车辆、车站设备、设施等投资费用高,资本密集,设备庞大不易转移;其次,铁路货物运输中包括了大量列车解体和编组作业,多次中转易造成货物遗失;另外,一般情况下,货物的起讫地与铁路站点有一定距离,需要用汽车运输进行接运,影响了铁路运输的灵活性,导致营运缺乏弹性。

(三) 铁路运输的货物种类

适合铁路运输的货物种类非常多。根据货物运输时对车辆及装运条件的要求不同,可分为普通货物和特殊货物两大类。

普通货物是指在铁路运送过程中,按一般条件办理运输的货物,主要包括煤炭、粮食、木材、钢材、矿石、建筑材料等。特殊货物是指由于货物的性质、体积、状态等特殊性,对装运车辆结构或装运条件提出特殊要求的货物。特殊货物可进一步分为以下三种。

(1) 超长、集重和超限货物:超长货物是指货物的长度超过列车平车的长度,需要使用游车或跨装的超限货物;集重货物是指货物装车后,其重量不是均匀分布在车辆底板上,而是集中在底板的某一处;超限货物是指货物装车后,车辆在平直线路上停留、或行经半径为300米的铁路线路曲线时,货物的高度或宽度超过装载限界的货物。

(2) 危险货物:指具有爆炸、易燃、毒害、腐蚀、放射等特性,在运输、装卸和储存过程中,需要采取制冷、加温、保温、通风、上水等特殊措施的货物。

(3) 鲜活货物:包括易腐货物和活动物两类,这类货物对运输包装、车辆温度、装载方式等有特殊的要求。

三、水路运输生产过程及特点

水路运输方式可分为内河运输和海洋运输两大类;海洋运输又可分为沿海运输和远洋运输两大类。在国际物流系统中,水路运输是一种非常重要的运输方式。

(一) 水路货物运输过程

水路运输系统由船舶、港口、各种基础设施与服务机构等组成。

船舶是水路运输的主要运输工具。各类船舶根据其运输对象的不同,在船舶结构和性能方面各具特色。从事货物运输的船舶有杂货船、散货船、集装箱船、冷藏船、油轮、滚装船、驳船、液化气船等多种类型。随着造船技术及水上运输业的发展,船舶正向大型化、自动化、高速化、专业化方向发展。港口是水路运输的节点。港口由水域和陆域两大部分构成。其中,水域是供船舶进出港、在港内运转、锚泊及装卸作业使用的;陆域是供货物装卸、堆存和转运使用的,包括码头、泊位、仓库、堆场、铁路、道路及各种装卸设备。船舶为了安全、迅速、经济、方便地运送货物,必须与港口、航道等环节在技术条件、营运管理上相互适应,还应与其他运输方式（如铁路、公路、管道运输）的运输过程协调配合。

由水路货物运输系统构成的复杂性可知，水路运输生产过程是非常复杂的，具有点多、线长、面广、分散流动、波动大等特点。水路货物运输组织过程就是指货物从起运港承运到到达港交付或疏运的全部运输过程，主要包括在起运港接货、仓储、装船、船舶运行至到达港，在到达港卸船、仓储、疏运或交付给收货人等过程。

按作业性质及地点的不同，可将水路运输过程划分为港口作业、船舶作业、船舶运行等三部分，具体过程如图3-2所示。

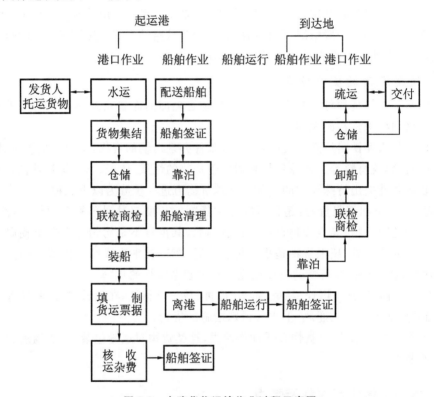

图 3-2　水路货物运输作业过程示意图

（二）水路货物运输的特点

水路货物运输的主要优点就是运输能力强、成本低、劳动生产率高、绿色环保。首先，水路运输的运量是其他运输方式不可比拟的。目前世界上超巨型油轮的载重量已达55万吨以上。我国2015年水路运输货物周转量占全社会总货物周转量的52％以上。其次，船舶的载重大但配备的船员少、能耗低，因此，水路运输的劳动生产率高、单位成本低、节能环保。另外，水路运输航线依赖内河、湖泊、海洋自然通道而建，投资少，土地占用少。

正是由于上述优势，水路运输是长距离、大运量货物运输的最主要方式之一，在国际贸易中更是具有不可替代的位置。

水路运输的主要缺点是航速低；另外，恶劣的天气和海况对运输的安全性有较大影响。

（三）水路运输的货物种类

水路运输货物可按图3-3所示的分类法进行分类。

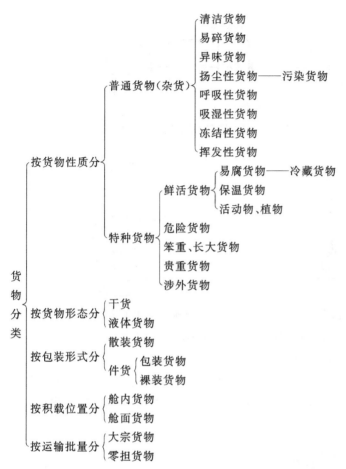

图 3-3 水路运输货物分类

四、航空运输生产过程及特点

根据《华沙公约》对航空运输的定义,航空运输是指以航空器作为运输工具,运送人员、行李或者货物的运输方式的统称。航空运输具有速度快、航线辐射面广等优势,已成为现代物流体系中不可缺少的一部分。

(一)航空货运的一般过程

航空货运生产过程大致分为货物收集、进港、运送、到港和交货等阶段。从生产性质看,航空货物运输生产可以分为两大部分:一部分是以货物收集为中心的货运市场组织和管理;另一部分是以货物运送为中心的货物进港、货物运送、货物出港和交付等过程。

从航空货运物流的全过程来看,参与主体较多,一般包括托运人、物流外包商、货运代理、始发地机场货站(机场地面代理)、航空公司、目的地机场货站、目的地代理公司、收货人。各主体协同合作,共同完成航空货运物流任务,具体流程如图 3-4 所示。

(二)航空运输的特点及货物对象

航空运输的主要优点是速度快,飞行距离越长,时间优势越明显。其主要局限在于运输

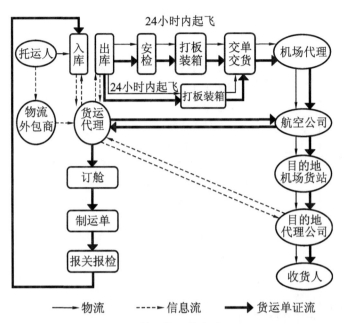

图 3-4 航空货运操作流程图

量较小,运输成本高,且受气候的影响较大。

因此,航空运输主要用于时间要求较高的紧急货物运输,主要包括:应急救援物资、紧急调用的生产部件或维修部件、高价值的生鲜易腐货物、价值高且体积小的贵重物品、商业信函等。

五、管道运输生产过程及特点

管道运输是随着石油的生产而产生和发展的。这是一种利用管道输送气体、液体和粉状团体的运输方式。其原理主要是靠运输物品在管道内顺着压力方向循环流动,实现输送目的。它同其他运输方式的主要区别在于,管道设备是静止不动的。

管道运输将运输通道和运输工具合而为一,高度专业化,适于运输气体和液体货物,并且永远是单方向运输。管道运输的主要优点如下。

(1) 不受地面气候影响,自然条件限制少,并可连续作业和全天运行。

(2) 运输的货物不用包装,节省包装费用。

(3) 货物在管道内移动,货损、货差小。

(4) 经营管理比较简单。

(5) 成本低,运量大,安全,方便。

(6) 运行维护简单,需用人员少,易走捷径,施工简单,占地也少。

(7) 有利于环境保护,无震动,也无噪音和粉尘等污染。

管道运输的主要缺点在于:①适用范围小,适宜于运输货量大、货源足、线路长而种类固定的物种;②机动灵活性差,每种管道只能运输一种产品;③固定投资大,技术要求高,受地形影响较大,如地形起伏太大,则管道建设较困难。

管道运输的上述特点,决定了管道运输主要是承担单向、定点、量大的流体状货物和气体物资的运输,一些粉状固定物资可以通过浆化处理后用管道运输。所以,通过管道运输的物资主要是原油、各种石油成品、化学品、天然气等液体和气体物品,以及矿砂、碎煤浆等。为了增加运量,加速周转,现代管道管径和气压泵功率都在很大程度上有所增加,管道里程也愈来愈长。

六、基本运输方式的比较

由于五种基本运输方式在运载工具、设备路线和运营方式等方面各不相同,并且它们有着不同的经济技术特征,说明它们之间的关系是相互补充、相互协作的。根据以上五种运输方式的特点,我们可根据运输速度、运输距离、物料可靠性等几个特点,进行大致的比较,具体见表 3-1。

表 3-1 运输方式的特点比较

运输方式	公路运输		铁路运输		航空运输	水路运输		管道运输
	厢式车	散货	集装箱	散货		集装箱	散货	
运输速度	较快		较快		快	慢		慢
运输距离	短-长		中-长		中-长	中-长		中-长
物料可靠性	较高	较低	较高	较低	高	较高	低	较高
运输时间	较短		较长		短	长		较短
灵活程度	高		较高		较低	低		低
成本	中		低		高	低		低
自然条件影响	较少	较多	少	较少	较多	较多	多	较多
适合货物	量少、短途运输		陆运大宗货物		轻型、贵重物品	大宗、笨重货物		液、气体货物

从表 3-1 可看出,五种物流运输方式的技术经济性能指标各异,运输生产过程也各有其不同的特点,适合不同的使用场合。在实际的管理过程中,应针对货物运输的具体要求和特点,选择合适的运输方式或多种运输方式的联合运输。

第二节 公路货物运输的组织形式

根据货源及车辆特点,有利于提高车辆运行效益的货运组织形式主要有多班运输、拖挂运输、联合运输、定点运输与定时运输、集装箱运输、零担货物运输等形式。下面主要介绍多班运输、拖挂运输和零担货运三种形式。

对于公路特种货物的运输(例如道路危险货物),交通监管部门制定了专门的管理规定,例如《道路危险货物运输管理规定(2016 修正)》(交通运输部令 2016 年第 36 号)。因此,本书只介绍公路普通货物运输的组织形式,关于特种货物运输管理可参阅相关规定。

一、多班运输

多班运输是指一辆车在昼夜时间内的出车工作超过一个工作班次（一般以工作 8 小时左右为一个班次）的货运形式。通过对货运车辆和驾驶员的恰当组织，做到停人不停车或少停车，从而实现车辆多班运输，增加车辆在路线上的工作时间，提高车辆利用率。多班运输主要适用于货源固定、大宗货物运输或紧急突发性运输任务。

根据车辆与驾驶员的不同组合，多班运输主要有以下六种组织形式：

(1) 一车两人，日夜双班，起点交接；
(2) 一车两人，日夜双班，分段交接；
(3) 一车三人，日夜双班，两工一休；
(4) 一车三人，日夜三班，分段交接；
(5) 两车三人，日夜三班，分段交接；
(6) 一车两人，轮流驾驶，日夜双班。

六种形式的共同特点是能做到定人、定车。(1)和(2)两种形式安排简单、弹性较大，能保证车辆保修时间；缺点是车辆时间利用不充分；适合短途运输。

第(3)和(4)两种形式的车辆出车时间长、运输效率高；其缺点是所需的驾驶员人数多、每班驾驶员一次工作时间长、易疲劳。这两种形式适用于一个车班内能完成一个或几个往返的运输任务。

第(5)种形式可减少驾驶员的配备数量，车辆时间利用率高，车辆保养时间充分；其缺点是对车辆的运行组织要求严格，行车时间要求正点，驾驶员工作时间较长。这种组织形式适用于两天可以往返一次的运输任务。

第(6)种形式可最大限度地提高车辆的时间利用率；但是，驾驶员不能正常休息。该形式适用运距很长、货流不固定的运输路线。

合理选择多班运输的具体组织形式，需要考虑运距长短、站点配置、货源分布、运输条件、道路状况、驾驶员配备、车辆维修能力及装卸能力等各种因素。

多班运输虽可提高车辆的时间利用率，但企业所开支的各项费用和驾驶员的数量也随着周转量的增加而增加。

二、拖挂运输

(一) 拖挂运输的概念及类型

拖挂运输，也称汽车运输列车化，它是指利用牵引车和挂车组成的汽车列车进行运输生产活动的组织形式。国外的拖挂运输十分发达，已成为公路货运发展的主要趋势之一。

根据汽车列车的运行特点和对装卸组织工作的不同要求，拖挂运输有定挂运输和甩挂运输两种组织形式。

定挂运输是指汽车列车在完成运行和装卸作业后，汽车（或牵引车）和全挂车（或半挂车）一般不予分离的定车定挂组织形式。定挂运输的组织和管理基本与单车相仿，易于推广，是我国目前开展拖挂运输的一种主要形式。定挂运输对货物装卸作业提出了更高的要求，应尽可能采用机械化装卸手段，提高装卸作业效率，减少汽车列车的停歇时间。

甩挂运输是指载货汽车(或牵引车)按照预定的计划,在某个装卸作业地点甩下挂车并挂上指定的挂车后,继续运行的拖挂运输组织形式。甩挂运输既保留了定挂运输的优点,又减少了装卸停歇时间,从而可以充分发挥运输车辆的运输效率,最大限度地利用它的牵引能力。

(二)甩挂运输的组织形式

甩挂运输主要适合于运输距离较短、装卸能力不足且装卸停歇时间较长的情况。如果在长距离运输过程中采用甩挂运输,装卸停歇时间占车辆运行时间的比例很小,甩挂的优势不明显,还会增加运输组织的复杂性。

根据汽车和挂车的配备数量、线路网的特点、装卸点的装卸能力等因素的不同,甩挂运输主要有以下四种组织形式。

1. 一线两点甩挂运输

这是一种在装、卸货地点各准备足够数量的周转挂车列车在装、卸货点两端实行甩挂的运输组织形式,适合于大宗固定货源运输。

这种组织形式适宜在往复式运输路线上采用,即在路线两端的装卸作业点均配备一定数量的周转挂车,汽车列车往返于两个装、卸货作业点之间进行甩挂作业。具体组织时,可根据路线两端货流情况或装卸能力的不同,实现一端甩挂或两端甩挂。

一线两点甩挂适用于装卸作业点固定、运量较大的路线上。但其对车辆运行组织工作有较高要求,必须根据汽车列车的运行时间、主挂车的装卸作业时间等资料,预先编制汽车列车运行图,以保证均衡生产。

2. 一线多点,沿途甩挂

这种组织形式要求汽车列车在起点站按照卸货作业地点的先后顺序,本着"远装前挂,近装后挂"的原则,编挂汽车列车。其组织形式如图 3-5 所示。在沿途有货物装卸作业的站点,甩下汽车列车的挂车(例如站点 B),或挂上预先准备好的挂车(例如站点 C),然后继续运行,直到终点站。汽车列车在终点站整列卸载后,沿原路返回,经由原甩挂作业站点时,挂上预先准备好的挂车或甩下汽车列车上的挂车,继续运行直到返回始点站。

图 3-5 一线多点、沿途甩挂示意图

这种组织形式主要适合于装货地点比较集中而卸货地点比较分散,或卸货地点集中而装货地点分散且货源稳定的同一线路上运输的情况。

3. 循环甩挂

循环甩挂是利用循环调度的方法来组织闭环线路上的甩挂作业的方式。如图 3-6 所示,车辆在由各装卸货站点构成的闭环线路上行驶,每个装卸货点配备有一定数量的挂车,汽车列车每到达一个装卸点后甩下所带的挂车,装卸工人集中力量完成主车的装货或卸货作业,然后挂上预先准备好的挂车继续行驶。

这种循环调度的甩挂作业显著提高了车辆的载运能力,压缩了装卸作业停歇时间,提高了里程利用率,是甩挂方式中效益和效率均较高的组织形式之一。但是,循环甩挂方式的组织工作非常复杂,既要考虑循环调度的基本要求,又要保证有足够而稳定的运量,同时还要有适宜于组织甩挂运输的货场条件。

4. 多线一点,轮流拖带

这种组织形式是指在装、卸货集中的地点,配备一定数量的周转挂车,在没有汽车列车到达的时间里,预先装、卸好周转挂车的货物,当某线路上的列车到达后,先甩下挂车,再集中力量装卸主车,然后挂上预先装卸好的挂车返回原卸装货地进行整列卸装的挂车运输组织形式。如图3-7所示。

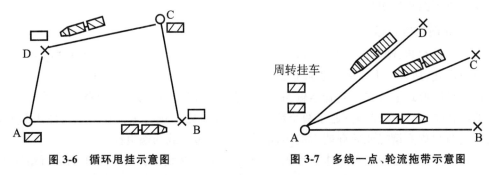

图3-6 循环甩挂示意图　　　　图3-7 多线一点、轮流拖带示意图

这种运输组织形式由于采用挂车多线共用,提高了挂车运用效率。该方式主要适合于发货点集中而卸货点分散,或卸货点集中而装货点分散的线路情况。

三、零担货物运输组织

(一)零担货物运输过程及特点

零担货物运输是指以定线、定站的城市间货运班车将沿线零担货物集中起来进行运输的一种货运组织形式。零担货物以件包装货物居多,一般需几批甚至十几批货物才能装满一辆零担车。因此,零担货物运输的业务流程和组织工作比整车运输复杂得多。

图3-8是公路零担货运作业流程示意图,其涉及的主要活动包括零担货物的受理、仓储、运输、中转、装卸、交付等。

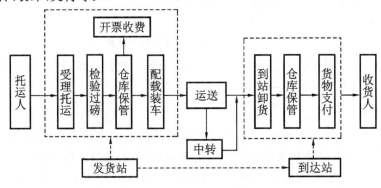

图3-8 公路零担货运作业流程示意图

由图3-8可知,零担货运作业流程多、工艺复杂,尤其是中转环节增加了货损、货差的概率。因此,零担货物运输的单位运输成本较高。

由于零担货物来源广,货物的数量、流向、时间等均具有不确定性,因此,货源组织是零担货物运输组织的一项基础性工作。有效的零担货源组织方法包括:实行合同运输,与供应链上下游企业建立合作关系,建立零担货运信息网络平台,多渠道接受订单等等,尤其要注意回程货源的组织,以提高回程实载率。

(二)零担货物运输的组织方式

零担货运的组织形式是由零担货运班车的形式决定的,按照零担车发送时间的不同可分为固定式和非固定式两大类。固定式零担车通常称为汽车零担货运班车,一般是以物流企业服务区域内的零担货物的流量、流向以及货主的实际需求为基础组织运行的。运输车辆以厢式专用车为主,在运行过程中实行的是定运输路线、定班次和发车班期、定停靠站点、定车型运行的"四定"方针。非固定式零担车是指按零担货流的具体情况临时组织的一种零担车。这种零担车计划性差,适宜在新辟零担货运路线上或季节性零担货物路线上临时运行。

下面重点介绍固定式零担车运输的三种组织形式,即直达式零担班车、中转式零担班车和沿途式零担班车。

1. 直达式零担班车

直达式零担班车是在起运站将不同发货人托运至同一到站且性质适宜配装的各种零担货物装入同一车,一直运送至到达站的运输组织形式。如图3-9所示。

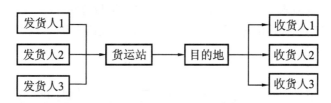

图3-9 直达式零担班车运输过程示意图

直达式零担班车的运输组织与整车货运基本相同,是零担货运组织形式中最经济、最基本的形式。其主要优点是:由于无中转环节,既减少了在途时间,又提高了运送速度和货运质量。直达式零担班车适用于货源充足、流向集中的线路。但货物在仓库集结待运的时间不能过长。

2. 中转式零担班车

中转式零担班车是指在起运站将不同发货人托运到同一去向但不同到达站的且性质适宜配装的货物,同车装运至规定的中转站,再与中转站的其他零担货物组成新的零担车继续运往各自目的地的运输组织形式。其过程如图3-10所示。

当运输线路很长时,可能会发生多次中转。这种零担运输形式对运量零星、流向分散的零担货物运输很适用。但是由于零担班车中转作业环节较多,组织工作复杂,需耗费大量的人力与物力。它与直达式零担班车互为补充,在货源不足、组织直达零担班车条件不成熟的情况下,是一种不可缺少的组织形式。

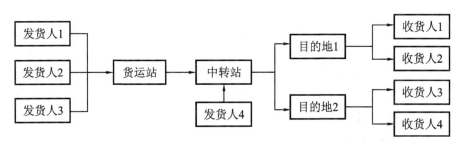

图 3-10 中转式零担班车运输过程示意图

3. 沿途式零担班车

沿途式零担班车是指在起运站将各个发货人发往同一线路方向、不同到站的且性质适宜配装的各种零担货物组成零担车,沿运输路线运送,在沿途各计划作业点卸下或装上零担货物后继续行驶,直至最后到达站的运输组织形式。其过程如图 3-11 所示。

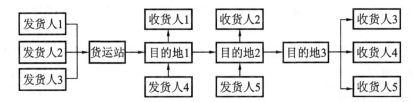

图 3-11 沿途式零担班车运输过程示意图

这种零担班车的运输组织工作非常复杂,车辆在途运行时间较长,但能满足沿途客户的多品种、小批量的运输需求,可以充分利用车辆的载重量与容积。

根据客户需求特点合理组织零担车运输形式,对于提高车辆实载率、减少路径迂回、降低运输成本具有重要的作用。

第三节 铁路货物运输的组织形式

铁路运输因轨道而享有专用路权。由于铁路线的特殊性,如果某一地段发生故障,将会影响铁路全线的车辆运行。因此,铁路运输实行计划运输、全线路统一调度的组织管理形式。其经营方式以定期运输为主,不像公路运输方式那样灵活调度。尽管经由铁路运输的货物品类繁多,要求的运输条件也各不相同,为充分提高铁路运输设备的利用效率,保证货物运输服务质量,铁路运输一般按整车、零担和集装箱三种类型办理。本节主要介绍铁路整车货物运输和零担货物运输的组织形式。铁路集装箱货物运输将在本书第八章介绍,铁路特种货物(如危险品)运输的组织管理可阅读相应的国家规范或标准。

一、铁路整车货物运输组织

按照货物质量、体积和形状,需要以一辆以上货车运送的货物,可以按整车办理。

（一）整车运输的基本条件

按整车办理的货物，可以是任何品类，关键是必须具备需要使用一辆及其以上货车装运的条件。整车货物运输的基本条件包括以下几点。

(1) 整车货物以每辆货车所装货物为批次，某些限按整车办理运输的货物，允许托运人将一车货物托运至两个或两个以上到站分卸。

(2) 承运人原则上应按件数和重量承运货物，但对散货、堆装货物以及规格、件数过多，在装卸作业中难以点清件数的货物，则只按重量承运，不计件数。

(3) 货物重量由托运人确定。

(4) 按照货物运输途中的特殊需要，允许托运人派人押运。

(5) 允许在铁路专用线、专用铁路内装车或卸车。

（二）铁路整车货物运输的组织特点及过程

整车货物运输是铁路货物运输的主要办理形式，其运送量占铁路总货运量的97%左右。为了满足国民经济发展的需要，保证重点，统筹安排各种物资的运量，合理利用铁路运输能力，铁路整车货物运输必须按计划承运，并加强直达运输、均衡运输和合理运输的组织。

铁路整车货物运输的特点是绝大部分为大宗货物（如煤炭、矿石、石油、建筑材料、木材、粮食等），而大宗货物的装卸作业多集中在专用线和专用铁道上办理，为组织直达运输创造了有利条件。因此，加强专用线和专用铁道的管理工作，开展铁路与厂矿企业之间的协作，对铁路挖潜扩能、提高运输效率，具有极其重要的意义。

组织整车货物直达运输，必须编制直达列车计划，一般是从货流开始，即根据核定的月度货物运输计划，分别按货物发到站、去向进行货流分析，按照"先远后近"、"先整列后成组"、"先一站，后多站"的要求，纳入直达列车计划。

铁路整车货物运输的作业过程包括发送作业、途中作业和到站作业，具体如图3-12所示。

二、铁路零担货物运输组织

（一）铁路零担货物运输的限制条件

零担货物是指一批托运的货物，按照重量、体积、形状或性质，不需使用一辆最低标记载重量的货车装运。零担货物运输在组织、管理、装卸作业等环节上，相对于整车作业比较复杂，因此还要受到其他一些运输条件的限制，主要有以下方面。

(1) 一件零担货物的体积不得小于 0.02 m^3。但如果一件货物重量在 10 kg 以上，则可以不在此限。

(2) 为便于装卸作业中堆码、交接和配装，一批零担货物的件数不得超过 300 件。

(3) 不易计算件数的货物、运输途中有特殊要求的货物和易于污染其他物品的货物，不得按零担货物办理。

(4) 托运人应在每件零担货物上标明清晰的标记，以便作业中识别。

(5) 货物的重量由铁路运输方确定。但对于标准重量、标记重量或附有过磅清单的零担货物，允许由托运人确定重量，但铁路运输方可以进行复查和抽查。

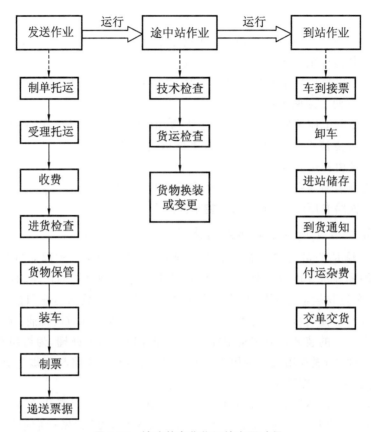

图 3-12 铁路整车货物运输主要过程

（6）一般情况下不允许派押运人。

（二）铁路零担货物运输组织的特点

铁路零担货物主要是农副土特产品、农业机械、化肥、农药、轻工业品、日用百货以及个人物品等，这些货物的货运量只占铁路总货运量的极小比例。但由于零担货物一般重量小、批数多、品类繁杂、发到站分散、性质复杂、包装条件不一，必须组织几十批甚至几百批货物配装于一辆货车内进行运输，因而人力和物力成本更高。

铁路零担货物运输的组织主要是组织零担车，即装运零担货物的车辆。按照零担货物的装运方式可以分为以下三种类型。

（1）直达整装零担车。所装零担货物系由始发站直接运达到达站，无须经过中转站中转的零担车。这类零担车的货物运达速度最快。

（2）中转整装零担车。按照零担车组织计划的要求，将到达同一去向的货物装运至规定的中转站进行中转作业的零担车。

（3）沿途零担车。用以装运零担车挂运区段内，沿途各站不够条件组织整装零担车的零担货物。

有条件组织整装零担车的车站，可以编制零担货物承运日期表，并按计划执行。根据承运日期表受理运单、组织进货，或者提前受理运单，然后按承运日期表规定的日期托运进货。

沿途零担货物可以随到随承运,或根据沿途零担车的挂运方案及运行情况,按上下行分别承运,也可以指定日期承运。车站可将零星分散的零担货物进行合理的集中,最大限度地组织直达整装零担车,同时还可以充分利用车站的货运设备,为车站日常零担货物发送的均衡作业创造条件。

(三) 主要过程

铁路零担货物运输的主要过程与整车运输类似,也是由发送作业、途中站作业和到达作业三阶段组成。其中,到达作业与整车运输到达作业基本相同,但是作业地点是零担货物站台或仓库,卸车及堆放时要按批清点、按批堆放。

发送作业流程与整车运输的主要区别在于,零担货物保管时需要合理分配仓库货位,还需要编制合理的配装计划。配装计划的编制应尽量组织直达整装零担车,提高货车载重和容积利用率,并遵守不同货物混装限制规定,以便确保货物运输安全。

零担货物在途中站需要进行中转作业,这是与整车运输较大的不同。当中转整装零担车到达中转站后,要将货车中不同目的站的货物重新组合,配装成新的零担车继续运送。

零担货物中转作业有三种方法:一是落地法,即将全部货物卸下,另行配装新的零担车;二是坐车法,即将相同到达站的货物留在车内,作为核心货物,把其他到站的货物卸下或过到另一货车中,而后加装与核心货物同一到站或同一中转站的货物组成新的整装零担车;三是过车法,即将中转货物由一辆货车向另一辆车直接换装,而不用卸到货位上。选择哪种方式,主要应考虑中转货物量的大小、装卸作业量的大小、中转站台的作业能力等因素。

零担货物每进行一次中转,在中转站就增加一次装卸作业,因此在配装零担车时,应尽量多装直达,合理中转。

第四节 水路货物运输的组织形式

水路货物运输组织主要是指从事水路运输的企业(即航运企业)对运输船舶运行活动的合理安排。船舶为了安全、迅速、经济、方便地运送货物,必须与港口、航道等环节在技术条件、营运管理上相互适应,还应与其他运输方式(如铁路、公路、管道运输)的运输过程协调配合。

水路货物运输组织形式可分为航线运营方式、航次运营方式和顶推(拖带)运营方式三种,其中顶推(拖带)运营方式主要用于内河运输。下面重点介绍航线运营方式和航次运营方式。

一、航线运营方式

(一) 航线运营的定义及类型

航线运营方式是在固定的港口之间,为了完成一定运输任务,选配适合具体条件、性能接近的一定数量的船舶,并按一定的程序组织船舶运行活动。组织航线形式的首要条件是航区要有量大而稳定的货流。

航线运营形式的主要优点是：定期发送货物，有利于组织货源；缩短船舶泊港时间，提高运输效率；为水运与其他运输方式组织联合运输创造了条件。

航线由在各航线工作的不同船型、供船舶停靠作业的港口码头以及各种辅助设备构成。按照船舶航行区域、运行状况、航线的有效期限以及航线港口数的不同可分成不同类型。

（1）按船舶航行区域分类，可分为内河航线、沿海航线、近海航线和远洋航线。

（2）按船舶运行状况分类，可分为定期航线和不定期航线。定期航线又称专线或班轮航线，它是指船舶在港口定期、定时刻到发的航线；不定期航线则是指没有严格的定期要求，而只规定计划期内发船次数的航线。

（3）按航线有效期分类，可分为全年（或全航期）有效航线和季节性有效航线。全年有效航线是指在全年时间内或整个航期内都有船舶工作的航线；而季节性有效航线是指一年中仅在部分季节内有船舶工作的航线。航线的季节期主要取决于航道条件和季节性货流。

此外，航线还可以按运输货物的种类、船舶类型、运输组织方法进行分类。如按货种分类时，有油运航线、煤运航线、杂货航线等；按船舶类型分类时，有客船航线、货船航线、推（拖）船航线；按运输组织方法分类时，有直达航线和非直达航线。

（二）班轮运输的组织特点及任务

班轮运输（linear shipping，linear transport）即定期航线运输，指固定的船舶按照公布的船期表（linear schedule）和固定运价在固定航线和固定港口间运行的运输组织形式。从事班轮运输的船舶称为班轮。

班轮运输的基本特点是"四固定"，即固定航线、固定港口、固定船期、相对固定运价，因此，具有运输质量高、方便货主、手续简便等优势。目前，在国际航运市场和国内的沿海及内河运输中，班轮运输已成为主要的运输方式之一。

班轮对所有托运人提供货运空间，不论船舶是否被装满都要按计划日期起航。保证班期是班轮运输组织的核心工作。船舶按船期表公布的抵离港口时间的准确程度，用准班率 K 表示，公式为

$$K=\frac{n_0-n_1}{n_0}\times 100\% \tag{3-1}$$

式中：n_0——一定时期（年、月）内的计划航次数（次）；

n_1——同一时期内的脱班航次数（次）。

班轮运输的主要对象是高价值的件杂货和集装箱货物。集装箱班轮运输组织与传统杂货班轮运输相比，最大的特点是船舶大型化、高速化，船舶在港停泊时间更短、周转更快，但是需要专门对集装箱进行调度和跟踪管理。

在班轮航线上营运的船舶，包括普通杂货船、多用途船、集装箱船和滚装船，以集装箱船、多用途船和普通杂货船为主，滚装船多用在短距离沿海班轮航线上。

二、航次运营方式

（一）航次运营的特点

在船舶运输生产中，将船舶从事客、货运输的一个完整运输生产过程（即一个生产周期）

称为一个航次。所谓航次运营方式,是一种既没有事先制定的船期表,也没有固定的航线和挂靠港,而是船东为完成某一次运输任务,根据货主的需求在时间、地点和内容上的变化,安排船舶航线,组织货物运输,并根据租船市场行情确定运价或租金水平的一种运营方式。采用航次形式时,船舶完成一个航次后,便可开始另一个航次。

航次运营具有机动、灵活的优点,可对航线形式起调整和补充作用,是一种不可缺少的水路货物运输组织形式。

但是,航次运营形式常常会造成船舶回程空驶,使船舶使用效率降低;而且由于其不定期性,不利于与港口工作的配合,也不利于与其他运输方式的配合。

航次运营的主要对象是货物本身价格较低的大宗散货,如煤炭、矿石、粮食、铝矾土、石油、石油产品,以及其他农、林产品和少部分干杂货。这些货物难于负担很高的运输费用,但对运输速度和运输规则性方面要求不高,不定期船运输正好能以较低的营运成本满足它们对低廉运价的要求。另外,不需要开辟航线的计划内小批量货物运输,特种货物运输,救灾物资、应急物资的运输等,都可采用航次运营方式。

(二)航次运营方式的分类

航次运营通常也称为不定期船运输(tramp shipping)或租船运输(transport by chartering)。根据承租人的不同要求,可分为航次租船、船舶期租、光船租船、包运租船等形式。

1. 航次租船

航次租船简称程租,是一种由船舶所有人向租船人提供特定的船舶,在特定的港口之间从事一个或几个航次承运特定货物的方式。其特征是由船舶出租人负责运输组织工作,并负担船舶的营运费、燃料费、港口费等;按装载货物的数量或按船舶总载重吨位及航线(或航程)计收运费。

航次租船的主要依据是航次经济性。根据货源情况和装卸港、航线情况进行航次估算。航次估算是船舶经营者根据各待选航次的货运量、运费率、挂靠港口、船舶特性及航线参数等有关资料,估算各航次的航次收入、航次成本和航次每天净收益,从而预知某个航次是否赢利。当有多个航次货载机会时,经营者将选择单位时间净收益最大的航次签订运输合同。因此,航次估算是船东或经营人进行航次租船决策的基础。

一艘船舶某航次每天的净收益的计算公式如下:

$$每天净收益=(航次净收入-航次费用)/航次时间-每天营运费用 \qquad (3-2)$$

航次经济性的优劣通常用每天净收益的多少来衡量,但有时船主也会考虑喜欢的航行方向,或考虑到下一航次易于获得货载的港口位置等其他因素。

2. 船舶期租

船舶期租即定期租船,是由船舶所有人将船舶租给承租人使用一个特定期限的方式。在期租中,船舶出租人负有保证船舶适航性的义务,负责船长和船员的配备及其工资,负责船舶维修及保险费用,并基于此收取一定的租金;承租人负责船舶调度,并支付港口使用费、燃油费、装卸费。

船舶拥有人需要确定合适的期租租金,租价越高,船公司赢利越大,但租价越低的船舶在市场上的竞争能力越强。因此,确定期租租金基价就成为船舶所有人的重要任务。租金基价即租金保本费率,就是指每一载重吨、每一个月分摊的船舶出租人为提供适航船舶和船员所发生的全年所有费用,包括船舶资本费、维修费、保险费、船员工资、燃料费及应分摊的管理费等。一旦合同中确定了租金率及租金支付时间,则在整个租期内将固定不变。

货源、货流较稳定的货物,一般通过定期租船方式进行运输,承租人一般是大型综合性企业或实力雄厚的贸易公司。

3. 光船租船

光船租船是一种财产租赁,而不是运输承揽方式。它的特征是:船舶出租人只提供一艘空船,合同期一般较长;承租人负责配备船员、任命船长,并负担船员的工资及伙食费等;承租人负责船舶调度和安排营运,并负担船舶维修、港口使用、装卸等一切营运费用;租金按船舶的装载能力和租期长短计算。

4. 包运租船

包运租船是指船舶所有人提供给承租人一定吨位的船舶,在确定的港口之间,以事先约定的年数、航次周期和每航次均等的货运量,完成运输合同规定的总运量的运输方式。其性质、费用方式和风险与航次租船方式相同,具有连续航次租船的基本特征。

这种方式对出租人和承租人双方都有好处,对于船舶所有人来说,能在较长的时间获得较大的货运量,保证充足的货源;对承租人来说,可以在较长时间内满足对货物运输的需求。

第五节 航空货物运输的组织形式

一、航空货物运输营运方式

根据货运航班的营运方式,航空货物运输可分为班机运输和包机运输两种。班机运输是指定日期、定时刻、定航线、定始发站、定目的港、定途经站的航空运输,其最大优点是收、发货人能确切地掌握货物起运和到达的时间,因此,适合市场上急需物品、贵重商品及鲜活易腐货物的运输。

包机运输是由租机人租用民航飞机在民航固定航线或非固定航线上飞行的运输方式。包机运输的主要流程是:包机人申请包机—签订包机合同—填制航空货运单—押运人办理乘机手续。包机运输按照租用舱位的多少分为整机包机和部分包机两类。整机包机是指航空公司或包机代理公司,按照与租机人双方事先约定的条件和费率,将整架飞机租给租机人,从一个或几个航空站装运货物至指定目的地的运输方式。部分包机是指由几家航空货运代理公司或发货人联合包租一架飞机,或者由包机公司把一架飞机的舱位分别卖给几家航空货运代理公司装载货物的运输方式。包机的费用是一次一议,包机运输如果往返使用,则价格较班机低。

二、航空货物运输的组织方法

航空货物运输主要采取集中托运、联运方式、航空快递等方法组织货物运输。

（一）集中托运

集中托运是指航空代理公司把若干单独发运到同一方向的货物，组成一整批货物，用一份总运单整批发运到同一目的站；或者运交某一预定的代理人负责收货，分拨后交给实际收货人的运输方式。

集中托运的主要特点是：运价较低，可使货物到达航空公司到达站以外的地方，方便了货主；另外，由于发货人将货物交与航空货运代理后，即可取得货运分运单，因此，可持分运单到银行提早办理结汇。集中托运在国际货物运输方面很普遍，是我国目前进出口货物的主要运输形式之一。但是，集中托运只适合目的地相同或相近的普通货物，对于等级运价的货物，如贵重物品、危险品、鲜活产品及文物等，不能办理集中托运。

（二）联运方式

由于航线不能到达货主所需的最终目的地，就出现了航空运输与其他运输方式的联合运用。货物联运的方式主要是陆空联运，主要有以下三种类型：

(1) "火车-飞机-卡车"的联合运输方式，简称 TAT(train-air-truck)；
(2) "火车-飞机"的联合运输方式，简称 TA(train-air)；
(3) "卡车-飞机"的联合运输方式，简称 TA(truck-air)。

由于汽车具有机动灵活的特点，在运送时间上更可掌握主动，因此一般都采用"TAT"方式组织运输。

我国空运出口货物通常采用陆空联运方式，此外，也有海空联运方式，也叫空桥运输。空桥运输的货物通常要在航空港换装。这种联运组织形式是以海运为主，只是最终交货运输区段由空运承担。因此，其运输时间比全程海运少，运输费用比全程空运便宜。

（三）航空快递

航空快递业务(air courier)是由专门经营该项业务的航空货运公司与航空公司合作，派专人用最快的速度，在货主、机场、用户之间传送急件的运输服务业务，特别适用于急需的药品和医疗器械、贵重物品、图纸资料、货样、单证和书报杂志等小件物品，是目前国际航空运输中最快捷的运输方式。

航空快递业务主要有：机场到机场、门到门、专人送货三种服务形式。其中，门到门服务应用最广泛。

第六节　管道货物运输组织管理概述

一、管道运输组织管理的特点

管道运输的基本设施包括管道、储存库、压力站（泵站）和控制中心。管道是其中最主要的设施，可以由金属、混凝土或塑胶材料制成，根据输送货物种类及输送过程中所承受的压力大小来决定。由于管道运输是连续进行的，所以管道两端必须建造足够容纳其所承载货物的储存库。压力站是管道运输的动力来源，常见有气压式、水压式、重力式及最新的超导体磁力式等类型,通常气体的输送动力来源靠压缩机来提供,这类压力站一般每隔80~160 km设置一个;液体的输送动力靠泵提供,这类压力站设置距离为30~160 km。控制中心主要是检测、监视管道运输设备的运转情况,防止意外事故发生所造成的漏损及危害。

管道运输的组织管理是指在管道运输过程中利用技术手段对管道运输实行统一指挥和调度,以保证管道在最优化状态下长期安全而平稳地运行,从而获得最佳经济效益的生产组织工作。

管道运输的组织管理过程具有如下特性。

(1) 管道运输是生产与运输的一体化。由于管道运输属专用运输,其生产与运销是融为一体的。例如炼油厂的生产产品经管道直接运送到消费者手中。

(2) 管道运输的导管可从工厂经干线、支线直接运到用户手中,中间不需要任何间接的搬运,即可实现"上门服务"。

(3) 管道运输是在液体类货物运输中最具高度专业化的运输方式,需要装设专门的管道及相关设施,实现作业过程自动化,因此,运输管理方便,易于远程监控,维修量小,劳动生产率高。

二、管道运输组织管理的内容简介

管道运输的组织管理包括管道输送计划管理、管道输送技术管理、管道输送设备管理和管道线路管理,前两项又统称管道运输的运行管理,是生产管理的核心。

1. 管道输送计划管理

管道输送计划管理是指根据管道所承担的运输任务和管道设备状况编制合理的运行计划,以便有计划地进行生产。

管道输送计划管理首先是编制管道输送的年度计划,根据年度计划安排管道输送的月计划、批次计划、周期计划等;然后,根据这些计划安排管道全线的运行计划,编制管道站、库的输入和输出计划,以及分输或配气计划;另一方面,根据输送任务和管道设备的状况,编制设备维护检修计划和辅助系统作业计划。

2. 管道输送技术管理

管道输送技术管理是指根据管道输送的货物特性,确定输送方式、工艺流程和管道运行的基本参数等,以实现管道生产最优化。管道输送技术管理的内容包括:随时检测管道运行状况参数;分析输送条件的变化;采取各种适当的控制和调节措施调整运行参数,以充分发挥输送设备的效能,尽可能地减少能耗;对输送过程中出现的技术问题,要随时予以解决或提出来进行研究。

3. 管道输送设备管理

管道输送设备管理是指对管道站、库的设备进行维护和修理,以保证管道的正常运行。管道输送设备管理的内容主要包括:对设备状况进行分级,并进行登记;记录各种设备的运行状况;制定设备日常维修和大修计划;改造和更新陈旧、低效能的设备;维护在线设备。

4. 管道线路管理

管道线路管理是指对管道线路进行管理,以防止线路受到自然灾害或其他因素的破坏。

管道线路管理的内容主要包括：日常的巡线检查；线路构筑物和穿越、跨越工程设施的维修；管道防腐层的检漏和维修；管道的渗漏检查和维修；清管作业和管道沿线的放气、排液作业；管道线路设备的改造和更换；管道线路的抗震管理；管道紧急抢修工程的组织等。

【经典案例】

山东兔兔快运业务流程优化实践

一、山东交运集团兔兔快运概况

1998年12月1日，山东交运集团经过深入细致的市场调研后，决定开展货物快运业务，主要从事站到站的快递业务。2000年4月，推出以卡通兔为标志的"兔兔快运"品牌形象，并提出了"珍惜所托，一如亲送"的服务理念。随后，山东交运集团根据业务的发展情况，配置了计算机票据处理系统，实现了单据打印、运价计算、收入统计等功能的信息化。配备了市内配送车，推出了济南市内的上门接取、送达业务。逐步同全省16市和省外部分省市的客运站签订了货物托运协议，实现了快运网络的延伸。同时，还开展了情人节鲜花速递、母亲节鲜花速递等宣传促销活动。2002年7月，为发展城市货运出租和干线运输业务，山东交运集团又投资500万元，注册成立山东兔兔快速货运出租有限公司（以下简称山东兔兔快运出租公司），从而形成了两大经营板块：车站兔兔快运和山东兔兔快运出租公司。两大经营板块统一使用"兔兔快运"品牌，但分别独立进行经营管理。

目前，山东交运集团从事兔兔快运业务的主要有三个下属单位，即济南长途汽车总站北区兔兔快运、济南长途汽车总站南区兔兔快运和山东兔兔快运出租公司。各快运公司共在济南市建有营业网点17处，拥有各类运输车辆50余辆，具备了市内配送、班车捎载、干线运输、货物包装、仓储管理、中转运输等业务功能，业务覆盖省内外88个地区。

总体来看，山东交运集团的兔兔快运已经基本覆盖了公路快速货运的各个环节，并取得了一定成绩。但是，公司明显地感到，随着快速货运业务的发展，现在这种"统一品牌、各自独立经营管理"的方式，已经越来越不适应快速货运尤其是现代物流业发展的需要。

下面主要分析公司业务流程及其优化实践。

二、兔兔快运业务流程现状分析

公路快速货运系统主要包括快运货物受理及取货服务、发货站装卸分拣作业、干线货物运输、收货站装卸分拣作业、送货服务及货物送达等五个业务环节。山东交运集团快速货运业务主要由客运车站和山东兔兔快运出租公司分别承担,且两者之间没有进行有效的资源整合和业务连接,所以分别进行分析。

1. 车站兔兔快运业务流程分析

车站兔兔快运业务环节包括两部分:自营业务和通过联营客运站延伸控制的业务环节。

自营业务流程主要包括济南市区内货物受理(经营网点受理、车站营业大厅受理和工作人员上门受理)、货物送达(同城送达、外地抵济货物送达)、车站营业大厅货物分拣和出入库作业等,此外还包括货到付款、代收货款、货物中转、货物代理、货物转包等业务。这些业务属于山东交运集团车站兔兔快运自己控制的部分。

对于济南市以外的客运站,山东交运集团通过联营协议的形式,打通货物运行通道,完善整个服务流程。联营客运站的业务主要包括:外地到站货物受理(包括客户自提、上门送货、货物中转等)、本地货物受理送达、本地货物出入库作业等。

各车站兔兔快运为了扩大货源,对外营销时突出宣传集团公司网络的整体优势以及整合社会资源的优势,所以在各车站兔兔快运承揽的货物中,除了本车站能够承运的货物外,还包括需要集团其他车站承运的货物,以及需转包给社会快运公司承运的货物。各车站兔兔快运之间货物转运流程如图3-13所示,其存在的主要问题如下。

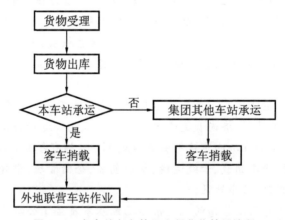

图3-13 各车站兔兔快运之间货物转运流程

(1)各车站兔兔快运为了拓展业务,分别在济南市内主要货源聚集地设立了营业网点,分别安排小货车循环到上述网点收取货物,造成车辆资源的重复配置,加大了成本支出。

(2)各车站兔兔快运在网点收取货物后,为统一对货物进行分拣,都必须在本车站进行入库、出库作业,各车站之间货物的相互转运造成大量重复作业。

(3)各车站与外地客运站之间签署的联营协议,并不是由集团公司职能部门统一签订的,而是各车站从自身角度出发签订的。在票据的传递和相互结算上,增加了重复作业量,加大了集团车站与外地车站的协调成本。

2. 山东兔兔快运出租公司业务流程分析

山东兔兔快运出租公司目前从事的业务包括：济南市区内的货物收取送达，货运代理，济南至山东省内、省外周边城市的大客户的货物分拨，第三方物流整体运作项目等。快运出租公司的货物处理流程见图3-14，业务流程存在的主要问题如下。

（1）受低价格吸引，山东兔兔快运出租公司货物转包大多流向了社会快运公司，而不是集团内的公司。收费标准不统一，不利于整个兔兔快运的发展。

（2）山东兔兔快运出租公司独立经营业务，与各车站兔兔快运之间合作很少，没有将车站快运"速度快、声誉好"的优势与自身车辆的批量运输优势结合起来；货物受理分散，不能实现统一配货，致使干线运输车辆货源不足，影响了货运专线的培育发展。

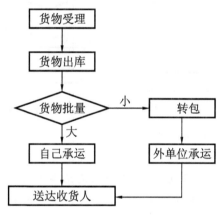

图3-14 山东兔兔快运出租公司货物处理流程

三、兔兔快运业务流程的优化

公路快运企业既要突出运输服务的快捷性，又要延伸服务功能，为客户提供综合服务。按照进一步强化核心业务功能、实现各作业环节的顺利衔接、消除重复作业环节这三个目标，对公司快运业务流程进行优化，优化后的业务流程见图3-15。

兔兔快运的核心业务功能主要是客车捎载、货车干线运输以及整合社会资源的能力。客户提出上门取货需求后，应根据货物批量的大小选择不同的运输方式。如果货物批量大，则由操作部直接安排货车进行整车运输，或者安排货车进行配载运输，并通过送货上门的方式，直接送达收货人手中。

如果货物批量小，则由操作部统一调度安排车辆到客户处（或市内网点）循环收取货物。收取货物后，统一在总站北区西营业厅进行入库，并按照货物发送方向进行分拣作业。货物分拣完毕后，根据客运班次发车情况和客户要求的时效，安排货物出库。货物出库后，由发货员与驾驶员办理货物托运交接手续，然

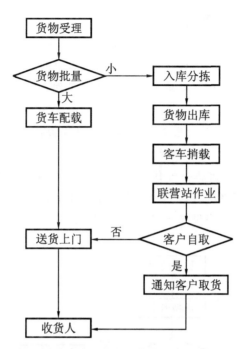

图 3-15　山东交运集团兔兔快运系统优化后的作业流程

后通过客运班车将货物运达目的地(或中转车站),并由联营客运站进行相关作业。如果货物需要客户自己提取,则由快运公司负责通知收货人携带相关证件提货。如果货物需要临时存放,则由联营客运站办理货物存放手续。如果货物需要送货上门,则由联营客运站负责送货上门。如果货物需要中转,则由联营客运站办理货物中转手续。

优化后的流程主要根据货物批量的大小,将客运班车多批次、小批量的配载能力与货运车辆少批次、大批量的整车配载能力进行了有效结合,既可充分利用各种车辆资源,又可满足不同客户、不同货物批量的运输需求。

业务流程优化以后,可以继续扩大中小客户的业务量,同时可以更好地满足大客户的综合服务需求,为拓展第三方物流业务创造了更有利的条件。在实施资源整合之前,山东兔兔快运出租公司已经积累了一些大客户资源,并为客户提供过整体物流服务,积累了一定的经验;而各车站兔兔快运主要面向中小散户,为中小散户提供快捷、安全、价低的运输服务。两者整合后,主要通过货物批量大小分别选择不同的运输方式,解决了市场交叉部分客户资源的合理分配问题。

另外,业务流程的整合实现了主要作业流程的统一,提高了运营效率。流程优化之前,车站兔兔快运和快运出租有限公司的作业流程相互独立,作业重复严重,降低了运营效率。流程优化后,主要的作业流程,包括货物接取送达、入库分拣、出库等都进行统一规划和管理,提高了运营效率。

改编自:单天振.山东交运集团兔兔快运资源整合策略研究[D].济南:山东大学,2006.

【思考与讨论】

1. 结合案例，分析货物快运业务的组织与管理有哪些特殊性。
2. 业务流程的优化整合为案例中的企业带来了哪些好处？

【本章关键术语】

零担运输　less than truckload　　联合运输　inter-modal transport
班轮运输/定期航线运输　linear shipping/transport
不定期船运输　tramp shipping　　租船运输　transport by chartering
租船人　charterer　　　　　　　航次租赁　voyage charter
期租船　time charter　　　　　　船务代理人　a shipping agent
货物运输　goods traffic/ freight traffic　装船单　shipping order
支线　gathering line　　　　　　干线　trunk line
全货机　all cargo carrier　　　　管道运输　pipeline transport

【本章思考与练习题】

1. 指出五种基本运输方式各主要运送的三种产品。为什么？
2. 要将一批易腐食品（如橘子、葡萄）分别运送到 150 千米和 1500 千米远的两个需求地，从运输成本、平均运输时间及运输时间的波动性三个方面对五种基本运输方式的表现排序。如果是运输一批电子设备到 150 千米和 1500 千米远的地方，五种运输方式的表现又是怎样的？
3. 水路运输系统的主要构成有哪些？
4. 查阅交通运输部关于《道路危险货物运输管理规定（2016 修正）》的相关信息，讨论特种货物运输组织管理与普通货物运输组织管理的主要区别。
5. 公路零担货物运输有何特点？其组织形式有哪些？
6. 铁路整车货物运输和零担货物运输的基本条件各是什么？
7. 水运航线运营与航次运营的组织形式有何区别？
8. 什么是班轮运输？有何特征？不定期船运输有哪几种形式？
9. 航空货物运输有哪些方式？
10. 管道运输的主要特点是什么？管道运输组织管理的主要特点是什么？

第四章 物流运输组织计划

本章重点理论与问题

物流运输组织计划也称物流运输生产计划,它规定了物流运输企业在计划期内所运输货物的数量、流向和主要技术经济指标,以及运力的提供和调配情况。物流运输组织计划是运输企业合理组织运输工具、使运输过程合理化的重要依据,同时也是运输企业编制其他经营计划的依据和基础。因此,物流运输生产计划的制订是运输组织与管理的重要内容之一。不同的运输方式由于其生产特点的不同,运输组织计划的内容及制订方法也不相同。本章主要介绍公路货物运输、铁路货物运输、水路货物运输及航空货物运输四种方式组织计划的内容、任务及相应的技术与方法。

第一节 物流运输组织计划概述

物流运输组织计划规定了物流运输企业在计划期内所运输货物的数量、流向和主要技术经济指标,以及运力的提供和调配情况。因此,不同运输方式的运输企业生产计划主要是由货物运输计划(即运量计划)、运力计划(包括运输工具利用计划)以及运量与运力平衡后制订的运输工具作业计划三部分组成。

物流运输组织计划是运输企业合理组织运输工具的重要依据,也是运输企业编制其他经营计划的依据和基础。运输企业的其他经营计划主要包括成本计划、财务计划、设备维修更新计划、固定资产投资计划、物资供应计划、技术组织措施计划、劳动工资计划等。反过来,这些经营计划将为物流运输生产计划的完成提供保障。它们是相互作用、相互影响的关系。因此,在编制企业计划时应做好各计划之间的平衡。

基于不同的角度,物流运输组织计划可有多种分类,以下介绍按时间和运输方式的不同进行的分类。

(一)按计划时间划分

按计划编制期限长短,物流运输组织计划分可为年度计划、季度计划、月度计划、日常计划等。

1. 年度计划

年度计划是依据企业的发展规划,结合企业的近期发展状态,根据企业资金、运力、市场和人力资源等情况具体确定企业计划年度内的生产量、生产能力、生产效益和生产质量。

2. 季度计划

季度计划根据年度计划进行编制,是年度计划逐季兑现的计划安排。由于生产的季节性特点,生产任务的不均衡情况等因素的影响而需要逐季编制计划,季度计划必须保证年度计划的完成,其基本内容大体上与年度计划相同。

3. 运输作业计划

作业计划包括月度、旬度、五日、昼夜、班计划,是企业在相对较短时间内的作业执行计划。作业计划是把企业的年度、季度任务与计划月份的具体情况结合起来,按月、旬、日、班落实到企业生产的各个环节,并组织实现。它是整个计划体系的具体化,是组织企业日常生产活动的依据。其中,昼夜计划、班计划等是具体的作业计划。

（二）按运输方式划分

各种运输方式具有不同的经济特征和经营模式,因此不同运输方式具有不同的物流运输生产计划,即公路货运生产计划、铁路货运生产计划、水路货运生产计划、航空货运生产计划、管道输送计划等。

对于不同运输方式,其货物运输生产计划的构成及相应名称也有所不同。例如,"运力计划"是关于企业运输工具及其利用效率的计划,对不同运输方式来说具有不同的名称。对于水路运输,运力计划通常称为船舶工作计划,它是由船舶增减计划和船舶工作技术经济指标计划组成的。对公路运输,运力计划称为车辆计划和车辆运用效率计划。对铁路运输,运力计划又称为技术计划,是根据运输计划、列车编组计划、列车运行图并结合车站行车工作细则编制的机车车辆运用计划。对航空货运企业来说,航线运输计划是航空公司在确定航班计划后,逐条航线、逐个机型编制的运输生产计划,包括运输量计划和飞机利用效率计划;航空运输中的运力计划通常称为飞行生产计划,它由飞机利用计划、飞机需求计划、空勤人员飞行计划和飞机维修计划构成。

第二节　公路货运生产计划

一、公路货运生产计划的构成

公路货运生产计划由运输量计划、车辆增减计划和车辆运用计划三部分构成。编制运输生产计划首先应列出计划期内的物流运输任务,确定运输量计划;其次,计算计划期内企业拥有的车辆及其吨位数,编制车辆计划;最后借助车辆运用指标,计算车辆运用水平和车辆生产率,确定车辆运用计划,以满足运输量计划的要求。

公路货运生产计划的构成及其相互关系可用图 4-1 示意说明。

（一）货物运输计划

货物运输计划以货运量和货物周转量为基本内容,主要包括货运量与货物周转量的上年度的实绩、本年度及季度的计划值以及本年度计划与上年度实绩之间的比较等内容。公路货运企业通过深入而详尽的市场调研,以掌握货流的详细情况。

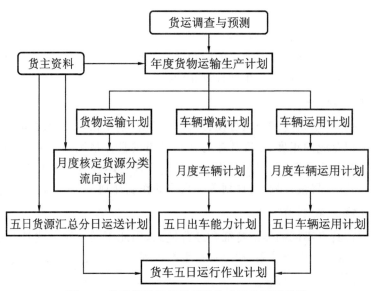

图 4-1　公路货运组织计划的构成及其相互关系

货物运输量的确定通常可依据下列资料：①国家近期运输方针和政策；②各种运输方式的发展情况；③公路网的发展情况；④企业长期计划中的有关指标和要求；⑤运输市场调查及预测的结果，以及托运计划、运输合同等资料；⑥服务地区经济发展以及其他有关的资料。

（二）车辆增减计划

车辆增减计划是企业计划期内的运输能力计划，主要反映运输企业在计划期内营运车辆的类型及各类车辆数量的增减变化情况及其平均运力。它是衡量企业运输生产能力大小的重要指标。

（三）车辆运用计划

运输量计划中所确定的运输任务能否如期完成，不但与车辆计划所确定的车辆有关，还与车辆运用效率有直接关系。同等数量、同样类型的车辆，若运用效率不同，完成的运输工作量也不会相同。因此，车辆增减计划必须与车辆运用计划紧密结合。

车辆运用计划是货运企业在计划期内全部营运车辆生产能力利用程度的计划，是计划期内车辆的各项运用效率指标应达到的具体水平。车辆运用计划是根据运输量计划、车辆计划来确定的，是平衡运力与运量的主要依据之一，同时也是企业生产经营计划、技术计划、财务计划和核算的重要组成部分。

车辆运用计划由一套完整的车辆运用效率指标体系组成。通过这些指标的计算，最后可以求出车辆的计划运输生产效率。

运输量计划和车辆计划是公路货物运输企业生产计划的基础，车辆运用计划是车辆计划的补充。运输量计划反映了社会对运输的需求，而车辆计划和车辆运用计划反映的是企业为满足这种需求可能提供的运输能力。二者必须保持一定的平衡关系，所以，编制生产计划的过程，实质上就是在运输量与运输能力之间反复平衡的过程。

二、公路运输量计划

公路货物运输量的确定应在市场调查的基础上,对有关资料、信息进行综合分析后确定。通常可采取以下两种方法确定货物运输量计划。

(一)根据运力确定运输量计划

公路货物运输生产活动中经常存在着运力与运量的矛盾。当运力不能满足社会需要时,只能通过对运输市场的调查,掌握公路货物运输的流量、流向、运距,确定实载率和车日行程后,遵循确保重点、照顾一般的原则,根据运输企业的运力来确定运输量计划,即采取以车定产的办法确定公路货物运输量计划值。其步骤如下。

1. 公路货运企业能够完成的货物周转量估计

公路货运企业能够完成的货物周转量的计算公式为

$$P=\frac{AD\alpha_d L_D \beta q \gamma}{1-\theta} \qquad (4-1)$$

式中:A——营运车辆数(辆);
　　D——计划期天数(天);
　　α_d——工作率(%);
　　L_D——车日行程(km);
　　β——里程利用率(%);
　　q——工作车平均吨位(t);
　　γ——吨位利用率(%);
　　θ——拖运率(%);
　　P——周转量(t·km)。

2. 货物运输量估计

公路货运企业的货运量计划值的计算公式为

$$Q=\frac{P}{\overline{L}_1} \qquad (4-2)$$

式中:Q——计划货运量(t);
　　$\overline{L}_1$——计划期货物平均运输距离(km)。

(二)根据社会需要确定运输量计划

当企业运输能力大于社会需求时,可根据社会对运输量的需求决定企业运输量计划。也就是说,企业要根据运输需求量决定公路货运服务供给投入运力的多少。一般情况下,此种公路货运服务供给应在保持合理车辆运用效率指标水平的基础上,预测投入的车辆数,并将剩余运力另作安排。根据社会需求估算企业运输量计划的计算公式为

$$A'=\frac{P}{D\alpha_d L_D \beta q \gamma}(1-\theta) \qquad (4-3)$$

式中:A'——运输量计划需投入(占用)的车辆数(辆);
　　P——已确定的周转量计划值(t·km);

其他符号同式(4-1)。

此时的剩余运力为

$$\Delta A = A - A' \tag{4-4}$$

式中：ΔA——剩余车辆数(辆)；

A——公路货运企业拥有的车辆数(辆)；

A'——计划投入使用的车辆数(辆)。

运距的长短、里程利用率与吨位利用率的高低以及装卸停歇时间的长短等，都会对车日行程产生影响，并影响货物周转量。因此，里程利用率、吨位利用率、车日行程，必须根据不同情况分别测算后综合确定；另外，运输量计划值还必须通过与车辆运用计划平衡后最终确定。

三、车辆增减计划

车辆增减计划的主要内容包括：车辆类型，年初、年末及全年平均车辆数，各季度车辆增减数量，额定吨位等。其中车辆数为平均车数，指公路货运企业在计划期内平均拥有的车辆数。

(一) 车辆数的计算

车辆数的计算公式为

$$\overline{A} = \frac{U}{D} \tag{4-5}$$

式中：$\overline{A}$——平均车辆数(辆)；

U——计划期总车日数，即拥有的车辆数与保有天数的乘积(车日)；

D——计划期日历数(天)。

(二) 总吨位的计算

总吨位是指平均总吨位数，指公路货运企业在计划期内平均投入的营运车辆的吨位总数，其计算公式为

$$q = \frac{\sum (A_i D_i q_i)}{\sum (A_i D_i)} \tag{4-6}$$

式中：q——计划期内营运车辆平均吨位(t)；

A_i——计划期内 i 组营运车数(辆)；

q_i——计划期内 i 组车辆平均吨位数(t)；

D_i——计划期内 i 组车辆的保有日数(天)；

i——计划期内按相同保有日数及额定吨位划分的车辆组别序号($i=1,2,\cdots,m$)。

年初车辆数及吨位数，根据统计期年末实有数据列入。车辆增加和减少数量，根据实际增加和减少情况计算。额定吨位一般以行车执照上的数据为准。若车辆经过了改装，则应以改装后的数据为准。年末车辆数及吨位数，按计划期车辆增、减变化后的实有数据统计。

车辆增减计划的具体内容见表4-1。

表 4-1 车辆增减计划

类 别	额定吨位	年初		增（＋）或减（－）			年末		全年平均	
		车数	吨位	季度	车数	吨位	车数	吨位	车数	总吨位
1. 货车										
大型货车										
中型货车										
零担货车										
拖车										
2. 挂车										
全挂车										
半挂车										

增减车辆的时间通常取季中值，即不论车辆是在季初还是在季末投入或退出营运的，车日的计算均从每季中间那天算起。表 4-2 是每季度车辆增加后或减少前在企业的保有日数的近似值。

表 4-2 增减车辆季中计算日数

	第一季度	第二季度	第三季度	第四季度
增加后的计算日/天	320	230	140	45
减少前的计算日/天	45	140	230	320

【例 4-1】某汽车运输公司年初有额定载重量为 5 吨位的货车 30 辆，4 吨位的货车 50 辆，二季度增加 5 吨位的货车 40 辆，四季度减少 4 吨位的货车 30 辆。计算该公司的年初车数、年末车数、总车日、平均车数、全年总车吨位日、全年平均总吨位和全年平均吨位。

解　年初车数 ＝（30＋50）辆 ＝ 80 辆

年末车数 ＝（30＋50＋40－30）辆 ＝ 90 辆

$$总车日 = \sum(A_i D_i) = [30 \times 365 + (50-30) \times 365 + 40 \times 230 \\ + 30 \times 320] 车日 = 37050 \text{ 车日}$$

平均车数 ＝ 37050/365 辆 ＝ 101.51 辆

$$全年总车吨位日 = \sum(A_i D_i q_i) = (30 \times 365 \times 5 + 20 \times 365 \times 4 \\ + 40 \times 230 \times 5 + 30 \times 320 \times 4) 车吨位日 \\ = 168350 \text{ 车吨位日}$$

全年平均总吨位 ＝ 168350/365 吨位/日 ＝ 461.23 吨位/日

全年平均吨位 ＝ 168350/37050 吨位 ＝ 4.54 吨位

四、车辆运用计划

(一) 车辆运用计划指标

编制车辆运用计划的关键在于合理确定各项效率指标。效率指标的确定必须遵循科学、合理、易测量、可行的原则,保证车辆在时间、速度、行程、载重量等方面得到合理利用。由于各项效率指标间是相互联系的,因此,必须注意各项指标之间的相互协调。车辆运用计划指标的构成见表4-3。通过计算这些指标,最后可求出车辆计划运输效率值,可以判断运输量计划能否实现。

表 4-3 车辆运用计划

	指 标	单位	本年度计划					本年计划与上年计划比较/(%)
			全年	第一季	第二季	第三季	第四季	
主车	平均营运车数	辆						
	平均吨位	吨位						
	车辆完好率	%						
	车辆工作率	%						
	平均车日行程	km						
	总行程	km						
	里程利用率	%						
	载重行程	km						
	载重行程载重量	t·km						
	吨位利用率	%						
	货物周转量	t·km						
挂车	拖运率	%						
	货物周转量	t·km						
吨位	货物周转量	t·km						
	平均运距	km						
	货运量	t						
	单车期产量	t·km						
	车吨期产量	t·km						

(二) 主要指标的计算

表 4-3 中主要指标的计算方法如下。

(1) 车辆完好率 $= \dfrac{\text{计算期营运车辆完好总天数}}{\text{同期营运车辆总天数}} \times 100\%$

(2) 车辆工作率 $= \dfrac{\text{计算期营运车辆工作总天数}}{\text{同期营运车辆总天数}} \times 100\%$

(3) 平均车日行程 = $\dfrac{\text{计算期内总行程}}{\text{计算期工作车日}}$

(4) 里程利用率 = $\dfrac{\text{载重行程}}{\text{车辆总行程}} \times 100\%$

里程利用率的大小反映了车辆的实载程度,可以用来评价运输组织管理水平的高低。

(5) 吨位利用率 = $\dfrac{\text{计算期完成货物周转量}}{\text{同期载重行程载重量}} \times 100\%$

(6) 实载率 = $\dfrac{\text{计算期完成货物周转量}}{\text{同期总行程载重量}} \times 100\%$

吨位利用率和实载率都属于车辆载重量利用指标,反映车辆载重能力的利用程度。

(7) 拖运率 = $\dfrac{\text{计算期内挂车周转量}}{\text{同期总周转量}} = \dfrac{\text{计算期内挂车周转量}}{\text{同期主车周转量} + \text{挂车周转量}}$

拖运率反映的是拖挂运输开展情况及挂车载重量利用的情况。

(8) 单车期产量 = $\dfrac{\text{计算期全部营运车辆完成的周转量}}{\text{同期内平均营运车辆数}}$

(9) 车吨位期产量 = $\dfrac{\text{计算期全部营运车辆完成的周转量}}{\text{同期内平均总吨位}}$

单车期产量和车吨期产量是反映汽车运输生产率的两个重要指标。这里的"期"可以是一年、一季、一月或一天。

【例 4-2】 某公路货运公司第一季度平均营运车辆数为 100 辆,其额定载重量为 5 吨位。经分析测算,全年平均车辆完好率可达 93%,工作车率为 90%,技术速度为 50 km/h,工作车时利用率为 80%,平均每天出车时间为 10 小时,里程利用率为 70%,重车载重量利用率(即吨位利用率)为 100%。运输量计划中显示的平均运距为 80 km,货物周转量为 10200000 吨千米。根据这些资料,确定各项车辆运用效率指标的计划值,并据此编制车辆运用计划。

解 指标计算过程及计划值见表 4-4。

根据表中计划值的计算,该公司可完成的货物周转量为 11340000 吨千米,比运输量计划指标 10200000 吨千米略高,因此可完成运输量计划,可据此编制车辆运用计划。

表 4-4 车辆运用计划指标计算过程及结果

序号	指标	单位	计算过程	计划值
1	营运车日	车日	100×90	9000
2	平均营运车数	辆		100
3	平均总吨位	吨位	9000×5/90	500
4	平均吨位	吨位		5
5	车辆完好率	%		93%
6	车辆工作率	%		90%
7	工作车日	车日	9000×90%	8100
8	工作车时利用率	%		80%

续表

序 号	指 标	单位	计算过程	计 划 值
9	平均车日行程	km	50×80%×10	400
10	总行程	km	400×8100	3240000
11	里程利用率	%		70%
12	载重行程	km	3240000×70%	2268000
13	载重行程载重量	t·km	2268000×5	11340000
14	吨位利用率	%		100%
15	可完成周转量	t·km	11340000×100%	11340000
16	平均运距	km		80
17	可完成货运量	t	11340000/80	141750
18	车吨位季产量	km	11340000/500	22680
19	单车季产量	t·km	11340000/100	113400
20	车千米产量	t	11340000/3240000	3.5

五、车辆运行作业计划及其编制

车辆运行作业计划是实现具体运输过程的依据,其主要任务在于:合理分配各车队及车站的计划,使之协调一致地工作;加强计划管理,组织均衡生产,不断提高运输效率。

车辆运行作业计划根据计划期的长短,可分为长期运行作业计划(如月度货运计划)、短期运行作业计划(如五日货运作业计划)、日运行作业计划等类型。

编制车辆运行作业计划的主要依据包括:①月度货运任务及车辆运用效率指标;②运输市场及货源调查资料和运输合同;③装卸货地点的装卸能力;④车辆技术状况及保修作业计划;⑤运输服务区域的道路情况和气象情况。

车辆运行作业计划的编制主要分为以下五个步骤。

(1)根据有关资料确定货源汇总和分日运送计划表,见表4-5。

表4-5 货源汇总和分日运送计划表

年 月 日至 年 月 日

线别	托运单号	发货单位	起运点	收货单位	品名	包装	运距/km	托运吨数	分日运送计划										剩余物资	
									日		日		日		日		日		吨数	处理意见
									吨数	车号	吨数	车号	吨数	车号	吨数	车号	吨数	车号		
				合计																

(2) 核对全部营运车辆的出车能力及出车顺序,妥善安排车辆保修日期。

(3) 根据有关信息,分析研究前期运作作业计划存在的问题。

(4) 着手编制运行作业计划,根据有关资料,采用数学方法合理确定行驶路线,安排运行周期,选配适宜车辆,制订货车五日作业计划表(见表 4-6)。

表 4-6 货车五日运行作业计划表

年　　月　　日至　　年　　月　　日

日期	作业计划内容	运量 /t	周转量 /t·km	执行情况检查
1				
2				
3				
4				
5				

指标	计划 实际	工作率 /(%)	车日行程 /km	里程利用率 /(%)	实载率 /(%)	拖运率 /(%)	运量 /t	周转量 /t·km	说明

(5) 核准车辆运行作业计划。

制订好车辆运行作业计划后,运输企业应该及时做好装车准备,并配合组织回程货源,以提高车辆实载率,降低运输成本。

对于救灾、抢险以及各种原因提出的应急运输需求,货运企业难以预先作出计划。对于这些计划外的运输,货运企业可不受运输计划的限制,可在运力充足的情况下尽量满足用户需求。

第三节　铁路货运生产计划及组织技术

一、铁路货运生产计划的构成

铁路货物运输计划包括安排货源货流组织的铁路运输生产货运计划(简称货运计划)和安排货车等运输设备运用的铁路运输生产技术计划(简称技术计划)。铁路货物运输生产计划既是年度计划在计划周期的具体安排,又是组织日常运输生产活动的依据。

铁路运输货运生产计划的构成及其相互关系如图 4-2 所示。根据铁路货物运输需求的预测结果,制订年度货运计划和月度货运计划。以充分利用全线运输能力为指导原则,最大限度地组织均衡运输、直达运输和成组装车,根据年度运输计划制订列车编组计划、列车运行图、车站工作细则等;根据月度货物运输计划,制订铁路运输设备运用的技术计划、月旬运输方案,以及日常工作计划等。

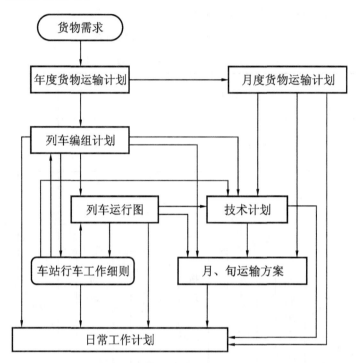

图 4-2 铁路运输企业货运生产计划的构成及其相互关系

二、货物列车编组计划

(一)货物列车编组计划的作用及编制原则

车流组织是铁路行车组织的一项重要内容,它规定车流由发生地向目的地运送的组织制度,以保证各站所产生的重车流和空车流能迅速而又经济地送到目的地,进而获得最好的技术经济效果。

在一定的路网运输能力和车流结构的条件下,车流组织要解决的主要问题是:

(1)货物列车开行方案(确定哪些站之间需要开行、什么种类的列车);
(2)每一列车去向的车流吸引范围;
(3)列车运行径路;
(4)各去向列车的开行频度;
(5)线路和技术站的负荷水平。

车流组织要解决的核心问题就是如何把车流变为列流。货物列车编组计划是车流组织的具体体现。货物列车编组计划就是规定路网上所有重、空车流在哪些车站编成列车,编组哪些种类和到达哪些车站(装卸站或解体站)的列车,以及各种列车应编入的车流内容和编挂办法等。

货物列车编组计划的编制遵循以下四条原则。

(1) 尽量从装车地组织直达运输。

(2) 最大限度地减少车辆改编作业次数,尽量将调车工作集中到技术设备先进、编解能力大、作业效率高的主要编组站上进行。

(3) 合理确定各技术站编组列车的办法和列车编解任务,确保各站之间的工作的协调配合,维持良好的作业秩序。

(4) 合理组织区段管内和枢纽地区的车流,减少重复改编,加速车流输送。

货物列车编组计划将路网上交错分布的车流按到站的远近和运输性质分别组织到不同去向和种类的列车之中,保证货物能以最快的速度送达目的地。列车编组计划具体规定了各货运站、技术站编组列车的种类、到站和车辆编挂办法,对车站工作起到了决定性作用,是编制列车运行图的基础。

(二) 列车编组计划中对货物列车的分类

货物列车编组计划主要包括装车地直达列车编组计划和技术站列车编组计划两大部分。在这两部分计划中,对所有编组列车的车站规定了编组列车的种类、到达站及编组内容。为此,先要了解列车编组计划中对铁路货物列车的分类。

按编组地点和运行距离分类,可将货物列车划分为以下类型,如图 4-3 所示。

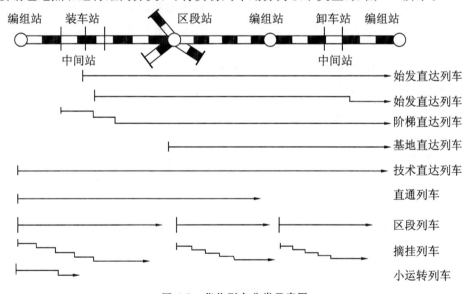

图 4-3 货物列车分类示意图

(1) 始发直达列车。由一个车站所装的货车组成,通过一个或多个编组站而不进行改编作业的列车。

(2) 阶梯直达列车。由同一个或相邻两个调度区段中几个车站所装的货车组成,通过一个及一个以上编组站而不进行改编作业的列车。

(3) 基地直达列车。由装车基地所属的一个或若干个车站所装的货车组成,通过一个及一个以上编组站而不进行改编作业的列车。

(4) 技术直达列车。在技术站编组,通过一个及一个以上编组站而不进行改编作业的列车。

(5) 直通列车。在技术站编组，通过一个及一个以上区段站而不进行改编作业的列车。

(6) 整列短途列车。在装车站编组，运行距离较短且不通过编组站到达某一卸车站的列车。

(7) 区段列车。在技术站编组，不通过技术站且在区段内不进行摘挂车辆作业的列车。

(8) 摘挂列车。在技术站编组，在区段内各中间站进行车辆摘挂作业，服务于区段管内车流输送的列车。

(9) 区段小运转列车。在技术站与邻接区段内的几个中间站之间开行，用于输送这几个中间站到发车流的列车。

(10) 枢纽小运转列车。在枢纽内各站间开行，服务于枢纽内车流输送的列车。

从卸车地直接组织的空车列车，也可比照上述分类方法将空车列车分为直达、直通或区段列车。

编制货物列车编组计划是一项十分复杂而又细致的工作。在整个铁路网上，编组列车地点的数量很大，车流支数更多，各支车流之间相互联系、互相渗透，只有将全路的车流组织作为一个整体来考虑才可能找到最优的方案。但是，这样一来，车流组织的方案数非常巨大，且每一方案需要考虑的因素又很多，要想通过计算选出最优方案非常困难。为了解决好全路货物列车编组计划的编制问题，我国铁路采用分块编制的做法。一方面分别编制装车地直达运输和技术站列车编组计划，另一方面又将全国铁路划分为若干个铁路方向，按各铁路方向分别编制货物列车编组计划。

国内外很多学者对货物列车编组计划最优方案进行了研究，但是，不能全面考虑各种有关因素的影响，所提供的最佳方案只能作为决策时的参考。

(三) 装车地直达列车编组计划

装车地直达运输计划依其编制目的和实行期限可分为远期、近期及月度计划几种。近期计划即为装车地直达列车编组计划，它与技术站列车编组计划一起编制，着重解决铁路现有技术设备条件下列车编组工作的最合理分配问题，并对各装车站规定组织直达列车的基本要求。月度直达运输计划属于执行性计划，它以列车编组计划的有关规定和批准的运输生产计划车流为依据，通过合理组织货源货流编制出高于列车编组计划基本要求的直达列车计划，并在旬间运输方案中做好日装车安排。

装车地直达列车编组计划通常采取上下结合的方法进行编制。首先由铁路局根据以往的实绩和运输市场的发展，研究和规定各局应完成的直达运输任务，结合装车计划一并下达。各铁路局根据部定任务，编制计划车流，从品类别、发到站别、车流资料中查定直达车流，填写装车地直达列车计划车流表，并结合装卸站的设备条件、装卸能力，参考以往实绩与有关厂矿企业单位共同研究协商，拟定装车地直达列车计划草案报铁路局。制定装车地直达列车计划时，应优先采用经济效益高、易于实现的组织方式，本着"先远后近、能高勿低"的原则，采取如下做法。

(1) 先组织直接面向市场和特定条件要求的直达列车，如"五定"班列、集装箱直达列车、鲜活快运货物列车、重载单元列车、循环直达列车等，再组织一般的装车地直达列车。

(2) 先组织一个发站一个发货单位装的直达列车，再组织同一发站几个发货单位装的直达列车,最后组织几个车站联合配开的直达列车。

（3）先组织到达同一车站或同一专用线卸车的直达列车,再组织到达同一区段或枢纽内几个站卸车的直达列车,最后组织到达技术站解体的直达列车。

（4）在一定条件下采用建立直达基地或联合出车区的方法,把零散车流汇集起来组织多个点配开的直达列车。

货物列车编组计划经多方讨论、调整、确定之后,要填写直达列车站别计划表及直达列车计划汇总分析表,说明所编直达列车种类、发到车站、列数及车数,并计算有关指标。

（四）技术站列车编组计划

装车地直达列车未吸收的车流、到达技术站解体的装车地直达列车内的远程车流及卸车地未能组织空车专列的零星空车,都要在技术站集中,并按车流的去向和性质加以分类,以便分别编组各种不同到站、不同种类的列车,作为编制技术站列车编组计划的依据。一般情况下,每一个区都要开行摘挂列车和区段列车,因此,编制技术站列车编组计划主要就是要确定技术直达列车和直通列车的编组计划。

1. 车流划为单独编组到达站的基本条件

在技术站编组某一去向（即某到达站）列车时,其所需车流主要是从各衔接方向陆续到达的。而该站必须将这些车流加以集结,等凑足整列后才能编组出发。因而每编组一个去向的列车,在技术站就要产生一个相应的车辆集结停留时间（$T_{集}$）。这是技术站编开直达或直通列车不利的一面。

但另一方面,由于所编直达或直通列车经过沿途各技术站时无须进行改编作业,从而可得到无改编通过沿途各技术站的车小时节约时间（包括调车工作小时的节省,$N_{直}\sum t_{节}$）。

因此,将车流划为单独编组到达站是否合适应通过比较上述得失来判定。如果车流无改编通过沿途各技术站所得车小时节约时间大于或等于其在列车编成站所产生的集结车小时损失,就可认为该支车流具备了划为单独编组到达站的基本条件,可表示为

$$N_{直}\sum t_{节} \geqslant T_{集} \tag{4-7}$$

式中:$N_{直}$——某直达列车到达站日均车流量;

$\sum t_{节}$——车流无改编通过沿途技术站节省的时间;

$T_{集}$——开行直达列车时一昼夜消耗的集结车小时（小时）,它等于列车编成辆数 m 和集结参数 C 的乘积,即 $T_{集} = Cm$。

集结参数 C 是编制列车编组计划的重要依据之一,反映各种主客观因素对车辆集结时间的影响,表示技术站每增开一个列车到达站就要多消耗的集结车小时。车辆集结参数 C 主要取决于车流的到达情况（车流衔接的紧密程度和车流的分散程度）和车站工作组织的水平。在一定时期内,集结参数 C 可看成是固定的,我国铁路采用取近似值和实际查定两种方法来确定其值:区段站为 8~10,编组站为 10~11,当车站条件差或编组列车到站数较多时取上限;条件许可时应采用实际查定值。

上述条件是检查远程车流开行直达列车到达站的基本条件。然而,即使满足了基本条件,是否要单独编组列车,还要进一步考虑其他车流合并开行的问题。

2. 最优编组方案的条件

仅运用基本条件孤立地对各支车流进行分析，所确定的列车编组计划方案不一定就是该方向列车编组计划最佳方案，所以不一定要划为单独的编组到达站。因此，满足上述基本条件只能称具备了编组的必要条件。由于各方向车流的构成错综复杂，同一车站发出的各车流以及各方向车流的运行都是相互影响的；某一支车流编组方法的变更，将使其他车流编组条件发生变化；一个车站编组方案的变更，也会使其他车站的调车工作量和所需编组线数发生变化。尽管满足基本条件，也可能存在与其他车流合并编组会得到更多的车小时节省的情况。

这就说明，技术站货物列车编组计划的制订，不能就一支支车流、一个个车站孤立地去解决，必须从全局着眼，统筹兼顾，合理安排，就整个方向全面地加以考虑。在综合研究整个方向所有车流组合方案的基础上，结合各技术站的设备和工作条件，从中选择最有利的列车编组计划方案，并使所选择的方案经济、可行。

方向上每一编组方案的车小时消耗包括以下两部分：一是各技术站开行直达列车所产生的集结车小时总消耗($\sum T_{集}$)；二是未被包含在直达列车编成站的远程车流的改编作业车小时总消耗($\sum N_{改编} t_{节}$)。因此，每一编组方案的车小时总消耗为$\sum T_{集} + \sum N_{改编} t_{节}$。

方向上每一编组方案的车小时总节省值 Z 的计算公式为

$$Z = \sum N_{直} t_{节} - \sum T_{集} \tag{4-8}$$

式中：$\sum N_{直} t_{节}$ —— 该方案所有编入直达列车的远程车流，在沿途技术站无改编通过的车小时总节省(车·h)；

$\sum T_{集}$ —— 该方案所有直达列车在编成站的集结车小时总消耗。

方案的车小时消耗总额最小或车小时总节省值最大，保证有尽可能大的经济效益的方案即为最经济的方案。因此，编组方案最优的条件是：$Z = \sum N_{直} t_{节} - \sum T_{集}$ 为最大。

实际工作中，车小时消耗最少的方案，并不一定是可以实现的方案。考虑到方案的可行性，往往要选择车小时消耗与之接近且能在各站间合理分配编解调车工作任务的方案为最佳方案。这样的最佳方案也属于数学上可能的车流组合方案之中，如何从众多的车流组合方案之中准确而迅速地把有竞争能力的若干方案优选出来，就成为计算技术站单组列车编组计划必须解决的一个重要问题。

3. 列车编组计划方案的计算示例

编制列车编组计划可采用绝对计算法、分析比较法和表格计算法。绝对计算法计算方向上所有编组方案的车小时消耗以及在各站的改编车数，从中选择车小时消耗少并且适合各站改编能力的编组方案，即经济合理方案。该方法直观，选择方案方便；但方向上技术站较多时，计算复杂，手工计算时，只能计算不超过5个技术站方向的单组列车编组计划。

下面举例说明绝对法的计算过程和内容，并用表格显示。

【例4-3】观察A—D方向各技术站间的车流，有关计算数据及编组计划方案如图4-4所示，比较三个列车编组计划方案，作出最佳选择。

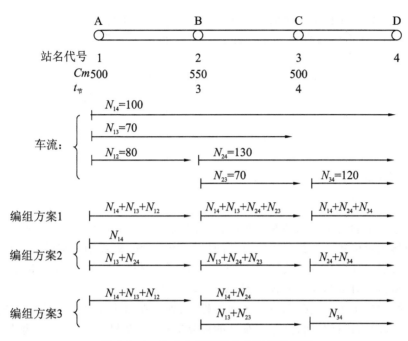

图 4-4 A—D 方向车流及编组计划方案图

解 三个列车编组计划方案的计算结果列于表 4-7 中。

方案 1 由于没有开行直达或直通列车,没有节省,其总消耗等于 1430 车小时;

方案 2 考虑到车流 N_{14} 满足了划为单独编组到达站的基本条件,即

$$N_{14}(t_{节}^{B}+t_{节}^{C})=700>Cm_{A}=500(车小时)$$

方案 2 中,如果划出 A—D 到达站,将可节省 200 车小时,因而可以组织车流 N_{14} 单独编开到 D 站的直达列车。此方案总消耗为 1230 车小时,较第 1 方案减少了 200 车小时,也就是将 A—D 划为单独编组到达站所能节省的车小时数。

表 4-7 编组计划方案计算表

方案	节约车小时数/车·h $\sum N_{直} t_{节} - \sum kCm$	消耗车小时数/车·h		合计	改编车数/车	
		直达去向集结车小时数 $\sum kCm$	改编车小时数 $\sum N_{改编} t_{节}$		在 B 站	在 C 站
1	—	—	$(N_{14}+N_{13})t_{节}^{B}+(N_{14}+N_{24})t_{节}^{C}$ $=(100+70)\times 3+(100+130)\times 4$ $=1430$	1430	$N_{14}+N_{13}$ $=100+70$ $=170$	$N_{14}+N_{24}$ $=100+130$ $=230$
2	$N_{14}(t_{节}^{B}+t_{节}^{C})-Cm_{A}$ $=100\times(3+4)-500$ $=200$	$Cm_{A}=500$	$N_{13}t_{节}^{B}+N_{24}t_{节}^{C}$ $=70\times 3+130\times 4$ $=730$	1230	$N_{13}=70$	$N_{24}=130$
3	$(N_{14}+N_{24})t_{节}^{C}-Cm_{B}$ $=(100+130)\times 4-550$ $=370$	$Cm_{B}=550$	$(N_{14}+N_{13})t_{节}^{B}$ $=(100+70)\times 3$ $=510$	1060	$N_{14}+N_{13}$ $=100+70$ $=170$	

方案 3 就车流 N_{24} 本身不满足基本条件这一情况,将车流 N_{14} 送到 B 站改编,与车流 N_{24} 合并开行 B—D 到达站直达列车。此合并车流满足了划为单独编组到达站的基本条件,即

$$(N_{14}+N_{24})t_{节}^{C}=920>Cm_{B}=550(车小时)$$

此方案总消耗为 1060 车小时,较第 1 方案减少 370 车小时,较第 2 方案节省了 170 车小时。

可见,方案 3 的车小时数节省值最大,是三个方案中最佳的编组方案。

三、列车运行图

(一) 概念及其作用

列车运行图是运用坐标原理对列车运行时间、空间关系的图解表示,实际上是列车运行时刻表的图解表示格式。铁路列车运行图的横轴为时间坐标,纵轴为车站中心线的坐标,运行图上的斜线表示列车运行的轨迹,称为列车运行线。这样,从运行图上可以清楚地看出列车在各区间运行的时刻和列车在各站到、发或通过的时刻。

列车运行图规定了各次列车占用区间的程序、列车在每个车站的到达和出发(或通过)时刻、列车在区间的运行时间、列车在车站的停站时间,以及机车交路、列车重量和长度等,是全路组织列车运行的基础,也是铁路运输企业向社会提供运输供应能力的一种有效形式。

为了适应使用上的不同需要,列车运行图按时间划分的不同,可有如下 3 种格式。

1. 二分格运行图

它的横轴以 2 分钟为单位用细竖线加以划分,10 分钟格和 1 小时格用较粗的竖线表示。二分格运行图主要在编制新运行图时使用,见图 4-5,图中,"|"表示分钟,"↑"表示 30 秒。

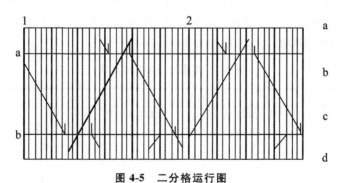

图 4-5　二分格运行图

2. 十分格运行图

它的横轴以 10 分钟为单位用细竖线加以划分,半小时格用虚线表示,小时格用较粗的竖线表示。十分格运行图主要供列车调度员在日常指挥工作中编制调度调整计划和绘制实际运行图时使用(见图 4-6)。

3. 小时格运行图

它的横轴以 1 小时为单位用竖线加以划分。小时格运行图主要在编制旅客列车方案图和机车周转图时使用(见图4-7)。

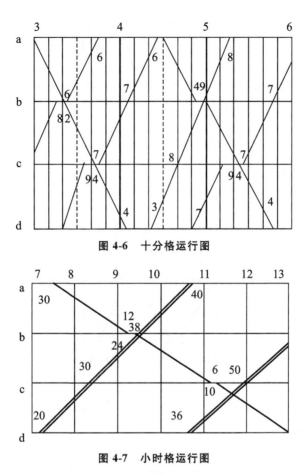

图 4-6 十分格运行图

图 4-7 小时格运行图

运行图上的列车运行线（斜线）与车站中心线（横线）的交点，即为列车到、发或通过车站的时刻。根据列车运行图的格式，到发时刻有不同的表示方法。在二分格图上，以规定的标记符号表示，不需填写数字；在十分格图上，填写 10 分钟以下数值；在小时格运行图上，填写 60 分钟以下数值，所有表示时刻的数字，都填写在列车运行线与横线相交的钝角内。列车通过车站的时刻，一般填写在出站一端的钝角内。在运行图上，铺画有许多不同种类列车的运行线。为便于识别，对各种列车采用不同的表示方法，并对每一列车冠以规定的车次，标在区段的首末两端区间相应列车运行线的上方。上行列车的车次为双数，下行列车的车次为单数。我国铁路规定向首都的方向为上行方向，反之为下行方向。

（二）列车运行图的分类

按使用范围以及铁路线路技术设备（如单线、复线）和列车运行速度、上下行方向的列车数量、列车的运行方式等条件，列车运行图可分为多种类型。在同一区间内，同一方向列车的运行速度如果都相同，运行线就相互平行；如果在区段内没有列车越行，则这种运行图称为平行运行图。平行运行图通常只用于计算铁路区段通过能力。在铁路实际运输中，同一区间内、同一方向的列车运行速度并不相同，旅客列车速度较货物列车高，因而其运行线相互并不平行，这种运行图称为非平行运行图，铁路实际运输中使用的多为非平行运行图。如果运行图内上下行方向的列车数是相等的，则称为成对运行图，反之则称为不成对运行图。

通常情况下，铁路运输中使用的多为成对运行图，在上下行方向运量相差较大时可以采用不成对运行图。在单线铁路上，由于上下行方向的列车都在同一正线上运行，两个方向的列车必须在车站上交会，因此上下行列车的运行线不能在区间交叉，这是单线运行图的特征（如图4-8所示）。复线运行图由于上下行列车在各自的正线上运行，互不干扰，既可以在车站上交会，也可以在区间内交会，因此在复线运行图中，上下行列车的运行线可以在区间交叉。

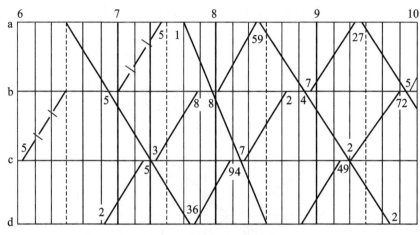

图4-8 单线非平行运行图

以上分类是针对运行图的某一特点而加以区分的，实际上每张运行图都具有几个方面的特点，例如，某一区间的运行图可能既是非平行的、复线的，又是成对的。

（三）编制方法概述

列车运行图的构成要素比较复杂，主要包括：列车区间运行时分；列车在中间站的停站时间，机车在基本段和折返段所在站的停留时间标准；列车在技术站、客运站和货运站的技术作业过程及其主要作业时间标准；车站间隔时间；追踪列车间隔时间。

随着铁路客货运量的日益增长和运输市场的发展变化，列车牵引重量和运行速度的逐步提高，每经过一定时期，就有必要重新编制一次列车运行图。列车运行图的编制是在铁道部门统一领导下，由运输、机务、车辆、工务、电务、计划等有关部门负责人组成领导小组，负责编图的组织领导工作，确定编图的原则、任务和步骤，铁路局相关部门通过协商拟定全路跨局列车运行方案。一般是先铺画旅客列车运行线，再在其上铺画货物列车运行线。具体方法和步骤可参见铁路运输组织学教材。

四、运输方案

铁路货物运输方案是全面组织日常运输生产活动，保证完成月、旬货物运输任务的综合部署，主要包括铁路货运工作方案、列车工作方案和机车工作方案。它根据月度货物运输计划、列车编组计划、列车运行图、车站行车工作细则、技术计划按月或旬以铁路局、分局或车站为单位进行编制和贯彻执行。

列车编组计划和列车运行图都是年度基础性质的技术文件，为全年运输组织中的车流组织和列车运行工作提供指导。月度货运计划规定了各种货流的流量与流向，通过编制技术计划又规定了全路运量分配及各铁路局（分局）应完成的各项任务的日均标准。这些都属于任务性的计划。对于如何组织货源货流,如何使车流组织与列车运行图很好地结合,如何使列车运行与机车周转紧密联系,缺乏具体的安排和规定。因此,还应该根据这些计划规定的任务,按照列车编组计划、列车运行图的规定、各装卸站的装卸能力、企业生产和市场供需规律以及计划月度等的具体情况,对该计划月内各旬的货运工作、列车工作、机车工作,以及工务、电务施工等进行综合部署和统筹安排,使货流组织、车流组织、列车运行、机车运用彼此紧密衔接起来,为编制日常工作计划提供必要的依据。

由此可见,通过运输方案能把运输计划、技术计划、货物列车编组计划、列车运行图和日常工作计划紧密地结合和衔接起来。

五、铁路运输能力

铁路运输能力是通过能力和输送能力的总称,既取决于固定基础设施(如铁路区间、车站、机务段等)的数量和相互配置结构,又取决于活动设备(如机车、车辆、动车组等)的时空配置,还取决于固定设施与活动设施的相互适配。

(一)铁路通过能力

取决于固定设施设置条件的铁路运输能力统称为铁路通过能力,或者说是铁路区段通过能力,它是指在一定的铁路区段或方向,在设定类型的机车、车辆和一定的行车组织方法的前提下,固定设施在单位时间内(通常指一昼夜)最多能通过的标准重量的列车数或列车对数。通过能力取决于铁路固定设施与机车车辆的合理运用。因此,通过能力并不是一成不变的,它随着技术设备和行车组织方法的改善而提高。计算铁路通过能力能够为运输生产计划的安排提供依据。

铁路区段通过能力按照下列固定设施及设备进行计算。

(1)区间。其通过能力主要取决于区间正线数目,区间长度,线路纵断面,机车类型,信号、连锁、闭塞设备的种类。

(2)车站。其通过能力主要取决于车站到发线数,咽喉道岔的布置,驼峰和牵出线数,信号、连锁、闭塞设备的种类。

(3)机务段设备和整备设备。其能力主要取决于蒸汽机车洗修台位,内燃或电力机车的定修台位,温水洗炉设备及段内整备线。

(4)蒸汽牵引区段的给水设备。其能力主要取决于水源的涌水量,抽水、扬水、配水设备的生产率。

(5)电气化铁路的供电设备。其能力主要取决于牵引变电所的容量与配置,接触网的供电能力。

根据以上固定设施和设备计算出来的通过能力,可能各不相同,其中能力最薄弱的设备限制了整个区段的能力,因此,以通过能力最薄弱的能力作为该区段的最终通过能力。

在铁路实际工作中,通常又把通过能力分为三个不同的概念,即设计通过能力、现有通过能力和需要通过能力。预计新线修建以后或现有铁路技术改造以后,铁路区段固定设施所能达到的能力,称为设计通过能力;在现有固定设施、现行的行车组织方法和现有的运输组织水平的条件下,铁路区段可能达到的能力,称为现有通过能力;在一定时期内,为了适应国家建设和人民生活需要,铁路区段所应具备的能力,称为需要通过能力。

（二）铁路输送能力

取决于活动设备的数量和配置的铁路运输能力称为输送能力。输送能力一般按线路或方向分别确定。它是在一定的固定设施、一定的机车车辆类型和一定的行车组织方法的条件下，根据活动设备（机车车辆）数量和职工配备情况，在单位时间内（通常指一昼夜）最多能够输送的列车对数、列车数或货物吨数。

"输送能力"和"通过能力"既有区别，又有联系。通过能力是从固定设施方面衡量铁路线路可能通过的列车数，并未考虑活动设备数量和职工配备情况等因素。输送能力则着重于从活动设备和职工配备方面指明该铁路线能够通过的列车数或货物吨数，它以铁路通过能力为依托并受其限制。这就是说，输送能力小于或等于通过能力。当机车、车辆、电力、燃料以及职工配备足够时，输送能力的极限值就是该铁路的通过能力数值。另外，通过能力具有地区固定性的特点，不能调拨，其发展一般呈阶跃式增长；而决定输送能力的机车车辆和职工配备是分散、流动的，其数量增长一般是渐进式的。通常将铁路线在一年内所能通过的最大货流量称为该铁路线的输送能力。

（三）车站通过能力

车站通过能力是指在车站现有设备条件下，采用合理的技术作业过程，一昼夜能够接发各方向的货物列车数和运行图规定的货物列车数。

车站通过能力包括咽喉通过能力和到发线通过能力。咽喉通过能力是指车站某咽喉区各方向接、发车进路咽喉道岔组通过能力之和。咽喉道岔组通过能力是指在合理固定到发线使用方案及作业进路条件下，某方向接、发车进路上最繁忙的道岔组一昼夜能够接、发该方向的货物（旅客）列车数和运行图规定的旅客（货物）列车数。到发线通过能力是指到达场、出发场、通过场或到发场内办理列车到发作业的线路，采用合理的技术作业过程和线路固定使用方案，一昼夜能够接、发各方向的货物（旅客）列车数和运行图规定的旅客（货物）列车数。

影响车站通过能力的主要因素如下。

（1）车站技术设备的特征，如站场的类型、咽喉区的结构、到发线的数量和进路、到发线的有效长等。

（2）车站办理列车的种类和数量，如客、货列车的比重，摘挂列车的数量等。随着旅客列车和摘挂列车数量的增加，车站通过能力将降低。

（3）货物列车到发的均衡程度。货物列车到发的不均衡性与列车运行图和车站衔接的方向数有关，随着不均衡性的增加，车站通过能力将降低。

（4）到发线的空费时间。到发线一昼夜不能被用来接发列车的空闲时间称为空费时间。它是由于列车到发的不均衡、列车各作业环节配合不紧密以及列车平均每列占用到发线的时间不可能为 1440 min 的整倍数等原因而产生的。随着空费时间的增加，车站通过能力将降低。空费时间的大小可用空费系数 $\gamma_{空}$ 表示，即

$$\gamma_{空} = \frac{\sum t_{空费}}{\sum t_{占} + \sum t_{空费}} \qquad (4\text{-}9)$$

式中：$\sum t_{空费}$ ——一昼夜某设备总的空费时间（min）；

$\sum t_占$ —— 一昼夜某设备被作业占用的总时间(min)。

计算车站通过能力的方法有公式计算法、图解计算法和计算机模拟法,其中公式计算法又包括直接计算法和利用率计算法两种。

直接计算法的一般计算公式为

$$N = 1440/t_占 \quad (4-10)$$

式中:N—— 车站某设备的通过能力(列);

$t_占$ —— 每列车到发作业占用该项设备的平均时间(min)。

利用率计算法的一般计算公式为

$$K = \sum n t_占 /1440 \quad (4-11)$$

$$N = n/K \quad (4-12)$$

式中:K—— 车站某项设备的利用率;

n—— 占用该项设备的现有列车数。

分析计算法只能求出车站某项设备通过能力的概略平均值,但方法简便,节省计算时间,无论新建车站还是既有车站在求算通过能力时均可采用。

第四节　水路货运生产组织技术

水路货物运输系统由船舶、港口、航线等基础设施及服务机构组成。其中,船舶运行组织和港口生产过程的组织是保证水路货物运输计划的关键。本节主要介绍班轮运输组织技术和港口生产组织管理方法。

一、班轮运输航线及船期表编制

(一)班轮航线的设置

班轮航线有多种布局形式,常见的形式主要包括传统多港口挂靠航线、干线配支线船航线、多角航线、单向环球航线、小陆桥航线及大陆桥航线等。

影响班轮公司航线选择的最主要因素是货源,其次是港口的自然条件和社会、政治因素。为了选定合适的航线,必须进行货源调查及港口调查。选定的航线要有足够的货源,并且从长远角度看有较大的发展潜力。

班轮航线货流方面的特征,可以用以下四个参数描述。

(1)港间货流量:是指一定时期内两港间的货流量。

(2)航线货流总量:是指一定时期内该航线上各港间的货运量总和。

(3)运输方向不平衡系数:是运量较小方向的货流量与运量较大方向的货流量的比值。该系数越小,说明航线上的往返运量越不平衡。

(4)运输时间不平衡系数:是最繁忙时期的货流量与平均货流量的比值。该系数越大,说明运量按时间分布的波动幅度越大。

（二）编制班轮船期表

班轮船期表是以表格的形式反映船舶在位置和时间上的运行计划，主要内容包括：船名，航次编号，始发港、中途港和终点港的名称，到达和驶离各港的时间。在编制班轮船期表之前，必须先确定航线货流量、航线形式、挂靠港口、投入船型及有关的技术定额等航线参数。主要计算内容及方法如下。

1. 往返航次时间的计算

往返航次时间也称为船舶周转周期，是指一艘班轮由始发港起航，经中途港、目的港返回到始发港再起航所经历的时间。往返航次时间的计算取决于航线总距离、船舶航速、港口装卸效率、在港装卸货物的数量及其他可能发生的耗时因素，如进出港减速航行、通过运河等。其计算公式为

$$t_r = \frac{L}{\bar{v}} + \sum \left(\frac{Q_1 + Q_d}{M} \right) \tag{4-13}$$

式中：t_r——船舶往返航次时间（天）；

L——航线总距离（海里）；

$\bar{v}$——船舶平均航行速度，考虑了进出港航行和通过运河、船闸等因素（海里／天）；

Q_1, Q_d——航线沿途各港的装货量和卸货量（吨）；

M——航线沿途各港的总平均装卸效率（吨／天）。

2. 航线配船数的计算

一条班轮航线需要配置船舶的艘数，通常是由货运需求、单船装载能力和往返航次时间等因素决定的，其计算公式为

$$m = \frac{t_r Q_{\max}}{\alpha_b D_d T} \tag{4-14}$$

式中：m——航线配船数（艘）；

t_r——船舶往返航次时间（天）；

$Q_{\max}$——往返两方向中，运量较大航向的年货物发运量（吨）；

α_b——船舶载重量利用率（发航装载率）（%）；

D_d——船舶净载重量（吨）；

T——平均每艘船舶的年营运时间（天）。

计算出 m 后，若 m 不为整数，应采取延长实际往返时间的办法，将 m 取为整数。

3. 航线发船间隔的计算

发船间隔是指船舶或船队在同一航线、同一港口，向同一方向连续两次发船的时间间隔。它可由船舶往返航次时间及航线配船数确定，即

$$t_i = \frac{t_r}{m} = \frac{\alpha_b D_d T}{Q_{\max}} \tag{4-15}$$

式中：t_i——航线发船间隔（天）。

安排船期时，应使班轮的发船间隔具有一定的规律性，便于记忆。例如，远洋运输常以月、旬、周等单位为发船间隔时间。因此，按式（4-15）计算得到的发船间隔时间还要按照规

律性的要求加以调整。

4. 到发时间的计算与调整

在计算确定发船间隔后,还应对往返航次时间作出必要的调整,使往返航次时间为发船间隔的整数倍;然后再结合沿途各港的具体情况,先分别计算出相邻两港之间各航段的航行时间和在各港的停泊时间(包括进出港时间和在港作业时间),据此可根据始发港发船时间依次推算出船舶到、离各港的时间。当沿途各港所在地的时差不同时,在船期表上应给出船舶到发当地的时间。

【例 4-4】某航线一端点港年货物发运量为 15 万吨,另一端点港年货物发送量为 12 万吨,航线配置的船舶全年参加营运,船舶的净载重量为 1 万吨,发航载重量利用率平均为 85%,单船往返航次时间为 96 天。求该航线上配备的船舶艘数及发船间隔各为多少?

解 根据公式(4-14),该航线需要配备的船舶艘数为

$$m=\frac{t_r Q_{\max}}{\alpha_b D_d T}=\frac{96\times 15}{85\%\times 1\times 365}艘 = 4.64\ 艘$$

将 m 向上取整为 5,则发船间隔时间为

$$t_i=\frac{t_r}{m}=\frac{96}{5}\text{天} = 19.2\ \text{天}$$

取发船间隔时间为 20 天,即每两旬发船一次。此时船舶往返航次时间应调整为 100 天。

二、港口生产作业过程组织与管理

港口生产是水路货物运输不可缺少的环节。港口生产作业过程可用图 4-9 表示。

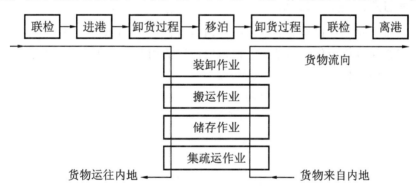

图 4-9 港口生产作业过程示意图

港口生产作业过程可按其功能分为船舶运转作业、装卸作业、货物搬运作业、货物仓储作业、货物集疏运作业和辅助作业等 6 个过程。

(一) 船舶运转作业

船舶运转作业是指港口有关部门利用港口的船舶运转系统(包括锚地、进港航道、泊位及泊位系统设备等)完成船舶进出港口及靠泊的作业的总称。它主要包括联检、引航、拖带、系解缆、靠离码头(浮筒)、移泊等作业内容。

联检是联合检查的简称,包括港务监督检查、船舶检验、卫生检疫、海关检查、商品检验、

动植物检疫以及边防入境检查等。

进港需要在联检之后,准予进港方请求代理公司办理入港手续,申请引航、租赁拖船,直至船舶靠泊为止。船舶离港也需要办理与之相应的手续。

(二) 装卸作业

装卸作业是港口生产过程的核心,其他作业一般都是为完成装卸作业创造必要条件。如果船舶在港作业中既有卸货又有装货,则称为双重作业过程。大多数件杂货船都是双重作业,而一般的专用船舶如油船、散货船等或者即将进入航次修理的船舶多是单项作业。

(三) 货物搬运作业

货物搬运作业是指货物在船岸间的运转作业或在码头库场间的倒运作业。

(四) 货物仓储作业

货物仓储作业是指货物在卸船后疏运前或承运后装船前的堆放、保管过程。

(五) 货物集疏运作业

集疏运作业是指利用铁路、公路、水运及管道等几种运输方式对货物实施在港口的集中与分拨的作业。

(六) 辅助作业

辅助作业既包括对船舶所提供的服务(比如补充淡水、燃料、船用备品、船员食品以及各项技术供应等),又包括与货物装卸作业等有关的辅助作业(比如开关舱、洗舱、扫舱、熏蒸、排放压舱水、装卸作业前的一切准备和作业结束后的整理工作,包括办理货运文件等)。

三、港口通过能力的计算

港口通过能力是指港口企业的生产能力,它是在一定的外部环境条件下,港口各项生产要素与经营管理条件综合作用的结果。根据用途和适用范围的不同,港口通过能力分为理论通过能力、营运通过能力和设计通过能力。

理论通过能力是指港口在一定时期内,在港口设施和劳动力既定时,在一定的组织管理条件下,最大限度利用港口各生产要素所能装卸的一定结构的货物的自然吨数。营运通过能力也称实际通过能力,是指港口在一定时期内,在港口设施和劳动力为既定时,在一定的组织管理条件下,港口各生产要素在得到合理利用时所能装卸的一定结构的货物吨数。营运通过能力与理论通过能力的区别在于生产要素的利用程度不同。设计通过能力是指在设计文件规定的技术装备和劳动组织条件下,按照合理的操作过程、平均先进的装卸工艺并根据确定的船型和货种,港口在计划期内能够装卸货物的最大自然吨数。

(一) 港口各环节通过能力的计算

港口通过能力是码头线、仓库堆场、铁路作业线及集疏运等作业环节通过能力的综合,在计算码头通过能力时必须按其作业环节分别进行测算。此外,由于港口的流动机械和装卸工人在一定范围内可以在上述各作业环节内部发挥作用,因此也必须对其能力进行单独计算。

与港口生产有关的环节很多,这里只介绍泊位、库场、装卸等方面的通过能力,其他如港内道路、锚地、拆装箱库等方面的通过能力,也可根据需要分别进行计算。

1. 泊位通过能力

泊位通过能力是指泊位在一定时间(年、季、月)内可以装卸船舶所载货物的最大数量,以吞吐吨或自然吨表示。

泊位通过能力的计算方法很多,可利用排队论、概率论或模拟方法进行复杂的动态分析,但通常只进行静态的计算就可满足港口工程技术规范的要求。在港口实际生产过程中,一个泊位装卸的常常不是单一货种或单一船型,而是货种多样、船型不一,或既有进港又有出港。因此,当各货种、各船型或进出港的装卸效率不一样时,泊位通过能力应先按单一货种、单一船型、进港和出港分别计算,然后再求这些能力的调和平均数,作为泊位的综合通过能力。

(1)单一货种、单一船型的泊位通过能力 $P_{泊}$ 的计算公式为

$$P_{泊}=\frac{N_{年}\times Q_{船}}{K_{港}} \tag{4-16}$$

式中:$N_{年}$——计算期内可装卸的船舶艘数,通过泊位在一定时期内的工作天数和每艘船舶在泊位停泊占用的时间来确定;

$Q_{船}$——船舶平均载货量,根据船型和货种决定,约等于船舶载重量与载重量利用率的乘积(在核定泊位能力时,可以从到港船舶的统计资料中求得,在设计时可以根据设计船型载货量计算得到);

$K_{港}$——港口生产月不平衡系数,可从港口设计规范中选取,或参照本港(或同类港口)在正常生产情况下历年的统计资料,按最大月装卸量与平均月装卸量的比值求得。

例如,某泊位年工作天数为300天,平均每艘船舶停泊时间为4天,让档时间为1天,则该泊位年可装卸船舶数为60艘。再如,某港口泊位年装卸船舶50艘,平均船舶载重量为8000吨,港口不平衡系数为1.6,则根据以上公式可计算出该泊位通过能力为25万吨。

(2)泊位综合通过能力 $P_{泊综}$ 的计算公式为

$$P_{泊综}=\frac{1}{\sum \alpha/P_{泊}} \tag{4-17}$$

式中:α——各不同货种、不同船型的货物装卸量占泊位装卸作业总量的比值;

$P_{泊}$——与 α 对应的泊位通过能力。

2. 库场通过能力

库场通过能力是指在一定时期内,库场允许通过或可以堆存货物的最大数量,以货物堆存吨表示。它等于库场一次可堆存的数量与周转次数的乘积,再除以库场工作月不平衡系数。其计算公式为

$$P_{库}=\frac{A_{总}\times q\times \alpha_{利}\times m}{K_{库}} \tag{4-18}$$

式中:$P_{库}$——港区库场的年通过能力;

$A_{总}$——库场总面积(m^2);

q——库场允许的单位面积堆存货物吨数,它与库场地面强度、仓库净空高度、堆垛机

性能及堆垛操作方法、货物包装形式、材料及强度、容重等因素有关；

$\alpha_{利}$——库场总面积利用率，指库场有效堆存面积与总面积的比值；

m——库场容量周转次数，等于库场年工作天数与货物平均堆存期的比值（其中平均堆存期是指平均每吨货物在库场内堆存的天数，可根据库场作业的统计资料确定）；

$K_{库}$——库场工作月不平衡系数，根据有关设计规范的参数或历年统计资料分析，按最大月堆存量与平均月堆存量的比值求得。

计算库场通过能力时，仓库和堆场应分别计算，而且在同一库场堆存若干种不同货物时，还应先分货种计算库场的通过能力，然后再用调和平均法计算平均通过能力。

例如，某仓库总面积 3000 平方米，堆存定额为 10 吨/平方米，库场面积利用率 70％，库场工作月不平衡系数为 1.15，库场的年工作天数为 360 天，货物在库场的平均堆存期为 8.2 天。则根据以上公式可计算该仓库的年通过能力为 801696.71 吨。

3. 铁路装卸线通过能力

铁路装卸线通过能力是指港口铁路装卸线在一定时期（年、月）可以装卸火车所载货物的数量，以铁路完成的操作吨数表示。它可以根据装卸线能同时装卸及等待装卸的车辆数（在一般情况下，它可以用铁路装卸线的有效长度与平均车辆长度的比值求得）、平均每车装货数量、装卸线每昼夜最大可能的取送车次数、装卸线每年可以进行装卸作业的天数、铁路装卸线月不平衡系数等求得。

4. 工人装卸能力

工人装卸能力是指工人在一定时间内能完成装卸货物的能力，以完成货物的操作吨表示。它可以根据在册工人数、工人在营运期间的作业班数、装卸人员出勤率、工时利用率、每班工作时间、工时效率等求得。

5. 机械装卸能力

机械装卸能力是指港口用于装卸生产的各类机械在一定时期内所具有的最大装卸货物的数量，以操作吨表示。它可以根据装卸机械台数、装卸机械年营运天数、装卸机械利用率、机械台时产量等求得。在计算机械装卸能力时，应先按照各种类型的机械分别计算，然后再求出平均机械装卸能力。

（二）各环节能力单位的换算

由于港口各环节的功能不同，计算单位也不一样，在计算各环节通过能力后应将它们换算成同一单位——装卸自然吨，即进出港区并经过装卸的货物数量。

1. 泊位通过能力的换算

以吞吐吨表示的泊位通过能力 $P_{泊}$ 换算成装卸自然吨时，要减掉装卸港内驳船的吨数和水-水中转货物中多计入的吨数。因为水-水中转时每一装卸自然吨是作为两个吞吐吨计算的，这样可用下述公式表示以装卸自然吨为单位的泊位通过能力 $P_{泊换}$。

$$P_{泊换}=P_{泊}(1-K_{驳})\left(1-\frac{K_{水\text{-}水}}{2}\right) \qquad (4-19)$$

式中：$K_驳$——驳运系数，指港内驳运在船舶装卸吨数（吞吐吨）中所占的比值；

$K_{水\text{-}水}$——水-水中转系数，指水-水中转在船舶装卸吨数中所占的比值。

2. 库场通过能力的换算

以库存吨为单位的库场通过能力除以该入库场系数即可换算成以装卸自然吨为单位的库场通过能力。入库场系数是指经过库场堆存的货物吨数占装卸自然吨数的比值，当企业有后方仓库时，它是指进后方库场的货物所占的比值。

3. 铁路装卸线通过能力的换算

以操作吨为单位的铁路装卸线通过能力除以铁路运输系数即可换算成以装卸自然吨为单位的铁路装卸线通过能力。铁路运输系数是指通过铁路集疏运的货物吨数占装卸自然吨数的比值。

4. 装卸工人装卸能力的换算

以操作吨为单位的装卸工人装卸能力除以操作系数即可换算成以装卸自然吨为单位的装卸工人装卸能力。操作系数是指装卸工作的操作吨数与装卸自然吨数的比值。

5. 机械装卸能力的换算

以起运吨为单位的机械装卸能力除以机械操作系数即可换算成以装卸自然吨为单位的机械装卸能力。机械操作系数是指机械的起运吨数与装卸自然吨数的比值。

（三）确定港口综合通过能力

将各环节通过能力换算成统一单位以后，应进行综合平衡以确定全港综合通过能力。在综合平衡时应根据各生产要素的共用程度确定平衡的范围，通常按照"泊位—装卸企业（或装卸区）—全港"的顺序进行，即

$$\left. \begin{aligned} P_{泊综} &= \min(P_泊, P_工, P_机) \\ P_{企综} &= \min(P_库, P_铁) \\ P_{港综} &= \min\left(\sum P_{泊综}, \sum P_{企综}, P_{港运}, P_进\right) \end{aligned} \right\} \quad (4\text{-}20)$$

式中：$P_{泊综}$——泊位综合通过能力；

$P_工$——装卸工人装卸能力；

$P_机$——机械装卸能力；

$P_{企综}$——装卸企业（装卸区）综合通过能力；

$P_铁$——铁路装卸线通过能力；

$P_{港综}$——全港综合通过能力；

$P_{港运}$——港内运输工具（驳船、汽车等）的运输能力；

$P_进$——进出港航道的通过能力。

其他符号含义如前所述。

【例 4-5】某港口库场堆存能力为 120 万吨，机械装卸能力为 150 万吨，车场通过能力为 90 万吨，该港散货专业化泊位的有关数据如下：月平均装卸量为 10 万吨，月最大装卸量为 12 万吨，船舶载货量为 1000 吨，停泊时间为 2.5 天（其中包括让档时间 0.5 天），泊位年工作天数为 300 天，求该港口年综合通过能力。

解 根据以上资料,可计算出该港口不平衡系数为 1.2;该散货专业化泊位年可装卸的船舶数为 120 艘;该泊位年通过能力为 100 万吨;该港口年综合通过能力为 90 万吨。

第五节 航空货运生产组织技术

一、航空货运生产计划

根据航空货运市场调查和预测,对航空货物在各机场之间的流量和流向进行估算,确定本公司的市场目标和市场份额。在此基础上制订货物运输生产计划。

航空运输企业货运生产计划的构成如图 4-10 所示,主要由四大计划构成。

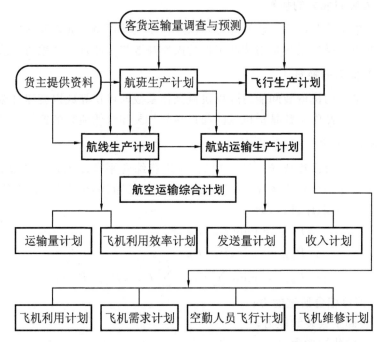

图 4-10 航空运输企业货运生产计划的构成及其相互关系

(一)航线生产计划

航线生产计划也称航线运输计划,它是航空公司在确定航班计划后,逐条航线、逐个机型编制的运输生产计划。航线生产计划属于运力计划,包括投入航线的机型、航班数,也就是计划航线的可提供吨位。航线运输计划实际上包括运输量计划与飞机利用效率计划。

运量计划是根据市场需求量预测、航空公司可提供吨位和历史生产完成情况,计划在每条航线上的运量及总运量。另外,根据航线航班计划和运量计划,还可制定每条航线的运输周转量和总周转量计划。

(二)航站运输生产计划

航站运输生产计划是航空站根据航线运输计划编制的所属航空站的发运量和收入计

划。航站运输生产计划包括发运量计划和收入计划。

收入计划也称为发运收入计划。航空公司货运收入计划,是编制货运财务计划的主要依据之一。在编制收入计划时,要确定货物运输费率。货物运输费率除考虑航线差异之外,还要考虑货物的构成、运输量、价格调整系数等因素。航空货物运输费率一般是根据历史平均费率和计划期费率调整情况确定的一个估算值。对于包机运输来说,运价则根据运输量计划中包机飞行小时乘以包机费率得出。各航线货运收入计算值之和,即为航空公司年度的货运收入计划。

(三)飞行生产计划

在航空运输企业,空运中的运力计划通常称为飞行生产计划,它由飞机利用计划、飞机需求计划、空勤人员飞行计划和飞机维修计划构成。

(四)航空运输综合计划

所谓航空运输综合计划实际上是航线运输计划与航站运输生产计划的汇总表。它反映了航空公司计划年度的主要货物运输指标、收入指标和发展情况。

二、航空货运市场的组织与管理

航空货物运输生产的任务,就是承运人按照货运单上的发运日期和航班要求,组织运力将货物运达目的地。从生产性质上来看,航空货物运输生产可以分为两大部分:一部分是以货物收集为中心的货运市场组织和管理;另一部分是以货物运送为中心的货物进港、货物运送、货物出港和交付的过程。

组织航空货运市场主要有以下三种方式。

(一)直接销售

航空运输企业通过自己的营业处或收货站,直接进行航空货运业务的销售。与航空旅客运输一样,从事直接销售的业务点一般分布在运量较大的城市,航空公司可以直接组织市场。直接销售的优越性是能够直接控制市场,减少中间环节,提高销售利润。

(二)代理销售

航空运输企业进行直接销售可以减少代理费用。但是,直接销售的业务量不足时,会增加销售成本。因此,航空公司的相当一部分货运吨位通过代理人销售。销售代理人根据与航空公司之间的协议,代表航空公司销售空余吨位,并按照协议收取代理费用。航空公司可以采取灵活的代理政策,鼓励销售代理人积极开拓市场,扩大销售业务。销售代理人可以同时代理多家航空公司的货运销售业务。

(三)联运

由于一个航空公司能够提供服务的航线有限,对于本身不能运达的部分航线,航空公司之间可以采取联运服务。这种服务是有偿的,上一个承运人即为下一个承运人的销售代理人,他们之间通过协议分配销售收入。

事实上,航空公司为了扩大自己直销的范围,通常通过与其他航空公司签订代理协议,成为其他航空公司的销售代理人。

三、吨位控制与配载

航空货物运输需要通过吨位控制来提高载运率,货运既要考虑货物的体积,又要考虑货物的重量。因此,吨位控制的任务是通过舱位预订与分配来提高货舱的载运率,避免吨位浪费、超售或装运过载。

航空货运是采用全货机还是客货混装型飞机进行运输,吨位控制和配载管理的原则是不相同的。

1. 全货机方式运输的配载原则

采用全货机方式运输时,吨位控制和配载过程比较单一,主要在于控制货物的体积(不能超高、超长)、形状(易于固定),不能超重。

2. 客货混装方式运输的配载原则

采用客货混装方式运输时,由于必须首先考虑运送旅客,因此货运吨位控制和配载要在保证客运的前提下进行。首先必须根据乘客的座位分布情况,按照飞机的配载要求进行货物的重量和位置控制,在保证飞机飞行平稳安全的前提下充分提高飞机的载运率。

无论是航空旅客运输,还是航空货物运输,吨位控制与配载管理都是一件非常重要的工作。必须科学、严格地按照飞机的性能指标进行控制,在保证飞机飞行安全的前提下,充分提高生产效率和经济效益。

【经典案例】

我国公路货物运输中的汽车利用效率问题及对策

1. 我国公路货物运输现状

我国拥有 126 万千米的公路网,公路运输的资源丰富,但长期以来实际利用率却不容乐观。目前全国范围内的运输协调、调度及综合控制能力大大滞后于公路与车辆的发展速度,与现有公路承载能力及实际拥有的运输能力形成了极大的反差。全国 600 多万辆运营车辆的平均实载率仅为 56%,也就是说,在公路上行驶的货车中,有 44% 处于空驶状态,由此造成的无效消耗每年高达 108 亿元。

车辆空载现象极为严重是影响公路运载效率的重要原因之一,也是造成我国社会物流成本居高不下的关键原因之一。

随着近几年我国物流业的迅速发展,各类企业都在努力地挖掘物流过程的利润潜力,向物流要效益。一部分企业为了提高企业的核心竞争力,撤除企业的自备车队和仓储机构,将采购物流和销售物流业务外包给第三方物流企业,集中力量发展自己的主业;一部分企业则通过深化企业内部运行机制的改革,将企业内部的运输和仓储等业务部门进行重新整合,使其按照物流企业的模式进行运作,以减少企业的物流费用。

但是,从我国目前物流企业的运作方式和实际的经营效果来看,许多物流企业,特别是参与物流运输的公路运输企业的收益都很低,其中,物流运输过程中严重的汽车空驶现象无疑是最重要的影响因素之一。在公路货物运输中常见的一个矛盾现象是:一批拥有大量货物的货主,因为找不到价格合理的车辆而焦急万分,一方是急急火火的"货找车",想多快好省地把货运出去;另一方又是真心实意地"车找货",却常常在无奈中空车而回。这一怪现象不仅使公路运输企业的经营成本上升,也导致货主企业的物流成本上升。

2. 公路货物运输过程中的空驶现象与车辆利用效率

公路运输车辆的行驶过程,按其承载状况可分为载重行程和空驶行程,空驶行程又可分为调空行程和空载行程。调空行程主要是指车辆由车场开往装载地点,或由最后一个卸载地点返回车场的行程;空载行程是指车辆在运输作业中由卸载地点空驶到下一个装载地点的行程。车辆的载重行程与总行程之比称为车辆行程利用率,它是影响车辆利用效率的重要因素之一。显然,车辆空驶率越高,其行程利用率就越低,车辆的利用效率也就越低。

在汽车运输过程中,完全没有空驶行程是不可能的,有些空驶行程是不可避免的运输生产辅助过程。例如,车辆到附近的装卸货地点之间的调空行程,在一个市区内短距离往返运送货物时的回程空载行程等。但是,更多的空驶问题存在于城市之间和城乡之间长途运输过程中的回程空驶,还有部分车辆空车开出运回一车货物,造成去程空驶现象。根据有关调查资料表明,我国物流运输车辆的空驶率达37%;某些专门运送特种货物的专用车辆,如专门运送商品汽车的汽车物流车辆,其空驶率高达39%。如果包括那些货物载重量不足车辆额定载重量一半的车辆,则车辆的实际利用效率还会更低。

汽车空驶行程完全是消耗性生产过程,车辆的空驶行程越少,车辆的利用效率就越高,运输成本就越低。因此,在运输生产过程中,必须进行科学合理的组织,努力减少车辆空驶行程,提高车辆利用效率。

3. 我国公路货物运输车辆空驶率高的原因

(1) 社会物流信息系统不健全。目前由部分企业建立的物流信息系统规模小、信息量少、服务范围窄,因而货源信息和车辆信息不能得到及时沟通,造成有的有货没有车,有的有车没有货。

(2) 很多地区运输管理部门狭隘的区域观念较严重,对外地车辆层层设卡,限制为外地车辆配载,致使外地车辆只能空车返回。

(3) 一部分公路运输企业管理水平落后,缺乏对运输方案合理规划的能力。目前我国公路货物运输企业虽然总数很多,但企业规模及经营管理水平参差不齐,很大一部分企业只能提供简单的点到点间的货物运输,缺乏对物流运输全过程的合理组织及管理能力。例如,物流运输需求量较少,缺乏对货源的充分组织,或缺乏对车辆回程配载的组织能力,致使车辆空车返回。有的物流运输企业服务的客户单一、规模小、业务量少,难以形成循环的物流运输网络。

(4) 对于专门从事特种货物运输的企业,如商品汽车、危险品、冷冻及保鲜食品等,回程配载相应货物的难度较大,而这些汽车受结构限制不能配载其他货物,很多车辆只能放空返回。随着社会上特种商品流通量的不断增加,如果不能合理组织,因特种货物运输造成的汽车回程空驶将可能会更加严重。

(5) 工商企业采取自营运输的模式,导致车辆去程或回程的空驶。长期以来,我国大部分工业企业和商贸企业习惯于自营车辆运输。由于单个企业的物流运输量或网点分布的限制,导致车辆运输任务单一,空去(进货运输)空回(出货运输)的现象相当严重。据中国仓储协会组织的全国物流状况调查显示,工业企业汽车空驶率高达 34.7%,企业自备车辆资源有 60% 处于严重闲置状态,导致企业生产成本增加。

4. 提高车辆利用效率的对策

运输车辆的利用效率主要取决于两个方面的因素,一是运量与运力的平衡关系,二是运输市场的组织与管理水平。因此,要提高车辆利用效率,必须从这两个方面采取对策。这里从保持运力与运量的协调平衡的角度来分析对策。

在一定的区域范围内,运量是随着社会经济的发展而增加的,而运力的发展应与运输需求量的增长相适应,两者应保持动态平衡的关系。若运力小于运量,将会造成物流不畅,以至阻碍社会经济的发展;若运力大于运量,则会使运力过剩,从根本上造成车辆利用效率降低。在市场经济条件下,运力与运量的平衡关系主要依靠政府行政调节和市场调节两种手段进行调节。

总体上看,我国目前汽车运输市场的运力与运量是基本平衡的;与发达国家相比,我国现阶段汽车运输的运力还显得不足,即从总体上不存在运力过剩的问题。而当前车辆利用效率过低的原因,与货运车辆运力结构不合理有很大关系。主要问题是:车型单一,普通载货的中型(载重 5 吨左右)货车数量偏多,而重型货车(载重 8 吨以上)和轻型货车以及特种专用货车数量相对偏少。例如,有的地区营运性货车中,普通载货汽车约占 96% 以上,而零担车、集装箱车、厢式车、冷藏车以及危险货物运输车等专用货运车辆所占比例不足 4%。这种运力结构的不合理性,必然导致普通货物运输的运力过剩,致使部分车辆因货源不足而空驶;而对于需要专用车辆运输的货物则形成运力不足。因此,通过合理调整运力结构,可以使各种车辆形成合理分工,不同的车辆运输不同的货物,使运力合理地调配,从而避免因运力过于集中而造成部分车辆空驶。结合我国目前具体情况,可采取以下措施。

1) 统筹发展专用货运车辆,整合运输资源

根据货物的属性,新鲜农产品、保鲜食品,日用品、药品、家电、服装、家具、危险货物等物品,可以采用专用车辆进行运输。但由于专用车辆结构的特殊性、货源市场的集中性和单一性,决定了其运输回程配载的困难。因此,要提高物流运输的效率,就应该发挥行业主管部门或行业协会的作用,一方面对专用运输车辆进行统筹规划,整合运输资源,建立货源与运力资源协调的物流体系,合理统筹

发展和配置运力资源;另一方面提供可靠的公共信息平台,供运输企业管理决策时参考。例如为运输企业在全行业或全社会范围内实现合理配载、科学规划运输线路提供参考消息,最大限度地提高车辆利用效率。

2) 发展重型车辆,扩展汽车运输的平均运距

我国目前汽车运输的平均运距较短。例如,河南省公路货运平均距离2001年约70千米,2007年约为80千米,而美国汽车运输的平均运距可达800千米。平均运距短,说明汽车运输作业范围小,众多的车辆集中在一个窄小的范围内运行,势必使货源竞争激烈,导致车辆利用率较低。

车辆吨位较小是导致货运平均运距短的原因之一,因为汽车的吨位越大其经济运距相应就越长,用于长距离运输的经济效益就越好。随着生产企业市场的不断扩大,相应的货物运输距离也在增加。因此,公路货运企业要积极适应市场发展的需要,大力发展重型车辆,开展长距离运输,甚至可以与铁路或水路联合运输相结合,提高企业经济效益。通过重型车辆长距离运输拓宽运输服务范围,避开与中、小型货车的竞争,形成合理的运力分布,提高车辆的利用效率。

3) 配置轻小型货车,合理组织城市配送运输

随着城市商贸连锁企业的发展,城市配送需求越来越高。缺乏对城市配送的合理规划和有效组织,将导致城市交通拥挤,车辆利用率低下,也影响零售连锁企业的服务质量。因此,道路运输协会及行业组织要引导运输企业合理配置不同类型的轻小型货运车辆,合理规划客户采购及供应的时间,科学规划运输路线,合理配货,消除重复运输,减少空驶,提高车辆利用效率,并可以有效缓解城市交通压力,降低环境污染程度。

总之,通过合理调整运力结构,实现以轻小型车辆进行城市物流配送、以中型车辆进行中短距离运输、以大型车辆进行长远距离运输、以专用车辆进行特殊货物运输的科学的运力格局,保持运力与运量的协调与平衡,形成合理的运输秩序,从而保证所有车辆都能达到最大的利用效率。

【思考与讨论】

1. 查阅资料,如有可能进行实地调查。你认为造成我国公路货运车辆空驶率高的主要原因有哪些?
2. 可采取哪些措施提高车辆利用效率?

【本章关键术语】

船期表　linear schedule　　　铁路生产调度　railroad production scheduling
铁路车辆　railroad vehicles　　车站通过能力　station carrying capacity
港口通过能力　port handling capacity

【本章思考与练习题】

1. 物流运输组织计划一般由哪些部分构成？
2. 简述货运生产计划体系的构成。
3. 制订公路货物运输量计划的主要依据是什么？如何编制公路运输量计划？
4. 根据里程利用率、车辆工作率、实载率、单车期产量、车吨位期产量等指标的定义及计算方法，分析有哪些途径可提高车辆运输生产率。
5. 铁路货物列车是如何分类的？
6. 货物列车编组的基本原则是什么？
7. 简述制订技术站货物列车编组方案的基本原理。
8. 什么叫铁路通过能力？什么是铁路输送能力？铁路车站通过能力受哪些因素的影响？
9. 班轮船期表包括哪些内容？如何确定？
10. 航空货运生产计划由哪些部分构成？
11. 某单货种专业化泊位，船时效率为400吨，船舶载货量16000吨，装卸时间为20小时，船舶靠离码头时间为1小时，准备与结束作业时间为1小时，辅助作业时间为5小时，技术中断时间为2小时，生产性停泊时间为0.5小时，气象与让档时间为2.5小时，工作天数为320天，港口不平衡系数为1.2。求港口泊位通过能力是多少？

第五章 货物运输装卸的组织与管理

本章重点理论与问题

> 货物运输装卸是运输组织过程中不可缺少的重要环节。货物只有在完成装载或卸车作业后,才能开始或结束其运输过程。装卸活动要消耗大量的人力、物力,其费用在货物运输成本中占较大比例;装卸时间及质量还影响到物流运输的效率和服务质量。因此,合理的装卸组织及管理对提高运输质量和效率、降低运输成本具有重要意义。本章将介绍货物装卸的基本方法及其选择依据,分析道路运输场站及港口装卸的组织管理内容;分析装卸机械化方案的选择及评价方法;并对装卸机械与运输车辆的配合组织方法进行分析;最后对排队论方法在装卸组织管理中的应用进行介绍。

第一节 货物运输装卸管理概述

一、货运装卸概述

(一)货运装卸的含义

装卸是指在物流设施点(如场站、仓库等)发生的以改变货物水平位置和垂直位置为目的的活动,也称装卸搬运。装卸作业包括主要作业和附属作业两部分。前者指将货物从堆垛或保管的地方取出、搬移到装货地点、装上载运工具,或从载运工具卸下、搬移到堆放地点、再堆垛或保管的作业活动。后者是指围绕主要作业活动发生的检查货物包装、标记、填写表单、货物捆扎或解捆等活动。

货物运输装卸是在货物运输、仓储、流通加工、配送等物流过程中频繁发生的活动。装卸本身并不是物流的目的,而是一种伴生性的活动,在物流各环节之间起衔接、过渡作用。尽管如此,装卸活动对货物运输的质量及运输成本有非常大的影响。

首先,货物装卸活动要消耗大量的人力、物力,装卸成本在货物运输总成本中占较大比重。其次,装卸作业过程中很容易造成货物的破损或散失,不合理的货物装车方式也会增加运输过程中的货损概率,因而对货物运输质量有直接影响。另外,货物装卸所耗费的时间还会影响货物运输的速度。可见,装卸工作对货物运输成本、运输质量及运输效率都有重要影响。因此,必须对货物装卸过程进行合理的组织与管理,即通过对运载工具、机械、人力、货物的合理调配与使用,充分利用运载工具的载重量和容积,缩短装卸工作歇停时间,不断提高货物装卸效率,提高装卸质量。

(二）装卸作业的类型

装卸作业根据服务对象、装卸货物种类及形态、作业场所、作业方式、操作过程等特征分成不同的类型。

下面主要介绍两种分类方法。

1. 按装卸作业场所分类

按装卸作业的场所和区域,可划分为港站装卸、场库装卸、厂内装卸等类型。

1) 港站装卸

港站装卸主要指在港口、车站等场所从事的货物装卸和搬运活动,其主要任务是为各种运输方式的联运、集散进行的装卸搬运作业。在港口进行的装卸作业主要包括：码头前沿的装卸、前沿与后方间的搬运作业、港口仓库的堆垛和拆垛作业、分拣理货作业、汽车装卸作业以及其他装卸辅助作业（如计量、清舱、扫车、取样等）。有的港口还采用小船在码头与大船之间"过驳"的方法进行装卸。在车站进行的装卸作业主要包括货运站台旁的装卸作业、汽车装卸作业,以及装卸过程中的加固、清扫、揭盖篷布、计量等作业。

2) 场库装卸

场库装卸主要指在货主、厂矿企业、物流中心的仓库、堆场、集散据点等场所进行的装卸搬运作业。场库装卸作业一般要配合出库、入库、物品维护保养等活动来进行,以堆垛、上架、取货等操作为主。根据不同的仓库、集散点等场所环境要求的不同,还应采取相应的特殊的作业,如在冷藏仓库、危险品仓库需要有专门的防护性设备和特殊的操作。

3) 厂内装卸

厂内装卸主要指在工矿企业、建筑工地等区域内从事的装卸搬运作业,其装卸搬运的对象相对稳定,装卸搬运的设施、设备、工具的技术性能一般较好。例如,很多大型生产企业的内部物料搬运系统采用的是无人化仓库,实现装卸搬运的智能化控制。

在不同的装卸区域进行装卸搬运作业对其工作、技术、环境条件有不同的要求,对装卸搬运组织也有不同的要求。

2. 按装卸作业方式分类

依据装卸作业操作特点的不同,可以将装卸作业分为堆码拆取作业、分拣配载作业、挪动移位作业几种形式。

1) 堆码拆取作业

堆码拆取作业主要包括车厢内、船舱内、仓库内等的码摆和拆垛作业。包括按规定的位置、形状和其他要求放置或取出成件包装物品的作业,按规定的位置、形状和其他要求堆存和取出散堆货物的作业等。

2) 分拣配载作业

分拣配载作业是指那些按货物品种、流向、货主等不同特征进行分类的作业和按流向、品种等要求将已分类的货物集装于托盘、集装箱或装于汽车等装货单元内的作业。

3) 挪动移位作业

挪动移位作业主要是指那些为了一定目的,单纯地改变货物的支撑状态或空间位置等的作业。

此外，还可按照装卸货物的种类，分为大型物件装卸、危险品装卸、普通物品装卸等；按照货物形态又可分为单件货物装卸、集装货物装卸和散装货物装卸；按照装卸机械的作业方式，可将装卸作业活动分为吊上吊下、叉上叉下、滚上滚下、移上移下等方式，或连续装卸与间歇装卸等类型。

二、货物装卸的基本方法

组织装卸搬运工作，首先要根据货物运输及装卸的不同条件选择相应的装卸作业方法。装卸作业的基本方法也有不同的划分方式，这里按照作业对象特征将装卸基本方法分为三类：单件作业法、集装作业法和散装作业法。

（一）单件作业法

单件作业法指的是对计件货物逐个进行装卸操作的作业方法，这是人工装卸搬运阶段的主导方法。单件作业对机械、装备、装卸条件要求不高，因而机动性较强，可在很广泛的地域内进行而不受固定设施、设备的地域局限。

单件作业可采取人力装卸、半机械化装卸及机械化装卸的方法进行。由于逐件处理，装卸速度慢，且装卸要逐件接触货体，因而容易出现货损。反复作业次数较多，也容易出现货差。

单件作业的装卸对象主要是件杂货，多种类、少批量货物及单件大型、笨重货物。

（二）集装作业法

集装作业法是指将物资先进行集装，再对集装件进行装卸搬运的方法。每装卸一次是一个经组合之后的集装货载，在装卸时对集装件逐个进行装卸操作。集装作业法与单件作业法相同，都是按件处理的，但集装作业件的重量或体积远大于单件作业件。

集装作业由于集装单元较大，一般不能进行人力手工装卸，尤其对大量集装货载而言，只能采用机械进行装卸，因此受作业地点、装卸机具和集装货载存放条件的限制，机动性较差。但是集装作业一次装卸作业量大，装卸速度快，而且在装卸时并不直接接触每件货物，因而货损和货差较小。

集装作业的对象范围较广，一般除特大、重、长的货物和粉、粒状货物以及液、气态货物外，都可进行集装。粉、粒状货物和液、气态货物经一定包装后，也可集合成大的集装货载；特大、重、长的货物，经适当分解处置后，也可采用集装方式进行装卸。

集装作业主要有以下几种方法。

1. 托盘装卸作业法

该法利用叉车对托盘货载进行装卸，属于"叉上叉下"方式。由于叉车本身带有行走机构，所以在装卸的同时可以完成小搬运，无须落地过渡，因而具有水平装卸的特点。

2. 集装箱装卸作业法

集装箱装卸主要利用港口岸边集装箱装卸桥、轨道式龙门起重机、轮胎式龙门起重机等各种垂直起吊设备进行"吊上吊下"式的装卸，同时，各种起吊设备还都可以作短距离水平运动，因此可以同时完成小范围的搬运。如需有一定距离的水平搬运，则还需与集装箱跨运车、搬运车相配合。小型集装箱也可以和托盘一样采用叉车进行装卸。港口集装箱装卸，利用叉车或半挂车,还可以进行"滚上滚下"方式的装卸。

3. 货捆装卸作业法

该法主要采用各种类型的起重机进行装卸。货捆的捆具可与吊具、索具有效配套进行"吊上吊下"式装卸。短尺寸货捆可采用一般叉车装卸,长尺寸货捆可采用侧式叉车进行装卸。货捆装卸适于长尺寸货物、块条状货物、强度较高而无须保护的货物。

4. 集装网、集装袋装卸作业法

该法主要采用各种类型的起吊设备进行"吊上吊下"作业,也可与各种搬运车配合进行吊车所不能及的搬运。

货捆装卸与集装网、集装袋装卸有一个共同的优点,即货捆的捆具及集装袋、集装网本身重量轻,又可折叠,因而无效装卸少,装卸作业效率高,且相对货物而言,货捆具与集装袋、集装网成本较低,装卸后又易返运,因而在装卸上有优势。

其他集装装卸方式还有滑板装卸、无托盘集装装卸、集装罐装卸等。

(三)散装作业法

散装作业指对大批量粉粒状货物进行无包装散装、散卸的装卸方法。装卸可连续进行,也可采取间断的装卸方式。但是,都需采用机械化设施和设备。当批量不大时,也可采用人力装卸。

散装作业法主要有以下几种。

1. 气力输送作业法

其主要设备是管道及气力输送设备,以气流运动裹携粉状、粒状物沿管道运动而达到装、搬、卸的目的;也可采用负压抽取办法,使散货沿管道运动。管道装卸密封性好,装卸能力大,容易实现机械化、自动化。

2. 重力作业法

这是一种利用货物的位能来完成装卸作业的方法。例如,重力法卸车就是指底开门车或漏斗车在高架线或卸车坑道上自动开启车门,煤或矿石依靠重力自行流出的卸车方法。

3. 机械装卸作业法

这是一种利用能承载粉粒货物的各种机械进行装卸的方法。作业方式一是用吊车、叉车改换不同机具或用专用装载机,进行抓、铲、舀等形式的作业,来完成装卸及一定的搬运作业;二是用传动带、刮板等各种输送设备,进行一定距离的搬运卸货作业,并与其他设备配合装货。

4. 倾翻作业法

这是一种利用动力使运载工具的载货部分倾翻,从而将货物卸出的方法。例如,铁路敞车被送入翻车机,夹紧固定后,敞车和翻车机一起翻转,货物倒入翻车机下面的受料槽;带有可旋转车钩的敞车和一次翻两节车的大型翻车机配合作业,可以实现列车不解体卸车;自卸汽车靠液压缸顶起货厢可实现现货卸载。

在上述三种基本装卸方法中,集装作业法和散装作业法都是随物流量增大而发展起来的,并与现代运输组织方式(如集装箱运输)、储存方式(高层货架仓库)等相互促进,推进了物流的高效率和现代化。

三、装卸方法选择分析

选择装卸方法时要结合各种装卸方法本身的特点及装卸货物的外在条件进行分析后作出选择。

以公路运输车辆的货物装卸来说,货车装卸的固定设施主要有货物装卸场、仓库、货物通道、装卸线等。装卸场存放货物的货棚、站台(货台)高度不同,装卸设备也不同,装卸方法也有很大差异;而装卸货物是零担货物、整车货物还是集装箱货物,也将对装卸方法的选择产生影响。一般来说,零担货物的装卸,更多地使用人力和手推车或其他小型作业工具,也可使用托盘;而整车货物的装卸更多地采用托盘系列及叉车进行装卸操作。

归纳起来,可从以下两方面进行分析。

(一) 外在条件分析

选择装卸搬运方法的外在条件主要与货物特征、作业内容、运输设备、仓储设施等有关系。

1. 货物特征

货物特征主要包括货物经由包装、集装后的形态、重量、尺寸等特征。货物是采取件装、集装还是散装方式,对装卸方法的选择有至关重要的影响。例如,托盘系列的集装货物,就应该选择叉车进行装卸作业。

2. 作业内容

装卸搬运作业中的重点是堆码、装车、拆垛、分拣、配载、搬运等作业。对具体货物的装卸,哪些作业是主要的,或需要频繁进行的,也影响到对装卸作业方法的选择。

3. 运输设备

采用不同的运输设备,例如,汽车、船舶、火车、飞机等具有不同的装载能力与运输能力和不同的装运设备尺寸,这些都将影响对装卸搬运方法的选择。

4. 仓储设施

仓储设施的配置情况、规模、尺寸大小影响到作业场地、作业设备以及作业方法的选择。

(二) 内在条件分析

决定装卸方法选择的内在条件主要是与装卸方法及其过程有关的条件,主要包括以下方面。

(1) 货物状态:主要指货物在装卸搬运前后的状态。

(2) 装卸动作:指在货物装卸搬运各项具体作业中的单个动作及组合动作。

(3) 装卸机械:装卸机械所能实现的动作方式、能力大小、适合的状态尺寸、使用条件、配套工具等条件,以及与其他机械的组合要求是影响装卸方法选择的主要因素。

(4) 作业组织:参加装卸搬运作业的人员素质、工作负荷、时间要求、技能要求对装卸搬运方法的选择有重要的影响作用。

实际上,决定装卸搬运方法的外在条件和内在条件因素经常是互相作用的,内在条件受外部条件影响。装卸过程中的货物状态、作业动作、装卸机械性能、工作环境和方式方法等是直接决定装卸方法的因素。

第二节 装卸作业组织

一、运输场站装卸组织的要求及内容

(一)车辆装卸的基本原则和要求

为了提高装卸作业效率,减少作业消耗,提高作业质量及安全性,在货物装卸过程中应遵循的主要原则包括:集装单元、利用重力、搬运距离最小化、空间利用最大化以及安全、自动化、标准化等原则。

具体来说,应满足以下几项基本要求。

1. 减少不必要的装卸环节

从物流过程分析,装卸环节不仅不增加货物的价值和使用价值,反而有可能增加货物破损的几率,增加相应的物流成本。因此,在组织装卸活动时,应系统地分析物流过程中各装卸环节的必要性,尽量减少装卸作业的次数,取消重复的、可要可不要的装卸作业。这是减少不必要装卸作业环节的重要保证。

2. 提高货物装卸的连续性

对于必须进行的货物装卸作业,尽量采取流水线作业方式,使各工序间密切衔接;必须进行的换装作业,也应尽可能采用直接换装方式。

3. 相对集中装卸地点

装货、卸货地点的相对集中,可以提高装卸作业效率,也更有利于采用机械化作业方式。在货物堆场上,应将同类货物的作业集中在一起进行,既方便采用机械化、自动化装卸作业方式,又可减少无效移动的距离。

4. 力求装卸设备、设施及工艺的标准化

为保证物流各作业环节的高效衔接与协调,减少不必要的中间环节,要求装卸过程中涉及的工艺、装备、设施、货物单元或包装、集装工具,甚至信息处理流程等尽量实现标准化、系列化和通用化,使设备的工作效率与组织管理工作相协调。

装卸设备及作业流程的标准化是实现装卸过程机械化和自动化的基本前提。

5. 提高货物集装化或散装化作业水平

成件货物集装化、粉粒状货物散装化是提高装卸作业效率的重要途径。因此,装卸作业之前,应尽可能将成件货物集装成托盘系列、集装箱、货捆、货架、网袋等货物单元后再进行装卸作业。对各种粉粒状货物,尽可能采用散装化作业,直接装入专用车、船、库。不宜大量化的粉粒状货物也可装入专用托盘箱或集装箱内,提高货物活化指数,便于采用机械设备进行装卸搬运作业。

6. 合理组织装卸现场

装卸作业的效率受装卸现场布局的影响。装卸现场布局包括对装卸作业场地、货物进出口通道、作业线长度、人机配置等进行合理设计。好的布局方案能使现有的和潜在的装卸能力得到充分发挥，避免由于组织工作不合适，造成装卸现场拥挤、阻塞、无序、紊乱等现象，对确保装卸作业效率和质量具有重要作用。

（二）装卸车辆作业时间构成

车辆因完成货物装卸作业所占用的时间，是车辆停歇时间的组成部分，称为车辆装卸作业停歇时间，它主要由以下四部分时间组成。

1. 车辆等待装卸的作业时间

这是指车辆到达作业地点后，等待货物装卸作业的时间，属于非生产性作业时间。该时间的长短取决于作业点的装卸能力、需要进行装卸作业的车辆数量及组织管理水平。如果装卸能力大于或等于装卸作业车辆的工作量时，车辆等待装卸的时间不发生；只有当车辆达到很不均衡，出现车辆过度集中时，以致某些时段内装卸能力小于车辆所需的工作量，才会出现车辆等待装卸的现象。当等待装卸货的车辆数很多时，不仅会增加车辆等待的时间，还可能导致装卸作用现场的混乱和无序，甚至影响装卸作业效率。

2. 车辆进行调车、摘挂的作业时间

这是指车辆在装卸货物前后，进行调车或摘挂作业的时间，取决于装卸场地及设施布局的合理性、装卸作业线的排队情况、货物进出口通道的完善程度等因素。应用系统工程方法及模拟方法，可考虑装卸车辆到达的不确定性和随机性后，对装卸设施及设备的配置进行更合理的布局与规划。

3. 直接装卸货物的作业时间

装卸作业时间取决于货物的特性、形态，装卸的机械化程度、组织工作水平等因素，是车辆停歇时间的重要组成部分。高效率的装卸组织工作配合现代化的装卸手段，能大大提高货物装卸效率，减少装卸作业时间，进而也减少了运输车辆的停歇时间。当然，现代化装卸手段的运用必须考虑货物特性，并与运输车辆、承载器具等相匹配、协调。

4. 与运输有关的商务活动的作业时间

办理商务作业时间的长短，取决于货物运输各方在业务上的协作程度和业务的繁简程度。要减少商务活动的作业时间可采取两种途径：一是尽量采用平行作业法，即在车辆进行装卸作业的同时办理商务活动；二是尽可能利用计算机网络技术及信息管理系统，提高相关商务活动的处理速度和准确性。

（三）装卸作业组织的一般内容

要减少车辆装卸作业停歇时间，应努力提高装卸作业效率，通过科学组织与管理，减少车辆等待时间、调车摘挂时间及办理商务活动的时间等。而要实现这些目的，不仅需要配置先进的装卸工具，还需要科学合理的装卸组织工作。装卸作业组织工作的内容很广，下面主要对其中三个方面的内容进行介绍。

1. 装卸工艺方案的设计

装卸过程实质上是由货物、设备设施、劳动者、作业方法和信息工作等要素构成的有机整体。因此，应该从物流系统整体的角度分析与装卸作业有关的要素，在此基础上设计合理的装卸工艺方案。

货物装卸作业采用不同的工艺方案，将影响车辆装卸作业和停歇时间。例如，要将货物装上空车，可采用从货物堆存地直接搬运至车辆上的一次作业法；也可采用事先将待装货物从堆存地搬运至装货地，待车辆到达后直接装车的就地装卸法。后者可减少车辆装卸作业停歇时间，但增加了二次搬运和临时停放，不符合物料搬运"作业量最少"原则。哪种工艺方案更佳，需要从装卸作业量、场地条件、效率等具体情况综合考虑后灵活运用。

装卸工艺方案的设计主要包括：确定计划期内的装卸任务量；根据装卸货物品种、数量、规格、重量及搬运距离等条件，编制装卸设备作业时间表和作业顺序。工艺方案一般要尽量减少二次搬运和临时停放，尽可能减少装卸搬运次数。

另外，设计装卸工艺方案时还要考虑与装卸机具、仓库移动设备和固定设备有关的因素；在提高装卸机械化水平的同时，还要考虑现代通信技术的应用。

2. 装卸调度指挥

装卸调度工作是指管理人员根据货物信息、装卸设备的性质和数量、车辆到达时间、装卸点的装卸能力、装卸工人人数及其技术水平等状况，对装卸设备、作业方案及人员配备等进行合理调配和指挥。合理的调度方案，对提高装卸机具和劳动者的效率、提高装卸质量具有很大作用。例如，对于作业点分散的地区，可以划分不同的装卸作业区，通过合理的装卸调度，减少装卸工人的运送调遣次数。

合理的调度指挥包括根据运输车辆配置适当数量的装卸机械、合理制定一定条件下的装卸作业时间定额等内容。在装卸调度过程中，综合应用现代通信技术、网络技术及信息管理系统，对装卸组织工作有重要作用。例如，可及时掌握车辆到达时间、车型、货物名称、收发单位等信息，事先安排装卸机具和人员，做好装卸前的充分准备，从而减少车辆等待及其他商务活动时间。

有些调度计划的制订很复杂，因而可以将一些现代方法（例如排队论方法）应用于装卸系统组织过程中。

3. 提高车辆载重量利用水平

通过改进货物装载技术和操作方法，可最大限度地利用车辆的载重量和容积，提高车辆的实载率，降低单位货物的运输成本。这也是装卸组织的重要内容之一。分以下两种情况讨论。

1) 件装货物通过改善其包装形态提高车辆实载率

在不影响货物质量的前提下，改善货物包装形态是争取车辆满载的有效方法。例如，对于轻抛件杂货物，可采用压缩包装方法；对于包装无一定规格或包装尺寸不适应车辆容积的件杂货物，可制定统一的包装规格，使包装标准化；对于大型机械类货物，可采用拆卸成组件包装，待运抵目的地后再组装的方式，等等。

要改善货物的包装形式,要求运输部门、装卸部门与货主企业进行合作、沟通。

2) 合理确定散装货物的装载高度

散装类货物在公路运输总运量中所占比重较大,正确测定散装货物装载体积,可同时避免车辆超载和亏吨,有利于提高车辆载重量利用水平。对一定的车型,可按以下公式计算散装货物装载高度:

$$货物应装载高度 = \frac{车辆额定载重量}{车厢长度 \times 车厢宽度 \times 货物单位体积重量} \tag{5-1}$$

由上式可知,货物单位体积重量能否准确确定,是直接影响到车辆载重量能否得到合理利用的关键。因此,对于不同品种的货物,应根据它们的湿度、块粒大小等因素分别测定。

二、港口装卸及船舶装卸作业组织

(一) 港口装卸工艺简介

港口装卸工艺是指港口货物装卸和搬运的程序与方法,即港口按照一定的劳动组织形式,运用装卸机械及其配套工具(机械化系统)等物质手段,按照规定的技术标准和规范,完成货物在不同运输方式之间的换装作业的过程。

装卸工艺的主要内容包括装卸作业的操作方法、作业顺序、作业技术标准和规范以及维护工艺规则的生产组织程序。

1. 港口装卸工艺过程

装卸工艺过程是指货物从一种运输工具换装到另一种运输工具所完成的换装作业过程。

港口常见的装卸工艺过程有五种形式:①车—库(场)—船;②船—驳船—车;③车—库(场)—车—船;④车—船;⑤船—船(海船、江船、驳船)。

港口装卸工艺过程是由一个或多个操作过程组成的。一个操作过程是指在船、车、库(场)之间,货物每经过其中两个环节完成的一次位移。目前我国港口划分的操作过程有六种:①船—船(海船、江船、驳船);②船—车(汽车、火车);③船—库(场);④车、驳—库(场);⑤车、驳—车、驳(场);⑥库(场)—库(场)。

2. 港口件杂货装卸工艺

港口件杂货装卸工艺主要包括以下要点。

(1)码头前方作业用门座起重机;后方作业,当水平搬运距离近时,以叉车作业为主;水平搬运距离较远或运送长大件时,采用拖车(牵引车)—挂车(平板车);库场拆堆码及装卸车作业,采用叉车或轮胎起重机等。

(2)码头前方作业用船吊(船上吊杆)或流动吊(如轮胎或长臂吊),后方作业系统同上。

(3)缆车系统是用在斜坡式码头上的装卸工艺系统。

3. 港口集装箱装卸工艺

对于不同的集装箱码头有不同的装卸工艺。

对于集装箱专用码头,可采用的装卸工艺主要包括底盘车系统、跨运车系统、轮胎式龙门起重机系统、轨道式龙门起重机系统、正面吊系统、叉车系统和混合系统。

对于集装箱多用途码头,主要采用的装卸工艺是码头前沿配置多用途岸边集装箱起重机。

4. 港口散货装卸工艺

我国港口散货装卸的主要货种是煤、矿石。煤、矿石装卸工艺系统可以分为装卸船系统、水平运输系统、堆场堆放取料系统和装卸车系统。

(二) 船舶装卸作业组织

一条船舶的装卸作业是由若干条装卸作业线组成的;一条装卸作业线又由若干作业工序组成。组织好每个作业工序的生产是组织好一条装卸作业线的基础,组织好装卸作业线与装卸作业线之间的协调,也是船舶装卸作业组织的重要内容。

船舶装卸作业组织的主要任务是:在确保人身安全、船舶与装卸机械不受损坏以及货物数量正确与完整无损的条件下,组织好每条作业线,充分发挥作业线的生产能力,并在此基础上平衡各舱口的装卸作业时间,最大限度地缩短船舶在港停泊时间。

1. 装卸作业前的准备工作

船舶在开始装卸之前应做好以下一些准备工作:

(1) 根据货物操作过程,掌握货物动态;

(2) 对外贸货物应了解其所有有关手续是否办妥;

(3) 了解货物特征、装卸作业条件,保证在装卸过程中的作业安全与质量;

(4) 熟悉货物对装卸过程的要求、进行的时间及责任者;

(5) 通过分析,确定重点舱,拟定出缩短重点舱装卸时间的具体措施;

(6) 根据货种、配载及库场位置确定装卸工艺及装卸时间的具体安排。

2. 装卸作业线组织

1) 装卸工艺方案的选择

首先,确定装卸作业过程的合理流程和在该条件下可能最少的工序数;然后,以港内现有的装卸机械和设备为依据,安排每道工序的机械化方法;制定合理的人-机联合作业形式和先进的操作方法;最后,对装卸工艺方案进行技术经济论证,通过论证来选择合适的方案。

2) 单线作业组织

单线作业组织是以操作过程为基础、船舶每个舱口为单元所进行的人-机联合组织。组织散件货装卸作业时应充分发挥装卸机械的效能及各工序之间的协调与平衡。

3) 多线作业组织

多线作业是指一艘船或每个舱口组织两条以上作业线进行装卸的方法。目的在于加速船舶的装卸,缩短船舶在港停留时间。一艘船舶在港装卸的停泊时间,取决于重点舱装卸作业的延续时间。因此,缩短重点舱的作业延续时间,就成为缩短船舶在港停时的一个重要手段,它是进行船舶多线作业组织时需要解决好的一个关键问题。

第三节 装卸机械化方案的选择及评价

一、装卸机械化方案的选择依据

典型的装卸搬运机械主要有叉车、起重机、堆垛机、连续输送设备、牵引车和挂车,以及非动力装卸搬运设备(如手推车等)。

装卸搬运机械的选择主要依据以下条件进行。

1. 货物的种类及性质

装卸的货物按其形态可分为粉粒体、液体、散状体、包装体(袋装、箱装、灌装等)等不同类型。一般情况下,某些类型的装卸机械仅适用于一定类型和性质的货物;而一定种类和性质的货物,常常几种装卸机械都可使用。例如,装卸砂和碎石时,既可选用多斗式装货机,也可选用单斗式装货机。选择装卸机械方案时首先应考虑货物的种类及其性质。

2. 装卸现场条件

选择装卸机械及其作业方式时必须考虑装卸作业现场的状况及具体要求。装卸现场条件主要包括装卸站的平面布置、货物堆放的方法、货物存放地点到装(卸)货工段的距离、装卸工作线长度、装货机的动力种类等。

物流作业现场的具体作业条件不同,将影响对合适的装卸机械类型的选择。例如,在有铁路专用线的车站、仓库,可选择门座式起重机;在库房内,则可选择桥式起重机。

在能完成同样作业效能的前提下,应选择性能好、节省能源、便于维修、有利于环境保护、利于配套、成本较低的装卸机械。

3. 装卸作业量

在选择装卸机械时,应使装卸机械的作业能力与现场作业量之间的配合最佳。当装卸机械作业能力达不到现场作业量要求时,装卸作业时间延长,运输车辆停歇时间延长,可能还会导致装卸工作受阻;当装卸能力超过现场作业量要求时,表现为生产能力过剩,设备利用率低下。一般来说,吞吐量较大的车站、码头、货场,应选择较大吨位的装卸机械,这样可满足在作业次数相对较少的情况下,完成较大的装卸作业量。影响物流现场装卸搬运作业量的因素主要包括货物吞吐量、堆码和拆垛量、搬运量等。

装卸机械的选择还需结合当前机械领域发展现状及趋势进行考虑。随着机械行业的发展,新型的、高效率的装卸机械会不断推出,这为选择装卸机械提供了更多的方案。

依据上述条件选择的装卸机械方案,究竟哪一种方案更合理?最后还必须对所选的装卸机械方案进行技术经济及使用效能的进一步分析和比较,对装卸机械固定成本和包括装卸成本在内的运输成本进行综合分析,才能选出最合理的使用方案。可见,运输成本是选择装卸机械的综合依据。但是,在实际选择装卸机械方案时,预先正确估计运输成本的每一项费用是比较困难的。因此,在比较方案时,还推荐一系列的补充指标。这些指标和运输成本组成了评价使用效能的指标体系,用来评价和确定装卸机械的使用效能。

二、装卸机械使用效能评价指标

装卸机械使用效能的评价指标,除运输成本外还可用装卸工人生产率、装卸机械生产率、装卸机械投资额、装卸工作成本四个指标进行分析和评价。下面具体介绍各项指标的含义及其计算方法。

(一)装卸工人生产率 W_H

该指标是指在一定的条件下,装卸工人在单位时间内完成的装卸工作量,单位为吨/小时(t/h)。可通过统计方法求得。

(二)装卸机械生产率 W_m

该指标表示装卸机械在单位时间内装卸货物的数量,单位为吨/小时(t/h)。根据装卸机械是周期性作业还是连续性作业的不同,其装卸生产率的计算方法是不同的。

1. 周期性作业机械的装卸生产率

周期性作业的装卸机械,例如吊车、单斗装货机、叉式装货机等,每个装卸货工作循环是由几个动作组成的:接近货物、抓取货物、提升货物、移动货物和卸下货物等。有些装卸机械是分步执行这几个动作,而有些机械可以同时完成其中几个动作或整体动作,但都是在完成一次装卸货后再开始下一次的装卸货过程。

这类机械的装卸生产率是指机械在良好使用条件下连续使用时的生产效率,可根据其抓取机构的载重量 q_m(吨)和每个工作循环的时间 t_m(小时)之比求出,即

$$W_m = \frac{q_m}{t_m} \alpha_m \tag{5-2}$$

式中:α_m 表示装卸机械工作时间利用率,即机器实际工作时间与工作班时间之比。

2. 连续性作业机械的装卸生产率

输送机、螺旋式装货机、气动运输机等装卸搬运机械属于连续性作业的装卸机械。这类机械的装卸生产率可根据工作机构的速度 V_m(米/秒)和每米工作机构长度上的载重量 q'_m(吨/米)来计算,即

$$W_m = 3600 V_m q'_m \alpha_m \tag{5-3}$$

由式(5-2)、式(5-3)可看出,为了使装卸机械获得最大的实际生产率,可采取减少工作循环时间或提高工作机构的运动速度的方法;另外,还必须最大限度地利用工作机构的载重量或容纳货物的能力,并尽量减少由于各种原因造成的机器停歇时间。

(三)装卸机械投资额 C_{mi}

该指标反映了选择装卸机械的固定成本的大小,由装卸机械的购买费用、运输及安装费用等构成。

(四)装卸工作成本 S_{lu}

该指标反映了装卸工作的可变成本的大小,指装卸单位货物所花费的装卸机械费用和人工费用之和,单位为元/吨(元/t),即

$$S_{lu} = \frac{\sum C_{lu}}{Q} \tag{5-4}$$

式中：$\sum C_{lu}$——装卸一定量货物的装卸机械费用与人工费用之和,具体包括工人（操纵机械及辅助工人）的工资、动力（燃料、电力等）成本、润滑材料费用、装卸机械维护修理费用、机械设备折旧费用以及有关管理费用等；

Q——货物总装卸量。

三、装卸机械方案的选择与计算

在选择装卸机械方案时,正确估计不同装卸机械方案所对应的运输总成本中的各项费用是不现实的。从方案选择的目的出发,可以采取简单的比较计算方法,即在同样的条件下,计算不同装卸机械方案的运输费用节约额或原始投资偿还期;或者是采用一些简易计算方法,如比较不同方案对装卸工人的数量要求等,从而帮助选择更满意的装卸机械方案。

（一）比较不同方案的运输费用节约额

运输费用节约额包括两部分：运输成本节约额和装卸成本节约额。显然,取得运输费用节约额最大的装卸机械方案,其经济效益最高,因而也是最优的机械方案。

假设有两个可供选择的机械方案一和方案二。方案一相对于方案二来说,平均每吨货物的运输费用节约额 C_E（元/t）的计算公式为

$$C_E = (S_1 - S_2) + (S_{lu1} - S_{lu2}) \tag{5-5}$$

式中：S_1, S_2——分别为装卸机械方案一和方案二所对应的运输固定成本（元/t）；

S_{lu1}, S_{lu2}——分别为机械方案一和方案二所对应的装卸成本（元/t）。

如果运输费用节约额 $C_E > 0$,说明方案一比方案二更优,因此可摒弃方案二。

如果有 N 个可供选择的方案,可逐一计算出 $N-1$ 个方案相对于其中一个方案的节约量,选择节约额最大的方案,即为最佳方案。

（二）比较不同方案的原始投资偿还期

原始投资偿还期是指装卸机械原始投资的回收期限,它反映了资金的利用效率。设备投资偿还期（T_P,单位为年）的计算公式为

$$T_P = \frac{\sum C_{mi}}{C_r Q_y} \tag{5-6}$$

式中：$\sum C_{mi}$——该装卸机械方案的总投资额（元）；

C_r——完成单位货物装卸量的纯利润额（元/t）；

Q_y——年货物装卸量（t/y）。

一般来说,投资偿还期最短的方案就是经济效益最好的方案。

（三）简易比较法

除了上述两种指标的比较计算之外,还可以采用更简单的比较方法,粗略地确定不同装卸机械方案的优劣。例如,比较不同方案下的用工人数、车辆停歇时间、装卸工作线长度等指标的节约程度。这类方法的最大特点是计算方法简单。

例如,比较两种方案节约的用工人数 Δp。由于不同的装卸机械方案中,工人的劳动生产效率是不同的,因而,要完成同样的装卸量,对工人的需要数量也是不同的。该指标就是

比较不同的装卸机械方案在用工人数方面的差异。

方案一比方案二节约的工人数的计算公式为

$$\Delta p = \frac{Q_y}{D_y}\left(\frac{1}{q_1} - \frac{1}{q_2}\right) \tag{5-7}$$

式中：D_y——工人年额定工作日数(d)；

Q_y——年货物装卸量(t)；

q_1、q_2——分别为两个方案中，每人每天可完成的装卸货物量(t/d)。

减少用工人数就可减少装卸作业中的人工成本。

第四节 装卸机械与运输车辆的配合组织

一、车辆运行时间及装卸时间定额

运输过程只有与装卸过程相互协调和配合，才能使整个运输任务高效率、低成本地完成。而运输过程与装卸过程的协调主要是通过运输车辆运行时间定额和装卸停歇时间定额来保证的。

（一）车辆运行时间定额

车辆运行时间是指运输车辆（或船舶）在两货运点间的行驶时间，主要取决于车辆或船舶的技术速度和行驶距离。车辆行驶距离是由物流需求的客观情况决定的，车辆的技术速度则取决于多种因素的综合影响。

以道路运输为例，影响汽车行驶速度的主要因素有汽车的技术特性、驾驶员的心理因素和技术水平、道路等级状况、道路交通拥挤情况和交通量、运行的时间安排、气候条件等。这些因素对车辆行驶速度的影响机理是复杂的，其影响程度很多难以量化，且因素之间还存在相互影响的情况。例如，气候条件、道路交通拥挤状况等会影响驾驶员的心理状况，而行车时间如果安排不当，可能恰逢城市交通高峰期，也会影响车辆行驶速度。

上述各因素对车辆行驶速度的影响程度具有很强的随机性，难以用一个明确的函数关系表示。通常是应用统计分析方法，将车辆的技术速度看成是服从某种概率分布的随机变量来考虑。如果掌握了车辆技术速度的概率分布规律，便可通过概率论及数量统计方法确定运行时间的分布密度函数和运行时间的均值。大量的统计研究表明，在一定条件下，车辆的技术速度的分布服从正态分布规律。

假定在一定条件下，车辆技术速度 v_t 是连续型随机变量，且服从均值为 $\bar{v}_t$、方差为 σ_v^2 的正态分布。根据概率论知识，技术速度的概率密度函数 $f(v_t)$ 可表示为

$$f(v_t) = \frac{1}{\sigma_v \sqrt{2\pi}} e^{-\frac{(v_t - \bar{v}_t)^2}{2\sigma_v^2}} \tag{5-8}$$

式中：σ_v——车辆技术速度的标准差；

$\bar{v}_t$——技术速度的均值(km/h)。

另外，假设车辆行驶1千米所消耗的时间为 t_1，则 t_1 是 v_t 的函数，记为 $t_1 = \varphi(v_t) =$

$1/v_t$,其反函数记为 $v_t = \psi(t_1)$,根据概率统计原理及微积分知识,t_1 的概率密度函数 $g(t_1)$ 的计算公式为

$$g(t_1) = f(v_t)|\psi'(t_1)| = f\left(\frac{1}{t_1}\right) \cdot \frac{1}{t_1^2} \tag{5-9}$$

将式(5-8)代入式(5-9),并令 $v_t = 1/t_1$,则可得出车辆行驶时间 t_t 的概率分布密度函数为

$$\varphi(t_t) = \frac{1}{t_1^2 \sigma_v \sqrt{2\pi}} e^{-\frac{(1/t_1 - \bar{v}_t)^2}{2\sigma_v^2}} \tag{5-10}$$

应用式(5-10),可对车辆行驶时间进行统计观察和分析。如果车辆行驶时间超过了额定值,那么就应该分析原因,并通过合理的组织管理活动来减少车辆行驶时间。

（二）装卸停歇时间定额

车辆装卸停歇时间主要由等待装卸货时间、装卸作业时间、调车及辅助动作时间、商务活动时间等构成。这些时间根据装卸方法、车辆类型、车辆载重量、货物类型及装卸机械的不同而有较大差异。

与车辆行驶时间类似,装卸停歇时间也与很多因素有关,且因素的影响具有随机性和复杂性,所以也可将装卸停歇时间作为随机变量处理。统计结果表明,在大多数情况下,实际消耗的装卸货时间(不考虑等待时间)服从正态分布。因其较为烦琐,这里略去详细计算公式。

二、运输车辆与装卸机械需要量的计算

运输车辆与装卸机械需要量,既取决于工作对象本身的特征,还取决于运输与装卸工作相互间的配合情况。为了提高运输生产率,运输车辆的工作制度应与装卸点的工作制度协调一致,以尽量减少非生产停歇时间损失。采用统一工作进度表进行运输与装卸工作组织,可以保证运输车辆与装卸工作的有效配合,能有效减少车辆等待装卸的时间或装卸机械等待车辆进入装卸货工位的时间。

影响运输车辆与装卸机械工作间配合程度的因素很多,主要包括在货运点同时服务的车辆数、货运点间距离、车辆行驶时间的分布以及装卸停歇时间的变化等。

实际需要的车辆数与装卸机械数量,可以根据近似配合条件确定的简便算法进行计算。其计算方法及过程如下。

（一）参数定义及说明

在任一连续的足够长的时期 T(例如,从最先到达货运点车辆的首次装卸货时刻算起,至该车末次装卸货时刻为止)内,定义如下参数:

n——车辆在 T 时间内的周转次数;
t_{0i}——第 i 运次的周转时间(min);
A——工作车辆数(辆);
N——装(卸)货机械数(台);
t'_{si}——第 i 运次的装(卸)货时间(包括等待该车到达的时间)(min);

$\bar{t}_0$——车辆平均周转时间(min);

t'_s——包括等车时间在内的装卸机械平均每车次装(卸)货时间(min)。

(二) 匹配公式推导

(1) 车辆平均周转时间$\bar{t}_0$的计算公式为

$$\bar{t}_0 = \frac{\sum_{i=1}^{n} t_{0i}}{n} \tag{5-11}$$

(2) 包括等车时间在内的装卸机械平均每车次装(卸)货时间$\bar{t}'_s$的计算公式为

$$\bar{t}'_s = \frac{\sum_{i=1}^{n} t'_{si}}{n} \tag{5-12}$$

(3) 检验运输车辆数与装卸机械数的配合条件。为提高运输与装卸作业生产率,保证在T时间内运输车辆与装卸机械配合,就应该使两者的平均工作节奏一致,即满足以下条件

$$\frac{\bar{t}_0}{A} = \frac{t'_s}{N} \tag{5-13}$$

车辆平均周转时间由两部分构成,其一是车辆在货运点装(卸)货结束至它又返回该点的平均间隔时间,记作$\bar{t}_r$;其二是平均每车次装(卸)货停歇时间,用$\bar{t}_{lu}$表示。即

$$\bar{t}_0 = \bar{t}_r + \bar{t}_{lu} \tag{5-14}$$

平均装(卸)货停歇时间$\bar{t}_{lu}$也由两部分构成,其一是车辆在货运点平均等待装(卸)货的时间$\bar{t}_w$;其二是装(卸)货作业本身所消耗的平均时间$\bar{t}_A$。即

$$\bar{t}_{lu} = \bar{t}_A + \bar{t}_w \tag{5-15}$$

这样,车辆平均周转时间又可表示为

$$\bar{t}_0 = \bar{t}_r + \bar{t}_w + \bar{t}_A \tag{5-16}$$

另外,装卸机械平均每车次装(卸)货时间也由两部分组成,其一是装(卸)货作业本身所消耗的时间$\bar{t}_A$;其二是等待车辆进入装(卸)货工位的平均时间$\bar{t}'_w$。即

$$\bar{t}'_s = \bar{t}'_w + \bar{t}_A \tag{5-17}$$

式(5-15)~式(5-17)说明,车辆平均周转时间$\bar{t}_0$和装卸机械平均每车次装(卸)货时间$\bar{t}'_s$,都与车辆等待装(卸)货的时间$\bar{t}_w$和装卸机械等待车辆到达装(卸)货工位的时间$\bar{t}'_w$有关系。

当运输车辆与装卸机械的数量能做到最佳配合时,应该不存在车辆等待装卸或装卸机械等待货车进入的情形,这是一种最理想的状况。因此,要求出车辆数与装卸机械数量的最佳配合关系,可令这两项等待时间为零,即令$\bar{t}_w = \bar{t}'_w = 0$,这时有

$$\bar{t}'_s = \bar{t}_A \tag{5-18}$$

结合式(5-13)、式(5-16)和式(5-18),就可得到下面的等式

$$\frac{\bar{t}_0}{A} = \frac{\bar{t}_r + \bar{t}_A}{A} = \frac{\bar{t}_A}{N} \tag{5-19}$$

式(5-19)表示的是运输车辆数与装卸机械数的最佳配合条件。实际上,影响运输车辆

与装卸机械工作配合程度的因素很多,要实现上述理想的最佳配合是很困难的。所以,实际应用时,可给定一个配合条件系数 ε,ε 值越接近 1 表示二者的配合程度越高,将式(5-19)可改写为

$$\frac{\overline{t}_r + \overline{t}_A}{A}\varepsilon = \frac{\overline{t}_A}{N} \quad (5\text{-}20)$$

其中,ε 表示运输车辆与装卸机械工作配合条件系数。

这样,要确定与装卸机械协同工作的车辆数,或确定车辆运输所需要的装卸机械数,可以根据式(5-20)近似进行计算。

ε 值的选取应符合车辆运输与装卸机械工作停歇时间的最佳关系值。在现实工作中,要实现车辆与装卸机械的充分协调是很困难的,所以为使配合条件有利,一般应使 ε<1;在特殊情况下,为了保证最小的装卸机械工作停歇时间,也可使 ε>1。

第五节 排队理论在货物装卸组织中的应用

排队论是研究服务过程中拥挤现象的数学理论和方法。现实中排队现象比比皆是。对一些有固定装卸点的作业现场,其装卸组织工作可以运用排队论方法进行量化分析,以所取得的模型指导装卸作业现场设施设备布局或人力安排,从而减少车辆等待装卸时间,加速车辆周转,完善装卸组织工作。

一、排队系统的基本组成

排队系统一般有三个基本组成部分:输入过程、排队规则和服务机构。

(一)输入过程

输入指各种类型的顾客按怎样的规律"来到"服务系统请求服务。输入包括以下五项内容。

(1)顾客源可能是有限的,如工厂待修理的机器;也可能是无限的,如某一商店的顾客源可以看成是无限的。

(2)顾客到达的方式可能是单个到达,也可能是成批到达。

(3)顾客相继到达的间隔时间可以是确定的,即定长输入,每隔一段固定时间到达一个顾客,如商店自动包装机、定期运行的班车等;也可以是随机的,如一般到商店购物的顾客、到医院诊病的病人、通过路口的车辆等。在排队论中主要讨论的输入过程是随机型的。

(4)顾客到达可以是互相独立的,即在某一时刻以前顾客的到达情况不影响该时刻后顾客的到达;否则,就是关联的。

(5)输入过程可以是平稳的,即描述相继到达的间隔时间分布和所含参数(如期望值、方差等)都是与时间无关的;否则,称为非平稳。对非平稳的过程用数学方法处理很复杂。

(二)排队规则

排队规则是指服务台对顾客进行服务所遵循的规则,也称服务规则。它与服务系统的

类型有关。

服务系统一般分为损失制、等待制和混合制三种类型。

损失制指顾客到达此服务系统时,若服务员都不空闲,则顾客离去,另求服务。等待制是指顾客到达本系统时,服务员都在为先到的顾客服务,则顾客排队等待服务,一直等到有空的服务员为他服务为止。混合制是指介于损失制和等待制之间的服务系统,称为混合制系统。当顾客到达时,服务员不空,且排队位置满座,顾客离去,这是排队长度有限的服务系统;混合制的另一种情形是顾客到达时,服务员不空,他就排队等待服务,当顾客等了一段时间后,仍轮不到为他服务,顾客离开排队队列,另求服务,这是排队时间有限的服务系统。

在等待制和混合制系统中,存在着服务规则问题,主要包括以下四种服务规则。

1. 先到先服务

按顾客到达的先后顺序给予服务,这是最普通的情况。

2. 后到先服务

如堆积的钢板需使用时,先取上面的使用;在情报系统中,最后到达的信息往往是最有价值的,因而常采用后到先服务的规则。

3. 随机服务

当一个顾客被服务完了以后,服务员就从排队的顾客中任取一个,给予服务。如电话交换台接通呼唤的电话就是如此。

4. 有优先权的服务

给排队系统中的顾客以不同的优先权,具有较高优先权的顾客将先于具有较低优先权的顾客接受服务。

排对系统中队列的数目可以是单队列,也可以是多队列。

(三)服务机构

服务机构包含服务员的个数及结构、服务方式、对顾客服务的时间等三项内容。

1. 服务员的个数及结构

服务机构可以没有服务员,也可以有一个或多个服务员(服务台)。根据队列与服务员(台)数量的多少,服务台与队列之间的连接关系有如下三种情况,见图5-1至图5-4。

1) 单服务台、单队列连接关系

单服务台、单队列连接关系如图5-1所示。

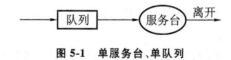

图5-1 单服务台、单队列

2) 多服务台并列的系统

多服务台并列的排队系统有如图5-2和图5-3所示的两种连接方式。

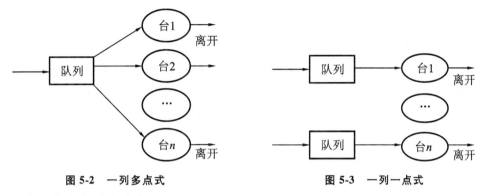

图 5-2　一列多点式　　　　　图 5-3　一列一点式

3）多服务台串联的系统

多服务台串联的系统如图 5-4 所示。

图 5-4　多服务台串联关系

2．服务方式

服务方式可以对单个顾客进行，也可以对成批顾客进行。公共汽车对在站台等候的顾客就成批进行服务。

3．对顾客服务的时间

和输入过程一样，服务时间也分确定型和随机型。自动冲洗汽车的装置对每辆汽车冲洗（服务）的时间就是确定型的。但大多数情形下的服务时间是随机型的。对于随机型服务时间，我们要知道它的经验分布或理论分布。

如果输入过程，即相继到达的间隔时间和服务时间二者是确定型的，那么问题就简单了。因此，在排队论中所讨论的是二者中至少有一个是随机型的情形。

二、基于排队论的装卸车辆配置计算方法

（一）排队论中的典型分布简介

在排队论的应用中，一个重要任务是选择到达过程的概率分布。最常见的概率分布是指数分布和泊松分布。

1．指数分布

具有参数为 λ 的指数分布的密度函数为：

$$f(t)=\begin{cases}\lambda e^{-\lambda t} & t\geqslant 0\\ 0 & t<0\end{cases} \tag{5-21}$$

那么到达间隔 T 服从指数分布，其分布函数是：

$$F(t)=\begin{cases}1-e^{-\lambda t} & t\geqslant 0\\ 0 & t<0\end{cases} \tag{5-22}$$

根据概率知识可以证明,到达间隔 T 的期望值、方差和标准差分别为:

$$E[T]=\frac{1}{\lambda},Var[T]=\frac{1}{\lambda^2},\sigma[T]=\frac{1}{\lambda} \tag{5-23}$$

指数分布在可靠性问题研究中经常碰到。例如,随机服务系统中的服务时间、电话的等待时间、船舶到港的时间间隔等都常用指数分布描述。由于指数分布具有"无记忆性",如果我们希望预测下一辆货车到达时间的概率,它与上一辆货车的到达时间无关。

2. 泊松分布

如果相继到达间隔服从指数分布,则发生在任何一段时间内的到达次数服从泊松分布。如果离散随机变量 N 的概率分布为:

$$P(N=n)=\frac{(\lambda)^n}{n!}e^{-\lambda} \quad n=0,1,2,\cdots \tag{5-24}$$

则称 N 服从参数为 $\lambda(\lambda>0,$ 且为常数)的泊松分布,记作 $P(\lambda)$。

设 $N(t)$ 表示在时间区间 $[T,T+t]$ 内的到达数,$t>0$,那么,对于任意时间 $(s,t>0)$,$N(t)=N(s+t)-N(t)$ 服从下述泊松分布:

$$P(N(t)=n)=\frac{(\lambda t)^n}{n!}e^{-\lambda t} \quad n=0,1,2,\cdots \tag{5-25}$$

随机变量 $N(t)$ 的均值和方差分别为:

$$E[N(t)]=\lambda t;Var[N(t)]=\lambda t \tag{5-26}$$

式(5-26)表明,泊松分布的一个重要特征是期望值等于方差。

泊松分布常作为小概率事件发生次数的概率分布模型。例如,一周内送货车队汽车轮胎的爆胎次数、某一地区一个时间间隔内发生交通事故的次数等。

(二) 排队系统模型及状态转移方程

1. M/M/1 排队系统模型

根据排队系统的基本特征,Kendall(1951)设计出一个简便的排队系统分类方法,即任何一类排队系统都可用下述标记来表示:

$$A/B/C/D/E/F \tag{5-27}$$

其中,第一个字符 A 表示事件到达时间间隔分布特性,有 3 种可能情形:分别用 M、D、G 表示到达时间间隔为相互独立且服从指数分布、相互独立且确定型、相互独立且服从一般概率分布。

第二个字符 B 表示服务时间的基本特性,与到达时间间隔一样,也有 3 种可能情形,分别用 M、D、G 表示服务时间为相互独立且服从指数分布、相互独立且确定型、相互独立且服从一般概率分布。

第三个字符 C 表示排队系统中的服务台数。

第四个字符 D 代表排队规则,有 4 种情形:①FCFS 表示"先到先服务",②LCFS 表示"后到先服务",③SIRO 表示"随机服务",④GD 表示"其他排队规则"。

第五个字符 E 说明排队系统的最大容量,即排队系统能够接受顾客的最大值(排队顾客加接受服务的顾客）。第六个字符 F 说明了顾客源的总体大小。

对于到达时间间隔服从指数分布、服务时间服从指数分布、单服务台、先到先服务规则、无限容量和无限顾客源的排队系统模型，可表示为 M/M/1/FCFS/∞/∞，经常简记为 M/M/1 模型。

2．排队系统模型状态转移方程

下面以 M/M/1/FCFS/∞/∞ 模型为例讨论排队系统的状态转移过程。

先定义系统的输入和输出参数分别为：

λ——单位时间内到达排队系统的平均数；

μ——排队系统在单位时间内的平均服务数。

那么，$1/\lambda$ 就表示平均到达时间间隔，$1/\mu$ 表示平均服务时间。假设顾客到达排队系统的时间间隔和服务时间两个随机变量是相互独立的。由于到达时间间隔和服务时间的随机性，系统队长即排队系统中的顾客数也具有随机性。排队系统的队长也称为系统状态。一般来说，系统状态是与时间相关的。M/M/1/FCFS/∞/∞ 模型系统状态的转移情况如图 5-5。

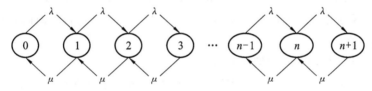

图 5-5　状态转移图

以公路收费口为例，如果收费口处只有 1 辆车（状态 1），这种状态由两种情形产生：一种是收费口处无车辆，然后 1 辆车到达；另外一种是收费口处有 2 辆车，其中 1 辆缴费完成后离开。这两种情况分别由两个指向状态 1 的箭头所表示，一个是从状态 0 指向状态 1 的上箭头，另一个是从状态 2 指向状态 1 的下箭头。箭头旁边还标明从一个状态到另一个状态的平均变化率，λ 表示向前进入下一个状态的平均变化率，μ 表示向后退回下一个状态的平均变化率。在相继到达时间间隔和服务时间都服从指数分布的情形下，"进入"和"离开"是交叉进行的，两个事件的平均发生概率是相等的。而在非常短的时间段内，状态转换只可能发生在两个相邻的状态，例如状态 2 到状态 3，状态 5 到状态 4 等。状态转换的概率等于变化率（λ 为到达率，μ 为服务率）乘以发生状态转换的时间长度，由此可得当状态为 n 时的平衡方程，即离开的概率等于进入的概率：

$$\lambda P_n + \mu P_n = \lambda P_{n-1} + \mu P_{n+1} \tag{5-28}$$

求解式(5-28)，有：

$$P_1 = \frac{\lambda}{\mu} P_0, P_2 = \left(\frac{\lambda}{\mu}\right)^2 P_0, \cdots ; P_n = \left(\frac{\lambda}{\mu}\right)^n P_0, n = 1, 2, \cdots \tag{5-29}$$

令 $\rho = \frac{\lambda}{\mu}$，并根据概率分布的要求，由式(5-29)可得：

$$\sum_{n=0}^{\infty} P_n = P_0 \sum_{n=0}^{\infty} \rho^n = 1 \tag{5-30}$$

为了避免队列出现无限长的排队现象，一般假设 $\rho < 1$，这样，等比序列收敛于：

$$\sum_{n=0}^{\infty} \rho^n = \frac{1}{1-\rho}$$

将其带入式(5-30)中,经变换可得 $P_0=1-\rho$;再代入公式(5-29),则得:

$$P_n=\left(\frac{\lambda}{\mu}\right)^n P_0=(1-\rho)\rho^n \quad n=0,1,2,\cdots \tag{5-31}$$

这就是 M/M/1/FCFS/∞/∞ 排队系统在稳态情形下,系统状态为 n 的概率计算公式。

(三)装卸系统运行指标

应用排队理论,可将装卸现场车辆排队与装卸服务看成装(卸)车辆排队系统。一般来说,装卸现场是多个作业点并行作业,即属于多服务台并列的情况。对某装卸现场作业点与作业线配置情况可规划成"一列多点"式或"一列一点"式的系统,分别见图 5-2、图 5-3。

对于随机型排队系统,在给定的输入和装卸服务的条件下,主要是研究系统的以下几个运行指标:

(1) 在排队系统中车辆数的期望值 L_s,它是指正在被装(卸)货物的和排队等待的两部分车辆的期望值;

(2) 排队等待的车辆期望值 L_q,它是指排队等待在装卸线上的车辆数;

(3) 车辆在系统中全部时间的期望值 W_s,它是指车辆排队等待的时间和被装(卸)货物时间之和的期望值;

(4) 车辆排队等待的时间的期望值 W_q。

从排队系统的角度分析"一列一点"式模型,我们可以把它看成是单服务台的 M/M/1 模型。

M/M/1 模型是指输入过程服从泊松流,即车辆相继到达间隔时间服从负指数分布,对于此模型它符合下列条件的排队系统。

(1)输入过程。车辆源是无限的,车辆单个到来,互相独立,车辆相继到达的间隔时间服从参数为 λ 的负指数分布。这里,"λ"表示单位时间内车辆平均到达率(辆/h)。

(2)排队规则。单队,且队长没有限制,先到先服务。

(3)服务机构。单服务台,各车辆的服务时间是互相独立的,服从相同的负指数分布。

在分析标准的 M/M/1 模型,即求出主要运行指标时,首先要求出系统在任一时刻 t 的状态为 n(即系统中有 n 个车辆)的概率 $P_n(t)$。

当系统运行时间 t 充分大时,所得到的解称为系统的稳态解,此时,系统状态的概率分布已不随时间而变化,达到(统计)平衡。也就是说,在运行充分长时间以后,在任一时刻系统处于状态 n 的概率为常数。虽然在理论上,系统要经过无限长的时间才会进入稳态,但实际上,一般总是很快达到稳态,因而计算系统在稳态下的一些运行指标,是能够反映系统的正常情况的。

(四)装卸系统主要运行指标的计算

首先,根据式(5-31)系统的状态概率:

$$P_n=\left(\frac{\lambda}{\mu}\right)^n \cdot P_0=(1-\rho)\rho^n \quad n\geqslant 1$$

$$P_0=1-\rho \quad\quad\quad\quad\quad \rho<1$$

这里,P_0 表示装卸系统中没有车辆时的概率。

用"λ"表示单位时间内车辆平均到达率(辆/h),μ 表示平均装(卸)车率(辆/h),则 $\rho=\dfrac{\lambda}{\mu}$,表示服务强度。

可根据概率论知识求得排队系统的稳态方程为

$$P_0 = 1 - \frac{\lambda}{\mu} \tag{5-32}$$

这样,可求出"一列一点"式模型和"一列多点"式模型的主要指标。

1. "一列一点"式模型

(1) 系统中的平均车辆数(队长期望值)L_s(辆)的计算公式为

$$L_s = \sum_{n=0}^{\infty} n \cdot P_n = \sum_{n=0}^{\infty} n \cdot \rho^n (1-\rho) = \rho + \rho^2 + \rho^3 + \cdots = \frac{\rho}{1-\rho} = \frac{\lambda}{\mu - \lambda} \tag{5-33}$$

(2) 在队列中等待的平均车辆数(队列长期望值)L_q(辆)的计算公式为

$$L_q = \sum_{n=1}^{\infty} (n-1) \cdot P_n = \sum_{n=1}^{\infty} n \cdot P_n - \sum_{n=1}^{\infty} P_n = L_s - \rho = \frac{\lambda^2}{\mu(\mu-\lambda)} \tag{5-34}$$

(3) 在系统中车辆逗留时间的平均值 W_s(h/辆)的计算公式为

$$W_s = \frac{1}{\lambda} \cdot L_s = \frac{1}{\lambda} \cdot \frac{\lambda}{\mu-\lambda} = \frac{1}{\mu-\lambda} \tag{5-35}$$

即 W_s 为车辆到达间隔平均时间与车辆平均逗留数之积。

可以证明车辆在系统中逗留时间(随机变量),在 M/M/1 模型下,它服从参数为 $\mu-\lambda$ 的负指数分布,即

分布函数: $F(\omega) = 1 - e^{-(\mu-\lambda)\omega}$

概率密度: $f(\omega) = (\mu-\lambda)e^{-(\mu-\lambda)\omega}, \quad \omega \geq 0$

(4) 在系统中车辆的平均等待时间(等待时间的期望值)W_q(h/辆)的计算公式为

$$W_q = \frac{1}{\lambda} L_q = \frac{1}{\lambda} \cdot \frac{\lambda^2}{\mu(\mu-\lambda)} = \frac{\lambda}{\mu(\mu-\lambda)} \tag{5-36}$$

从排队系统中车辆数的期望值 L_s 和排队等待的车辆数的期望值 L_q 的计算式可知,两者都只与 ρ 服务强度有关,即与 $\dfrac{\lambda}{\mu}$ 有关,而与两者的绝对值大小没有关系。可见 $\dfrac{\lambda}{\mu}$ 的比值是反映装卸服务效率和装卸服务设施利用程度的重要标志。当 $\rho<1$ 时,ρ 值越小,车辆等待卸的时间越少,装卸人员的空闲时间越多,说明装卸设施的利用率越低。

2. "一列多点"式模型

一列多点式车辆排队系统的特征可描述为"泊松输入流、指数分布的服务时间、一列多点、先到先服务"。假设有 K 个装卸作业点。根据概率论原理,该系统相应的稳态方程为

$$P_0 = \left\{ \sum_{n=0}^{K-1} \frac{1}{n!} \left(\frac{\lambda}{\mu}\right)^n + \frac{1}{k!} \left(\frac{\lambda}{\mu}\right)^K \left(\frac{k\mu}{k\mu-\lambda}\right) \right\}^{-1} \tag{5-37}$$

$$L_s = \frac{\lambda \cdot \mu \cdot \left(\dfrac{\lambda}{\mu}\right)^K \cdot P_0}{(K-1)!(K\mu-\lambda)^2} + \frac{\lambda}{\mu} = L_q + \frac{\lambda}{\mu} \tag{5-38}$$

$$L_q = \frac{\lambda \cdot \mu \cdot \left(\dfrac{\lambda}{\mu}\right)^K \cdot P_0}{(K-1)!(K\mu-\lambda)^2} \tag{5-39}$$

$$W_s = \frac{\mu \cdot \left(\frac{\lambda}{\mu}\right)^K \cdot P_0}{(K-1)!(K\mu-\lambda)^2} + \frac{1}{\mu} = W_q + \frac{1}{\mu} = \frac{L_s}{\lambda} \tag{5-40}$$

$$W_q = \frac{\mu \cdot \left(\frac{\lambda}{\mu}\right)^K \cdot P_0}{(K-1)!(K\mu-\lambda)^2} = \frac{L_q}{\lambda} \tag{5-41}$$

3. 两种模型的分析比较

以上模型定量地描述了装卸现场的装卸能力和装卸车辆排队等情况，在量化分析的基础上再结合定性分析，就可以对装(卸)系统提出改善措施。

如果装(卸)车辆排队形式由多路排队(即一列一点式)改为单路式(即一列多点式)，并允许单路队列中的第一辆车可开至任一个首先空闲的装(卸)服务点作业，就可发现单路排队的装(卸)车组织形式优于多路排队的组织形式，这样可有效地减少车辆等待装(卸)的作业时间，从而在一定的出车时间内提高了运输效率。

从表面上看，一列一点式多路排队形式中，到达该装卸现场的车辆分散至各作业点，但实际上它们都受着排队待装(卸)线与装(卸)车作业点间的一一对应的约束，任一装(卸)车作业点，如因某种原因导致作业时间的延长，都会影响到该作业点前排队待装(卸)车辆的等待作业时间，严重时会出现邻队列待装(卸)车辆后到却先装(卸)的现象。而一列多点式排队形式就显得比较灵活，排队待装(卸)线上第一辆车可以行驶至任一已完成装(卸)车的作业点进行装(卸)车作业。因此，从整个系统来看，车辆装卸工作停歇时间将减少，车辆周转速度加快。

在具体应用排队理论解决实际问题时，必须使研究的问题符合应用该理论的基本前提，在装卸现场的组织方面还需采取一系列相应措施才能获得较满意的效果。

三、M/M/1系统在装卸车辆组织中的应用实例

为说明排队论方法在装卸组织中应用的有效性，我们假设某运输场站有一个装卸货物站，在一天的服务时间内，平均每小时到达15辆车。在如此繁忙的装卸搬运过程中，为了使得装卸工作更有效率，装卸设备使用得更合理，可使用M/M/1系统。假设车辆的到达服从泊松分布；一辆车的货物平均装卸时间为3分钟，且服从负指数分布。现在通过计算这个排队系统的有关运行指标，来找到一种使装卸效率最高的车辆匹配方案。

显然这是一个标准M/M/1系统。应用上一小节的计算公式，可求出相关运行指标。求解过程如下。

（一）根据题意列出已知参数

由题意可列出如下已知参数：

(1) 车辆平均到达率 $\lambda = 15$ 辆/小时；

(2) 平均装卸服务率 $\mu = 20$ 辆/小时(因为平均每辆车上的货物要装卸3分钟)；

(3) 服务强度 ρ 的值根据M/M/1系统模型，可知 $\rho = \frac{\lambda}{\mu} = 0.75$。

（二）计算运行指标

假设装卸现场的车辆是按照"一列一点"的方式进行排队的，根据式(5-33)～式(5-36)，可计算出平均队长、平均队列长、车辆平均逗留时间以及车辆平均等待时间。

（1）装卸车辆排队系统中车辆的平均数

$$L_s = \frac{\lambda}{\mu - \lambda} = \frac{15}{20 - 15} 辆 = 3 \text{ 辆}$$

（2）排队在待装卸线上的车辆平均数

$$L_q = \frac{\lambda^2}{\mu(\mu - \lambda)} = \frac{15^2}{20 \times 5} 辆 = 2.25 \text{ 辆}$$

（3）车辆平均逗留时间

$$W_s = \frac{L_s}{\lambda} = \frac{3}{15} 小时 = 0.2 \text{ 小时}$$

（4）车辆平均等待时间

$$W_q = \frac{L_q}{\lambda} = \frac{2.25}{15} 小时 = 0.15 \text{ 小时}$$

（三）系统概率计算

现在，我们可以计算车辆排队等待的概率。

（1）车辆不排队的概率

$$P_0 = 1 - \rho = 1 - 0.75 = 0.25$$

（2）车辆不得不排队的概率

$$\rho = 0.75$$

（3）车辆到达后必须等待 k 个以上车辆的概率

$$P(n > k) = \sum_{n=k-1}^{\infty} P_n = 1 - \sum_{n=0}^{k} P_n$$

例如，若令 $k = 3$，则

$$P_0 = 1 - \rho = 0.25$$
$$P_1 = \rho \cdot P_0 = 0.1875$$
$$P_2 = \rho^2 \cdot P_0 = 0.1406$$
$$P_3 = \rho^3 \cdot P_0 = 0.1055$$
$$P(n > 3) = 1 - \sum_{n=0}^{3} P_n = 1 - 0.6836 = 0.3164$$

也就是说，车辆到达后必须等待 3 辆以上车辆的概率为 0.3164。

对于本排队模型，可应用下列简明公式求概率，即

$$\begin{aligned} P(n > k) &= 1 - \sum_{n=0}^{k} P_n = 1 - [(1-\rho) + \rho(1-\rho) + \rho^2(1-\rho) + \cdots \\ &\quad + \rho^k(1-\rho)] = \rho^{k+1} \end{aligned} \quad (5\text{-}42)$$

所以，对于 $P(n > 3)$ 有

$$P(n > 3) = \rho^4 = 0.75^4 = 0.3164$$

【经典案例】

嘉峪关集装箱办理站装卸机械方案设计

一、案例背景介绍

兰州铁路局包括兰州段、兰州西段、嘉峪关段、迎水桥段共4个机务段。根据原铁道部拟定的铁路货运营业站布局调整原则,兰州铁路局按照货运集中化、专业化办理的思路,对管内货运生产布局进行优化配置,在大武口车站组建了包含附近4个车站在内的货运服务中心,统一办理货运业务。其中,计划在嘉峪关地区建设以石油、钢铁服务为主的集装箱办理站(物流基地),满足嘉(峪关)酒(泉)地区的经济发展需求,同时衔接兰新线武威南、哈密等技术站,集结河西走廊地区箱流。

嘉峪关站现有东、西2个货场,主要货运业务(集装箱、整车运输)集中在东货场办理,西货场办理大宗货物及铁路专用线物资的运输业务。两处货场均位于车站站房同侧,货场取送作业与上下行旅客列车进出站产生交叉干扰,严重影响正常行车组织工作。

按规定,在原嘉峪关车务段管辖范围内,有酒泉、绿化、玉门镇等车站均可办理中小型10吨、20英尺(1米=3.2808英尺)集装箱业务,而嘉峪关站是原铁道部公布的10吨、20英尺及40英尺集装箱办理站,这就造成嘉峪关地区辐射半径50千米区域范围内各车站之间的无序竞争。既未充分利用铁路长距离运输的优势,又给货主选择运输地点造成一定的盲目性。2006年3月,兰州铁路局整合管内运输站段资源,将嘉峪关站并入嘉峪关车务段。为充分利用整合后的整体资源优势,规划在嘉峪关地区建设集装箱办理站(物流基地),集中办理集装箱运输业务,区域内其他车站将不再办理集装箱业务。站址拟选在大草滩站(距离嘉峪关车站西端11千米),该站位于嘉峪关市区西郊,地域开阔,毗邻312国道,方便货主进出货;周围建筑物较少,不存在拆迁障碍;并充分考虑了嘉峪关市区的整体市政规划,为今后的远期发展预留了一定空间。

在集装箱办理站的设计与建设中,装卸机械的类型选择与布置方案直接影响到办理站的总体布局和建成后的运营效果。集装箱办理站装卸机械选型和数量的确定不仅要考虑装卸机械的特点,还要考虑站区集装箱作业流程及近期、远期箱流量的变化情况。

二、装卸设备布局方案

在铁路进行第六次大提速和兰新线武(威南)嘉(峪关)段电气化铁路的建设大环境下,考虑嘉(峪关)酒(泉)地区经济发展,根据2005年嘉峪关地区集装箱运量,可预测2010年、2015年集装箱运量。因此建议办理站采用3个作业区,即到达箱区、中转箱区和发送箱区,远期规划预留2个作业区的规划布局方案。根据嘉酒地区集装箱运量、波动系数、集装箱占用货位时间、车站技术作业时间,以及人员、机械效率等因素,结合目前兰新线张(掖)—嘉(峪关)—疏(勒河)区段内燃牵引定数3000吨的规定,确定该集装箱办理站装卸线数量为2组4条,长度不小于1050米,线间距为6.5米,纵列式布置,且尽量位于平直线路,以便满足集装箱直达列车的整列装卸作业。

三、装卸机械的选型

目前铁路集装箱办理站已基本确定把轨道门式起重机和正面吊运机作为主型装卸机械,这两种设备的性能比较如下。

(1) 轨道门式起重机。其优点是:结构简单,易于操作维修,使用寿命较长(15~20年)。跨区域内作业效率高,作业成本低,占地面积小,可以有效利用堆场面积,堆码密度高,便于集装箱的大量存放。其缺点是:一次性购置价格较高,跨区作业不够灵活,对走行基础要求高,整列集装箱作业需要反复调车作业,作业过程中影响其他装卸机械和拖挂设备的交叉横移,不适宜于电气化线路采用。

(2) 正面吊运机。其优点是:性能可靠,技术完好率高,购置价格适中,机动灵活,可在各个箱区跨区作业。特别是在作业量大、时间紧时,可采用群机作业,能够满足临时紧急装卸任务。其缺点是:操作和维修要求高,装卸成本高,使用寿命较短(10~15年),场地利用率低,作业安全性较差,跨区作业时起重能力有所下降。

装卸机械的选型应根据货运装卸量及作业流程来进行,要与经济成本、折旧费用相适应。由于目前嘉峪关地区集装箱主要以发送箱为主,中转和到达箱数并不太大;且由于西北地区交通较落后,95%的到、发集装箱均需在箱区落地存放,故设计采用轨道门式起重机作为主型装卸机械。充分发挥其占地少、使用经济、储能能力大等优点。同时配备一定数量的正面吊运机,作为辅助装卸机械,机动灵活地处理整列集装箱直达列车和集装箱班列的装卸任务。

四、装卸机械数量的确定

根据装卸作业量和装卸机械的生产率可确定装卸机械的数量,并满足两种作业要求:一是满足作业量的要求;二是满足规定的车辆停留时间的要求。为了提高铁路运输生产率,压缩车辆中断停留时间,根据装卸作业量及装卸机械性能来确定装卸机械数量,其计算公式为

$$z = \frac{Q_{货}}{Q_{运}} \times a \times b \qquad (5-43)$$

式中:$Q_{货}$——车站日均集装箱作业量;

a——集装箱到发不均衡系数,取1.1~1.3;

b——考虑新建设备投资成本的修正系数;

$Q_{运}$——装卸机械的运营生产率(其计算公式为 $Q_{运}=q\times t$,其中 t 为装卸机械工作时间,目前取 16 h;q 为装卸机械的工作效率)。

根据货运量预测信息,可进一步预测嘉峪关地区未来几年的日均集装箱作业量(见表 5-1),再根据对装卸设备工作效率的估计(见表 5-2),可计算出嘉峪关集装箱办理站所需的装卸机械数量(见表 5-3)。

表 5-1 日均集装箱作业量　　　　　单位:TEU(标箱)

重箱			空箱		
到达	发送	中转	到达	发送	中转
462	398	520	46	32	96
1021	885	1436	498	60	192

表 5-2 装卸机械工作效率表　　　　　单位:TEU/(台·h)

轨道门式起重机	正面吊运机
25	20
20	18

表 5-3 所需的装卸机械数量　　　　　单位:台

轨道门式起重机	正面吊运机
6	4
8	6

资料来源:程钢,盖宇仙.嘉峪关集装箱办理站装卸机械选型探讨[J].铁道货运,2007(1):40-41.

【思考与讨论】

1. 结合案例,分析装卸方案对货运场站的管理的重要性。
2. 规划装卸机械方案主要应考虑哪些因素的影响?

【本章关键术语】

装卸　loading & unloading　　　搬运　handling
装运　shipment　　　　　　　　排队论　queuing theory
物料搬运系统　material handling system　　卸货港　unloading port
叉车　fork lift truck　　　　　输送机　conveyor

【本章思考与练习题】

1. 装卸搬运对运输生产有何意义？
2. 装卸搬运的基本方法有哪些？
3. 装卸搬运组织中应注意哪些基本要求？
4. 选择装卸机械方案时应考虑哪些因素？可应用哪些指标进行定量评价？
5. 运输车辆装卸工作停歇时间由哪几部分构成？为减少装卸停歇工作时间，可采取哪些组织措施？
6. 怎样实现运输车辆与装卸搬运机械工作的协调配合？
7. 分析比较图5-2和图5-3代表的两种车辆等待装卸的组织模式各有什么优缺点。
8. 假设某运输站有一个货物装卸作业点。根据观察统计，在一天的服务时间内，平均每小时有10辆车到达需要卸货，而每辆车的平均卸货时间为4分钟。根据经验统计，车辆的到达服从泊松分布，每辆车的卸货时间服从负指数分布。试问车辆排队要等候4辆以上车辆的概率有多大？（使用M/M/1系统）

第六章 物流运输成本管理与定价

本章重点理论与问题

> 运输成本在社会物流成本中占有较大的比例,通过运输的合理化降低运输成本,可显著降低物流成本。但是,运输成本受很多因素的影响,不同的运输方式具有不同的成本特征。为有效控制物流运输费用,不管是运输承运人还是托运人,都必须清楚认识运输价格形成的基本规律,了解运价的结构形式及常见的定价策略,以便双方都能获得满意的运输价格。为此,本章先分析影响物流运输成本的主要因素,再分析五种不同物流运输方式的成本结构及特征,并对自营运输成本及运输的外部成本进行分析;然后,对货物运输价格的形成因素、运输价格的结构形式及物流运输中的定价方式进行分析。

第一节 物流运输成本的影响因素

运输成本是承运人为完成特定货物位移而消耗的物化劳动与活劳动的总和,其货币表现就是各种费用的支出,包括车队、燃料、设备维护、劳动力、保险、装卸等支出。

影响运输成本的因素很多,尽管这些因素并不是运费表上的组成部分,但在承运人制定运输费率时,必须对每一个因素加以考虑。这些因素主要有产品因素和运输特征两方面。

一、产品因素的影响

1. 产品密度

产品密度反映了产品重量和体积的组合情况。运输成本通常表示为单位货物重量所花费的金额。在重量和空间利用方面,有时候卡车的运输能力主要是受到空间限制,而不是受载重量限制。如果某产品的重量很轻,车辆一旦装满,就不可能再增加装运数量。所以运输车辆实际消耗的劳动成本和燃料成本主要受密度的影响,货物的密度越高,就可以把固定运输成本分摊到更多的重量上去,单位重量运输成本就更低。图 6-1 说明了每单位重量的运输成本随产品密度的增加而下降的关系。

2. 产品的可靠性

对那些容易损坏或者容易被偷盗的、单位价值高的货物而言,可靠性是非常重要的一个指标。货物运输时,需要承运人提供的可靠性越高(例如,计算机、珠宝及家用娱乐产品等货物的运输),运输成本就越高。其他影响运输可靠性的因素包括产品是否是危险品、是否需

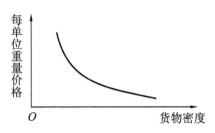

图 6-1 产品密度和运输成本之间的关系

要牢固的包装等。承运人必须通过向保险公司投保来预防可能发生的索赔,否则可能要承担损坏赔偿责任。托运人可以通过改善包装方式,或通过减少货物损失的可能性,降低其风险,最终降低运输成本。

3. 产品的装载性能

装载性能反映了产品的外形尺寸对运输工具的空间利用率的影响。谷物、矿石和散装石油具有良好的装载性能,因为这些货物可以完全填满运输工具(如车厢、管道等);而机械、牲畜等货物的装载性能较差。货物的装载性能由其大小、形状和弹性等物理特性决定。异形的或超重、超长的产品,装载性能差,导致运输工具的空间利用率低。一般来说,具有标准矩形的产品要比异形的产品更容易装载。

二、运输特征的影响

1. 运输方式

各种运输方式有不同的技术经济性能,因此,不同的运输方式对运输成本的影响很大。总的来说,空运成本最大,水运成本最低。这与每种运输方式的固定成本、管理费用和载重量有关。空运中,飞机和相关设备的费用高,因此空运固定成本很大。由于每架飞机的载重量不大,如波音 747 货机最多只能装 100 多吨,所以单位运输量的固定成本高。而水运中,虽然船舶及相关设备的费用高,但每艘船的载重量很大,少则几万吨,多则几十万吨,单位运输量的固定成本就小。因此,水路运输成本小于航空运输成本。同理,铁路运输成本小于公路运输成本。企业在运输货物时,应根据货物的特性和客户对时间的要求,选择相应的运输方式,降低运输成本。

2. 输送距离

输送距离直接对劳动、燃料和维修保养等成本产生作用,是影响运输成本的主要因素。图 6-2 显示了距离和成本的一般关系,并反映了两个特征:一是成本曲线不是从原点开始的,因为成本中还包含了与距离无关但与货物的提取和交付活动相关的固定费用;二是成本曲线是一个随距离增加而减少的函数,这种特征被称为递减原则。

3. 载货量

运输活动也存在着规模经济效应。载货量与单位重量运输成本之间的关系如图 6-3 所示,即单位重量运输成本随载货量的增加而降低。这是因为提取和交货的固定费用及管理费用将随载货量的增加而被分摊。但是,这种关系受到运输工具最大尺寸的限制。组织货

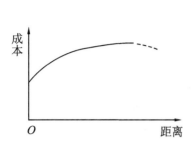

图 6-2　距离和运输成本之间的关系

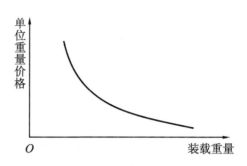

图 6-3　重量和运输成本之间的关系

物运输时,应将小批量的载货整合成更大的载货量,以发挥规模经济效应。

4. 装卸搬运

卡车、火车或船舶的运输如果需要特别的装卸搬运设备,会使运输成本增加。产品尺寸或形状一致的货物(如纸箱、罐头、筒)可以用普通专业设备处理,例如,用带子捆扎、装箱或装在托盘上等,搬运费用较低,相应的运输成本也较低。

5. 空驶行程

空驶行程包括调空行程和空载行程。汽车空驶行程完全是消耗性生产过程,车辆空驶率越高,其行程利用率就越低,车辆的利用效率也就越低,因而运输成本就越高。

第二节　不同物流运输方式的成本结构

物流运输成本一般以单位运输产品的营运支出表示,运输成本均由两大部分构成:场站成本和途中运输成本。场站成本包括货物的装卸、仓库、码头、管理经营机构和保养等成本,这项成本与货物的体积、重量等有关,与运距无关;途中运输成本包括人力费、线路折旧、设备维修、动力消耗、保险等,这部分成本与运距成正比。不同运输方式的运输成本构成不同。

一、铁路运输成本

铁路部门的固定成本高,可变成本相对低。装卸成本、制单和收费成本、多种产品及多批货物货车的调度换车成本等,导致铁路运输的端点成本很高。货物运量的增加会使端点成本下降,每批货的运量越大,单位成本就越低。铁路维护和折旧、端点设施的折旧和管理费用也导致固定成本较高。

铁路运输的线路成本(或可变成本)通常包括工资、燃油、润滑油和维护成本。根据定义,可变成本会随运距和运量成比例变化。但某些可变成本(如人工成本)具有一定程度的不可分性,所以单位可变成本也会随运量和运距的增加略有下降。

由于固定成本高和可变成本相对较低,导致铁路运输存在明显的规模经济效应。如图 6-4 所示,随着运量增加,单位成本会降低;类似的,如果将固定成本分摊到更长距离的运输中,铁路的吨千米成本也会下降。

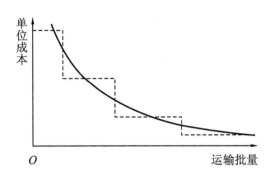

图 6-4　随运输批量变化的地面运输成本结构

二、公路运输成本

公路运输与铁路运输的成本特征形成鲜明对比。卡车运输的固定成本是所有运输方式中最低的,这是因为承运人不拥有公路,车站的运营也不需昂贵的设备。但是,卡车运输的可变成本很高。

卡车运输成本可分为端点费用和线路费用。端点费用包括取货和送货操作成本、站台装卸费、制单费等,约占卡车运输总成本的15%～25%。这些成本以"元/吨千米"计算。在运输批量小于2000～3000吨时,端点费用会随运输批量的增加而很快下降;当运量超过3000吨时,端点费用下降的速度越来越慢。成本和运量之间的关系与图6-2所示的曲线形式相似。

由于端点成本和其他固定开支分摊到更多的吨千米运量上,因此单位运输成本会随着运量和运距的增加而降低,但是,公路运输的规模效应不如铁路运输那么明显。

三、水路运输成本

水路运输成本也称船舶运输成本,是航运企业为提供水路运输服务所支出的一切费用的总和。对航运成本的构成有不同的分类方法,常见的是分成固定成本与可变成本两类。固定成本不受运量和发到港的影响。按照我国航运企业习惯的划分方法,固定成本主要包括船员费、物料(如缆绳、索具、木料、润滑油、清洁剂等)费用、船舶修理费、折旧费、保险费、管理费等。可变成本主要包括燃料费、港口码头费、停泊费、装卸费、拖轮费、引航费、检疫费、运河及海峡通过费,以及理货费、开关舱费、绑扎费等。水路运输的可变成本远远高于固定成本。

从端点费用和线路费用来看,上述费用绝大部分是发生在端点即港口码头的费用,发生在线路上的费用很低。随着运距和运量的增加,吨千米货物的运输成本急速下降,因此,水路运输适合长距离、大批量运输。

四、航空运输成本

按照国际民航组织的成本分类方法,航空公司的成本分为直接运营成本和非直接运营成本。直接运营成本即与航空公司运行的机型相关的成本,主要包括航班运营成本(如机组薪酬、燃油成本、机场收费和航路费、飞机保险与租金)、维修成本、折旧和摊销费。非直接运营成本包括航站及地面费用(地面人员薪酬、地面设施设备、地面操作等)、货物保险费及保管费、销售费用、管理费用及其他运营成本。

上述成本中,与业务量变动成一定比例关系的属于可变成本,包括燃油消耗、飞机发动机维修、机场起降服务费、销售代理手续费等。机组及地勤人员费用、发动机的折旧、大修及保险费、飞机租赁费等与业务量的变动无直接关系,属于固定成本。可见,航空运输的固定成本高,可变成本低。

五、管道运输成本

管道运输与铁路运输的成本特征类似。运输管道、泵站和气泵设备的固定投资费用非常高。因此,管道运输的固定成本很高,固定成本与总成本之比是所有运输方式中最高的。为提高竞争力,管道运输的运量必须非常大,以便摊销这么高的固定成本。可变成本主要包括运送产品(通常为原油、成品油或天然气)的动力和与泵站经营相关的成本。对动力的需求差异很大,取决于线路的运量和管道的直径。大管道与小管道相比,摩擦损失和气泵动力随管道周长变大而增加,而运量则随截面的增大而提高。只要有足够大的运量,大管道的每吨千米运输成本迅速下降。在一定的管道规格条件下,如果运送的产品过多,管道运输的规模效应会递减。

上述成本的一般特征如图 6-5 所示。

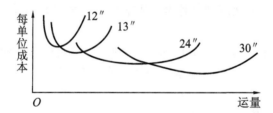

图 6-5　管道运输成本与管道直径和管道运量的关系

第三节　货物运输价格的形成因素

从影响运价的内部原动力来讲,运输价格是由其运输价值决定的,并且随市场需求的变化而波动;从外部来讲,一个国家为了从整个产业结构的合理性出发,经常需要从税费及政策方面对运价进行直接或间接的调节,从而使运价更满足社会经济的需要。

一、运输价值及其转化形态——运价形成的基础

按价值基本规律,商品的价格总是处于不断波动之中,运价也不例外。从表面上看,这种运价波动似乎是无序的,如火车运价只上涨,而部分水运价格下降很多,公路运价更是波动频繁,使人感到运价变化无常,不易控制。但是从本质上来讲,运价波动有其内在规律。其中最重要的规律之一就是运价围绕某个中心上下波动。这个中心就是物品运输价值。

马克思主义经济学认为,商品价值是人类抽象劳动在商品中的凝结,商品凝结着一定数

量的同质的人类劳动,是不同商品之间能够以一定比例进行交换的前提。而按照社会的标准来衡量,不同商品中所凝结的人类抽象劳动的多少则决定不同商品价值量的大小。因此,运输价格应为运输价值的货币表现,不同运输产品运价之间的比价关系也就反映了运输企业从事某物资运输所付出的劳动。运输价格从理论上要反映运输价值,运价应围绕其价值而波动,但在社会发展的不同阶段,作为运价形成基础和波动轴心的运输价值有其不同的表现形态。

在计划经济体制时期,所有产品的生产、销售统一由国家安排,运输计划的下达也由主管部门统一管理,因此运价的制定对运输部门来说无关紧要。

在计划经济体制向市场经济体制的过渡时期,运输生产价格与垄断价格并存,基本上能反映运输产品的价值。这时运输产品的价值如同其他产品价值一样由三方面组成:①已消耗的生产资料的转移价值 c,如燃料、折旧等;②生产者为自己劳动创造的价值 v;③生产者为社会劳动创造的价值 m。与此相对应,运输产品价格也可分解为相应的三个组成部分:①消耗的生产资料的转移价值的货币表现,如运输工具折旧、修理费、燃料费用的支出;②运输工人劳动(必要劳动)创造价值的货币表现,如工资、运输津贴等的支出;③生产者为社会劳动(剩余劳动)创造的价值的货币表现,即赢利,包括运输利润与税金。

价值或相似价格中的 $c+v$ 两部分构成运输成本,m 的部分构成运输利润。运输成本是制定运输价格的重要依据和最低经济界限。根据马克思的劳动价值理论,其产品价值指的不是个别价值,而是社会平均价值,与生产技术水平有较大关系。因此,定价成本不是单个运输成本,而是社会平均成本。

二、运输市场供求——调节运价的基本力量

运输供求规律反映了运输供给与运输需求及运价之间的相互调节关系,使运输供求由不平衡趋于平衡。运输供求规律的作用过程就是运价围绕运输价值上下波动的过程。如果说运输价值是运价上下波动的轴心,运输供求则是调节运价围绕运输价值上下波动的基本力量。

(一) 运输供求的基本概念

运输供给量是指在一定时期内、一定条件下,运输企业愿意并能向市场提供的运输能力总量。一定时期内,运输价格受多种因素的影响,运输供给量可以表示为若干变量的函数:

$$S_n = f(P_{n-1}, S_{n-1}, G_{n-1}, \cdots) \tag{6-1}$$

式中:S_n——预期供给运输能力;

P_{n-1}——前期运输价格;

S_{n-1}——前期实际供给运输能力;

G_{n-1}——前期运输利润。

在这些变量中,前期运价是影响当期运输供给量若干因素中最为敏感的一个因素。这里先假设在其他条件不变的情况下,分析运价与运输供给量之间的关系。设定其他影响因素不变,运价越高,运输企业愿意并能够提供的运力就越大,因而总利润就越多;反之,运价越低,运输企业没有积极性,愿意并能够提供的运力就少,总利润就少。

如图 6-6 所示,当运输量的变化是由于运价本身的变化所引起时,运价由 P_A 升至 P_B,运输供给量由 Q_A 增加至 Q_B。显然 Q_A 点的利润比 Q_B 的低,这时运输供给量与运价基本上成正比关系,运输供给量直线不会发生平移。相反,我们设定运价保持不变,而其他因素(如新建公路、营运车辆增加等)改变时,运输供给量与运价的对应关系发生改变,即图 6-7 中供给直线 S_1 将发生平移,从而得到新的运输供给直线 S_2。把这种除运价以外的因素所引起的运价与运输供给量对应关系的变化归因为运输供给的变动,即运输供给的变动是由运价以外的因素所引起的。

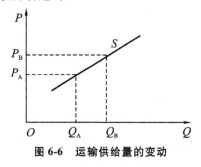

图 6-6 运输供给量的变动

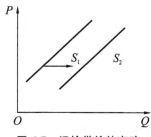

图 6-7 运输供给的变动

与分析运输供给量类似,运输需求量的界定必须注意时期的界定、条件的界定及购买者的选择意愿。不同时期,运输需求量不同。通货膨胀时期,往往运输需求量较多,而通货紧缩时期,运输需求量往往降低。运输需求量还受地区经济发展水平、地理位置等的限制,因为不同的生活条件和地理位置使运输需求量有较大的差异。当某种运输产品迎合顾客的需要,如提高舒适度、缩短运输时间或降低运价,就会提高该运输产品的需求量;反之,就会降低该运输产品的需求量。

运输需求量是若干经济变量的函数,这些变量包括现期运价、其他运输方式运价、货主(乘客)支付能力及其偏好、该运输企业的声誉、生活水平的高低等。一定时期内、一定条件下这些变量一旦发生变化,运输需求量就会不同程度地改变。与运输供给量一样,运价的变化对运输需求变化的影响十分显著。运输需求量的变动是指由运价本身变化所引起的客货运需求量的变动。运价之外的因素的变化所引起的需求量的变动称为需求的变动。前者是运输需求量沿一条直线的变动(见图 6-8),即当运价从 P_A 降至 P_B 时,在其他因素保持不变的情形下,运输需求量将从 Q_A 增加到 Q_B。后者则是需求直线的平移(见图 6-9),直线位置右移意味着在同样运价水平下运输需求量增加,即顾客选择这种运输模式的概率增大;直线左移意味着需求量减少,即在同样条件下,选择它的概率就相对小些。

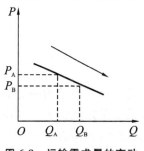

图 6-8 运输需求量的变动

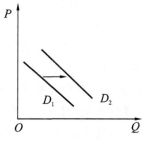

图 6-9 运输需求的变动

(二) 均衡运输价格的形成

均衡运价是运输市场供给量同需求量相平衡时的价格。当运价处于均衡价格水平时,运输市场上该种运输方式的运输企业所愿意并能够提供的运输能力正好等于乘客(货主)愿意并最终要求得到的运输总量,即运力等于运量。这种运价的形成是在供求与运价的相互调节过程中市场力量和人为作用的结果。如图 6-10 所示,当实际市场价格处于 P_1 时,运输企业提供的运力大于运量。于是供需双方处于讨价还价的过程中,因为运力有剩余,运输企业处于明显的不利地位,其结果会随某个运输企业降价而带动其他企业一致降价。如果价格跌至 P_2,在这一价格水平上,运输企业提供的运力小于运输需求量,货主处于讨价还价中的不利地位,必然发生竞争运输,从而使运价上升。显然在实际运输市场中,运价均衡只是相对的,不均衡是绝对的,即运价处于 P_e 只是短暂的,大部分时间运价在 P_e 上下波动。由于运输能力是受 P_e 调节后的结果,运价也不会远离 P_e 很远。市场机制越完善,运价波动的幅度就越小。

从以上分析可知,运输供给量、需求量与运价之间的相互作用使市场运价趋于均衡水平,但运价也处于不断的波动过程之中,这些波动起因于供给和需求之间的波动。总之,不仅运输供给量和运输需求量的不一致会改变市场运价,而且运输供给与需求的变动也会改变市场价格。这里用图 6-11 来解释:由于燃料价格下降等原因,运输供给量增加,故运输供给直线右移(由 S 到 S'),出现新的均衡运价,即由 P_e 到 P'_e;反之,当运输供给下降(如部分运输企业因利润原因退出运输市场),运输供给直线左移(由 S' 到 S),则市场运价水平上升。在实际运输市场中,影响供给和需求的因素是多种多样的。这些因素不断变化,使运输供给量、需求量与运价之间的对应关系发生改变,从而导致新一轮的运价波动。

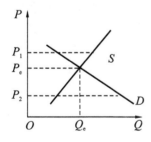

图 6-10 均衡运价的形成

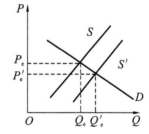

图 6-11 均衡运价的变动

三、政府政策与法规——规范运输市场运价的重要力量

政府政策是政府为达到一定的目的而规定的行为准则。我国政府一般通过两种途径对运价进行控制。一种是政府直接定价,把定价主体与运输主体分离,运输主体没有定价权,只有建议与执行权;另一种是通过税费等政策间接影响运价,虽然企业有充分的定价自主权,但运输成本及利润受政府规定的影响,运价在相当程度上受政府部门的制约。

政府对运输价格的控制主要有三种方式:直接定价行为、规定运价调节范围,以及限定最高、最低运输利润的政策法规。随着我国市场经济的逐步完善,政府放宽了对运价的直接控制。首先放开了公路货运市场,接着是对大部分水运货运、公路客运放松了管制。2014

年底,我国全面放开了民航国内航线货物运价;放开了铁路散货快运、铁路包裹运输以及社会资本投资控股新建铁路的货物运价;而实行特殊运价的国铁线路及国铁控股合资铁路仍以国家规定的运价为基准价,在上浮不超过10%的范围内,铁路运输企业可根据市场状况自主定价。水路货运方面,放开了集装箱、外贸散杂货装卸作业等港口费和船舶供应服务收费标准,但是,货物堆存保管费、内贸散杂货港口作业费继续实行市场调节价。

在市场经济不发达的阶段,运价不能完全由市场进行调节,还必须依靠政府政策进行调控,避免运输企业竞相杀价。因此,运输企业既要关注那些直接的运价政策,还必须对那些影响运输市场状况的政策进行分析。总体来讲,政府的税费政策、产业政策、货币政策和公共支出政策等都会影响到运价。

1. 税费政策

从运价的构成来看,税收是其中一个重要部分。运输企业税收有营业税、车船使用税、所得税等,其中以营业税最多。在税收不能转嫁给消费者的情况下,税率越高,税种越多,运输企业能够获得的实际收益就越少;即便是在税收可以转嫁的情况下,由于受运输产品的价格需求弹性影响,税率将会影响运输的总供给,从而影响运价的调整。

2. 产业政策

产业政策包括产业结构政策和产业组织政策。产业结构政策以规划产业结构、选择主导产业、安排产业发展序列以及对主导产业和基础产业采取扶植等为主要内容。产业组织政策则以维护市场竞争的效率、促进资源在各产业内的优化配置为主要政策目标。运输企业的价格无疑受产业结构政策和产业组织政策的影响。以产业结构政策为例,政府把汽车工业作为我国的支柱产业,鼓励私人购买汽车,这样对公路客、货运运价都将产生较大的影响。一方面影响货运量的供给,另一方面阻碍了运价的提升。同时,汽车业的发展必将带来我国道路建设的发展,使路网密度不断扩大,缓解了运输资源的稀缺。按微观经济学理论,运输越不稀缺,运价就越不易提高,运价上升空间就小。产业组织政策也是如此,政府对高速公路的大量投资行为,将对原来该地区的运价策略和价格实施环境产生巨大的影响。

3. 公共支出政策

公共支出是政府为了实现一定的经济增长目标、改善人民生活工作环境和状况而进行的支出。公共支出包括公共设施的经营与维护、物价补贴、公共部门工资、向国有运输企业的转移支付等。一定时期内,某种公共支出的规模将影响运输企业的运价。如市内公共汽车运输、地铁运输受公共支出补贴越多,那么公共交通运价降低的可能性就越大;反之,公共交通运输公司就必须保持一定的运价水平。高速公路的通行费是高速公路还本付息、维持正常通行的基础,如公共支出能补偿部分公路维护费用,通行费用就可减少,运价下降空间就大。

4. 货币政策

货币因素是影响价格的一个不可缺少的因素,对于运价也不例外。一是本国货币与外币之间的汇率影响,当本国货币贬值时,就会吸引更多的公司从事对外运输,从而影响运输价格。二是本国货币处于紧缩还是通胀,也会对运价产生较大的作用。例如,1992—1993年通胀时期也是我国公路运价与水运运价调整最快的时期,而1997—1998年我国处于货币适当紧缩时期,运价很少上升,甚至出现负增长。鉴于上述分析,运输企业必须注意整个社会的币值稳定状况,分析本企业受宏观紧缩及扩张影响的程度,合理预期本企业价格的宏观环境。

总之,运价是各种因素综合作用的结果。从运价基本原理来讲,运输企业本身的运输成本是运价的基础,供求关系是运价波动的动力。另外,充分认识和理解有关政策法规对运价的要求和作用十分重要。只有这样,才能灵活调整运输价格,适应市场的需要。

第四节　运价的结构及形式

运价是承运人对所提供的服务收取的费用。在不同的货物运输情况下,企业使用不同的准则设定运价。其中,常见的运价形式有与运距相关的运价、与运量相关的运价、与需求相关的运价等。

一、与运距相关的运价

运价作为运距的函数,存在如图 6-12 所示的四种情况:单一运价、比例运价、递减运价和分段统一运价。

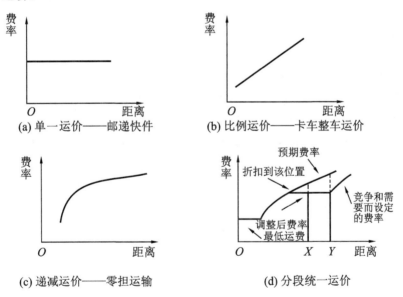

图 6-12　与运距相关的运价

1. 单一运价

如图 6-12(a)所示,运价不受运距的影响,对不同的起讫点采用一种运价。例如国内邮政快件的邮费,基本与运距无关。这类运输服务总成本中的绝大部分是处理费用,而处理费用与运量有关,与运距无关。

2. 比例运价

比例运价是指运价与运距成正比,如图 6-12(b)所示。当线路成本占总成本的比重很大时,例如卡车整车运输,可忽略端点费用的影响,按运输距离近似确定运价。这种运价对短途运输的托运人更有利。

3. 递减运价

如图 6-12(c)所示,由于端点费用被分摊到线路费用中,随着运距的增加,虽然总运费将增加,但费用增加的速度呈递减趋势。这就是递减运价。运价增加量递减的程度取决于端点成本水平和线路营运中规模经济效应的大小。铁路运输、水运和管道运输比公路运输和航空运输的运价递减幅度更大。

4. 分段统一运价

出于竞争的原因,承运人会不计成本提供低于竞争对手的运价,以简化运价管理,这就出现了分段统一运价,其结构如图 6-12(d)所示,曲线中的平稳段就是运价统一段。分段统一运价在长途运输或货主集中的产品运输中最常见。邮政包裹公司对自起点开始到呈辐射状的广阔区域所报的运价就是分段统一运价。这种运价规则简捷、明了,为货主提供了更多选择。例如,由于竞争原因,承运商提供了某段距离的运价低于根据一般运价结构和成本特点估计的正常运价,如图 6-12(d)中的 Y 点预期费率。这就会导致运距小于 Y 的点(如 X 点)的运价过高的问题。为避免这种现象,承运人对一段距离范围的运价都采取统一的折扣运价。这就是分段统一过程。

二、与需求相关的运价

需求也会决定运价水平,且该运价与提供运输服务的成本很少一致。用户会认为运输服务具有一定的价值,因此,如果用户考虑使用承运人的服务,就会有一个运价上限。影响托运人心目中运输服务价值的因素有两个:托运人的经济效益和其他可选择的运输服务。

例:制造商 A 和 B 生产同一种产品,在市场 M 以每吨 100 元的价格销售,如图 6-13 所示。除运输成本外,A 厂的其他费用是每吨 85 元,B 厂是每吨 75 元。每销售 1 吨产品 B 可获利润 5 元。由于 B 的价格已定,导致 A 能承担的运输成本最多为每吨 15 元,在这一运价水平下 A 厂没有利润。对 A 而言,这是运输服务的最高价值。如果运价超过这一水平,就不会有产品运输。

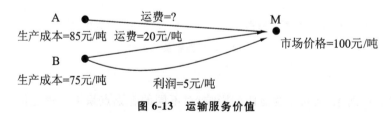

图 6-13 运输服务价值

第二个因素可以从 B 能够得到的两种运输服务中看出来。如果两种服务质量相同,那么对 B 服务的价值是那个低的运价。高价服务必须适应每吨 20 元的要求才能有竞争力,才能够运送某些产品。这里,需求或者说是竞争决定了运价水平。以服务价值为基础的竞

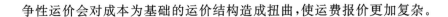

争性运价会对成本为基础的运价结构造成扭曲,使运费报价更加复杂。

三、与运输批量相关的运价

运输的成本经济特性表明,运输服务成本与运输批量有关。大批量运输的运价比小批量运输的运价低。运量通过以下几种方式在运价结构中体现。

第一种方式是直接针对运输批量报价。如果批量太小,承运人获得的收益太低。为保障承运人的基本收益,会对所运输的货物收取起码运费或与运量无关的基础运费。起码运费之外还有零担运费和整车运费。当运输批量低于整车运量时,按照零担货物运价标准,根据运量多少收取零担运费。运输批量等于或超过整车运量时,按照整车运价收费。

第二种方式是运用运费分级方法对大批量运输提供运价折扣。承运人通过提供特殊运价鼓励托运人进行大批量货物运输。一般来说,这种特殊运价偏离了适用于小批量货物的正常运价。例如,承运人通过提供超量运价来鼓励大批量运输。超量运价比整车运价要低,仅适用于超过整车最低运量的部分;承运人还通过多车运价,甚至是专列运价来进一步鼓励托运人,促使其运输批量超过整车的最低运量。这些优惠运价鼓励托运人加大运输批量,使承运人能够更充分地利用运输设备,获得更大的规模经济效益,并通过优惠运价将收益转移给托运人。

另外,某些承运人还制定了时间-运量运价。如果托运人在某特定时段运送货物,且货量超过最低运量就可以享受更低的运价。煤炭运输中通常会有这种鼓励措施。

四、其他运价

除了上述三种运价结构,还有其他一些运价结构,主要有如下四种。

1. 按货物种类划分的等级运价

对于普通货物运输,一般可按货物不同的运输条件(如货物的密度、积载能力、装卸难易程度、运输责任等)和货物价值高低等因素将货物运输划分成若干等级。等级运价就是依照产品的货运等级确定线路运价的方法。等级运价是起运地到目的地运距及其他因素的函数。

2. 体积运价

等级运价综合考虑了许多不同的产品特征。如果货物很轻,体积很大,等级运价就不能充分弥补承运人为运输货物所支出的成本,因而需要使用体积运价。体积运价根据货物所占用的空间,而不是根据货物的重量报价。

3. 迟延运价

如果托运人愿意接受比正常服务时间更长的运输延迟,承运人可给出比正常价格更低的运价。此时,承运人会向托运人承诺货物最迟到达的时间。借助这种方法,承运人可以更合理地组织货物,充分利用运载工具的富余空间,以降低运输成本。迟延运价在空运和水运中较常见。

4. 保值运价

公共承运人在保有货物的过程中,对货物的价值承担责任。如果货物损失,托运人最多可以索赔货物的全部价值。正常情况下,运价的制定就基于这种责任。有时候,公共承运人也可制定保值运价。利用保值运价,承运人的责任就限制在一定金额之内。例如,家用商品运输公司通常将损失索赔限制在一定金额内。当货物的实际价值很难估算时,保值运价尤其有用。

此外,承运人经常会提供特殊服务,因此还可根据特殊服务收取额外费用。

第五节 物流运输定价策略

根据市场营销理论,常见的定价策略分为成本导向定价、需求导向定价和竞争导向定价三大类;此外,还有组合定价、差别定价等策略。下面主要介绍三种基本定价策略。

一、成本导向定价

运输经营的目的是获得理想的效益,经营所得收益必须能够补偿经营所付成本。如果运输价格为运输企业获得经济收入的重要因素,收回成本就是运价的最低界限。当运价低于运输成本时,运输收益就不能补偿成本,从而发生亏损。成本导向定价就是运输企业以补偿提供运输服务而发生的运输成本为定价的基础,根据其成本大小来确定运输价格的高低。成本导向定价又可分为平均成本定价、盈亏平衡点定价、边际成本定价等方法。

(一)平均成本定价

平均成本定价是计划经济最常用的定价方法,现在铁路统一运价的理论基础即来源于此,该定价方法依赖运输服务所支出的平均单位成本来决定价格水平。单位成本包括固定成本与变动成本。一般平均成本定价的计算公式为

$$NP = UC(1 + CR) \tag{6-2}$$

其中,NP 为不含税运价,UC 代表单位运输成本,CR 是成本利润率。单位运输成本(吨千米或人千米)包括运输服务提供的直接费用和间接费用。直接费用如人工成本、燃料费或电力费等都容易计算,但相当部分运输间接费用却不好分摊,如铁路运输中的轨道折旧、公路运输中的货站管理费等。另外,运输过程中由于不同服务对象的运输距离、运输时间有差异,更增加了成本分摊的难度。现在运输企业大多按运行距离对成本进行分摊,计算出平均成本,或根据成本系数再分摊出各地区平均成本,其中铁路就是按各地区成本系数来计算各地平均成本的。对公路运输来讲,平均运输成本比铁路容易计算。

成本利润率的计算可以通过采用其他运输企业通常采用的成本利润来计算,也可以由运输企业本身根据以往经验直接设定成本利润率,还可以根据运输企业所投入的资金规模确定目标利润,换算出成本利润率,或者由政府规定的资金利润率计算。一般计算方法为

$$OR = TM \times MR \tag{6-3}$$

$$CR = OR/TC \tag{6-4}$$

其中,OR 为运输目标利润,TM 为运输总资金,MR 为正常资金利润率,CR 代表成本利润率,TC 是总成本。

(二) 盈亏平衡点定价

在平均成本定价中,成本往往被视为一个既定的量。事实上,运输成本时刻在变化,特别是在市场经济条件下,运输耗料随市场价格而波动,人工成本也经常变化,而运输成本、运输量与运输收益之间存在着十分密切的关系。盈亏平衡定价就是从运输企业未来运输需求量、运输成本、运价收益出发,确定运输价格的一种定价方法。这种定价方法的指导思想是运输企业所定运价必须有一定的运量作保证,并力求使企业获得理想的目标利润。

按西方经济学基本原理,盈亏平衡是运输收入恰好与提供运输服务所付出的成本一致,即

$$TR=TC,或 QP=TFC+TVC \tag{6-5}$$

其中,TR 为总运输收入,TC 为总运输成本,Q 为总运量,P 为单位运价,TFC 为总固定运输成本,TVC 为总可变运输成本。在盈亏平衡点处的运量为盈亏平衡运量(见图 6-14)。能使盈亏保持平衡的运价就是运输企业在确定运价时的下限,这一价格即为

$$P_e=(TFC+TVC)/Q_e \tag{6-6}$$

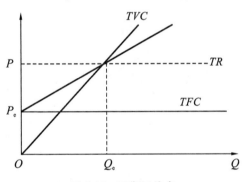

图 6-14 平衡运价点

运输市场竞争越激烈,企业就越把盈亏运价作为其基本运价。但往往由于运输企业的最终目的并不是为了使运输收益等于运输支出,而是为了获得一定的利润。设运输企业预期利润为 R,则盈亏平衡运价为

$$D=(TFC+TVC+R)/Q \tag{6-7}$$

运输企业采用盈亏平衡定价时,首先必须分析其成本结构,根据技术与管理水平判断运输成本与运量之间的关系。一般固定成本在一定运量内不会发生变化,而单位变动成本变动的可能性就大些。单位吨千米(人千米)应分摊的固定成本随运量的增加而下降。运输企业在分析其成本结构时,固定成本与变动成本的比例对平衡运价点有很大关系,固定成本比例越高,随单位运量扩大单位成本中固定成本下降速度越快,运输企业可通过扩大运输规模而降低单位运输成本。反之,固定成本随运量变化而使单位运输成本变动幅度很小,这时通过扩大运输规模并不能使单位运价降低很多,只能从减少变动成本上下工夫。以铁路运输为例,如把人工成本看成变动成本,则现在运输总收入的 1/3 是人工成本;而在汽车运输中,人工成本仅为 1/4~1/5。这说明公路运输中固定成本比重大,提高运输规模能大幅降低运输成本,提高市场竞争力;相反,铁路运输要降低单位运价,首要任务是从降低人工成本上着手,即裁减大量冗员。

(三)边际成本定价与平均成本定价的比较

边际运输成本是经济学中经常用来分析成本的工具,边际成本是指追加一个单位(吨千米或人千米)的运输服务所增加的成本,即边际运输成本等于追加一个单位服务的总成本后减去增加该单位服务产品前的总成本。该定价方法可表示为

$$边际成本运价(MC)=TC_{i+1}-TC_i \tag{6-8}$$

有许多学者对边际成本定价与平均成本定价进行过定性分析,但他们仅分析了固定需求时的情形,这里根据不同需求状况对边际运输成本与平均运输成本进行比较。由于在从计划经济向市场经济过渡的时期,大多是考虑短期运价,因此这里仅比较两者的短期运输成本。两者在高需求时的区别用图 6-15 表示,图中符号代码的含义为:

Sravc(q)——短期平均可变成本;
Srmc(q)——短期边际运输成本;
mb(q)——边际运输利润;
Sratc(q)——短期平均总成本;
q_A, q_B, q_C——运量。

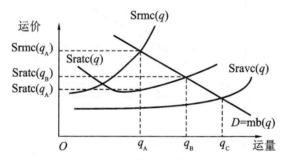

图 6-15 高需求时短期成本定价比较

在图 6-15 中,需求曲线与短期平均总成本曲线相交于最小平均总成本的右边,由此可以看出,在运量为高需求时,即当 $q \geqslant q_A$ 时,mb(q)$\leqslant$Srmc(q),最大利润为

$$TNB(q_A)=\sum_{q=1}^{q_A} mb(q) - \sum_{q=1}^{q_A} Srmc(q) - F \tag{6-9}$$

其中,F 为固定成本。当 $q \leqslant q_A$ 时,mb(q)$\geqslant$Srmc(q),平均成本定价比边际成本定价利润少。因此,运输企业在高需求时更愿意采用边际成本定价。相反,在低需求时,边际成本与平均成本定价用图 6-16 来说明。

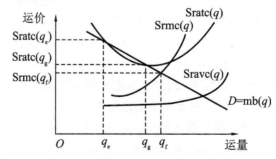

图 6-16 低需求时短期成本定价比较

在低需求时,平均成本高于边际成本,如按福利最优化原则,最优价格水平为 $mb(q_f)=Srmc(q_f)$,显然运输企业亏损为 L。

$$L=q_f[Sratc(q_f)-Srmc(q_f)] \tag{6-10}$$

于是,运输企业更愿意采用平均成本定价。

总之,通过以上两个图示,可以看出运输边际成本定价与平均成本定价具有下面一些特点。

(1) 低需求时,运输企业愿意采用平均成本定价;高需求时,则愿意采用边际成本定价。

(2) 一般边际成本定价高于平均成本定价,特别是在固定成本较低时更能体现出来。

(3) 由平均成本定价转向边际成本定价不利于低收入阶层,因为价格越高,他们损失的社会福利相对其收入来说越大。

(4) 边际成本在运力提高比较困难的情形下,更易形成垄断。例如,在大城市运输中,由于道路无法扩展,运力不可能提高。而需求始终为高需求,这样运价多采用边际成本定价,运价提高并不能降低运量,使运输企业具有垄断倾向。

二、需求导向定价

成本定价主要从运输企业成本出发,需求导向则从乘客或货主的需求角度出发,分析他们对运输产品的需求和对价格的接受程度。需求导向定价根据其考虑的不同方面可分为几种既有联系又有区别的定价方法。这里简要介绍国内外几种常用的定价方法。

(一) 认知价值定价

认知价值定价(perceived-value pricing)也称为理解价值定价,是需求导向定价中最基本也是最重要的一种定价方法。研究表明,基于自身需求的密切程度、支付能力及对市场供给状况的认识等,乘客或货主对其采用的运输模式都有一个价值判断,这个判断就是乘客或货主对运输服务的认知价值。运输消费者认知价值的余额即为消费者剩余,对某乘客来说,消费者剩余为负数,即市场运价高于消费者的理解价值时,乘客选择该种运输方式的可能性为零。当实际运价等于或低于乘客的认知价值时,则消费者选择最大剩余价值的运输模式可能性就大。对运输企业而言,以乘客或货主对运输服务价值的高低为基本依据制定运价,能缩短运输消费者对新运价的认同时间。

在应用认知价值定价过程中,企业并不是被动的,它可以通过提高服务质量、保证运输到达时间等来提高消费者的认知价值。但是当运输企业在试图影响消费者对认知价值水平的认知状况时,特别是当希望消费者对运输服务产品有较高的认知价值时,必须确保服务质量与服务的认知价值的定位相对称。如果两者相距甚远,一旦在消费者眼中已形成质价不符,要提高认知价值将十分困难。

显然,在用认知价值定价时,认知价值即为运输最高运价,如高于乘客的认知价值,则可能达不到合理客货运量。再者,认知价值与竞争运输企业的价格有很大关系,因为消费者认知价值形成机理就是建立在与其他运输企业价格的对比基础上的。尽管目前还没有好的定量方法描述两者之间的对应关系,但确定认知价值时以其他运输企业的运价为出发点是合理定价的基础。

（二）需求心理定价

需求心理定价就是针对运输消费者的心理特点来确定运输价格的方法。在长期的运输消费实践中，由于运价与运输服务质量（主要指运输时间和舒适度）、运价与支付能力等之间存在着紧密的关系，消费者形成了与不同运输方式、不同运价密切相关的消费心理特征。这些心理特征直接影响到他们对运价的接受程度。如能把握这些心理特点，则运价就可能很快被消费者接受。典型的运输定价心理有下面几种。

1. 按质论价心理

按质论价心理是指乘客根据运输时间、运输服务态度、运输舒适度来判断运输价格的合理性。许多消费者形成了"价高质优"的常规消费心理。但在现代技术飞速发展的今天，一旦某种运输方式的技术获得了较大改进，消费者这时就能获得高质量的服务而不必高付出。例如，我国火车在主干线提速后，运价并没有提高，就是由于运行技术提高的结果。因此，不同的技术水平，消费者按质论价的心理不同。

2. 习惯价格心理

在运输市场中，由于受支付能力的影响，同时也受周围消费群体的影响，运输消费者对提供的运输服务产生了心理定势，对运价的提高会产生一定的抵触情绪。通常，消除习惯性定价心理影响可通过广告宣传等手段来改变消费者的选择习惯。

三、竞争导向定价

随着市场经济的进一步发展，现代运输业的竞争早已超越了单纯依靠价格竞争的手段。运输竞争往往把运输时间、服务质量、运价当做竞争的三个重要方面。竞争导向定价就是运输企业根据自身在竞争中的地位，选择合理的价格水平以达到利润最大化。

（一）通行价格定价

通行价格就是按市场通行的价格水平来确定本企业价格的定价方法。这种定价可以避免企业之间过度价格竞争并引起两败俱伤的情况。例如，公路运输企业的数量庞大，单个企业无法左右整个公路运输市场，因此许多运输企业只能被动接受通行运价，以免引起恶性运价竞争。在20世纪90年代初，我国内河水运就曾出现竞相杀价的现象。由此可见，通行价格定价法最易在市场比较分散、不易形成垄断运输的市场中实行。

（二）排他型定价

采用通行价格的出发点是谨慎保持与竞争者之间的价格关系，避免直接的价格竞争。而排他型定价则是以价格作为竞争的主要手段，以期通过低价竞争，排挤竞争对手，扩大市场份额。

排他型定价有两种形式。一是市场上已有大量运输企业，采用排他型定价就是要排挤业已存在的运输者。例如，1999年达成铁路股份有限公司宣布达成线铁路运价平均下调20%，主要目的是排挤公路运输，达到吸引客货源的目的。二是由于技术的进步提高了生产力，从而有条件采用低价策略而不损失利润，同时可阻止其他行业企业进入运输业。例如，当广州——深圳采用摆线式列车后，速度高达每小时200多千米，但运价基本保持不变，给公路运输带来巨大压力,部分公路运输企业退出了竞争,从而达到了削弱竞争对手的目的。

四、三种定价策略比较

成本导向定价、需求导向定价及竞争导向定价分别把运输成本、运输需求和市场竞争状况作为定价的依据。在实际运输市场,往往把三种方法综合考虑,即在考虑成本的同时兼顾运输需求与竞争状况。根据各自利弊,不同运输市场在不同条件下可侧重于某种定价导向。

与需求导向定价和竞争导向定价相比,成本定价能够保证在保本水平线上,这是成本导向定价的主要优势。另外,运输企业对未来利润把握程度大,减少了投资风险。这样的运价容易被运输企业接受。再者,成本资料是企业经营管理所需资料最完备也是最易获取的资料,除了少数成本难以明确核算外,绝大多数可以通过计算直接成本,并采用一定方法得到有效分摊,因此易于操作。相反,需求定价要了解运输消费者的认知价值或不同运输市场的需求函数、需求价格弹性等,实际运作比较困难;竞争导向的执行也有相当的难度。

随着市场化程度的不断提高,运输企业受需求状况、竞争态势的影响越来越大,成本定价的一些缺陷就显露出来了。其中最主要的一点是成本的合理性无法衡量。对国有运输企业来讲,交通主管部门在定价时往往遇到人工成本的比例问题。以铁路运输为例,人工成本占整个运输成本的一半以上,这样以人工成本推动的运价上涨使铁路运输竞争力大为削弱。用成本定价还会遇到短途与长途、散装与集装箱运输及不同等级运输的成本分摊问题,有时很难进行合理分摊。

需求导向定价以市场需求状况作为定价依据,因此运价通常易得到消费者的认可。但比较而言,它是三种定价导向中难度较高的一种,有时对单个运输企业而言根本无法确定运输需求状况。当运输企业希望改变消费者的认知价值时,情形更是如此。竞争导向定价需要分析竞争对手状况,当竞争对手很少或收集竞争对手信息比较困难时,这种方法就很难使用。

综上所述,成本定价有利于运输企业保本经营,需求与竞争导向定价易于被消费者接受,但有时对运输企业利润最大化不利。随着市场经济的深入,后两种定价导向将被更多的运输企业接受。

【经典案例1】

沃尔玛降低运输成本的措施

沃尔玛公司是世界上最大的商业零售企业,在物流运营过程中,尽可能地降低成本是其经营的哲学。

沃尔玛有时采用空运,有时采用船运,还有一些货物采用卡车公路运输。在中国,沃尔玛百分之百地采用公路运输,所以如何降低卡车运输成本,是沃尔玛物流管理面临的一个重要问题,为此他们主要采取了以下措施。

第一,沃尔玛使用一种尽可能大的卡车,大约有16米加长的货柜,比集装箱运输卡车更长或更高。沃尔玛把卡车装得非常满，产品从车厢的底部一直装到最高，这样非常有助于节约成本。

第二，沃尔玛的车辆都是自有的，司机也是它的员工。沃尔玛的车队大约有5000名非司机员工，还有3700多名司机，车队每周每一次运输可以达7000~8000千米。

沃尔玛知道，卡车运输是比较危险的，有可能会出交通事故。因此，对于运输车队来说，保证安全是节约成本最重要的环节。沃尔玛的口号是"安全第一，礼貌第一"，而不是"速度第一"。在运输过程中，卡车司机们都非常遵守交通规则。沃尔玛定期在公路上对运输车队进行调查，卡车上面都带有公司的号码。如果看到司机违章驾驶，调查人员就可以根据车上的号码报告，以便于进行惩处。沃尔玛认为，卡车不出事故，就是节省公司的费用，就是最大限度地降低物流成本。由于狠抓了安全驾驶，运输车队已经创造了300万千米无事故的纪录。

第三，沃尔玛采用全球定位系统对车辆进行定位。因此在任何时候，调度中心都可以知道这些车辆在什么地方，离商店有多远，还需要多长时间才能运到商店，这种估算可以精确到小时。沃尔玛知道卡车在哪里，产品在哪里，就可以提高整个物流系统的效率，有助于降低成本。

第四，沃尔玛的连锁商场的物流部门24小时工作，无论白天或晚上，都能为卡车及时卸货。另外，沃尔玛的运输车队利用夜间进行从出发地到目的地的运输，从而做到了当日下午进行集货，夜间进行异地运输，翌日上午即可送货上门，保证在15~18个小时内完成整个运输过程。这是沃尔玛在速度上取得优势所采取的重要措施。

第五，沃尔玛的卡车把产品运到商场后，商场可以把它整个卸下来，而不用对每个产品逐个检查。这样就可以节省很多时间和精力，加快了沃尔玛物流的循环过程，从而降低了成本。这里有一个非常重要的先决条件，就是沃尔玛的物流系统能够确保商场所得到的产品是与发货单完全一致的产品。

第六，沃尔玛的运输成本比供货厂商自己运输产品要低，所以厂商也使用沃尔玛的卡车来运输货物，从而做到了把产品从工厂直接运送到商场，大大节省了产品流通过程中的仓储成本和转运成本。

沃尔玛的集中配送中心把上述措施有机地组合在一起，做出了一个最经济合理的安排，从而使沃尔玛的运输车队能以最低的成本高效率地运行。当然，这些措施的背后包含了许多艰辛和汗水，相信我国的本土企业也能从中得到启发，创造出沃尔玛式的奇迹来。

资料来源：马绝尘.沃尔玛降低成本的学问[J].中国物流与采购，2003(19).

【思考与讨论】

1. 从沃尔玛降低运输成本的措施可以总结出影响运输成本的因素有哪些？
2. 你从案例中得到什么启示？

【经典案例2】

塔什特戈号运输船

内燃机轮船塔什特戈号应当用作东非达累斯萨拉姆与桑给巴尔岛之间的采购运输,还是用作东印度群岛的巴厘巴板与新加坡之间的木薯运输?或者,这只是对所涉及的管理问题的一个太狭窄的看法?

在一般情况下马其顿船运公司(MS)每年购入1至2艘轮船。1963年,公司只采购了塔什特戈内燃机船,该船于10月下水,是以梅尔维尔的小说《莫比·迪克》中来自马萨葡萄园的万帕诺亚格印第安人、捕鲸船佩科特上的第二位叉鱼手的名字命名的。与船队里其他27艘吨位均在12500 t左右的大轮船相比,塔什特戈轮的吨位只有4500 t(运输船的吨位是其所能运载的标准体积货物的重量)。马其顿船运公司购买该轮,是为了能够参与南婆罗洲巴厘巴板与新加坡之间的木薯物流业务竞争。巴厘巴板岛的木薯出口没有限制,但由于港口水道的限制,只有像塔什特戈这样的小型运输船才能进入。在这一航线上,塔什特戈一年要往返50次。小型船只哪怕满载,其单位收益的经营成本都比大型船只的经营成本要高,但大型船只无法在那一水道航行。表6-1展示了马其顿船运公司两种规模的船只的经营成本。

表6-1 轮船年度运营成本　　　　　　　　　　　　　　　单位:美元

项　　目	按吨位分类的运营成本	
	4500 t	12500 t
工资	143594	210877
折旧(按15年折旧期直线折旧)	222956	363226
维修	40000	47500
备件和耗材	32657	39283
保险	36030	46750
通用支出	12975	22525
年度总成本	488212	730163
每个营运日成本(平均年营运时间345天)	1415	2116
另:燃料成本	0.73 美元/n mile	1.27 美元/n mile

在马其顿船运公司将塔什特戈轮投入运营1年后,巴厘巴板港口当局获得允许,可以对港口水道进行挖深,在当时工程预计于1965年9月或10月完工。完工后,吨位达15000 t的轮船将可以进入该港口,马其顿船运公司的其他大轮船也将可使用巴厘巴板港。据认为,虽然大轮船的经营成本高,但大轮船的运载能力更大,能够补偿增加的经营成本还有结余。为了满足托运人的要求,如果使

用大型船只，仍然不得不至少与塔什特戈轮同样频繁地进出巴厘巴板港；如果大轮船要停靠巴厘巴板港，就将不得不在新加坡经停两次，一次是在停靠巴厘巴板港前，一次是在停靠巴厘巴板港后。这是因为：①木薯不得不在新加坡卸货转运；②大轮船在向东驶回巴厘巴板时要装的其他货物太多，不能让装着木薯的大轮船装上其他货物后再经停新加坡卸装木薯；③运往巴厘巴板港的货物不得不在新加坡港装船。在本分析中，公司究竟是专用一艘大轮船跑这一线路，还是必要的时候使用经过新加坡的不同船只，被认为不是关键的问题。

新加坡与巴厘巴板之间一个来回最佳可航线路是 960 n mile，按照这一海域大型船只的正常航行速度 16 节计算，需开足马力行驶两天半时间。塔什特戈轮开足马力需要将近三天半时间。

大型船只每次从巴厘巴板港到新加坡港可以运载 6850 t 木薯，而塔什特戈运载量是 3950 t；当时由塔什特戈轮从新加坡运回巴厘巴板港的制成品的订船量估计对大船也是一样的，是由需求决定而不是由运载能力决定的。塔什特戈轮当时从新加坡回航巴厘巴板港的制成品载货量一般为 3150 t，每吨平均收入约 2.70 美元。

当时木薯运输的费率是从巴厘巴板港到新加坡每吨 5.10 美元，该产品的需求看来处于稳定或继续增长之中。尽管运输费率将来可能还会上涨，但假定其不会下跌是比较合理的。

船只在巴厘巴板港的滞留时间（轮船从到达某个港口到离开该港口之间的时间段）相对较长，由于港口吊装设备不足，大轮船需要 3 天时间才能回航，塔什特戈轮需要 2 天半，时间差主要是由于大轮船需要装卸的货物量大造成的。而在新加坡港，由于广泛使用现代化装卸设备，上面所提的大小船只都只需 1 天时间就可回航，不管需要装卸的货物是量大还是量小。

塔什特戈的两种选用法让马其顿船运公司总裁彼得·杰尔戈泼里斯觉得，他需要为塔什特戈轮寻找一个新的用途，最佳的方案看来是将其用于东非达累斯萨拉姆与桑给巴尔岛之间作采购运输船。

当时，该航线上运行的大型船只在两个港口都要停靠，产生的港口费用见表 6-2。马其顿公司打算使用轻型船只而不进港滞留，这样将花费少些，并且对于小批量货物装卸速度也可以更快。运输的货物主要是从达累斯萨拉姆装运椰枣和花生，从桑给巴尔装运可可豆、干椰子仁和特殊木材，一般运往美国。通常的一次航程是在达累斯萨拉姆装货 1350 t，在桑给巴尔装货 2500 t。大型船只每年要在这两个港口停靠 80 次。

表 6-2　每次停靠港口的成本

成本项目	变　量	单　位	巴厘巴板	新加坡	桑给巴尔	达累斯萨拉姆
航行成本						
港口费	载重吨数	美元/在港天数·吨量	0.14	0.20	0.13	0.31
灯塔费	每次入港	美元/入港次数	73.0	16.0	—	62.0
特别评估费①	每次停靠	美元/停靠次数				

续表

成本项目	变量	单位	巴厘巴板	新加坡	桑给巴尔	达累斯萨拉姆
货运成本						
快船费②	搬运货物量	美元/搬运吨数	0.25	0.16	0.14	0.15
装卸费	搬运货物量	美元/搬运吨数	0.56	0.32	0.32	0.32
吊车费	搬运货物量	美元/搬运吨数	—③	0.14	0.13	0.13

注：① 所有装载量超过 8000 t 的轮船每次到港口需在港口费之外加付特别评估费 2000 美元，主要用于投资及维护这类轮船所使用的深水航道。

② 快船费是让被称为"快船"的小型船只在停靠港口中的轮船侧边辅助装卸货物而收取的费用。

③ 巴厘巴板港由于是使用人工装卸，所以没有吊车费。这样，人工装卸成本就比其他港口相对要高。

如果将塔什特戈轮用于东非线路，它将穿梭于两个港口之间，将货物从一个港口运到另一个港口，以便大型运输船在一次航程中在这一地区只需停靠一处港口，从而节约时间和港口费用。至于塔什特戈轮在这两个港口发生的新增费用，表 6-3 进行了汇总。

表 6-3 在东非使用塔什特戈轮的成本

	达累斯萨拉姆	桑给巴尔	合计
1. 航行成本			
港口费	1395①	1170②	
灯塔费	62	—	
小计	1457	1170	2627
海上燃油成本 (0.73 美元/n mile×144 n mile 往返)		105	
每次航程合计			2732 美元/航次
全年合计			2732 美元/航次×69 航次/年③=188508 美元/年
2. 达累斯萨拉姆货物的附加货物成本④			
总吨量/年=(1350 t/航次×80 航次/年)=108000 t/年			
在桑给巴尔的卸货成本(0.14+0.32+0.13)美元=0.59 美元			
在桑给巴尔的复载成本(0.14+0.32+0.13)美元=0.59 美元			
附加货物成本=(0.59+0.59)美元×108000 t/年=127440 美元/年			
合计			=315948 美元/年

注：①4500 t×0.31 美元/(天·t)×1 天=1395 美元

②4500 t×0.13 美元/(天·t)×2 天=1170 美元

③345 天（见表 6-4）每航次 5 天(2 天在桑给巴尔+2 天在海上+1 天在达累斯萨拉姆)。假定，本案例中达累斯萨拉姆港客户服务水平的下降使得每年的停靠航次从 80 下降到 69，但这不是一个约束性因素。

④目前每年同样吨量必须在达累斯萨拉姆装船，因此附加成本只是将达累斯萨拉姆装载的货物在桑给巴尔卸载并在桑给巴尔重新装上去美国的大轮船的成本。

两个港口之间的航行时间相当短,72 n mile 的距离无论用哪艘船单程都只需 1 天(返程 2 天)。在这样的短途航线上,大型船只的高速度发挥不出什么明显的优势。据估计,如果将塔什特戈轮用在桑给巴尔/达累斯萨拉姆航线上,将使大型船只往返东非和美国的总航程时间节省 3 天(原来两个港口中不管选哪一个,大轮船都需停靠 2 天,另 1 天转换加速)。如果要将塔什特戈轮用做"穿梭运输船",那么为便于安排,大型轮船每次应停靠同一个港口。表 6-4 对大型轮船应当取消停靠哪一个港口进行了评估。

表 6-4　大轮船为什么应当取消在达累斯萨拉姆的停靠

对表 6-2 进行对比分析可以发现,桑给巴尔的港口费比达累斯萨拉姆要便宜得多,在其他的成本项目上也同样便宜,并且不收灯塔费。因此,一眼就可以看出,大轮船在达累斯萨拉姆港的停靠应当取消。但是,如果在达累斯萨拉姆上船的货物更多,也许取消在桑给巴尔停靠的总成本会更低。实际上在桑给巴尔上船的货物更多(每次停靠桑给巴尔上船 2500 t,而停靠达累斯萨拉姆上船 1350 t)。因此,不需细节上的计算,可以得出结论,大轮船应当停靠桑给巴尔。

大轮船不停靠达累斯萨拉姆所节约的成本(美元):	
港口费(港口停留 2 天)	7750①
灯塔费	62
小计	7812
燃油成本	91②
每一次航行的总成本	7903
全年总成本	7903×80 航次=632240

注:① 12500 t×0.31 美元/(天·t)×2 天=7750 美元
② 1.27 美元/n mile×72 n mile=91 美元

杰尔戈泼里斯先生急于要对是否转移塔什特戈轮作出一个决断,当时正有一批货物需要从新加坡运到桑给巴尔,运费正好可以抵消移船的费用。由于这笔货运业务是很少遇到的,他认为在秋季之前要再遇到类似的机会可能性不大。

他对于让所有的轮船保持不间断运行很重视,他的公司在船运业界享有很好的声誉,因此一直都能保持满负荷运转。实际上,马其顿船运公司是行业内少数几家被全满预订的公司之一。

公司最近的损益报表显示在表 6-5 中。1963 年度经营的状况对公司来说具有代表性。

表 6-5　马其顿船运公司损益报表
1963 年 1 月 1 日—1963 年 12 月 31 日　　　　　　　　单位:美元

航运收入	49661000
航运支出*	33480000
毛利润	16181000
海岸支持及管理支出	10234000
税前净受益	5947000
所得税支出(税率 52%)	3088000
净所得	2859000

* 包括轮船成本、航行成本和货物成本。

问 题

本案例中的问题算得上是一个舶来品——这艘内燃机轮船究竟应当在东亚的新加坡与巴厘巴板之间搞木薯运输,还是应当在东非的桑给巴尔与达累斯萨拉姆之间搞收购运输?这得取决于成本分析,看究竟哪一个选择更有营利性。要讨论的一个问题是,既然有的成本随运量而变化,有的成本随时间而变化,有的成本随航程而变化,有的成本随停靠港口的次数而变化,那么构成可变成本的应该是哪些?其他问题还包括必须准确认定替换方案,每单位运能的利润贡献,成本分析在帮助管理者找准问题中的重要性等。

为了帮助理清这一繁杂但颇有价值的问题,请依次回答下面的具体问题,这些问题将帮助你逐项形成对这一决策的总体分析。

(1) 从巴厘巴板港码头到新加坡港码头运输木薯,考虑其收入和运输成本,每吨能够获得多少利润贡献?从新加坡向巴厘巴板运送一般货物,每吨能获得多少利润贡献?

(2) 根据前一个问题得出的每吨利润贡献数,塔什特戈轮在新加坡和巴厘巴板之间往返一次的总利润贡献是多少?如果是一艘大轮船又如何?

(3) 无论运送货物的种类和数量是多少,塔什特戈轮在新加坡与巴厘巴板之间来回一次产生的新增航行成本是多少?如果是一艘大轮船呢?

(4) 如果把收入、航行成本、货物成本都考虑进来,每种类型的船只每往返一次的利润贡献是多少?每种类型船只每年的利润贡献是多少?

(5) 如果将塔什特戈轮调走而用一艘大型轮船来跑木薯运输,总的利润影响有多大?(提示:将问题(4)的答案与表 6-2 和表 6-3 中的信息合并考虑。)

(6) 杰尔戈波里斯先生应当采取怎样的行动?为什么?(提示:①1963年马其顿船运公司每个船运日的平均利润贡献是多少?②根据当时的现成信息,购买塔什特戈轮用于运输木薯是一个好的投资决策吗?)

资料来源:(美国)约翰·K.尚克.汤姆森成本管理经典案例[M].2 版.李宏明,译.北京:中国时代经济出版社,2003.

【本章关键术语】

空驶行程　empty backhaul　　　　滞期费　demurrage charge
等级运价　class rate　　　　　　协议运价　contract rate
体积运价　cube rate　　　　　　　运费率　freight rates
延迟运价　deferred rate　　　　　运费到付　carriage forward
保值运价　released value rate
成本导向定价　cost-oriented pricing
需求导向定价　demand-oriented pricing

竞争导向定价　compete-oriented pricing
认知价值定价　perceived-value pricing

【本章思考与练习题】

1. 影响运输成本的基本因素有哪些？
2. 对比铁路运输和公路运输的成本结构，二者之间的主要区别是什么？
3. 运价通常随运量的不同而发生什么变化？请解释原因。
4. 运价通常随运距的不同而发生什么变化？请解释原因。
5. 运输服务价值对运价有何影响？
6. 某公司要将某种产品从 A 地分别运往 E 地和 F 地，E 地处于 A 地与 F 地中间。该产品到 E 地的运价是 120 元/kg；由于 F 地的市场竞争很激烈，产品到 F 地的运价是 100 元/kg。请利用分段统一运价原理，解释这样做的原因。
7. 针对我国开放的公路货运市场，讨论公路货运企业该如何选择合适的运输成本定价策略。

第七章 物流运输优化与决策

本章重点理论与问题

物流运输优化就是指物流运输的合理化,即在保证货物运量、运距和流向的需求,以及中转环节合理化的前提下,能以最合适的运输方式、最少的运输环节、最短的运输路线、最少的运输工具及最低的运输成本,满足物流运输服务需求。可见,运输系统的优化与决策也是物流系统决策与管理的关键。运输决策的形式和内容多种多样,所涉及的优化方法也各不相同。本章主要介绍物流运输方式及承运人的选择决策,介绍物流运输调配决策的模型及方法,分析不同情况下运输路线优化的方法以及行车路线制定的常用方法,最后介绍运输工具与货载的最优分配方法。

第一节 物流运输服务选择决策

一、物流运输方式选择的原则

合理选择运输方式是保证运输质量、提高运输效益的一个重要方面。各种运输方式都有各自的特点,不同特性的物资对运输活动的要求也不完全相同;当同时存在多种运输方式可供选择的情况下,就需要进行抉择。选择运输方式是一个非程序化决策问题,要制定一个统一规定的标准是困难的,只能在组织货物运输时,按照一定的原则,因地制宜地进行。

评价运输活动的优劣,通常是用安全性、及时性、准确性和经济性四项标准来衡量,这也是运输合理化所要实现的目标,因此,也可作为选择运输方式的基本原则。

（一）安全性原则

运输的安全性是首要的原则,包括人身安全、设备安全和被运货物的安全。为了保证运输安全,首先应了解被运货物的特性,如重量、体积、贵重程度、内部结构以及其他物理化学性质（易碎、易燃、危险性等）,然后选择安全可靠的运输方式。

（二）及时性原则

运输的及时性是由运输速度和可靠性决定的,能否准确及时送达也是选择运输方式时考虑的重要因素。运输速度的快慢和到货及时与否不仅决定着物资周转速度,而且对社会再生产的顺利进行影响重大。运输不及时会造成用户所需物资的缺货,有时还会给国民经济造成巨大损失,因此,应根据客户的急需程度选择合适的运输方式。

（三）准确性原则

运输的准确性是指运输的准点到货、不错发、不错送。货物运输的准确性在很大程度上取决于发送和接收环节，但与运输方式也有一定的关系。汽车运输可做到"门到门"运输，中转环节少，不易发生差错事故；铁路运输受客观环境因素影响小，容易做到准时准点到货。

（四）经济性原则

经济性是衡量运输效果的一项综合性指标，因为安全性、及时性、准确性三原则中考虑的因素在一定程度上均可转化成经济因素。但是，这里的经济性原则强调的是从运输费用上考虑选择运输成本低的运输方式。运输费用是影响物流系统经济效益的一项主要因素，因此按经济性原则选择运输方式是主要原则。

根据上述原则选择运输方式，实际上是一个多目标决策问题。不过，这种多目标决策一般比较简单，无须进行复杂的定量计算，只需通过定性分析和简单计算即可达到满意效果。但是，必须注意的是，上述目标之间存在"效益背反"现象，例如，运输成本与运输速度、准确性之间就是矛盾的。具体决策时，应该在保证运输安全的前提下，权衡运输速度和运输费用。另外，由于运输成本与其他物流子系统成本之间也存在着"效益背反"特性，在选择运输方式时，应当以物流总成本为依据，而不仅仅只考虑运输成本。

二、基于物流总成本比较的运输方式选择

在有些情况下，运输方式的选择很简单，仅借助定性分析和经验判断，就可以合理地选择运输方式。但是，当涉及大宗运输货物，并且有几种可行的运输方式时，如果能借助定量分析，就会使选择的方式更科学。

下面介绍基于运输成本与库存成本的总成本分析方法。

由于物流各环节之间的"效益背反"，运输成本的降低会导致其他环节（例如库存）成本的上升，因此，应该以总成本分析为基础来选择运输方式。所谓最佳服务就是使某种运输服务的成本与该运输服务水平以及相关的库存成本之间达到平衡的运输服务，也就是选择既能满足客户需求，又能使总成本最低的运输服务。这是总成本分析比较的基本思想。

为了进一步说明此方法，先看下面的例子。

【例 7-1】某公司欲将产品从位置 A 的工厂运往位置 B 的公司自有仓库，年运量 $D=700000$ 件，产品单价 $C=30$ 元，年存货成本 $I=$ 产品价格的 30%。公司希望选择使总成本最小的运输方式。据估计，运输时间每减少一天，平均库存成本可以减少 1%。各种运输服务方式的有关参数见表 7-1。

表 7-1 各种运输方式的基本参数

运输方式	费率 R/(元/件)	时间 T/天	年运送批次	平均存货量 $Q/2$
铁路	0.1	21	10	100000
驮背	0.15	14	20	46500
公路	0.2	5	20	42000
航空	1.4	2	40	20250

解 以年总成本最低为原则来选择合适的运输方式。这里,总成本=运输费用+库存成本。

其中,运输费用=运输量×费率

库存成本=在途运输库存成本+工厂存货成本+仓库存货成本

在途运输库存费用=$ICDT/365$

工厂存货成本=$ICQ/2$

仓库存货成本=$I(C+R)Q/2$

代入各种运输方式的基本数据信息,将相应的成本计算结果列入表7-2。

表 7-2 各种运输方式成本计算结果

成本类型	计算公式	铁路运输	驮背运输	公路运输	航空运输
运输成本	RD	70000	105000	140000	980000
在途库存	$ICDT/365$	362466	241644	86301	34521
工厂存货	$ICQ/2$	900000	418500	378000	182250
仓库存货	$I(C+R)Q/2$	903000	420593	380520	190755
总成本	$\sum$	2235466	1185737	984821	1387526

由表中结果可知,总成本最低的是公路运输方式,总成本为984821元,其次是驮背运输,成本最高的是铁路运输。按照总成本最低的原则,适合选择公路运输方式。

本例中,存货成本是按存货品价格的30%考虑的,存储费率较高。对这类产品,不能忽视库存成本对总成本的影响,加快库存周转是非常重要的。另外,各种运输方式的运输费率和运输时间也对运输方式的选择具有重要决定作用,尤其是在物品库存费率较高时,运输时间的缩短有利于库存快速周转,降低库存成本,最终使年总成本最低。

三、承运人的选择与评价

选择运输服务是运输管理者的主要职能之一。运输服务选择决策包括两部分的决策:一是对运输方式进行选择决策,二是对某种运输方式的具体的承运人进行选择决策。

(一)影响承运人选择的主要因素

承运人的运输成本、运输时间、运输时间的可靠性、可到达性、服务能力和安全性等因素对企业物流运输和存储成本都有影响,因而影响企业总的物流成本。在选择某项任务的合适承运人时,这些因素是应该加以重视的。

1. 运输成本

运输成本主要是备选承运人提出的货物运输费率,此外,还包括与运输相关的搬运、温控设备使用、中途经停等辅助服务的费用。不同运输方式的运输成本显著不同,同一运输方式的不同承运人之间的成本差别较小。尽管如此,不同承运人会在辅助服务收费、大批量运输时的价格优惠等方面有较大差异。因此,选择特定的承运人时,运输成本仍然是要考虑的重要因素。

2. 运输时间和运输时间的可靠性

承运人选择决策的总成本不但要考虑发生的直接运输费用,还要考虑与提供的服务质量相关的关联费用。我们知道,运输时间及运输时间的可靠性影响库存持有成本和缺货损失的大小。运输时间越长,库存周转时间也越长,库存水平及库存搬运费用就越高。因此,承运人的运输时间越长,相应的物流总成本就越高。

同样,运输时间的可靠性也影响库存水平。运输时间可靠性反映了运输时间的波动率,时间波动越大,可靠性越低。因此,当运输时间可靠性较低时,运输时间波动更大,这就增加了库存的不确定性程度。企业为确保不缺货而需要准备的安全库存水平就更高,从而增加了企业库存成本和经营成本。而可靠的运输时间能使买主(运输服务需求方)更好地控制存货水平,减少缺货造成的损失。这样的承运人具有更大的市场优势。

3. 可到达性

可到达性(accessibility)是衡量承运人提供特定出发地和目的地之间的运输服务的能力。不同运输方式提供到特定地点的直达运输服务的能力是不同的。例如,汽车运输是可到达性最好的方式,随着公路网的不断完善,汽车运输几乎可以实现任何两点之间的直接运输。而水路运输限于为邻近水路的货主提供服务;同样,铁路也仅限于为位于铁路沿线的托运人提供服务;航空运输和管道运输所服务的客户也有地理位置的局限。

为克服一种运输方式在特定地点之间的直达运输服务时的局限,需要借助另一种可到达性更好的运输方式,这就产生了附加费用,即可到达性成本。例如,汽车运输不仅用来完成出发地与目的地之间的直接运输,还经常用来实现其他运输方式的站点与发货人(或收货人)之间的直接运输服务,这就产生了附加运输(可到达性)费用。

4. 服务能力

服务能力是承运人提供特殊的运输服务和提供符合使用者要求的特殊设备的能力。特殊设备包括冷冻食品运输所需的温控设备、低密度产品(例如塑料瓶)运输的大容量设备、散装液体运输的罐车设备等。特殊的运输服务需求包括特定的接货或搬运时间要求、货物跟踪和定位要求、承运人信息系统能力和电子数据交换能力等。

5. 安全性

安全性反映了承运商提供运输服务的质量,可用货物到达目的地时的完好率来衡量。如果货物达到时出现损坏或丢失现象,说明运输的安全性较低。货物在运输过程中损坏或丢失将产生间接运输服务成本。因为,损坏或丢失了的货物造成库存的不稳定,影响库存水平,因而导致库存成本增加。

另外,当运输安全性较低造成货物损坏或丢失时,货主还会进行货物损坏索赔或采取法律行为,这也会消耗时间和费用。

实际上,上述影响因素还可进一步分解成许多更具体的指标,而且不同指标具有不同的重要性。例如,对汽车运输承运人选择来说,运输时间的可靠性是最重要的影响因素,其次是运输费率、总运输时间、谈判愿望和承运人的财务稳定性因素,而承运提供特殊的设备、承运人运营人员素质、货物跟踪能力、长途运输服务等虽然也是影响因素,但重要性较低。

(二)承运人的选择评价方法

根据影响运输承运人选择的因素分析,可以建立承运人选择评价的指标体系。然后,通过调查统计分析,收集备选承运人的信息或指标情况,进行承运人综合评价。

综合评价的方法可以利用加权求和法、层次分析法等。下面只介绍最简单的综合因素加权求和法。

客户在选择运输服务商时会同时考虑多个因素,如承运商的服务质量、运输价格、运输时间、服务商的品牌、服务商的经济实力、服务网点数等,假设一共有 N 个评价指标。对于某备选承运商来说,客户可通过统计分析、专家打分或其他信息获取途径,得出该承运商的 N 个指标(取值)得分情况,分别用 $X_1, X_2, \cdots, X_n$ 表示。这样可以借助以下公式求出该承运商的综合表现,即

$$S = K_1 \times X_1 + K_2 \times X_2 + K_3 \times X_3 + \cdots + K_n \times X_n \tag{7-1}$$

式中:S——某备选承运商的综合因素得分;

$K_1, K_2, \cdots, K_n$——不同评价指标的重要性因子(即权重),可由层次分析法求得,亦可由专家直接给出。

对承运人的评价还可用来评估现有承运人的总体绩效,以决定在未来业务中是否要更换承运人。指标综合时,既可直接给出各指标的权重,也可为每个指标规定一个最高值,再根据承运商的实际表现确定各指标具体得分,最后汇总求出总得分。假设某公司对某承运商的评价指标、指标得分情况如表7-3所示。

表7-3 承运商评估报告示例

承运人:_____ 时期:_____

最高分	评价标准	承运人分数	备注
13	满足接货时间表	13	
13	满足搬运	10	
9	运输时间	9	
10	运输时间一致性	7	
7	费率	5	
3	附加费	1	高的住宅搬运
5	运营比率	3	96.5%增长
4	收益性	3	
3	索赔频率	3	
3	索赔解决	3	
10	账单错误	7	
9	跟踪能力	7	
11	设备可用性	1	无平台装货卡车
100	总 分	72	

表 7-3 中,规定了每项指标的最好成绩,给承运人的每个评价标准打分不能超过规定的最高分;总最高分为 100 分。表中承运商的总得分是 72 分。如果有若干个承运商待评估,得到最高分数的承运人是最佳承运人。公司可根据各承运商的综合得分及排序情况进行选择。

第二节 货物运输调配决策

物资运输调配决策问题是指在多个供应地和多个需求地之间如何合理调配货物,以实现在满足需求前提下的总运输成本最低的目的。如图 7-1,表示产品从工厂到仓库或从仓库向顾客需求地的可能供应情况。根据供应地与需求地之间是否存在中间转运两种情况进行讨论。

一、多起讫点间的直达运输

当企业有多个生产基地或供应基地,可服务于多个市场时,怎么指定各目的市场的供货地? 在存在多个供应商、多个生产基地、多个仓库、需要为多个客户提供服务的情况下,就需要进行运输的组织与调配决策。主要是解决如何将多个供应点的物资运送到多个需求点,使总运输费用最低。例如,产品从工厂到仓库的配送、从仓库向销售中心的供货等,需要对运输量如何分配进行决策。

如图 7-1 所示,对于多点间直达运输问题,描述如下:

设某物资有 m 个产地 $A_1,A_2,\cdots,A_m$;供应 n 个销售地 $B_1,B_2,\cdots,B_n$;已知 A_i 的产量为 $a_i(i=1,2,\cdots,m)$,B_j 的需求量为 $b_j(j=1,2,\cdots,n)$。由 A_i 到 B_j 的单位运价为 C_{ij}。用 X_{ij} 表示由产地 A_i 运输到销地 B_j 的物资量 $(i=1,2,\cdots,m;j=1,2,\cdots,n)$。

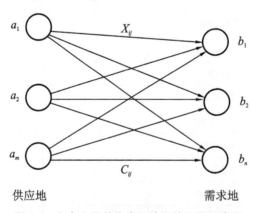

图 7-1 多点之间的物资运输调拨问题示意图

上述问题属于运筹学中的运输问题。如果总产量等于总需求量,即 $\sum a_i = \sum b_j$,就是产销平衡的运输问题,也是最基本的运输问题;产销不平衡的运输问题可以转化为产销平衡的运输问题。

（一）产销平衡的运输问题

1. 产销平衡运输问题的数学模型

$$\min Z = \sum_{i=1}^{m}\sum_{j=1}^{n} C_{ij} X_{ij} \quad (7\text{-}2)$$

约束条件为

$$\left.\begin{array}{l} \sum_{i=1}^{m} X_{ij} = b_j \quad \forall j = 1, 2, \cdots, n \\ \sum_{j=1}^{n} X_{ij} = a_i \quad \forall i = 1, 2, \cdots, m \\ X_{ij} \geqslant 0, i = 1, 2, \cdots, m; j = 1, 2, \cdots, n \\ \text{且} \sum_{i=1}^{m} a_i = \sum_{j=1}^{n} b_j \end{array}\right\} \quad (7\text{-}3)$$

2. 求解方法

运输问题属于线性规划问题，可以用单纯形法求解。但是，由于运输问题的变量和约束条件较多，用单纯形法求解比较复杂。利用运输问题的特殊性，可用表格对运输问题进行描述，并通过对表格的操作来完成求解，这就是运输问题的表上作业法。详细求解过程参见运筹学教程的相关内容。

（二）产销不平衡的运输问题

当产销不平衡时，通过增加一个假想的产地或销地，转化成产销平衡的运输问题模型。

1. 总产量大于总销量

即 $\sum_{i=1}^{m} a_i > \sum_{j=1}^{n} b_j$，可增加一个假想的销地 B_{n+1}，其销量为

$$b_{n+1} = \sum_{i=1}^{m} a_i - \sum_{j=1}^{n} b_j \quad (7\text{-}4)$$

从产地 A_i 运往假想销地 B_{n+1} 的物资数量实际上是停留在原产地没有运出的物资，因此相应的运价为 0，这样就将不平衡运输问题转化为平衡运输问题。

2. 总销量大于总产量

即 $\sum_{j=1}^{n} b_j > \sum_{i=1}^{m} a_i$，可增加一个假想的产地 A_{m+1}，其产量为

$$a_{m+1} = \sum_{j=1}^{n} b_j - \sum_{i=1}^{m} a_i \quad (7\text{-}5)$$

由于假想的产地并不存在，其产量也不可能存在，由假想产地运往某个销地的物资数量实际上就是该销地不能满足的需求量，因此相应的运价为 0，这样就将不平衡运输问题转化为平衡运输问题。

二、存在中间转运的物资调配

这个问题是指最优分配多个供应点的货物到多个需求点，也可以在各中间点中转、分

配,有些起点或终点也可能是中转点。这类问题又称为转运问题。

(一) 问题描述

如图 7-2 所示,某物流系统中有 f 个工厂(供应地),m 个流通中心(中转站),n 个零售商店(需求地)。已知工厂 A_k 的生产能力为 $a_k(k=1,2,\cdots,f)$,流通中心 T_i 的配送能力为 $t_i(i=1,2,\cdots,m)$,零售店 B_j 的需求量为 $b_j(j=1,2,\cdots,n)$。由 A_k 经 T_i 运到 B_j 的单位运价为 C_{kij}。求:在工厂生产能力一定,流通中心配送能力有限的条件下,满足零售店需求量的最优运输方案。

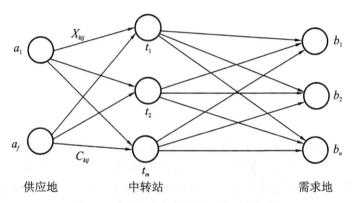

图 7-2　有中间转运的物资运输调拨问题

(二) 数学模型

用 X_{kij} 表示由产地 A_k 经流通中心 T_i 运输到零售店 B_j 的物资量($k=1,2,\cdots,f;i=1,2,\cdots,m;j=1,2,\cdots,n$),这就是问题的决策变量。

其目标函数为

$$\min Z = \sum_{k=1}^{f}\sum_{i=1}^{m}\sum_{j=1}^{n} C_{kij} X_{kij} \tag{7-6}$$

约束条件如下。

(1) 配送量≤生产能力的限制:

$$\sum_{i=1}^{m}\sum_{j=1}^{n} X_{kij} \leqslant a_k \qquad k=1,2,\cdots,f \tag{7-7}$$

(2) 流通中心发送能力的限制:

$$\sum_{k=1}^{f}\sum_{j=1}^{n} X_{kij} \leqslant t_i \qquad i=1,2,\cdots,m \tag{7-8}$$

(3) 满足零售店需求量:

$$\sum_{i=1}^{m}\sum_{k=1}^{f} X_{kij} \geqslant b_j \qquad j=1,2,\cdots,n \tag{7-9}$$

(4) 变量非负:

$$X_{kij} \geqslant 0 \tag{7-10}$$

(三) 求解方法

求解上述问题有两种方法。一种是运用一般的线性规划方法求解,但由于该问题的变量多、约束方程多,求解过程十分复杂,计算量特别大。

另一种方法就是运用运输问题表上作业法,其基本思路是:补充一些虚拟的产地或需求地,将有中转的运输问题转化为无中转的直达运输问题;再进一步转化为供需平衡的运输问题;然后,再运用表上作业法求解。具体方法及过程请参阅运筹学教程。

第三节 单车辆运输路径规划

单车辆的运输路径规划是对单一车辆从起点到终点的行车路径进行设计和优化,目的是使车辆行驶时间最短、距离最短或运输费用最小,可统称为最短路径问题。根据车辆起讫点是否重合可把车辆最短路问题分为两种类型:一是起讫点不同的车辆路径问题;二是起讫点重合的车辆路径问题,不同类型的路径问题适合采取不同的方法。

一、单一车辆运输路径问题概述

(一)起讫点不同的单一车辆路径规划问题

我们来看将货物从发货点运输到收货点的实际情况。例如有一批货需要从城市 O 运送到城市 T,从 O 城市到 T 城市中途必须经过不同的城市或货运场站。如图 7-3 和图 7-4 所示,是起点 O 与终点 T 之间的两种典型的路网结构形式。图中节点代表经过的中途站点,两点间的连线表示两点之间是连通的,线上的数字表示两点间的运输距离或代价。运输代价可以是时间、距离,或时间与距离的加权平均。现在,要确定从起点 O 到终点 T 的最佳运输路线。

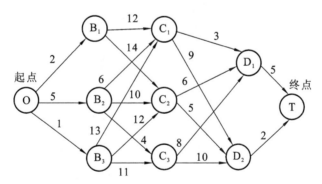

图 7-3 起点到终点的运输网络形式一

这类问题可以归结为运筹学中的最短路径问题。要确定从 O 点到 T 点的最短路径,最直接的方法就是穷举法,即将所有可行方案全部列举出来,再计算每个方案的总路径,比较选择出总路径最短的方案即为最优方案。以图 7-3 所示的路网为例,从 O 到 T 点共有 16 条可行线路,逐一计算各路径总距离后进行比较,结果是"O→B_2→C_1→D_1→T"这条路径的总距离最短,为 19 km。这就是该问题的最佳方案。当网络结构简单、节点数较少时,可行方案数目也较少,穷举法是非常有效的。但是,当网络结构复杂、或节点数增多时,要列出全

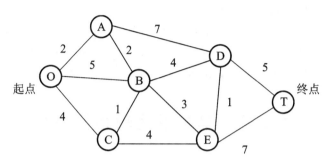

图 7-4 起点到终点的运输网络形式二

部可行的路径方案是比较烦琐的,例如图 7-4 所示的路网,要找出全部可行的路径方案就比较烦琐。这时就需要应用一些特殊的方法。

根据从起点到终点网络图的不同结构特点,可采用动态规划法、Dijkstra 方法、逐次逼近法等不同的求解算法。图 7-3 所示的网络结构具有明显的多阶段特征,可以运用运筹学的动态规划法求出从 O 点到 T 点的最短路径,详细方法可参考运筹学教材。本文将详细介绍 Dijkstra 方法。

(二) 起讫点重合的单一车辆路径规划问题

当一辆货车从某设施点出发,为一定数量的顾客提供送货服务后,再返回到原出发点以进行相关手续的交接。这种情况下的车辆路径规划问题就是起讫点重合的车辆路径问题。如图 7-5 所示,车辆从位于 A 点的配送中心出发,为客户 B、C 和 D 送货后再返回配送中心,这时车辆的行驶路径就是一个闭回路。

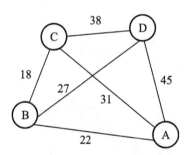

图 7-5 起讫点重合的车辆路径问题示意图

在物流运输实际过程中,这类问题比较普遍。例如,企业使用自有货车进行运输,从某配送中心送货到各零售点后再返回配送中心;再比如城市生活垃圾的收运、流动售货车的行驶等等,其车辆路径设计都属于起点与终点重合的路径问题。

上述情况下,车辆路径设计的一般原则和要求是:
(1) 车辆要经过所有的点;
(2) 行驶时间最短或总距离最短。

对于这类问题的求解,理论上也可应用穷举法求出所有路径,再比较找出总距离最短的最佳路线。但是,如果网络中包含很多个点,可行的方案会呈指数倍增加,易产生优化上的"组合爆炸"问题。因此,起讫点重合的最短路径问题也是优化算法研究的热点之一,既有各种优化算法,如遗传算法、神经网络算法,对于简单的小规模问题也可采用启发式算法。本节后续内容将分别介绍求解最短路径的两种方法。

二、Dijkstra 最短路径法

(一) Dijkstra 算法原理

Dijkstra 方法是 1959 年由 E. W. Dijkstra 提出的标号法,主要用来解决图论中的最短路径问题。在此算法的思想基础上,人们演绎出了几十种不同的路径优化算法。尽管如此,Dijkstra 方法仍是目前求解最短路径问题最常用的方法。广义上,"最短路径"不单指"纯距离"意义上的最短路径,它可以是"经济距离"意义上的最短路径、"时间"意义上的最短路径、"网络"意义上的最短路径等。

在一个连通的网络图 $G=(V,E)$ 中,点集 $V=\{v_1,v_2,\cdots,v_n\}$,边集 $E=\{e_1,e_2,\cdots,e_m\}$,Dijkstra 算法适合于每条边上权数 c_{ij} 不小于零的情况。该算法也称为双标号法,也就是对图中的每个点 v_j 赋予两个标号,即 T 标号和 P 标号。T 标号 $T(v_j)$,表示从 v_1 到 v_j 的最短路长的上界,即最短路长不会超过此数,称为临时标号。P 标号 $P(v_j)$ 表示从起点 v_1 到 v_j 的最短路长,称为固定标号。

凡是已经得到 P 标号的点,则说明已求出 v_1 点到该点的最短路;凡是没有得到 P 标号的点,就标上 T 标号。不断地进行搜索、计算,每一步都是将某一点的 T 标号改变为 P 标号的过程。求出了终点的 P 标号,所有的顶点都成为固定标号顶点时,整个网络的最短路也就找到了。

Dijkstra 算法是基于这样一个基本原理,即若点序列 $\{v_s,v_1,v_2,\cdots,v_{n-1},v_n\}$ 是从 v_s 到 v_n 的最短路,则 $\{v_s,v_1,v_2,\cdots,v_{n-1}\}$ 必定是从 v_s 到 v_{n-1} 的最短路。

基本 Dijkstra 算法的步骤如下。

(1) 给起点 v_1 标上 P 标号 $P(v_1)=0$,表示从 v_1 到 v_j 的距离为 0;其余各点标上 T 标号,且 $T(v_j)=+\infty$。

(2) 设 v_i 是刚得到 P 标号的点,考虑所有以 v_i 为起始点的弧的终点 v_j,在一个无向图中,就是考虑所有与 v_i 直接相连的 T 标号的点 v_j。按照下式修改 v_j 的 T 标号:

$$T_\text{新}(v_j)=\min\{T_\text{旧}(v_j),P(v_i)+c_{ij}\} \tag{7-11}$$

(3) 若所有的点都是 P 标号点,则计算结束,即已求出从起点到各点的最短距离。否则,选择一个距离最小的 T 标号点,将其修改为 P 标号点。再转向步骤(2),继续修改 T 标号点,直到所有的点都变成 P 标号点。

若一次有多个距离最小的 T 标号点,可以从中任选一个作为 P 标号点,也可同时予以标定。下面通过例题说明 Dijkstra 算法过程。

(二) Dijkstra 算法举例

【例 7-2】如图 7-4 是从 O 点到 T 点的道路网络图,货运车辆必须沿此网络中的道路行驶。求从 O 点到 T 点的最佳行驶路线及最短距离。

解 为使计算过程和结果更加清晰明确,我们借助表 7-4 来描述各步骤。

(1) 给起点 O 标上 P 标号 $P(O)=0$,其余各点标上 T 标号,且 $T=+\infty$,见表 7-4 中的第一行①。

表 7-4　Dijkstra算法步骤及结果

步骤	O	A	B	C	D	E	T
①	$P=0$	$T=+\infty$	$T=+\infty$	$T=+\infty$	$T=+\infty$	$T=+\infty$	$T=+\infty$
②		$(P=)T=2$	$T=5$	$T=4$	$T=+\infty$	$T=+\infty$	$T=+\infty$
③			$T=4$	$(P=)T=4$	$T=9$	$T=+\infty$	$T=+\infty$
④			$(P=)T=4$		$T=9$	$T=8$	$T=+\infty$
⑤					$T=8$	$(P=)T=7$	$T=+\infty$
⑥					$(P=)T=8$		$T=14$
⑦							$(P=)T=13$

(2) 考虑所有与 O 点直接相连的 T 标号的点，即 A、B、C 三点，修改这三点的 T 标号：

$$T_{新}(A)=\min\{T_{旧}(A),P(O)+c_{OA}\}=\min\{+\infty,0+2\}=2$$

$$T_{新}(B)=\min\{T_{旧}(B),P(O)+c_{OB}\}=\min\{+\infty,0+5\}=5$$

$$T_{新}(C)=\min\{T_{旧}(C),P(O)+c_{OC}\}=\min\{+\infty,0+4\}=4$$

将修改的 T 标号值填入表中。现在，在所有的 T 标号的点中，最小值是 $T_{新}(A)=2$，所以，将 A 点改为 P 标号点。见表中的步骤②。

(3) 以刚得到的 P 标号点 A 为起点，考虑所有与 A 点直接相连的 T 标号的点，即 B、D 两点，修改这两点的 T 标号：

$$T_{新}(B)=\min\{T_{旧}(B),P(A)+c_{AB}\}=\min\{+\infty,2+2\}=4$$

$$T_{新}(D)=\min\{T_{旧}(D),P(A)+c_{AD}\}=\min\{+\infty,2+7\}=9$$

在表中第三行填入修改的 T 标号值，复制没有修改的 T 标号点。在所有的 T 标号点中，最小值是 $T_{新}(B)=4=T(C)$，从 B、C 两点中任选一点变为 P 标号点，例如这次选择 C 点为 P 标号点。见表中的步骤③。

(4) 以 C 为起点，考查与 C 点直接相连的 T 标号点 B、E，修改这两点的 T 标号：

$$T_{新}(B)=\min\{T_{旧}(B),P(C)+c_{CB}\}=\min\{4,4+1\}=4$$

$$T_{新}(E)=\min\{T_{旧}(E),P(C)+c_{CE}\}=\min\{+\infty,4+4\}=8$$

在表中第四行填入修改的 T 标号值，复制没有修改的 T 标号点。比较所有的 T 标号点值，这次将 B 点变为 P 标号点。

(5) 以 B 为起点，考查与 B 点直接相连的 T 标号点 D、E，修改这两点的 T 标号：

$$T_{新}(D)=\min\{T_{旧}(D),P(B)+c_{BD}\}=\min\{9,4+4\}=8$$

$$T_{新}(E)=\min\{T_{旧}(E),P(B)+c_{BE}\}=\min\{8,4+3\}=7$$

比较新的 T 标号点值，这次将 E 点变为 P 标号点。

(6) 以 E 为起点，考查与 E 点直接相连的 T 标号点 D、T，修改这两点的 T 标号：

$$T_{新}(D)=\min\{T_{旧}(D),P(E)+c_{ED}\}=\min\{8,7+1\}=8$$

$$T_{新}(T)=\min\{T_{旧}(T),P(E)+c_{ET}\}=\min\{+\infty,7+7\}=14$$

这次将 D 点变为 P 标号点。

(7) 以 D 为起点,考查与 D 点直接相连的 T 标号点 T,修改该点的 T 标号:
$$T_{新}(T)=\min\{T_{旧}(T),P(D)+c_{DT}\}=\min\{14,8+5\}=13$$
这次将 T 点变为 P 标号点。

至此,将所有的点都变成了 P 标号点,计算过程完成。

从 O 点到 T 点的最短距离是 13。最佳路线可从上述步骤中逆推出来,即 T←D←B←A←O,也就是说,从 O 点到 T 点的最佳路线是 O→A→B→D→T。

值得注意的是,如果仅从最短距离来看,这里还有另一个方案:O→A→B→E→D→T。虽然这条路线的总距离长也是 13,但增加了一个中间节点。从运输网络规划原则看,应该尽量减少中间节点。

表 7-4 描述了计算步骤及结果,但看不出中间过程和最佳路线。将表 7-4 的内容和上述各步骤的内容综合,可制成表 7-5 的形式,这样可以直接在表上进行计算。

表 7-5 Dijkstra 算法步骤表

步骤	P 标号点	与 P 点直接相连的 T 标号点	相应的总距离	第 n 个最近点	最短总距离	最新连接
1	O	A	2	A	2	OA
2	O A	C B	4 2+2=4	C B	4 4	OC AB
3	A B C	D E E	2+7=9 4+3=7 4+4=8	E	7	BE
4	A B E	D D D	2+7=9 4+4=8 7+1=8	D	8	BD ED
5	D E	T T	8+5=13 7+7=14	T	13	DT

根据最后一行的终点连线,可直接推出最佳线路为"T←D←B←A←O",即 OABDT,或"T←D←E←B←A←O",即 OABEDT,最短距离为 13。

三、TSP 模型

TSP 模型(traveling salesman problem,即旅行商问题)是单一回路的线路优化最典型的模型之一。对于大规模节点的路径优化问题,一般很难获得最优解,只有通过启发式算法获得近似最优解。

TSP 模型可描述如下。

在一个由 n 个顶点构成的网络中,要求找出一个包括所有顶点的具有最小耗费(例如最短距离或最小时间代价)的环路。一个环路也就是一个回路,既然回路是包含了所有顶点的一个循环,所以,可以将任何一个点作为起点和终点。

先看下面的例子。

如图 7-5 所示,从配送中心 A 出发,送货到 B、C、D 三个客户需求站。任意两点间的距离已知或可求出,求最佳配送路径。

首先,B、C、D 三个客户点都必须被访问;其次,要使总路径最短,各客户点最好只被访问一次。按照这两个要求,可建立 TSP 问题的 0-1 整数规划模型。

令决策变量 X_{ij} 表示路段 (i,j) 是否在线路上,即顶点 i 与顶点 j 是否直接相通。

$X_{ij}=0$ 表示从 i 到 j 无通路;

$X_{ij}=1$ 表示从 i 到 j 有通路。

对应于图 7-5 的变量矩阵为

$$\boldsymbol{X} = \begin{bmatrix} x_{11} & x_{12} & \cdots & x_{14} \\ x_{21} & x_{22} & \cdots & x_{24} \\ \cdots & \cdots & \cdots & \cdots \\ x_{41} & x_{42} & \cdots & x_{44} \end{bmatrix}$$

令 C_{ij} 表示车辆经过对应路段 (i,j) 所付出的代价,例如时间、距离或费用等。将图中各点间的代价用表 7-6 表示,从表中可得出代价矩阵 $\boldsymbol{C}$。

表 7-6 站点至各顾客点间的距离

	A	B	C	D
A	0	22	31	45
B	22	0	18	27
C	31	18	0	38
D	45	27	38	0

$$\boldsymbol{C} = \begin{bmatrix} 0 & 22 & 31 & 45 \\ 22 & 0 & 18 & 27 \\ 31 & 18 & 0 & 38 \\ 45 & 27 & 38 & 0 \end{bmatrix}$$

以总的行驶代价最小为目标,即

$$\min Z = \sum_{i=1}^{n} \sum_{j=1}^{n} C_{ij} X_{ij} \tag{7-12}$$

要求各客户点仅被访问一次,可建立如下约束条件:

$$\sum_{i=1}^{n} X_{ij} = 1 \qquad \forall j = 1, 2, \cdots, n \tag{7-13}$$

$$\sum_{j=1}^{n} X_{ij} = 1 \qquad \forall i = 1, 2, \cdots, n \tag{7-14}$$

$$X_{ij} + X_{ji} \leqslant 1 \qquad \forall i = 1,2,\cdots,n; \forall j = 1,2,\cdots,n; 且 i \neq j \tag{7-15}$$

$$X_{ij} \in \{0,1\} \tag{7-16}$$

式(7-15)是为了防止出现子回环。

求解上述整数规划模型可有多种方法。如果节点数目很少,运用穷举法是十分有效的。由于枚举的次数为 $(n-1)!$ 次,所以,对于大型的问题,必须应用其他算法求解。对于一部分中小规模的TSP问题,利用运筹学中的分支定界法进行求解也比较有效。另外,还可以利用现代优化方法,例如Hopfield神经网络方法、遗传算法、启发式算法等。

对图7-5中节点数较少的问题,还可用简单贪婪算法求解最佳路线,其步骤如下。

第一步:选择距出发点最近的顾客位置。由于B点距A点最近,故先选择B点。

第二步:再从剩下的位置中选距离当前已选择的位置最近的顾客位置。即找出离B点最近的点,从图可知这一点是C点。

第三步:如果所有位置都被选择了,则停止;否则返回到第二步。

由于只剩下D点没被选择,所以D成为继C点之后的顾客。然后返回A。

这样,可求出图7-5中的最佳配送路径,配送顺序为:A→B→C→D→A;总行驶距离=22+18+38+45=123。

第四节　多车辆运输路径规划

一、多车辆运输路径制定的原则

在车辆路径的实际规划过程中,经常需要考虑一些实际的限制条件,例如,在客户需求点既有送货的要求,又有一定的取货要求;使用的多部车辆可能具有不同的容积和载重量;客户要求在特定的时间段送货或者取货,等等。

增加这些实际限制条件后,问题的复杂性大大增加,甚至无法寻找到问题的最优解。所以,需要利用一定的原则或启发式方法来辅助得到最合理的行车方案。以下是一些主要的原则。

1. 同一车辆服务的客户按距离聚类

该原则是指将相互距离最接近的客户站点划分成一群,由一辆车提供送货服务,使站点之间的行车时间最短。

按照这一原则,图7-6所示的客户群划分方案是合理的,而图7-7的客户群划分方案是应该尽量避免的。

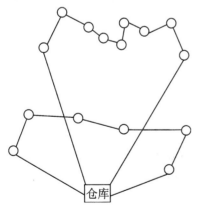
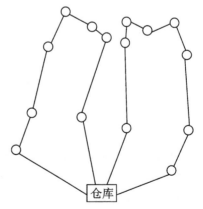

图7-6　合理的车辆分派方案　　　图7-7　不合理的车辆分派方案

2. 避免行车路线交叉

安排车辆行驶路线时,应保证各线路之间不交叉,且尽量呈水滴状,如图 7-8(a)所示,而图 7-8(b)则是不合理的线路。

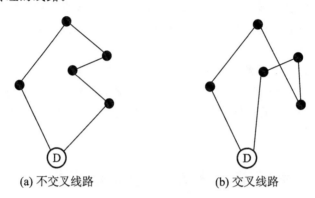

(a) 不交叉线路　　　　　　(b) 交叉线路

图 7-8　合理与不合理的行车线路

3. 尽可能使用大载重量车辆,减少出车数量

安排车辆时,应尽可能使用最大的车辆运送,减少车辆使用量,这样设计的线路效率更高。如果能用一辆载重足够的车完成所有运送需求,总的行车距离将最短。因此,在车辆可以实现较高利用率的时候,应该优先安排载重量最大的车辆。

4. 取货/送货混合安排

当客户需求中既有取货任务又有送货任务时,应尽可能在送货过程中安排取货以减少线路交叉的次数,而不应该在完成全部送货任务后再取货。按照这一原则,装载货物时就要合理规划货物堆放的顺序。

5. 从距仓库最远的站点开始设计线路

该原则是指,当客户站点很多时,应从离仓库最远的客户站点开始考虑,将该最远站点临近的客户划分为一个站点群,指派一辆载货能力满足该站点群需要的车辆完成运输。然后,再从其余站点中找出距仓库较远的站点,重复上述过程,划分另一个站点群,分派另一辆车完成运输。重复站点群划分过程,直到所有客户都指派有车辆。

二、多车辆路径规划方法

考虑各种实际情况后,制订最佳的行车路线方案是件非常困难的工作。但是,可以应用启发式规则求出满意的方案。下面介绍两种常用方法。

(一) 扫描法

扫描法(sweep method)求解过程较简单,其求解过程分为两步:第一步是对客户站点分群,一个站点群分派一辆车服务;第二步是决定每辆车的最佳行车路线。其分派车辆的过程可以通过手工计算或直接在图纸上完成,也可以利用计算机程序求解。该方法的缺点是,无法解决带有时间窗的问题。

扫描法的原理是,先以仓库(物流中心)为原点,将所有需求点的极坐标算出,然后依角度大小以逆时针或顺时针方向扫描,若满足车辆装载量即划分为一群,将所有点扫描完毕后在每个群内用最短路径法求出车辆最佳行驶路径。其步骤如下:

(1) 以物流中心为原点,将所有客户需求点的极坐标计算出来。

(2) 以零角度为极坐标轴,按顺时针或逆时针方向,依角度大小开始扫描。

(3) 将扫描经过的客户点需求量进行累加,当客户需求总量达到一辆车的载重量限制且不超过载重量极限时,就将这些客户划分为一群,即由同一辆车完成送货服务。接着,按照同样的方法对其余客户划分新的客户群,指派新的车辆。

(4) 重复步骤(3),直到所有的客户都被划分到一个群中。

(5) 在每个群内部用 TSP 算法求出车辆行驶最短路径。

扫描法在 VRP 求解模式中属先分群再求解路径的算法。在仅考虑总距离成本时,一般均能得到不错的结果,是最为简便、常用的方法之一。

下面介绍扫描法的应用例子。

【例 7-3】某运输公司为其客户企业提供取货服务,货物运回仓库集中后,将以更大的批量进行长途运输。所有取货任务均由载重量为 10 吨的货车完成。现在有 13 家客户有取货要求,各客户的取货量、客户的地理位置坐标见表 7-7。运输公司仓库的坐标为(19.50,5.56)。要求合理安排车辆,并确定各车辆行驶路线,使总运输里程最短。

表 7-7 客户数据信息

客户	1	2	3	4	5	6	7	8	9	10	11	12	13
D_i/吨	1.9	2.8	3.15	2.4	2	3	2.25	2.5	1.8	2.15	1.6	2.6	1.5
X_i	20.0	18.8	18.3	19.1	18.8	18.6	19.5	19.93	20.0	19.5	18.7	19.5	20.3
Y_i	4.80	5.17	5.00	4.78	6.42	5.88	5.98	5.93	5.55	4.55	4.55	5.19	5.20

解 第一步:求出各客户点的极坐标。

根据表 7-7 中的数据,先在图上描述出所有客户点的坐标位置,并在每个客户编号旁边的方框中标注出该客户的货运量,见图 7-9。若应用计算机程序求解,将直角坐标转换成极坐标。

第二步:扫描划分客户群。

以仓库为极坐标原点,以零角度线为起始位置,按逆时针方向进行扫描,将扫描经过的客户需求量进行累加,将既不超重又能最大限度地利用车辆装载量的客户划分为一组,由一辆车提供取货服务。

根据图 7-9 中的客户位置,客户 6 首先被扫描,其取货量是 3 吨。按逆时针方向依次扫描,经过客户 5、客户 7、客户 8,这时的客户取货总量=(3+2+2.25+2.5)吨=9.75 吨,如果再增加下一个客户,就会超过 10 吨的极限,所以客户 6、5、7、8 为第一个客户群,由一辆车提供服务。接着,客户 9、13、1、12、10 被相继扫描,五个客户的累计取货量为 9.9 吨,不超过车辆载重极限,这样就得到第二个客户群。依此类推,客户 4、11、2、3 的累计取货量为 9.9 吨,可由一辆车完成服务,这就是第三个客户群。

因此,按照既不超载又最大限度提高车辆利用率的原则,13 家客户的取货服务可由 3 辆载重量为 10 吨的货车完成。

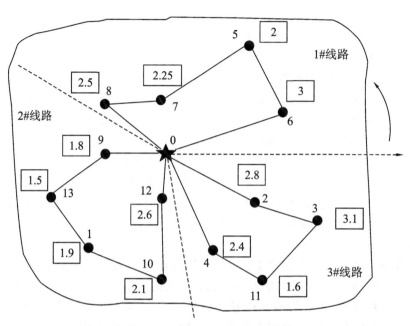

图 7-9 客户位置及扫描法求出的结果

第三步:确定每辆车的最佳路径。

要确定上面得到的三个客户群的最佳行车路线,是一个单一回路的运输问题,可应用第三节的方法求解。

最后求解的结果是(见图 7-9),第一辆车的线路(1#线路)是:0→6→5→7→8→0;第二辆车的线路(2#线路)是:0→9→13→1→10→12→0;第三辆车的线路(3#线路)是:0→4→11→3→2→0。

通过上述过程可以发现,用扫描法设计的车辆路线可有很多种方案。开始扫描的起始位置不同、扫描方向不同,都会导致不同的结果。

(二) 节约法

节约法(savings method)是由 Clarke 和 Wright 在 1964 年提出的,该方法能灵活处理许多现实的约束条件,当节点数不太多时,能较快地计算出结果,且结果与最优解很接近。该方法能同时确定分派的车辆数及车辆经过各站点的顺序,是一种非常有效的启发式路线设计方法。

节约法的目标是使所有车辆行驶的总里程最短,使提供服务的车辆总数最少。算法的基本思想是:如果将运输问题中的两个回路合并成一个回路,就可缩短线路总里程(即节约了距离),并减少了一辆卡车。如图 7-10 所示,将两个回路合并成一个回路后,节约的距离为 $\Delta_{AB} = C_{AO} + C_{BO} - C_{AB}$。

根据上述思想,不断地对可行运输方案中的回路进行合并,或将某个站点加入到现有的回路中,并计算出相应的节约距离,节约距离最多的站点(且满足约束条件)就应该纳入到现有路线中。重复这一过程,直到完成所有站点的线路设计。

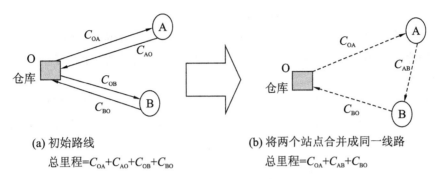

(a) 初始路线　　　　　　　　　　(b) 将两个站点合并成同一线路
总里程=$C_{OA}+C_{AO}+C_{OB}+C_{BO}$　　　总里程=$C_{OA}+C_{AB}+C_{BO}$

图 7-10　节约法的图形描述

节约法可方便地编制成程序。当节点规模不大时，也可通过手工方式完成计算，这时通常利用节约矩阵或表格的形式进行。下面通过一个具体的例子来说明其步骤。

【例 7-4】某配送中心要为 13 个客户提供配送服务，配送中心的位置、客户的坐标及客户的订单规模见表 7-8。配送中心共有 4 辆卡车，每辆车的载重量是 200 件。由于送货成本与车辆行驶总里程之间密切相关，公司经理希望获得总行驶距离最短的方案。如何分配客户？如何确定车辆行驶路径？

表 7-8　客户坐标及订单规模

站　　点	X 坐标	Y 坐标	订单规模/件
配送中心	0	0	
顾客 1	0	12	48
顾客 2	6	5	36
顾客 3	7	15	43
顾客 4	9	12	92
顾客 5	15	3	57
顾客 6	20	0	16
顾客 7	17	−2	56
顾客 8	7	−4	30
顾客 9	1	−6	57
顾客 10	15	−6	47
顾客 11	20	−7	91
顾客 12	7	−9	55
顾客 13	2	−15	38

解　假设每个站点都由一辆虚拟的卡车提供服务（各站点的货运需求量不能超过车辆载重量），然后再返回仓库。这时的总里程数最长、使用的车辆数也最多。这可作为初始可行方案。然后，运用节约法对该方案中的回路逐次进行合并，使总里程数不断地减少，直到

获得最佳方案。利用表格或方阵求解车辆路径问题,主要有四个步骤,即:①确定距离方阵;②确定节约方阵;③将客户划归由不同的卡车提供服务;④为每辆卡车确定运输线路和为客户送货的顺序。其中,前三步是为了划分服务的客户群,指派卡车;第四步为每辆卡车设定最佳行驶线路。

(1) 确定距离方阵。即确定配送中心、13 个客户中任意两点之间的距离。这里的"距离"是一个广义的距离,可以是两点间实际的空间距离,也可以是两点之间的运输成本。本例中,我们用两点间的坐标来计算两点间的距离 C_{AB},公式为

$$C_{AB} = \sqrt{(x_A - x_B)^2 + (y_A - y_B)^2} \tag{7-17}$$

根据表 7-8 中的坐标,可以计算出客户之间及客户与配送中心的距离,将所有结果列入表 7-9 中。

(2) 计算节约矩阵。节约矩阵是指将任两个客户的订货合并放在一辆卡车上运输时节约的累积。根据表 7-9 中的距离方阵,将线路"配送中心→客户 A→配送中心"与线路"配送中心→客户 B→配送中心"合并为一条线路"配送中心→客户 A→客户 B→配送中心"节约的距离 Δ(A,B)(O 代表配送中心)的计算公式为

$$\Delta(A,B) = \Delta_{AB} = C_{AO} + C_{BO} - C_{AB} \tag{7-18}$$

例如,Δ(1,2)=12+8−9=11;Δ(2,9)=8+6−12=2。

表 7-10 是第一次计算得到的节约矩阵。利用节约矩阵,将客户划归到不同的运输路线中。

表 7-9 客户及配送中心之间的距离

	配送中心	客户 1	客户 2	客户 3	客户 4	客户 5	客户 6	客户 7	客户 8	客户 9	客户 10	客户 11	客户 12	客户 13
客户 1	12	0												
客户 2	8	9	0											
客户 3	17	8	10	0										
客房 4	15	9	8	4	0									
客户 5	15	17	9	14	11	0								
客户 6	20	23	15	20	16	6	0							
客户 7	17	22	13	20	16	5	4	0						
客户 8	8	17	9	19	16	11	14	10	0					
客户 9	6	18	12	22	20	17	20	16	6	0				
客户 10	16	23	14	22	19	9	8	4	8	14	0			
客户 11	21	28	18	26	22	11	7	6	13	19	5	0		
客户 12	11	22	14	24	21	14	16	12	5	7	9	13	0	
客户 13	15	27	20	30	28	22	23	20	12	9	16	20	8	0

表 7-10　第一次计算的节约矩阵

	客户1	客户2	客户3	客户4	客户5	客户6	客户7	客户8	客户9	客户10	客户11	客户12	客户13
客户1	0												
客户2	11	0											
客户3	21	15	0										
客户4	18	15	28	0									
客户5	10	14	18	19	0								
客户6	9	13	17	19	29	0							
客户7	7	12	14	16	27	33	0						
客户8	3	7	6	7	12	14	15	0					
客户9	0	2	1	1	4	6	7	8	0				
客户10	5	10	11	12	22	28	29	16	8	0			
客户11	5	11	12	14	25	34	32	16	8	32	0		
客户12	1	5	4	5	12	15	16	14	10	18	19	0	
客户13	0	3	2	2	8	12	12	11	12	15	16	18	0

（3）将客户划归到不同的运输路线。将客户划归到不同的运输路线，由不同的卡车提供送货服务，同一路线上的客户由同一辆卡车送货。客户合并的宗旨是使节约的距离最大化。这是一个重复进行的过程。

这里要遵循两个原则，一是保证两条线路的合并是可行的。如果两条运输线路上的运输总量不超过卡车的最大载重量，那么二者的合并就是可行的。原则之二是，试图使节约最大的两条线路合并成一条新的可行线路。这一过程一直持续到不能再有新的合并方案产生才算结束。

首先，最大的节约 34 来自客户 6 与客户 11 的合并，且这种合并是可行的。因为总运量为 16+91=107 件，小于卡车的载重量 200 件，因此这两个客户被划归为一条线路，如表 7-11 中第二列所示。节约的 34 在下一步中不必再考虑。

表 7-11　第一次改进后的节约矩阵

	线路	客户1	客户2	客户3	客户4	客户5	客户6	客户7	客户8	客户9	客户10	客户11	客户12	客户13
客户1	1	0												
客户2	2	11	0											
客户3	3	21	15	0										
客户4	4	18	15	28	0									

续表

	线路	客户1	客户2	客户3	客户4	客户5	客户6	客户7	客户8	客户9	客户10	客户11	客户12	客户13
客户5	5	10	14	18	19	0								
客户6	6	9	13	17	19	29	0							
客户7	7	7	12	14	16	27	33	0						
客户8	8	3	7	6	7	12	14	15	0					
客户9	9	0	2	1	1	4	6	7	8	0				
客户10	10	5	10	11	12	22	28	29	16	8	0			
客户11	**_6_**	5	11	12	14	25	**_34_**	32	16	8	32	0		
客户12	12	1	5	4	5	12	15	16	14	10	18	19	0	
客户13	13	0	3	2	2	8	12	12	11	12	15	16	18	0

下一个最大的节约是将客户7和客户6合并为一条线路后可节约距离33。检查合并后的运量=107+56=163，小于200，所以这一合并也是可行的。因此，客户7被添加到线路6中去，见表7-12。

表7-12 第二次改进后的节约矩阵

	线路	客户1	客户2	客户3	客户4	客户5	客户6	客户7	客户8	客户9	客户10	客户11	客户12	客户13
客户1	1	0												
客户2	2	11	0											
客户3	3	21	15	0										
客户4	4	18	15	28	0									
客户5	5	10	14	18	19	0								
客户6	6	9	13	17	19	29	0							
客户7	**_6_**	7	12	14	16	27	**_33_**	0						
客户8	8	3	7	6	7	12	14	15	0					
客户9	9	0	2	1	1	4	6	7	8	0				
客户10	10	5	10	11	12	22	28	29	16	8	0			
客户11	**_6_**	5	11	12	14	25	**_34_**	32	16	8	32	0		
客户12	12	1	5	4	5	12	15	16	14	10	18	19	0	
客户13	13	0	3	2	2	8	12	12	11	12	15	16	18	0

虽然合并客户7与客户11可节约32，但是，二者都已经安排在线路6中了，故不必再考虑。接下来最大的节约是客户10与客户11（即线路6）合并得到的节约32。但是，这个合并不可行。再考虑将客户5添加到线路6中，节约量是29，但加入客户5的运量57件后，也超过了车辆载重量，同样不可行。

接下来,最大节约是合并线路 3 和 4 得到的节约 28,合并后的运量=43+92=135 件,这是可行的。这两条线路合并后的节约矩阵见表 7-13。

表 7-13 第三次改进后的节约矩阵

	线路	客户1	客户2	客户3	客户4	客户5	客户6	客户7	客户8	客户9	客户10	客户11	客户12	客户13
客户 1	1	0												
客户 2	2	11	0											
客户 3	3	21	15	0										
客户 4	**3**	18	15	**28**	0									
客户 5	5	10	14	18	19	0								
客户 6	6	9	13	17	19	29	0							
客户 7	**6**	7	12	14	16	27	**33**	0						
客户 8	8	3	7	6	7	12	14	15	0					
客户 9	9	0	2	1	1	4	6	7	8	0				
客户 10	10	5	10	11	12	22	28	29	16	8	0			
客户 11	**6**	5	11	12	14	25	**34**	32	16	8	32	0		
客户 12	12	1	5	4	5	12	15	16	14	10	18	19	0	
客户 13	13	0	3	2	2	8	12	12	11	12	15	16	18	0

反复进行上述过程,已经合并了的线路不再考虑,将剩余的没被合并的线路依次进行合并:

线路 5 与线路 10 合并,得到的节约是 22,合并后的运量=57+47=104 件,可行;

线路 1 与线路 3 合并,得到的节约是 21,合并后的运量=48+135=183 件,可行;

线路 12 与线路 6 合并,得到的节约是 19,但合并后的运量=55+163=218 件,不可行;

线路 12 与线路 10 合并,得到的节约是 18,合并后的运量=55+104=159 件,可行;

线路 13 与线路 12(线路 10)合并,得到节约是 18,合并后的运量=38+159=197 件,可行;

线路 8 与线路 6 合并,得到的节约是 15,合并后的运量=30+163=193 件,可行;

线路 2 与线路 1 合并,得到的节约是 11,但合并后的运量=36+173=209 件,不可行;

线路 2 与线路 9 合并,得到的节约是 2,合并后的运量=36+57=93 件,可行。

最后,线路合并的结果是客户被划归为四条线路,分别是{1,3,4}、{2,9}、{6,7,8,11}、{5,10,12,13},即由四辆卡车为这些客户送货。

(4)确定每辆车的送货顺序。确定每辆车的行驶路径,使车辆的总行驶距离最短,可应用上一节的方法求解。

客户群{1,3,4}的最佳行车路径是:配送中心→客户 1→客户 3→客户 4→配送中心;行驶距离为 39。

客户群{2,9}的最佳行车路径是：配送中心→客户2→客户9→配送中心；行驶距离为32。

客户群{6,7,8,11}的最佳行车路径是：配送中心→客户8→客户11→客户6→客户7→配送中心；行驶距离为49。

客户群{5,10,12,13}的最佳行车路径是：配送中心→客户5→客户10→客户12→客户13→配送中心；行驶距离为56。

因此，总的行驶里程为176。客户分布及送货路线规划的结果如图7-11所示。

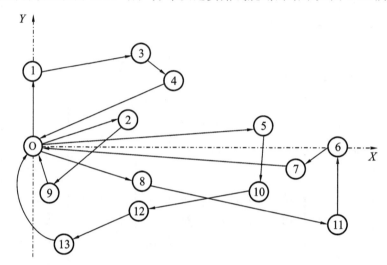

图7-11　配送中心送货线路规划方案

第五节　运输工具与货载的最优分配

在同一运输路线上采用不同的运输工具，会产生不同的经济效益；同一运输工具在不同的运输路线上营运，其经济效益也会不同。因此，研究各类运输工具在运输路线上的合理配置是运输组织与管理中的重要内容之一。例如，水路运输中的航线配船。类似的，如何为某运输工具选配不同的货载，是合理利用运输工具、正确组织装卸的重要环节。本节主要讨论其中的航线配船、货物配装等问题及其解决方法。

一、航线配船优化问题

（一）问题概述

在确定航线与货物量的情况下，班轮怎么样配置船舶，是制订船期计划的中心环节，是一个复杂的、多因素的系统优化问题。其目的是充分利用现有条件和资源，以最少的投入或消耗，换取最大的产出或效益。船公司在确定航线与货物量的情况下怎样配置船舶要解决的问题是：船队中不同类型、不同吨位的船舶如何配置在不同的航线上，以使船公司获得最大的经济效益。在此前提下，船公司再制订最佳的船期计划。

航线配船时应遵循的原则包括：船舶与货物相适应，船舶与港口相适应，船舶与航线的航行条件相适应，以及有利于提高运输生产率、降低运输成本。

航线配船的基本方法主要有数学模型法和比较计算法。无论何种方法，首先都必须收集、整理、分析船型和航区资料；其次是提出航线配船方案的评价标准；最后是根据各航线的营运经济特性，将船舶分配到相应的航线上。以下主要介绍航线配船的数学模型法。

为便于模型分析，先用参数对问题进行如下描述。

设船公司经营 n 条航线。第 j 条航线上规划期正向货运量预测为 Q_j，公司拥有装载能力分别为 N_i 的 m 种船型；i 型船的船舶艘数为 m_i，一艘 i 型船在 j 航线上规划期可以完成的最大往返航次数为 n_{ij}；一艘 i 型船在 j 航线上完成一个往返航次所花费的全部成本为 k_{ij}。要求将这些船合理地安排在这几条航线上，使公司的经济效益最好。

（二）数学模型的建立

以运营费最少为选择方案的标准，即目标函数；以运力限制、源（运量）限制、变量限制为约束条件。

1. 参数说明

i——船型编号，$i=1, 2, \cdots, m$；

j——航线编号，$j=1, 2, \cdots, n$；

x_{ij}——i 型船在 j 航线上每季度完成的往返航次数，是决策变量；

y_j——j 航线上未被船舶承运的货物量，也是决策变量；

k_{ij}——每艘 i 型船在 j 航线上完成一个往返航次所花费的运营成本；

δ_j——j 航线上单位货物未被承运产生的费用损失；

n_{ij}——每艘 i 型船在 j 航线上每季度可以完成的最大往返航次数；

N_i——i 型船的集装箱装载能力；

m_i——i 型船的船舶数量；

Q_j——j 航线的正向运量。

2. 目标函数

$$\min K = \sum_{i=1}^{m}\sum_{j=1}^{n} k_{ij} x_{ij} + \sum_{j=1}^{n} \delta_j y_j \tag{7-19}$$

目标函数是系统总成本最小，总成本包括船舶运输成本和机会成本，上式中第二项表示货物未被运输而产生的费用损失（或机会损失成本）。

3. 约束条件

约束条件从三个方面限制：第一是船队运输能力的约束，即 i 型船分配到所有航线的船舶数量不能超过该型船的船舶总数；第二是运输需求量的约束，即 j 航线上所有船舶完成的运输量加上未被承运的部分正好等于该航线的运输任务；第三是所有变量都是非负变量，必要时还要限定为整数变量。这样，该问题的线性规划模型共有 $(m+n)$ 个约束条件（不包括非负约束），变量各数为 $mn+n$。具体约束条件如下：

$$\left.\begin{array}{l}\sum_{j=1}^{n}\dfrac{1}{n_{ij}}x_{ij}\leqslant m_{i}\\ \sum_{i=1}^{m}N_{i}x_{ij}+y_{j}=Q_{j}\\ x_{ij}\geqslant 0,y_{j}\geqslant 0\end{array}\right\} \quad (7-20)$$

(三) 航线配船优化举例

【例 7-5】 假设某船公司拥有 3 种吨位的集装箱船舶共 30 艘,分别是 1500TEU 的 8 艘、850TEU 的 12 艘、500TEU 的 10 艘。现开辟班轮航线 6 条,各航线季度集装箱运输量、船舶在每条航线每季度最多能完成的航次数、每艘船在各航线每往返航次的成本(万元)以及每条航线发现的机会成本(万元/TEU)如表 7-14～表 7-16 所示。求不同航线的船舶最佳配置方案。

表 7-14 某船公司船型、航线与航次

季节最大航次数 \ 航线 \ 船型	1	2	3	4	5	6
Ⅰ型船(1500TEU),8 艘	2	3	2	3	1	2
Ⅱ型船(850TEU),12 艘	3	4	3	4	2	3
Ⅲ型船(500TEU),10 艘	4	4	4	5	2	1

表 7-15 不同航线和船型的营运成本

单船单航次成本/万 USD \ 航线 \ 船型	1	2	3	4	5	6
Ⅰ型船(1500TEU),8 艘	30	25	28	25	35	32
Ⅱ型船(850TEU),12 艘	24	24	25	24	30	28
Ⅲ型船(500TEU),10 艘	18	20	20.5	18.5	23	32

表 7-16 不同航线的运量和机会成本

航线	1	2	3	4	5	6
机会成本/(万 USD/TEU)	0.15	0.125	0.1	0.1	0.15	0.125
运量/TEU	6000	8000	5000	4500	3000	7000

解 根据上述所给出的已知条件,可列出其航线配船的线性规划模型。

1. 目标函数

$$\min K = 30x_{11} + 24x_{21} + 18x_{31} + 0.15y_1 + 25x_{12} + 24x_{22} + 20x_{32} + 0.125y_2 + 28x_{13}$$
$$+ 25x_{23} + 20.5x_{33} + 0.1y_3 + 25x_{14} + 24x_{24} + 18.5x_{34} + 0.1y_4 + 35x_{15} + 30x_{25}$$
$$+ 23x_{35} + 0.15y_5 + 32x_{16} + 28x_{26} + 32x_{36} + 0.125y_6$$

2. 约束条件

$$\begin{cases} \frac{1}{2}x_{11} + \frac{1}{3}x_{12} + \frac{1}{2}x_{13} + \frac{1}{3}x_{14} + x_{15} + \frac{1}{2}x_{16} \leq 8 \\ \frac{1}{3}x_{21} + \frac{1}{4}x_{22} + \frac{1}{3}x_{23} + \frac{1}{4}x_{24} + \frac{1}{2}x_{25} + \frac{1}{3}x_{26} \leq 12 \\ \frac{1}{4}x_{31} + \frac{1}{4}x_{32} + \frac{1}{4}x_{33} + \frac{1}{5}x_{34} + \frac{1}{2}x_{35} + x_{36} \leq 10 \\ 1500x_{11} + 850x_{21} + 500x_{31} + y_1 = 6000 \\ 1500x_{12} + 850x_{22} + 500x_{32} + y_2 = 8000 \\ 1500x_{13} + 850x_{23} + 500x_{33} + y_3 = 5000 \\ 1500x_{14} + 850x_{24} + 500x_{34} + y_4 = 4500 \\ 1500x_{15} + 850x_{25} + 500x_{35} + y_5 = 3000 \\ 1500x_{16} + 850x_{26} + 500x_{36} + y_6 = 7000 \\ x_{11}, \cdots, x_{36} \geq 0, y_1, \cdots, y_6 \geq 0, \text{且均为整数} \end{cases}$$

因为运输次数只能是整数,所以要添加一个约束条件使得 x_{ij} 为整数。

3. 求解结果

上述数学模型可应用 Lingo 软件求解,也可借助 Matlab 优化工具箱求解,或者应用其他先进的优化算法求解。求解得出的航线最优配备船舶计划见表 7-17。

表 7-17　各航线最优配备船舶计划表

船型 \ 航次数 \ 航线	1	2	3	4	5	6
Ⅰ型船(1500TEU),8 艘	0	5	3	2	2	4
Ⅱ型船(850TEU),12 艘	7	0	0	0	0	1
Ⅲ型船(500TEU),10 艘	0	1	1	3	0	0

在最优船舶配备的情况下得出最少运输费用为 775.25 万元。根据这个配置计划就可以制订出这几个航线的最佳的船期计划。

二、多车多品种货载配车优化

(一)问题描述

在实际运输业务中,常常会碰到几种不同重量的货物等待运输的情况。对运输企业来说,希望用最少的车辆完成既定的运输量。选用什么型号的运输车辆、每辆车装哪种货物,就是运输组织管理中面临的重要问题。可应用数学规划方法求出该问题的最佳分配方案。

问题描述如下。

已知有 m 辆零担作业车,其载重量和容积分别为 $G_1,G_2,\cdots,G_m$ 和 $V_1,V_2,\cdots,V_m$。现有 n 批货物 $H_1,H_2,\cdots,H_n$,其重量和体积分别为 $g_1,g_2,\cdots,g_n$ 和 $v_1,v_2,\cdots,v_n$。试确定一个零担货物的装车计划,使各车厢的载重能力和装载空间浪费最少,即如何用最少的车辆完成所要求的货运量。

(二) 模型建立

1. 变量及参数说明

1) 下标索引

i——货物编号,$i=1,2,\cdots,n$;

j——车辆编号,$j=1,2,\cdots,m$。

2) 决策变量

x_{ij}——0-1 变量,当货物 i 装入车辆 j 时取值 1,否则取值 0;

y_j——0-1 变量,当车辆 j 装货物时取值 1,否则取值 0。

3) 参数

G_j——车辆 j 的载重能力;

V_j——车辆 j 的有效容积;

g_i——货物 i 的重量;

v_i——货物 i 的体积。

2. 目标函数

这是一个多车多品种货载配车问题,该问题的优化目标有多个,即车辆装载货物的总重量最大、总体积最大、装货的车辆数最少。具体为

$$\max Z_g = \sum_{i=1}^{n}\sum_{j=1}^{m} g_i x_{ij} \qquad (7\text{-}21)$$

$$\max Z_v = \sum_{i=1}^{n}\sum_{j=1}^{m} v_i x_{ij} \qquad (7\text{-}22)$$

$$\min Z_c = \sum_{j=1}^{m} y_j \qquad (7\text{-}23)$$

3. 约束条件

该问题的约束条件包括四个方面:每辆车的载重能力限制;车辆容积限制;每一批货物只能装到同一辆车上,即货物不拆分装载;变量取值范围的约束。具体约束式如下。

(1) 每辆车的载重能力限制:

$$\sum_{i=1}^{n} g_i x_{ij} \leqslant G_j \qquad j=1,2,\cdots,m \qquad (7\text{-}24)$$

(2) 每辆车的容积限制:

$$\sum_{i=1}^{n} v_i x_{ij} \leqslant V_j \qquad j=1,2,\cdots,m \qquad (7\text{-}25)$$

(3) 每一批货物最多只能装入一辆车：

$$\sum_{j=1}^{m} x_{ij} = 1 \quad i = 1, 2, \cdots, n \tag{7-26}$$

(4) 变量约束：

$$x_{ij} = 0 \text{ 或 } 1; y_j = 0 \text{ 或 } 1 \quad i = 1,2,\cdots,n; j = 1,2,\cdots,m \tag{7-27}$$

上述模型是 0-1 整数线性规划模型，可以运用一般的线性规划方法求解（例如单纯形法），也可以应用整数规划方法求解（例如割平面法或分支定界法）等。随着计算技术的发展，也可应用一些新的优化方法，例如启发式算法。下面通过一个实例说明启发式算法的过程，其他求解算法可参看运筹学教材。

（三）启发式方法求解算例

【例 7-6】 A 物流公司为机电市场采用直送方式送货，现有相同车型的待装车辆 5 辆，要对 14 种货物进行配装。每辆车的额定体积为 10 m³，额定载重为 6 t，各种货物的体积和重量见表 7-18。试确定合理的货物配车方案。

表 7-18　货物信息表

	1	2	3	4	5	6	7	8	9	10	11	12	13	14
v_i/m^3	2.4	3.6	0.5	3	5.4	3.5	1.4	2.4	2	6.4	2.4	1.2	1.8	0.5
g_i/t	3	1	2.5	0.6	2	1	0.5	0.6	0.8	2	1.5	1	2	1

1. 启发式算法简介

本例采用两阶段启发式算法求出装载货物的满意方案，达到提高车辆装载率的目的。求解该问题所用的启发式规则应用了货物配装过程中"先装大件货物后装小件货物"的思想，这项原则符合物流企业实际操作现状，是物流企业运用的较有实用效果的方法。

其求解思路是：对各种货物求出其容重比，运用反聚类的思想对货物容重之间距离进行计算，分析货物之间差距大小与车辆容重，比较是否需要对其中某些货物进行组合，看成新的货物集，然后采用启发式算法，先装大件货物，再比较车辆剩余容重与货物容重差距后依次装载货物，从而得到最优方案。

2. 求解步骤

1) 第一阶段：货物聚类

聚类的思想是把要分类的样品逐个并类，具体步骤是：首先把每个样品看成一类，编号为第 1 类，第 2 类，…，第 n 类；然后计算 n 类样品之间的距离（或称为相似度），将距离最小（或相似度最大）的两个样品合成一个新类，便得到 $n-1$ 个类；接着从这 $n-1$ 个类中找出距离最短（或相似度最大）的两个样品合成一个新类，得到 $n-2$ 个类；重复以上步骤，直到合并成合适的类数。系统聚类分析法规定某个分类的临界值，当类与类之间的距离大于临界值或相似系数小于临界值时，聚类过程结束。

而货物聚类运用的是反聚类思想，即将距离最长（相似度最小）的样品合并成一个新类，其目的是将体积大、重量轻的货物与体积小、重量重的货物搭配在一起装载。货物聚类的本质就是使物资配载后空间利用率最高。把能混装的物资按照密度值结合进行分组配载，使体积大、重量轻的物资和体积小、重量重的物资搭配在一起,能够使车辆的车厢容量和载重量同时得到最有效利用,最大限度避免车辆容积和载重量的浪费。这是最理想的配装方案。

货物聚类法的操作过程如下。

(1) 将每批货物看成是一类,记作 $G_1, G_2, \cdots, G_n$。计算其对应货物的容重比 $c_i = v_i/g_i$。

(2) 确定每批货物之间的距离 d_{ij},$d_{ij} = [(c_i-c_j)^2]^{1/2} = |c_i-c_j|$。计算出 n 种货物间容重比距离 $d_{ij}(i,j=1,2,\cdots,n)$,得到货物距离关系表记作 D(0),见表 7-19。

表 7-19 货物距离关系表 D(0)

d_{ij} \ c_j	c_i	G_1	G_2	G_3	G_4	G_5	G_6	G_7	G_8	G_9	G_{10}	G_{11}	G_{12}	G_{13}	G_{14}
		0.8	3.6	0.2	5	2.7	3.5	2.8	4	2.5	3.2	1.6	1.2	0.9	0.5
G_1	0.8	0													
G_2	3.6	2.8	0												
G_3	0.2	0.6	3.4	0											
G_4	5	4.2	1.4	4.8	0										
G_5	2.7	1.9	0.9	2.5	2.3	0									
G_6	3.5	2.7	0.1	3.3	1.5	0.8	0								
G_7	2.8	2	0.8	2.6	2.2	0.1	0.7	0							
G_8	4	3.2	0.4	3.8	1	1.3	0.5	1.2	0						
G_9	2.5	1.7	1.1	2.3	2.5	0.2	1	0.3	1.5	0					
G_{10}	3.2	2.4	0.4	3	1.8	0.5	0.3	0.4	0.8	0.7	0				
G_{11}	1.6	0.8	2	1.4	3.4	1.1	1.9	1.2	2.4	0.9	1.6	0			
G_{12}	1.2	0.4	2.4	1	3.8	1.5	2.3	1.6	2.8	1.3	2	0.4	0		
G_{13}	0.9	0.1	2.7	0.7	4.1	1.8	2.6	1.9	3.1	1.6	2.3	0.7	0.3	0	
G_{14}	0.5	0.3	3.1	0.3	4.5	2.2	3	2.3	3.5	2	2.7	1.1	0.7	0.4	0

(3) 比较 D(0) 中的每个非零元素 d_{ij},如果任意 d_{ij} 小于临界值 C,则停止。如果存在某个 d_{ij} 大于 C,则继续下一步。

(4) 把距离最大的两批货物合并成一个新类,记作 G_{n+1},并把原来的两个类取消。如果存在多个这样的类,则同时合并。

(5) 重新计算各类之间的距离,得到降一阶的新距离矩阵 D(1),见表 7-20。

表 7-20 货物距离关系表 D(1)

	G_1	G_2	G_5	G_6	G_7	G_8	G_9	G_{10}	G_{11}	G_{12}	G_{13}	G_{14}	G_{15}
G_1	0												
G_2	2.8	0											
G_5	1.9	0.9	0										

续表

	G_1	G_2	G_5	G_6	G_7	G_8	G_9	G_{10}	G_{11}	G_{12}	G_{13}	G_{14}	G_{15}
G_6	2.7	0.1	0.8	0									
G_7	2	0.8	0.1	0.7	0								
G_8	3.2	0.4	1.3	0.5	1.2	0							
G_9	1.7	1.1	0.2	1	0.3	1.5	0						
G_{10}	2.4	0.4	0.5	0.3	0.4	0.8	0.7	0					
G_{11}	0.8	2	1.1	1.9	1.2	2.4	0.9	1.6	0				
G_{12}	0.4	2.4	1.5	2.3	1.6	2.8	1.3	2	0.4	0			
G_{13}	0.1	2.7	1.8	2.6	1.9	3.1	1.6	2.3	0.7	0.3	0		
G_{14}	0.3	3.1	2.2	3	2.3	3.5	2	2.7	1.1	0.7	0.4	0	
$G_{15}(3,4)$	0.6	1.4	2.3	1.5	2.2	1	2.3	1.8	1.4	1	0.7	0.3	0

（6）对 $D(1)$ 重复步骤（4）～（5），直到所有 d_{ij} 小于临界值 C 为止。

最后得到表 7-21 所示的货物距离关系表。

表 7-21　调整后的货物距离关系表 $D(1)$

	G_7	G_9	G_{11}	G_{16}	G_{17}	G_{18}	G_{19}	G_{20}
G_7	0							
G_9	0.3	0						
G_{11}	1.2	0.9	0					
$G_{16}(8,14)$	1.2	1.5	1.1	0				
$G_{17}(1,2)$	0.8	1.1	0.8	0.3	0			
$G_{18}(6,13)$	0.7	1	0.7	0.4	0.1	0		
$G_{19}(3,4,5)$	0.1	0.2	1.1	0.3	0.6	0.7	0	
$G_{20}(10,12)$	0.4	0.7	0.4	0.7	0.4	0.3	0.5	0

（7）对货物进行聚类分组得到新的待装货物，见表 7-22。

表 7-22　新待装货物信息表

货物编号	聚类名称	货物品种	v_i/m^3	g_i/t	c_i
i_1	19	3,4,5	8.9	5.1	1.75
i_2	17	1,2	6	4	1.5
i_3	20	10,12	7.6	3	2.53
i_4	18	6,13	5.3	3	1.77
i_5	16	8,14	2.9	1.6	1.81

续表

货物编号	聚类名称	货物品种	v_i/m^3	g_i/t	c_i
i_6	11	11	2.4	1.5	1.6
i_7	9	9	2	0.8	2.5
i_8	7	7	1.4	0.5	2.8

2) 第二阶段:货物配装

货物配装的步骤如下。

(1) 已知车辆数为 m,车型单一,额定装载量 G,最大容积为 V,第 j 辆车已装的货物集合为: $S_j = \phi(j=1,2,3,\cdots,m)$。

(2) 经过聚类并按重量排序后输入新的待装货物集合 $N=\{H_1,H_2,\cdots,H_n\}$,其对应的重量集合为 $N(g)=\{g_1,g_2,\cdots,g_n\}$,其对应的体积集合 $N(v)=\{v_1,v_2,\cdots,v_n\}$。

(3) 取 i_1 装入第1辆车中,则 $i_1 \in S_1$。

(4) 求第1辆车内所装货物的体积 $V_{\mathrm{sum}}=\sum_{r \in S_1}V_r$,重量 $G_{\mathrm{sum}}=\sum_{r \in S_1}G_r$。

(5) 在货物集 N 中,选取一件在车辆容积和载重量许可范围内的最重的货物 H_i,即满足以下优化模型中的约束条件:

$$\max(g_i)$$
$$\mathrm{s.t.} \quad V_{\mathrm{sum}}+v_i \leqslant V$$
$$G_{\mathrm{sum}}+g_i \leqslant G$$

(6) 将选中的货物增加到集合 S_j 中,并从待装货物集合 N 中减去该货物。

(7) 重复步骤(3)~(6),直至所有货物都装车。

对聚类后的新货物进行装载,得到最终装载方案,见表7-23。

表7-23 配装方案表

车辆编号	货物编号	聚类名称	货物品种	体积/m³	重量/t
1	i_1	19	3,4,5	8.9	5.1
2	i_2,i_7,i_8	17,7,9	1,2,7,9	9.4	5.3
3	i_3,i_6	11,20	10,11,12	10	4.5
4	i_4,i_5	16,18	6,13,8,14	8.2	4.6

【经典案例】

Milkrun——循环取货方式在上海通用汽车公司的实践和应用

Milkrun是汽车物流行业专用术语,中文译名为循环取货,是指一辆卡车按照既定的路线和时间依次到不同的供应商处收取货物的同时,卸下上一次收走货物的空容器,最终将所有货物送到汽车整车生产商仓库或生产线的一种公路运输方式。对于一个汽车整车生产商来讲,可能会有十几条甚至上百条的 Milkrun 路线,投入运营的车辆按照每日整车生产计划持续地进行零部件的运输。该词本意描述了送奶工给若干用户送奶并回收空奶瓶所经历的路线。汽车物流中,装载货物容器的空满正好与送牛奶过程相反,即到供应商处取货时留下空容器,把装满货物的容器带走。该运输方式适用于小批量、多频次的中短距离运输要求,其核心是设计循环取货的运输路线。

本案例介绍 Milkrun 方式在上海通用汽车有限公司的规划及实践。

一、背景

上海通用汽车有限公司成立于 1997 年 6 月 12 日,由上海汽车工业(集团)总公司、通用汽车公司各出资 50% 组建而成。

上海通用汽车公司目前已经形成凯迪拉克、别克两大品牌,凯迪拉克 CTS、别克赛欧紧凑型轿车、别克君威轿车、别克 GL8 商务公务旅行车、别克凯越轿车五大系列 17 种品种的产品矩阵。上海通用汽车坚持"以客户为中心、以市场为导向"的经营理念,并不断以高质量、全系列的产品和高效优质的服务,满足用户日益增长的需求。目前上海通用汽车公司拥有金桥和上海通用东岳汽车(烟台)、上海通用东岳动力总成(烟台)、上海通用北盛汽车(沈阳)三大生产基地。其中金桥生产基地的生产能力为年产 15 万辆整车,并生产 10 万台自动变速箱、18 万台 V6 发动机和 5 万台 L4 发动机;上海通用东岳汽车年设计产能为 10 万辆整车;上海通用东岳动力总成设计产能为年产 37.5 万台发动机;上海通用北盛汽车(沈阳)年设计产能为 5 万辆整车。

上海通用汽车公司基于精益生产理念,建立了一套完整的采购、物流、制造、销售与售后服务体系和质量管理体系,并在生产和管理中大量采用计算机控制技术。在不断开拓国内市场的同时,公司还一直寻求拓展海外市场、参与国际竞争的机会。2001 年 10 月,别克 GL10 第一批出口菲律宾,开创国内中高档轿车走出国门之先河。2002 年 11 月,上海通用汽车公司又与通用汽车加拿大凯米公司(CAMI)达成出口协议,从 2003 年 1 月起向加拿大凯米公司出口大排量 V6 发动机,这是国内第一次大规模向发达国家出口高档、大排量汽车(汽油)发动机。

二、国内零部件供应由供应商直接供货的弊端

在过去的几年中,尽管上海通用汽车公司遵循市场拉动的方式组织安排生产,但是国内零部件供应商的供货方式还是主要依靠供应商自己供货。

例如,2003 年前后,为上海通用汽车公司直接配套的国内供应商有 152 家,其供货方式有如下几种形式:

(1) 大件供应商实施"门对门"的直接供货,如坐椅等;

(2) 供应商将零部件从其工厂送到上海通用汽车公司附近的仓库,进行存

储、排序,再送到上海通用,如车门外饰板等;

(3) 绝大多数的供应商将零部件送到上海通用汽车公司的第三方物流 RDC——零件配送中心,然后由 RDC 配送到上海通用。

随着车型的增加、国产化率的提高以及供应商绝对数量的增加,第三种供货方式的弊病愈来愈严重。首先,随着国内供应商绝对数量的增加,RDC 及上海通用汽车公司接收零部件的过程更复杂,而供应商实际上采用的是推送式的送货,会增加整车厂的库存;其次,有些生产小零件的供应商出于运输成本的压力,会一次生产产量大、输送运输成本最低、容积率最高的零部件,其结果要么是库存量高,要么是运输成本高;另外,这种供货方式还存在较高的风险,因为许多供应商将零部件的运输外包给社会运输企业,这些运输公司由于管理技术、服务方面的差距,不得不在价格方面恶性竞争,其结果是车况差、驾驶员素质差、安全运输差、及时性差,造成较大的安全隐患。

三、Milkrun 循环取货方式在上海通用汽车公司的应用

根据 Milkrun 的运输特点,该运输方式不仅能降低汽车整车企业的零部件库存,降低零部件供应商的物流风险,还能减少缺货甚至生产线中断的风险,从而使整车生产商及其供应商的综合物流成本下降。上海通用汽车公司采用的循环取货方式如图 7-12 所示。

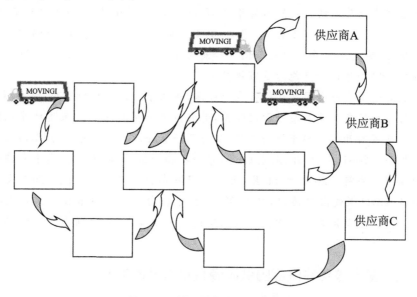

图 7-12 循环取货方式示意图

循环取货是由一家(或几家)运输承包商根据预先设计的取货路线,按次序到供应商 A、B、C 取货,然后直接输送到上海通用汽车公司或 RDC。

循环取货是一种非常优化的物流系统,其特点是多频次、小批量、及时拉动式的取货模式;它把原先的供应商送货——推动方式转变为上海通用汽车公司委托的物流运输者取货——拉动方式。其优点主要包括:有利于空箱周转,有利

于标准化作业,有利于运输效率及容积率的提高,在相同产量下,运输总里程将大大下降。

循环取货是由整车厂委托专业物流运输承包商进行运作,必须保证运输车辆的状态、驾驶员的素质和专业要求以及培训等因素,从而保证安全供货。

上海通用汽车公司委托一家专业性物流咨询公司进行循环取货的路线和方案设计、更新和维护;委托另一家专业物流运输商进行循环取货运行。

四、上海通用汽车公司 Milkrun 循环取货的路线设计

Milkrun 循环取货的方案设计是成功的关键。上海通用汽车公司委托富有国际化经验的美国 RYDER 公司来承担物流策划管理的职责。

按照上海通用汽车公司 2003 年的统计(见表 7-24),上海通用汽车公司的国内供应商有 75 家位于上海,占供货比例的 80%;25 家分布在江苏,占供货比例的 16%;有 13 家分布在浙江,占供货比例的 3.01%。供应商集中在江、浙、沪一带,为循环取货的实施创造了有利条件。

表 7-24 上海通用汽车公司的供应商数量及分布

地区	供应商数量	占供货商比例/(%)
上海	75	80
江苏	25	16
浙江	13	3.01
北京	2	0.11
河北	2	0.08
湖北	2	0.03
安徽	2	0.02
福建	1	0.5
山东	1	0.06
江西	1	0.001
吉林	1	0.001

进一步分析得知:46%的供应商同时向别克轿车、GL8 商务公务旅行车、赛欧家庭轿车以及赛欧 SRV 休闲车四种平台供货,约 87%的供应商为两种以上的平台提供零部件。

五、上海通用汽车公司 Milkrun 循环取货运输车辆参数的确定

运输车辆的选定充分考虑了国内交通状况以及供应商的实际情况。在国外往往采用集装箱载货车来进行循环取货,但国内的送货平台都没有专门为集装箱载货车而设计。公司选用 12 m 和 8 m 以及 5 m 的载货车改装成的开启式厢式车,并采用侧面开启方式,以扩大装卸工作面,提高装卸效率。

运输车辆参数见表7-25。

表7-25 运输车辆参数

车长/m	尺寸/m			最大容积	
	长	宽	高	m³	kg
12	12	2.4	2.4	61	12000
8	8	2.4	2.4	41	8000
5	5	2	1.9	16	2000

车辆平均设计时速为：市区9 km/h，郊区35 km/h，长途90 km/h。设计的循环取货方案如图7-13所示，线路延伸到外省生产点。

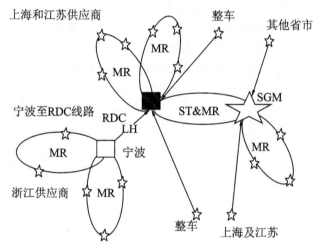

图7-13 循环取货运输方案示意图

循环取货方案的其他要求包括：
(1) 主要工具为8 m和12 m载货车，但上海市内为5 m载货车；
(2) 限制供应商的业务操作时间；
(3) 每一站停留30 min；
(4) 对于长途运输设置两个驾驶员，对上海地区设置一个驾驶员。
方案中不包括除上海、江苏及浙江以外的省市。

六、效果

上海通用汽车公司的财务分析显示：在完全实施循环取货方式以后，每年可节约零部件运输成本1000万元人民币。

从上海通用2001年9月份开始试运行的两条路线、6家供应商的情况来看，运输成本节约30%，送货准时率、正确率都明显提高，没有因物料短缺的原因造成上海通用生产停线。

资料来源：徐秋华．Milkrun——循环取货方式在上海通用汽车的实践和应用[J]．汽车与配件，2003(3)：21-24．

【思考与讨论】

1. 哪些运输路线优化方法可应用于循环取货路线的设计？与一般的多车辆路线优化问题相比,有何特殊性？
2. 查阅资料,分析 Milkrun 循环取货方式的优点,举例说明还适合哪些应用场合。

【本章关键术语】

最短路径法　shortest route method
旅行商问题模型　traveling salesman problem , TSP
扫描法　sweep method
节约法　savings method

【本章思考与练习题】

1. 运输方式的选择应考虑哪些因素的影响？影响承运人选择决策的主要因素又是什么？
2. 分析单一车辆路线优化的几种方法各具有什么特点？讨论各种方法适合的应用场合。
3. 某发电厂每天需煤约 45 吨,原料成本 176 元/吨,库存保管费率为 25%。利用火车运输,运输时间 15 天。发电厂对煤的安全库存是供货期间需求量的 2 倍。

考虑以下两种运输方案：

（1）单车皮运输,每节车厢可运 45 吨煤,运价为 3200 元/节车厢；
（2）整车运输,70 节车厢,运价为 120000 元/列火车。

考虑运输费用和库存成本后的总成本各是多少？两种运输方案哪种更合适？

4. 某商品有 3 个生产基地和 3 个需求地。各生产基地能供应的生产量分别为：A1——10 吨,A2——7 吨,A3——5 吨。各需求地的需求量分别为：B1——6 吨,B2——8 吨,B3——8 吨。从生产基地到需求地的产品单位运价见表 7-26。如何规划运输方案才能使总运输费用最低？

表 7-26　从生产基地到需求地的产品运价表　　　　　单位:千元/吨

生产地＼需求地	B1	B2	B3
A1	1	10	5
A2	9	2	4
A3	12	7	3

5. 有一配送中心向某一客户送货,其行车可能途经 6 个地点。如图 7-14 所示,点 1 是配送中心位置,点 8 是客户位置,其他为中途可经过的点。箭头上的数代表两点间距离(km)。求配送中心到客户的最短距离和最佳行车路线。(提示:可用 Dijkstra 方法求解)

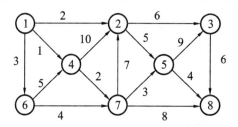

图 7-14 配送中心到客户间的网络图

6. 某批发中心每天要为城区 21 个零售店客户送货,客户的位置信息和需求信息见表 7-27。一年按 250 个营业日考虑。该地区公路网完善,没有河流、湖泊或其他需要绕行的障碍。目前公司有 5 辆送货车,每辆车可装 500 箱货物。要求:
(1) 用扫描法确定所需的运货卡车数量;
(2) 确定每辆卡车的最佳运输路线及客户服务顺序。

表 7-27 客户位置信息及货运需求量数据

客户序号	坐标		需求量/箱	客户序号	坐标		需求量/箱
	X	Y			X	Y	
1	7.5	28.5	120	11	29.0	28.0	30
2	10.0	9.0	200	12	11.0	40.0	90
3	12.0	24.0	120	13	32.0	40.0	80
4	13.0	30.0	150	14	7.5	18.0	50
5	13.5	34.0	50	15	5.0	13.5	160
6	17.5	16.5	90	16	23.0	8.0	100
7	23.0	38.5	140	17	27.0	8.0	140
8	23.0	16.5	60	18	36.0	8.0	50
9	23.5	75.0	110	19	32.0	4.0	90
10	27.0	33.5	180	20	32.5	22.0	150
				21	31.5	13.0	80
仓库	15.0	35.0		总计			2240

7. 某网上销售公司现收到 12 个客户的订货请求,客户的位置及订货规模见表 7-28。该公司送货部门有 5 辆卡车,卡车最大装载量均为 225 件。试用节约法为该公司设计合理的运输方案,并说明每种方案的车辆行驶总路程。

表 7-28 客户位置及订货规模

站点	X 坐标	Y 坐标	订单规模/件
配送中心	0	0	
顾客 1	−12	0	74
顾客 2	−5	6	55
顾客 3	−15	7	68
顾客 4	−12	9	109
顾客 5	−3	15	81
顾客 6	0	20	41
顾客 7	2	17	74
顾客 8	4	7	52
顾客 9	6	1	80
顾客 10	6	15	69
顾客 11	7	20	103
顾客 12	9	7	75

第八章 集装箱运输组织管理

本章重点理论与问题

> 集装箱运输是一种先进的货物运输方式,是实现散杂货物流合理化、效率化的重要手段。自其诞生以来一直处在不断发展之中,尤其是在国际物流运输市场上所占的份额越来越大,因而,在国际物流系统中的地位也越来越重要。与传统货物运输方式相比,集装箱货物运输无论是在流通过程还是在运输组织与管理方面都发生了根本的变化。而集装箱运输优势的充分体现,是以合理的组织与管理为前提的。本章主要介绍集装箱运输的基本概念、组成系统及特点;分析集装箱运输的主要过程;介绍集装箱标准化、箱务管理过程、集装箱选择、集装箱货物装载等组织管理方法;阐述集装箱船舶配载的特殊性、基本要求及影响因素;最后,分析集装箱运输费用构成及其基本计算方法。

第一节 集装箱运输概述

一、集装化运输的概念

集装化运输也就是单元化运输,即通过一定的技术手段,将一定数量的零散货物组合到一起,从始发地到目的地的物流过程中,始终作为一个集装单元进行装卸和运输的作业方式。

集装化运输的对象是散杂货或件杂货。对于散杂货,由于货物种类繁多,包装形式不一,每件货物的重量和大小相差很大,运输这些货物时,难以像石油、煤炭散货运输那样采用机械化或自动化方式连续生产;采用传统运输方式时,只能一件一件装车或卸车,作业效率低。为了提高件杂货运输和装卸的效率,减少中间环节,就产生了集装化运输系统。

货物集装化方式主要有托盘集装、集装袋、框架集装、集装箱等。其中,利用集装箱实现单元化装卸和运输的集装箱化运输是一种最具代表性的集装化方式。集装箱(container)又名"货箱"、"货柜",是一种具有标准规格尺寸,便于装卸、栓固的货物运输容器。

集装箱运输是以集装箱为运输单元的现代物流运输方式,是对传统的以单件货物进行装卸运输工艺的一次重大革命,是一种先进的件杂货运输组织方式。其主要优势如下。

1. 运输效率高

货物通过集装箱形成了一个扩大了的运输单元,不仅增加了运输量,还便于机械化装卸,大大缩短了运输工具(例如船舶、车辆)在港口或场站停泊的时间,加快了货物运送速度。

另外,集装箱规格统一,在集装箱船这种容积船上积载,可有效增加船舶的装载量,提高运输效率。

2. 减少物品的破损

集装箱具有足够的强度,可以有效防止装卸搬运过程对货物的损坏,也足以防止恶劣天气对箱内货物的侵袭,避免货物丢失现象的发生。例如传统方式运送玻璃板的损坏率达15%,而采用集装箱运输,其损坏率仅为0.2%~1%。

3. 有利于节约包装费用

传统货物运输中,货物包装多为一次性使用,且包装容器要有足够的强度,以保护货物免受损毁。而集装箱运输中,可简化货物的运输包装或直接使用商品包装,节省包装材料,降低产品成本。集装箱可看成是一个集合包装,可多次使用,并可减少装箱和拆箱费用,降低货运费用,对顾客有利。

4. 有效地提高货物装卸效率

首先,因为集装箱具有标准尺寸规格,便于实现装卸作业的机械化和自动化,从而提高装卸作业效率;其次,货物通过集装箱单元化后,物品装卸搬运活性指数提高,便于货物移动。件杂货是国际贸易中的主要货种,传统作业方式条件下通常采用10吨门座起重机或船用起重机作业,平均生产率只有35~45吨/小时。采用集装箱运输方式,用岸边集装箱起重机进行装卸,平均每小时可以装卸30~40标准集装箱(TEU)。以每个标准箱装货物8~10吨计,即装卸率为240~400吨/小时。可见,采用集装箱运输可使件杂货的装卸率提高近10倍。由于装卸作业时间的减少,大大缩短了货物运输时间。

5. 提高了库场的利用率

利用集装箱可以实现货物的高层堆码,一般集装箱可以堆码4~5个箱高,在少风的地区甚至堆到7个箱高,大大提高了堆场的利用率。由于充分利用了货物堆存场地的面积和空间,减少了对货物储存仓库的需要,甚至可以取消仓库。

6. 有利于实现"门到门"的连贯运输

采用集装箱运输,货物始终在特制的集装箱内,产品在从供应商到用户的中途所有环节,不必开箱倒载,大大减少了传统运输中的装卸环节,提高了货物运输质量和安全系数。另外,由于集装箱具有标准的尺寸规格,有利于实现各种运输工具间的高效运转,并简化货运管理过程,因此,便于实现迅速的"门到门"的运输。

当然,集装箱运输也存在一些缺点,主要表现在以下几个方面:

(1)需要使用大量的集装箱,需要大量投资;

(2)空箱的回收管理较困难,尤其是在国际运输过程中;

(3)集装箱装卸需要专用装卸机械,且需要较大的装卸空间和搬运通道;

(4)需要较大面积的集装箱堆场。

二、集装箱规格及结构

(一)集装箱标准与规格

国际标准化组织(International Organization for Standardization,ISO)根据保证集装箱

在装卸、堆放和运输过程中的安全需要,提出了集装箱的必备条件,例如具有足够的耐久性,适合重复使用;适合多种运输方式;规范的结构和尺寸等。其他机构(如国际集装箱安全公约、联合国经济委员会)等也对集装箱的结构提出了若干规定。国际集装箱标准的制定,为集装箱的标准化和相应运输设备选型提供了依据。

国际标准集装箱并不是一成不变的。在集装箱标准化发展初期,国际集装箱的标准曾多达 3 个。其中,系列 1 集装箱由于通用性好,逐渐被广泛接受,其各项参数如表 8-1 所示,按照箱体外部公称尺寸的排序,分别以 A、B、C、D 依次表示公称长度为 40 ft、30 ft、20 ft 和 10 ft 的箱型,其中 1AAA、1AA 和 1CC 是目前全球集装箱运输普遍应用的箱型;而系列 2、系列 3 先后由"国际标准"降格为"技术报告"。

表 8-1 ISO 第一系列集装箱内外部尺寸和总重表

箱型	长(L,mm) 外部	长(L,mm) 内部	宽(W,mm) 外部	宽(W,mm) 内部	高(H,mm) 外部	高(H,mm) 内部	总重(kg)
1AAA	12192	11988	2438	2330	2896	2655	30480
1AA					2591	2430	
1A					2438	2197	
1AX					<2438	<2197	
1BBB	9125	8931	2438	2330	2896	2655	25400
1BB					2591	2430	
1B					2438	2197	
1BX					<2438	<2197	
1CC	6058	5867	2438	2330	2591	2430	24000
1C					2438	2197	
1CX					<2438	<2197	
1D	2991	2802	2438	2330	2438	2197	10160
1DX					<2438	<2197	

第一系列集装箱各种箱型之间的长度具有一定的尺寸关联,它们的长度关系见图 8-1。

为了便于统计集装箱的吞吐量、集装箱码头的通过能力,国际上通常以一个 20 ft 集装箱作为一个当量箱(TEU,twenty-foot equivalent unit),又称标准箱,其换算方法如下。

40 ft 集装箱=2 TEU

30 ft 集装箱=1.5 TEU

20 ft 集装箱=1 TEU

10 ft 集装箱=0.5 TEU

目前发达国家非 ISO 标准集装箱多式联运呈扩大趋势,尤其是 45 ft 非标准集装箱的使用量大幅增长,使用范围不断扩大,国际标准化组织已经开始考虑将 45 ft 箱列入国际标准。学者认为国际标准集装箱箱型将不断扩大。

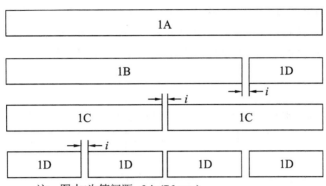

注：图中 i 为箱间距=3 in(76 mm)

图8-1　第一系列集装箱长度关系比例图

当特种集装箱(如保温箱、罐式箱、台架箱和干散货箱)产生之后,ISO为其制定了一系列标准。符合国际标准的特种箱的外部尺寸与通用箱没有差别,内部尺寸由于箱体的不同特点和适于装运的货物不同而有所不同,因此内容积、总重量会有差别。

(二)集装箱的结构

根据制造材料及用途不同,集装箱的结构有不同的形式。通用集装箱各构件名称见图8-2。

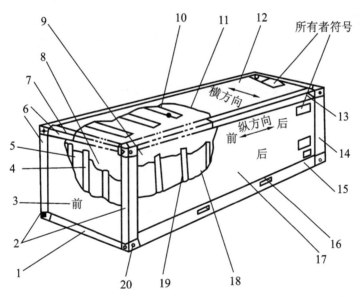

图8-2　集装箱各构件名称

1—下横梁；2—角柱；3—墙壁；4—端柱；5—端壁板；6—端框架；7—上横梁；
8—端壁内衬板；9—侧壁内衬板；10—顶梁；11—顶板；12—箱顶；13—上材；14—角柱；
15—下材；16—叉槽；17—侧壁；18—侧壁板；19—侧壁柱；20—角配件

集装箱由于承受运输途中、装卸作业等各种载荷的作用,必须具有既能保护货物又能承受外力的足够强度。根据国际标准化组织的规定,集装箱的强度分为外部强度和内部强度两种。外部强度是指满载的集装箱在移动、换装时,或在舱内、场地上堆装时所受的外部载荷,主要指标有堆码强度、吊装强度、箱顶强度、系紧强度、叉槽强度和抓臂起吊槽强度等。内部强度是指货物装在箱内时,箱底承受的负荷,以及在装卸、运输过程中所受的外力使货物对侧壁或端壁所产生的负荷,主要指标有箱底强度、端壁强度和侧壁强度等。

三、集装箱的类型

由于所装货物的性质和运输条件的不同,对集装箱的要求也有所不同。根据不同的分类标准,可将集装箱划分成很多种类型,通常可按集装箱的尺寸、材料、结构和用途等不同方面进行分类。

按集装箱尺寸分类是依据第一系列集装箱外部尺寸的不同规格进行的分类。根据集装箱构成材料的不同,可分为钢制集装箱、铝合金集装箱、玻璃钢集装箱和不锈钢集装箱四种类型,其中,钢制集装箱具有强度大、结构牢、价格较便宜等优点,整体性能好,因而使用最频繁。另外,集装箱的结构也有不同的形式,例如内柱式与外柱式、折叠式与固定式、预制件式与薄壳式等。

按照用途划分,集装箱可分为杂货集装箱、保温集装箱、特种集装箱和航空集装箱四种。下面详细介绍这四种类型。

1. 杂货集装箱

杂货集装箱是一种适用于装载各种无须控制温度的干杂货(包括日用百货、食品、机械、仪器、药品等)的集装箱,也称通用集装箱或干货集装箱。这种集装箱所占的比重最大,占全部集装箱总数的 70%～80%,ISO 建议的 13 种标准集装箱都是这种集装箱。

2. 保温集装箱

保温集装箱用于装运需要保温或冷藏的货物。集装箱侧壁敷设泡沫苯乙烯等热传导率较低的材料。根据用途及温控要求的不同,可分为冷藏集装箱、隔热集装箱和通风集装箱三种。

冷藏集装箱主要用于冷冻食品、鲜活农副产品的运输。根据制冷方式的不同,冷藏集装箱又分为内置式机械冷冻集装箱和外置式机械冷藏集装箱两类。前者在集装箱内设有冷冻机,后者是由船舶上的冷冻装置供应冷气或由陆上冷冻机供给冷气。

隔热集装箱用于载运水果、蔬菜等货物。这种集装箱内装有良好的隔热材料,防止箱内温度上升过快,通常用冰作制冷剂,保温时间为 72 小时左右。

通风集装箱是封闭式的,侧壁或端壁设有通风窗口,适宜用于装运水果、蔬菜等不需要冷冻而具有呼吸作用的货物。关闭通风窗口,可当干货集装箱使用。

3. 特种集装箱

特种集装箱是为运输特种货物而设计的,具有特殊的结构和设施,其种类繁多。常见的形式有板架集装箱、罐式集装箱、开顶式集装箱、汽车集装箱、动物集装箱、服装集装箱等。

例如,服装集装箱,在箱内上侧梁上装有许多根横杆,每根横杆上垂下若干条皮带扣、尼龙带扣或绳索,可将成衣直接挂在带扣或绳索上。再如,专门用来运输小轿车的汽车集装箱,箱底装有一钢制框架,通常没有箱壁。

4. 航空集装箱

航空集装箱是指与空运有关的集装箱,包括空运集装箱和空陆水联运集装箱。

空运集装箱具有与航空器栓固系统相配合的栓固装置,其底部结构便于冲洗,并适于滚装作业系统进行装运。空陆水联运集装箱装有顶角件和底角件,既可吊装又可堆装,适于地面装卸和运输。另外,该类集装箱还具有与航空栓固系统配套的栓固装置,其底部结构便于冲洗并适于滚装作业系统进行装运。

各类集装箱都是根据不同货物运输、装卸的需要设计的,针对不同的货物选用适当的集装箱是集装箱运输组织的重要工作。

四、集装箱运输系统构成

在集装箱运输过程中,集装箱既是货物的一部分,又是运输工具的组成部分。运输过程中使用的集装箱除少数属货主自有或租赁外,绝大多数是由船公司或集装箱运输经营人提供的。集装箱运输系统是一个涉及面广的复杂系统,由以下六个基本要素组成。

(一)适箱货物

运输货当先。为了保证集装箱运输能顺利进行,首先必须具备足够的适箱货源。值得注意的是,并不是所有货物都适合集装箱运输,只有那些物理化学属性适合装箱的,并且货价高、运费率较高、承受运价能力大的货物,才是适合集装箱运输的货物。适箱货物是集装箱运输系统的运输主体,是各运输经营人竞争的对象。适箱货物的位移构成了集装箱运输系统中的主物流。做好适箱货源的组织工作,提高揽货工作质量,为集装箱运输提供充足而稳定的货源,是保证集装箱运输顺利进行和持续发展的关键。

(二)国际标准箱

在集装箱运输中,符合国际标准的集装箱是使货物标准化的装运工具和外包装,是集装箱运输的基本单元。在运输过程中,它既是货物的一部分,又是运输工具的组成部分。提供满足各种适箱货物要求的各种类型的集装箱并做好箱务管理工作,是集装箱运输正常进行的重要环节。

(三)集装箱载运工具及线路

集装箱的载运工具包括装载并运送集装箱的集装箱船、卡车、列车或飞机。由于集装箱结构及规则的特殊性,集装箱载运工具也要满足特殊要求。以集装箱船为例,与传统货船相比,它不但具有船舶吨位大、功率大、航速高、货舱开口大等特点,而且货舱尺寸满足规格化要求,船体形状比较"瘦削",稳性要求高。

集装箱水路运输线路包括海上干线、内河航线。随着港口在全球物流系统中作用的日益提高,集装箱水运线路中干、支线分工不断明确,内河支线运输的作用已变成向中心港集疏运货物。海上干线运输航线的设置,各干线上挂港数及船型、班期的确定,取决于集装箱货物的流量与流向、港口的地理位置和泊位能力、腹地与周边的集疏运条件等因素。

(四)集装箱场站与装卸作业设施

集装箱场站是集装箱装卸、堆存与分拨的场所,也是集装箱不同运输方式换装的枢纽。

集装箱场站包括各种运输方式的码头、货场等,加强对集装箱场站的组织和管理,对于加速车、船和集装箱的周转,提高整个集装箱运输系统的效率和经济效益,均具有重要的意义。

随着国际集装箱船舶日趋大型化,对集装箱场站装卸作业过程的要求会更高,装卸作业设施设备日益向自动化、标准化和规范化方向发展。

(五) 集疏运系统

集装箱集疏运系统是由众多的运输线路(铁路、公路、内河航线、沿海支线等)、运输工具(列车、汽车、内河船舶、沿海近洋船舶等)和集装箱货物集散点(码头堆场、货运站、铁路办理站、公路中转站、内河码头、支线港、货主仓库等)组成的覆盖枢纽港及其周边地区的网络系统。其主要功能是完成集装箱货物的起运港(或目的港)与枢纽港码头、堆场之间的集运或疏运任务,因而对集装箱运输效率和质量有重要影响。集装箱集疏运子系统的构成如图8-3所示。

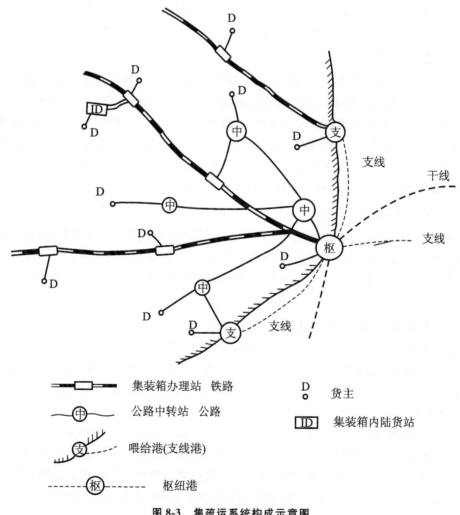

图8-3 集疏运系统构成示意图

1. 公路运输及中转站子系统

公路运输子系统在集装箱码头、集装箱货运站、内陆货站、各级中转站之间以及工厂仓库之间建立了连接,是集装箱集疏运系统的关键。

集装箱公路中转站一般作为港口码头、铁路办理站向腹地延伸的后方基地和公路运输枢纽,是内陆腹地运输的重要作业点。公路中转站的主要功能是承担港口、车站、内陆货站与货主之间的集装箱中转和"门到门"的运输,并起到集装箱内陆货站的作用。

2. 铁路运输及办理站子系统

铁路运输是指连接集装箱港口(枢纽港或支线港或内河港)与其腹地广大地区的铁路线。许多国家已在运量较大的内陆铁路枢纽、大的货主专用线或集装箱内陆货站与集装箱港口码头之间采用专用列车,以定班或定期形式运输铁路集装箱货物。

集装箱办理站是铁路上办理集装箱运输业务的车站,主要是组织集装箱的铁路运输,办理集装箱的装卸、到发、集并、装拆、存储、修理、清洗等业务。

3. 航空运输及办理站子系统

随着航空技术的发展,加之国际贸易对货物供应的要求,航空集装箱运输在国际货运中所占的比例越来越大。航空办理站是机场办理集装箱运输的地点,设在机场附近或空港内。

4. 沿海与内河支线运输子系统

当一些较大的枢纽港发展成为干线港后,集装箱运输的集疏运系统一般围绕这些枢纽港进行规划布局,另外一些港口成为集装箱货物的喂给港(支线港),通过沿海支线或内河支线向枢纽港集疏货物。这些支线港和内河港的码头堆场也是集装箱集疏运系统的重要集散点,其作用、功能和结构与干线港类似,只是规模小一些、中转功能弱一些。

5. 集装箱码头堆场

枢纽港的集装箱码头堆场(container yard,CY)是集装箱货物集运的终点和疏运的起点,是集装箱货物交接地点之一。

6. 集装箱货运站

集装箱货运站(container freight station,CFS)位于集装箱码头附近,主要功能是完成拼箱货物的交接、保管及拆装箱业务,并承担集装箱的堆存、修理、清扫等业务。集装箱内陆货站是集装箱码头在内陆地区的延伸,兼具集装箱码头堆场和集装箱货运站功能,一般设置在内陆交通枢纽之处,与码头、主要货主之间都有便捷的运输通道。

围绕各枢纽港建立的集疏运网络系统是集装箱运输系统的重要组成部分,其覆盖面和规模十分庞大,构建完善的集疏运系统,需要投入大量的资金、设备和其他资源。

(六)集装箱运输管理系统

集装箱运输系统的基础设施和技术装备等"硬件"优势的充分发挥,需要有与之相适应的"软件"——集装箱运输管理系统,它主要包括集装箱运输行政管理机构、法规及标准体系、运输经营人及代理人、集装箱运输管理信息系统等。

集装箱运输(尤其是国际集装箱运输)过程中,流动频繁、环节众多,因而信息量巨大,且信息来源复杂。对这种复杂运输过程的组织与管理,必须依赖计算机信息管理系统。集装箱运输管理信息系统一般应具备以下功能：集装箱动态跟踪；运量、流向统计与分析及报表生成；单证信息处理、制作，通过数据通信网传递单证；获取各部门信息并向其他企业、部门传递信息等。

综上所述，集装箱运输系统是一个规模庞大的、范围遍及世界各主要地区的、涉及众多方面的系统，这个系统的建立、完善、运行都需要投入大量的资金、人力、物力和其他资源。这个系统的规划、设计、建造和运行管理必须根据系统工程的思想和方法来进行。

五、集装箱运输的发展趋势

自上世纪 50 年代，美国麦克林首次提出实施集装箱海陆联运，并以实践证明了其巨大的优越性之后，集装箱运输在国际海上贸易中的应用迅速扩展，目前已发展成为件杂货运输的主要形式。现代集装箱运输发展的主要趋势如下。

1．集装箱运输量不断增长

在发达国家（如美国与世界其他地区之间），海上贸易量的 75% 以上使用集装箱运输。随着发达国家出口货物中高、精、尖端产品占比的增加，适箱货源不断增加。随着科技的进步和发展，发展中国家的经济已从传统的单纯原材料出口转变为科技含量更高的工业制品及成品的出口。因此，随着全球经济贸易的不断增长，未来将有更多货种成为集装箱运输的对象，尤其是冷藏货、危险货、干散货、液体散货、服装、设备和车辆等特殊货种的箱运量将快速增长。因此，集装箱运输总量将不断增加。另一方面，随着集装箱承运人不断完善集装箱运输系统，集装箱运输在经济、安全、可靠等方面的优势明显，将吸引越来越多的货物转向集装箱化运输，也促进了适箱货运输量的增加。

2．集装箱运输的信息化

随着集装箱运输的发展，伴随的信息流量也大幅度增长。集装箱运输业务信息涉及航运、港口、代理、理货、内陆集疏运、场站、发货人、收货人、一关三检、银行及保险等行业和部门，其中流转的单证达 40 多种。应用电子数据交换（EDI）方式，将这些信息通过 EDI 中心，以电子化方式传递给集装箱运输过程中的相关成员，避免了数据的重复输入，提高了信息处理的效率和准确性；提高了海关、商检、动植物检疫等口岸部门的工作效率，确保了有关票据、单证的及时处理，加快了集装箱货物的通关速度。EDI 等技术在集装箱运输过程中的全面应用，将是集装箱运输管理现代化的发展方向。

3．集装箱船舶趋向大型化和高速化

集装箱船舶大型化将影响港口码头的利润率。在货源充足保障、港口条件和集疏运能力允许的条件下，扩大船舶的规模可降低单位运输成本，实现集装箱运输生产的规模经济。因此，海上干线运输的集装箱船将继续向大型化发展，以增强在国际范围内的竞争能力。据克拉克森统计，截至 2016 年 1 月，全球集装箱船运力规模达 1973.5 万 TEU，1.2 万 TEU 及以上型船达 345.7 万 TEU，同比增长 28.3%。

另外，集装箱船舶速度也日趋提高。船速越高，越有利于节省物流成本，提高客户满意度；同时，船舶的航速与船舶的数量之间存在着相关性，航速越高，班轮航线上的船只越少；航速越低，班轮航线上的船只越多。

4. 集装箱码头趋向深水化、大型化和高效化

随着集装箱船舶的大型化,特别对最新的6000TEU以上的超大型船来说,水深条件越来越成为船公司选择港口的重要因素。船舶的大型化要求处于航运干线附近的深水港与之配套。因此,集装箱码头规模的扩大、码头深水化、高效化已成为枢纽港的必要条件。

5. 集装箱运输组织供应链的集成化

随着航运公司面临的市场波动及竞争的越来越激烈,船公司联盟化成为一种趋势。目前主要班轮联盟的运力占全球总运力的80%以上。大规模集疏运、跨港调拨衔接等业务常态化,这对港口作业提出更复杂的要求。集装箱运输企业也相应地改变原来封闭的运作模式,与集装箱运输供应链上下游利益相关方展开协同合作,畅通集装箱运输的海铁节点,为货主、航运企业和联盟提供更具价值的优质服务。同时,集装箱运输过程通过实行铁路、水运、港口、场站、仓储以及海关、检验检疫、货主企业等全方位的协同组织,能显著提高运输效率,降低运输成本。因此,集装箱运输组织集成化也成为集装箱运输发展的一种趋势。

第二节 集装箱运输方式及运输过程

一、集装箱运输方式

集装箱运输既有各种单独的水路、公路、铁路和航空等方式,又有不同组合的联合运输方式。正确选择集装箱的运输方式,可充分利用集装箱的优势,提高集装箱运输的效率。

(一)水路运输

集装箱运输尤其是国际集装箱运输,水上运输是很重要的一种方式。水路运输的关键是各种形式的不同载运能力的专用集装箱船。它主要有以下几种。

1. 吊装式集装船

吊装式集装船主要包括专用全集装箱船、半集装箱船、集装箱-杂货两用船三种类型。这三种船在集装箱入出船作业过程中都采用吊装方式。

2. 滚装式集装箱船

它是将集装箱货载连同牵引车一同驶入船上,车及集装箱一同完成水运或者上船后只卸下集装箱而将车辆从船上驶下的方式。连同车辆一起运输的集装箱船,集装箱不能叠放堆码,船型必是多层甲板。船与码头之间的装卸通过船首、船尾与船侧的开口处,通过跳板将车载集装箱驶入驶出。各层仓的沟通主要靠斜坡道或升降机。

滚装式集装箱船的优点是对码头的要求低、装卸速度快、装卸效率高、适应货种多。缺点是舱容利用率低、造价高。它在集装箱运输中是一种辅助船型。

3. 载驳式集装箱船

它又称子母集装箱船。载有集装箱的驳船浮进载驳船或整体吊入载驳船之后,进行"船载船"的载驳运输,到达目的地后再将载有集装箱的子驳船放入水中。这种方式又称浮装式集装箱船。

载驳集装箱船的主要特点是利用小驳船的机动性,将干线运输与内航干线运输、小水域的配送、集货运输有效地连接起来,实现"门到门"运输。尤其是大小船之间的运转,利用载驳集装箱船可以节省转运时间和转运时的装卸费用。

4. 内河集装箱船

它是用于内河航运的专用集装箱船,主要是有自航能力的自航驳船,也采用驳船组队的形式。内河水深变动较大,受内河航运限制,这种船船体较小,主要采用吊上吊下方式进行集装箱装卸。

5. 江海联运型集装箱船

这是一种能在海上和江上运输而不需要转运的集装箱船,可分为江船出海型和海船进江型两种。这种船有利于江海直达联运,是一种新的船型。

(二)公路运输

汽车运输是集装箱多式联运物流系统中的第一个和最后一个环节,是实现集装箱"门到门"运输的必不可少的环节。集装箱公路运输的主要作用如下:

(1) 配合铁路部门承担铁路集装箱作业货运站与货主仓库(或货场)之间集装箱的集散运输;

(2) 配合水运部门承担港口码头与货主仓库(或货场)之间集装箱的集散运输;

(3) 承担一定运距范围内城市间公路干线的集装箱直达运输;

(4) 承担港站与集装箱中转站,或集装箱中转站与货主仓库之间的集装箱内陆延伸及中转运输。

(三)铁路运输

集装箱运输最早起源于铁路。货源是铁路集装箱运输的先决条件。铁路集装箱货源的组织形式主要有4种:整列集装箱货,整车集装箱货,整箱集装箱货以及拼箱集装箱货。目前,我国铁路集装箱运输主要是把普通零担货中适合集装箱运输的货物组织起来使用集装箱。

负责铁路集装箱运输的机构是铁路集装箱办理站,一般都具有商务职能和技术职能。商务职能主要包括受理集装箱货物的托运申请、办理装卸箱业务、编制用车计划等;技术职能包括提供合适的集装箱、安排装卸机械、联系其他运输方式以及铁路之间的联运等。

铁路集装箱运输主要有集装箱定期直达列车、集装箱专运列车、一般快运货物列车以及普通货运列车等4种形式。

1. 集装箱定期直达列车

集装箱定期直达列车具有如下特点:①定点定线定期运行,准时发到,预约箱位;②固定车底,循环使用,不轻易拆解;③对终端站要求不高,一个龙门起重机下有2~3股线和1条汽车通道作为中转换装之用即可完成直达要求;④列车到达后立即开始装卸,中转换装时间非常短,这对易腐货物的运输十分有利;⑤列车编组不长,多以20辆专用车为一列;⑥为了加速并简化列车到发作业,办理站有联络线或机车调头设备及其他有关作业设备。

2. 集装箱专运列车

集装箱专运列车是不定期的,主要可解决货源不均衡或者列车时期不定的矛盾。

3. 一般快运货物列车

对零星的小批量集装箱,不宜纳入定期直达和集装箱专列中,可编入快运列车,这种列车通常要在编组站编解。

4. 普通货运列车

适合运输量小、去向不稳定的集装箱货物,其运输效率较低。

(四) 航空运输

航空集装箱运输是在 20 世纪 70 年代出现大型宽体运输机以后才开始的。航空集装箱是一种根据航空运输器容积设计的特殊的成组装运设备,在尺寸、结构和容积方面与一般集装箱有所不同。航空集装箱自重更轻,且不需要重型角铸件、角柱。目前,新型的巨型飞机(如 B747、CC10、L1011 等)已能载运 20 ft 的航空和公路联运的标准集装箱。随着国际贸易的进一步发展,航空集装箱运输业务必将快速发展。

航空货物采用集装箱运输对于货主和承运人来说都有好处。对于承运人而言,集装箱的使用可以缩短飞机在始发站、经停站、抵达站装卸、搬运的停留时间;减少货物在运输送中的破损,减少漏装、错装、漏卸等现象;集装箱可以直接交付到发货人和收货人手中,缩短了地面交接时间,从而保证了航空公司运输的及时性、准确性和安全性。

二、集装箱运输过程

(一) 集装箱货流过程

集装箱在运输线路上作有目的的位移过程称为集装箱货流。典型的集装箱货物流转过程见图 8-4,分散的小批量货流先集中到内陆地区仓库或货运站,组成大批量货物装入集装箱后,通过公路或铁路送达起运港的集装箱码头;再用集装箱船运至到达港集装箱码头,然后通过公路或铁路方式运到内陆货运站,最后用集装箱专用拖车送交收货人。

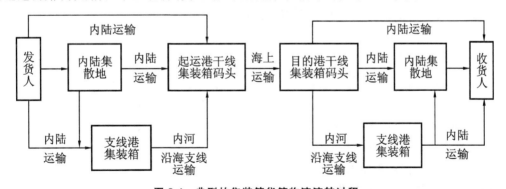

图 8-4 典型的集装箱货箱物流流转过程

当发货人靠近装运港时,如果是整箱货,托运人可在自己的仓库装箱,然后委托运输经营人负责运至港口集装箱码头堆场等待装船;如果是拼箱货,则由托运人将货物送到集装箱码头的 CFS,由货运站业务人员统筹装箱,然后再转送到集装箱码头堆场等待装船。

当发货人远离集装箱码头时,无论是整箱货还是拼箱货,托运人可将货物送到内陆集散地或支线港集装箱码头,然后再由内陆集散地或支线港码头集中运往集装箱枢纽港码头等待装船。围绕集装箱枢纽港建立多层次的集疏运网络,可从根本上改变传统运输中货物零星组织运输的情况。通过统一组织,可使内陆运输产生规模经济的效果。

货物经海上运输到达卸货港口,可以通过相反的过程疏运到最终交付货物的地点。

集装箱货物的流动过程体现了各运输方式之间的整体性和协作性。通过货物的集运和疏运,将运输全程中涉及的不同运输方式和服务环节紧密地连为一个整体。尤其是在国际集装箱运输(多式联运)过程中,从货物接受地到交付地的全程运输都是由承运人、多式联运经营人负责组织的,这种连续不断集疏的货流形式使集装箱运输产生了规模效应。

(二) 集装箱整箱货流转过程

整箱货(full container load,FCL)是指发货方自行将货物装满整箱以后,以箱为单位托运的集装箱,由发货人负责装箱、计数,并加海关封志。货主自备或租赁一定数量的集装箱,在海关人员的监管下,货主把货装入箱内、加锁、铅封后交承运人并取得站场收据,凭收据换取提单或运单。整箱货的拆箱一般由收货人办理。

集装箱整箱货流转程序包括以下 11 个步骤:

(1) 在自己工厂或仓库装箱地点配置集装箱;
(2) 发货人在自己工厂或仓库装箱地点配箱、装箱;
(3) 经过内陆运输,将集装箱货物运至集装箱码头;
(4) 根据堆场计划在堆场内暂存集装箱货物,等待装船;
(5) 根据装船计划,将集装箱货物装上船舶;
(6) 经过海上运输,将集装箱运至卸船港;
(7) 根据卸船计划,从船上卸下集装箱货物;
(8) 根据堆场计划在堆场内暂存集装箱货物,等待收货人前来提货;
(9) 经过内陆运输,将集装箱货物运至收货人工厂或仓库;
(10) 收货人在自己的工厂或仓库拆箱地点拆箱;
(11) 集装箱空箱回运。

(三) 集装箱拼箱货流转程序

拼箱货(less than container load,LCL)是指不满一整箱的小票货物,通常由承运人(或代理人)分别揽货,接受货主托运的小票货运后,根据货类性质和目的地进行分类整理、拼箱,并加海关封志。拼箱货的分类、整理、集中、装箱(拆箱)、交货等工作均在承运人码头集装箱货运站或内陆集装箱转运站进行。

集装箱拼箱货流转程序如下:

(1) 发货人自己负责将货物运至集装箱货运站;
(2) 集装箱货运站负责备箱、配箱、装箱;
(3) 集装箱货运站负责将装载的集装箱货物运至集装箱码头;
(4) 根据堆场计划将拼箱货物暂存堆场,等待装船;

(5) 根据装船计划,将集装箱货物装上船舶;
(6) 经过海上运输,将集装箱送至货运地卸船港;
(7) 根据卸船计划,从船上卸下集装箱货物;
(8) 根据堆场计划在堆场内暂存集装箱货物,等待货运站前来提货;
(9) 集装箱货运站拆箱交货;
(10) 集装箱空箱回运。

第三节　集装箱运输组织

集装箱通过不同的运输方式进行运输具有不同的组织过程。下面以海运集装箱为对象,分析其运输组织过程。

一、集装箱码头业务

集装箱码头是各种运输方式衔接的换装点及集装箱的集散地,在整个集装箱运输过程中具有重要地位。合理组织集装箱码头业务,对于加速车、船和集装箱的周转,提高运输效率,具有重要的意义。下面按照集装箱码头出口和进口两个环节介绍具体业务。

(一) 集装箱码头出口作业

集装箱码头出口业务主要包括订舱、接受托运申请、提取空箱、报检、报关、装箱、集装箱交接、换取提单及装船出口等环节。

1. 出口作业准备工作

当船运公司或其代理人接受托运申请后,根据舱期及舱位情况,编制装箱预配清单,并在集装箱预配清单和场站收据上编注海运提单号码;集装箱码头根据船公司提交的船舶动态及码头的实际情况,与货主(或货运代理)商洽发货集港时间,并做好有关出口作业准备工作。

2. 集装箱货物装箱

对于整箱货装箱,由发货人或货运代理人自行负责装箱并办妥有关手续。对于拼箱货,先将拼箱货送到集装箱货运站,由货运站审核后与货主进行现场交接;根据货场集港情况编制调箱计划和装箱计划;然后按照箱位图和货物配箱计划进行装箱;装箱完毕后运往堆场,准备装船,完成出口作业。

3. 集装箱的交接

发货人或集装箱货运站按要求的日期发箱,码头大门检查人员对集装箱的数量、箱号、铅封、箱体外表有无破损等情况进行检查、登记,如发现异常应在残损单内注明。对进堆场的集装箱核对有关单证,如订舱单、场站收据、装箱单、设备交接单、出口许可证等。集装箱出入大门时,备妥设备交接单,给司机发放注明箱号、卸箱地点、箱位等信息的小票。

4. 堆场业务

堆场业务包括根据小票信息,为接收的集装箱指定堆场箱位,编制堆场箱位图。箱位图内应包括船名、箱号、目的港等。为了合理地使用码头堆场,有计划地进行集装箱装卸作业,还需要编制堆场作业计划,其主要任务是确定空箱、重箱的堆放位置和堆高层数。装船的集装箱应按先后到港顺序、集装箱种类、载重情况分别堆放;同一货主的集装箱应尽量堆放在一起。

另外,为了提高装船工作效率,还需根据订舱单、先后到港的卸箱次序以及船舶的营运性能,绘制船舶积载图。

5. 集装箱装船

根据积载图(船图)、集装箱码头情况,编制装船顺序表,注明堆场箱位、集装箱编号、目的地、船上箱位等。集装箱码头按照装船作业计划,安排机械和人力,按到船顺序表进行装船工作。装船完毕,应做好集装箱交接工作并签认。

(二)集装箱码头进口作业

1. 集装箱卸船准备

船舶抵港前几天,船公司或其代理人应将下述单证送交码头业务部门:

(1)货物舱单;

(2)集装箱清单;

(3)积载图;

(4)集装箱装箱单;

(5)船舶预计到港通知书;

(6)装船货物残损报告;

(7)特殊货物表。

码头堆场根据这些单证,结合码头实际情况,安排卸货准备,并制订出集装箱卸船计划、堆场计划、交货安排等。

2. 卸船与堆放

码头堆场根据制订的卸船计划和堆场计划,从船上卸下集装箱,并堆放到堆场指定箱位。堆放时应注意空箱与重箱分开堆放;同时还要了解重箱内货物的详细情况,确定是否要安排中转运输、集装箱交货的地点、预定的交货日期等问题。

3. 交货

根据交货对象的不同,交货业务也有区别。

(1)交付给收货人:当收货人前来提取集装箱时,应出具船公司签发的提货单,经核对无误后,码头堆场将集装箱交给收货人,同时,码头堆场和收货人双方在交货记录上签字交接。

(2)交给集装箱货运站:对拼箱货,先由船公司委托的货运站与码头堆场取得联系,凭相关交货记录从堆场领取集装箱,并办理交接手续。收货人凭船公司签发的提货单到货运站提货,经货运站核对无误后,即可交货,双方在交货记录上签字交接。

(3)交给内陆承运人:如集装箱要运往内地交货地,码头应与船公司取得联系后,将集装箱交给内陆承运人。如内陆承运人作为海上承运人的分包承运人,海上承运人则对全程运输负责,码头堆场和内陆承运人只需办理内部交接手续,待集装箱运至交货地后再交接。

4. 有关费用收取

码头堆场在将集装箱交给收货人时,应查核货物是否发生了保管费、再次搬运费等费用。如发生上述各项费用,则码头堆场应在收取费用后,再交付集装箱。

5. 编制交货报告及未交货报告

码头堆场在交货结束后,编制交货报告送至船公司,作为船公司在处理收货人提出货物丢失或损坏要求赔偿的依据。如发生收货人不按时提货,应编制未交货报告送交船公司,由船公司据以催提;如收货人长期不来码头堆场提货,则应按有关规定处理。

二、货物分类与集装箱选择

(一) 货物分类

不同特征的货物对集装箱运输及装载过程有不同的要求。了解集装箱货物分类及其特点,有利于科学地组织集装箱货物的运输及装载过程,提高货物运输的安全性和可靠性。集装箱货物的分类主要有以下三种分类标准。

1. 按货物性质分类

集装箱货物按货物性质可分为普通货物和特殊货物。

普通货物不需要特殊的保管方法和装卸方式,这类货物品种较多,包括各种轻工业品、机械产品、衣服类货物等。普通货物按有无污染又可分为清洁货物和污货物两种。清洁货物与其他货物混载时不易损坏或污染其他货物;污货物是容易对其他货物造成严重湿损、污损或熏染臭气的货物,如水泥、石墨、油脂、沥青、樟脑、胡椒等,因此不能混装。

特殊货物因其形态或性质的特殊性,运输时需要用特殊的集装箱装载。主要包括:超尺度和超重货物,散装液体和气体货物,干散货,鲜活动植物,贵重货物,易腐货物等。

2. 按货物是否适合装箱分类

(1) 最适合装箱货物:这类货物是指价值较高、外包装形状、尺度、重量等属性可以有效地装载于集装箱内的货物,主要有医药品、小型电器、仪器、小五金、纺织品、烟、酒、包装食品等。

(2) 适合装箱货物:这类货物的价值低于最适合装箱货物,货物包装外形及重量等属性很适合装箱,包括金属制品、纸浆(板)、某些装饰材料、电线等。

(3) 临界装箱货物:这类货物一般可用集装箱装载,但由于其本身价值和运价都较低,使用集装箱运输不够经济;而且该类货物的外形尺寸、重量等属性,使装箱较为困难,如钢锭、钢材、木材(原木)、生铁、小型构件等。

(4) 不适合装箱货物:这类货物包括低价值的废旧产品,大型构件、设备或大型卡车等,它们不适合集装箱运输,更适合采用专用工具运输。

在以上4类货物中,前两类构成了集装箱运输的主体,是各运输经营人竞争的对象。

3. 按货运形态分类

按货流组织形态的不同,可把集装箱货物分为整箱货和拼箱货两种。

(二) 集装箱的选择

选择合适的集装箱是集装箱运输组织的第一步,包括集装箱种类和集装箱规格的选择。

1. 选择集装箱种类(箱型)

根据上一节的介绍,国际标准集装箱有多种箱型,不同种类的集装箱是根据不同类型货物及运输的实际要求而设计制造的。因此,对集装箱箱型种类的选择主要是根据货物的种类、性质、包装形式和运输要求来进行。

例如,对运输没有什么特殊要求的普通干散货物,可选择最普通的封闭式干散货箱;含水量较大的货物或不需要保温运输的鲜货等可选择通风式集装箱;在运输途中对温度有一定要求的货物可选择保温、冷藏、冷冻集装箱;超大件货物或必须用机械装箱的货物可选择开顶式、板架式或平台式集装箱;散装流体货物可选择罐式箱;牲畜可选择相应的特种箱,等等。

表 8-2 列出各类货物适用的箱型,可供选择时参考。

表 8-2 不同种类货物适合的集装箱类型

货物类型		适合的集装箱种类
普通杂货	清洁货	杂货集装箱、通风集装箱、开顶式集装箱
	污货、易受损货	台架式集装箱、冷藏集装箱、散货集装箱
特殊货	易腐货、冷藏货	杂货集装箱、通风集装箱
	鲜活动植物	动物集装箱、通风集装箱
	重货	开顶式集装箱、平台式集装箱、板架式集装箱
	高价货、散货	杂货集装箱
	危险货	杂货集装箱、冷藏集装箱、台架式集装箱
	液体货	罐式集装箱
	其他无包装货	平台式集装箱、台架式集装箱

2. 选择集装箱规格尺寸

对集装箱规格尺寸的选择需要综合考虑以下几方面的因素。

(1) 与国内外船公司、货主的合作问题。在集装箱货物多式联运中,经常发生于国外船公司进行集装箱互换、互用,因此应选用便于互换使用的集装箱。目前,国际上使用最多的是 1A(8 ft×8 ft×40 ft)、1AA(8 ft×8.5 ft×40 ft)、1C (8 ft×8 ft×20 ft)、1CC(8 ft×8.5 ft×20 ft)四种规格的集装箱。

(2) 货物的数量、批量和货物的密度。货物数量较大时,应选用大规格箱;某航线上货运批量较小时,配用的集装箱规格不宜过大;货物密度较大时,选用规格不宜过大;轻泡货较多时应采用规格较大的集装箱。

(3) 内陆运输的条件。集装箱货物国际运输中,全程可能涉及多种运输方式。海上运输的条件可以满足各种规格集装箱的运输需要;但在内陆运输中,可能存在道路、设施及设备条件的限制,如道路、桥涵承载能力不足,装卸设备不能适应大型集装箱装卸的需要,内陆货运站不能办理大型箱业务等问题。因此,在选用集装箱规格尺度时必须充分考虑内陆运输条件。

(4) 经济合理性。针对特定数量的货物选择集装箱规格和数量时,首先应保证能装下这些货物。集装箱运输大多采用包箱费率制,对不同规格集装箱总重的规定(单位尺度平均值)有较大差别,通过集装箱规格与数量的不同组合,可使全程总费用最少。

三、集装箱货物的装载

合理地组织货物装载,有利于充分利用集装箱容积,保证集装箱货物在运输和装卸过程中的平稳性,从而减少货物损失概率。

(一)集装箱货物装载的基本原则

1. 货物混装时重件在下、轻货在上

对于混装的件杂货,应根据货物的重量、外包装强度等特性,将包装牢固的、重件货装在箱子底部;外包装强度较弱的货物、轻货则装在箱子上部。对于液体货和清洁货要尽量在其他货物下面。

2. 货物在箱子内的重量分布应均衡,避免产生集中载荷

如果箱内货物重量分布不均,在吊装作业时,箱子会发生倾斜;在陆上运输时,会使拖车前后轮的负荷不均衡,导致行驶故障。如果箱子某一部位载荷过重,还可能使箱子底部结构发生弯曲或脱开。因此,如果装载机械设备等重货时,箱底应铺上木板等衬垫材料,以分散其负荷。标准集装箱底面允许的安全负荷是:20 ft 集装箱为 1330×9.8 N/m^2,40 ft 集装箱为 960×9.8 N/m^2。

3. 货物之间不应留有空隙

货物的装载要严密整齐,货物与货物之间不留间隙,以充分利用空间,且应加隔垫材料,防止货物相互碰撞而造成损坏。

对于有尖角或突出部件的货物,要把尖角或突出部件保护起来,以免损坏其他货物。

另外,在货物装箱时,要考虑掏箱的方便性和安全性。要对箱口附近的货物采取系紧措施,防止开箱时箱口附近货物倒塌。

集装箱货物的现场装箱作业通常有全人力装箱法、装卸机械与人力结合堆装法、全机械化装箱三种方法。第三种方法装卸率最高、货损事故最少,但装载时也必须根据货物特性和包装状态,进行正确的操作,避免货损事故。

(二)特殊货物的集装箱装载要求

1. 超尺度和超重货的装载

超尺度和超重货是指货物的尺度或重量超过了标准集装箱的尺寸或最大载货重量而装载不下的货物。

超尺寸包括超高、超宽或超长。超高货物运输必须用开顶式集装箱或板架式集装箱装载。超高货的运输组织必须事先考虑道路、桥涵、车站、装卸机械等对通行高度的限制规定。超宽度集装箱装载会受到集装箱船箱格结构的限制,有些装卸设备也会对货物宽度加以限制。超长货物一般用板架式集装箱装载,在集装箱船上,可采用甲板积载的运输方法。

任何情况下,集装箱装载货物的重量与箱子自重之和不能超过集装箱的额定总重量限制。例如,20 ft 箱限制为 20.320 吨,40 ft 箱限重 30.480 吨。对于超重货物,要注意在装箱完毕后,保证总重量不超出上述规定值,否则,应取出一部分货物。

2. 液体货的装载

运输液体货物的集装箱有两种,一是用罐式集装箱运输,二是液体货物在装入其他容器后再装载到普通集装箱。当采用罐式集装箱运输液体货物时应注意以下事项:

(1) 保证罐式集装箱的结构、性能、箱内涂料能满足货物的运输要求;

(2) 确保集装箱的容量和所允许的载重量比例与货物比重接近,在货物比重较大且装载量过半罐的情况下,在装卸和运输过程中有损罐的危险;

(3) 检查液体排罐时的设备要求,保证排罐设备与集装罐的阀门等能匹配;

(4) 检查安全阀是否有效;

(5) 根据货物的特性要求,确定在运输和装卸过程中是否需要特殊处理,例如加温等。

3. 冷藏货的装载

冷藏货的装载要分冷却货物和冷冻货物来区别对待。对冷藏货物,承运人必须严格遵照货主的托运要求,在运输途中应保持相应的温度。

冷藏货的装载应注意以下事项:

(1) 冷冻集装箱在装货过程中,冷冻机要停止运转;

(2) 选用卫生的衬垫材料,避免使用纸板作为衬垫材料,以免堵塞通风管和通风口;

(3) 在装货前,冷冻集装箱内使用的垫木和其他衬垫材料要预冷;

(4) 装货后,箱顶与货物顶部要留出一定空隙,使冷气能有效流通;

(5) 采取措施防止冷藏货在运输途中滑动,固定货物时可用网作衬垫材料;

(6) 禁止已变质的货物装进箱内,以避免损坏其他正常货物。

4. 危险货的装载

采用集装箱装载和运输危险货物,必须重视货物的物理性、化学性、运输安全性等要求。

危险货物的包装、装载、运输和卸空都必须严格遵照有关规范和规定进行,承运人必须取得经营许可。

第四节 集装箱船舶配载

集装箱船舶配载是指将船公司和租船人所承揽的集装箱货载在所属集装箱船上,合理选配箱位并绘制集装箱船预配图的一项业务活动,是集装箱海上运输中的关键环节之一。集装箱船的合理配载对于保证船舶安全、准班,充分利用船舶装载能力,最大限度地提高船舶营运经济效益等起着重要作用。

一、集装箱船舶配载的特殊性

集装箱船舶配载工作中,涉及船舶性能、货物种类、航线、气候、风浪等复杂的条件,必须满足集装箱船的稳性、强度(包括集装箱的强度)、吃水差,并能充分发挥集装箱船装载能力等要求;还要保证集装箱货物的运输质量,减少集装箱内货物损失。由于集装箱船既在舱内装载一定数量的集装箱,又在甲板上堆放几层集装箱,因此,配载时还要保证甲板集装箱的安全和为中途港装卸货提供方便。集装箱船的配载与一般船舶有许多相同之处,但也有许多特殊之处。

(一)集装箱船重心高度高,受风面积大

为了提高船舶载重量利用率,往往在集装箱船的甲板上装载数量较多的集装箱,其数量占总载量的20%~50%,因而船的重心高度比一般货船高。为了获得适航的稳性,必须在压载水舱内注入大量压载水,通过采用永久压载和临时压载的方法,来提高集装箱船在各种吃水状态下的稳性。同时,由于受风面积大,在风浪中横摇剧烈,操纵困难,还必须设有减少摇摆的装置,以保证船舶的适航性。这一重要特点,在积载时应充分注意。

(二)集装箱船的箱位容量要求

集装箱船舶的箱位容量是指船舶的标准箱容量(20 ft 集装箱容量),包括以下三种容量。

一是集装箱船舶的标准容量,即集装箱船舶所能承载最大标准集装箱的数量,即 20 ft 集装箱数量,标准容量是集装箱船舶规模大小的标志。

二是最大的 20 ft 集装箱容量,这是指集装箱船舶最多能装载 20 ft 标准箱的数量。在一般情况下,集装箱船舶最大的 20 ft 集装箱容量与集装箱船舶标准箱容量相同。但是,在有些集装箱船上,由于船上的某些箱位是为装载 40 ft 集装箱设计的,因此会有一个 20 ft 集装箱的最大箱容量的问题。

三是最大的 40 ft 集装箱容量,这是指集装箱船舶最多能装载 40 ft 集装箱的数量,它并不等于船舶标准箱容量的一半。

无论哪种类型的集装箱船,由于船舶结构的原因,总有一些箱位只能装 20 ft 集装箱,如靠船艏或船艉的部分舱室,因船体下部瘦削,只能装 20 ft 集装箱。

考虑集装箱容量的不同规定,进行集装箱箱位配置时应考虑 20 ft 和 40 ft 的集装箱的兼容问题,即两个纵向 20 ft 集装箱上可否堆装 40 ft 集装箱。有些船舶无论在甲板上还是在舱内,两个纵向 20 ft 集装箱上均可堆装 40 ft 集装箱;有些船舶只能在舱内可行,而甲板上则不能;还有些船舶在舱内和甲板上均不能。这取决于集装箱船甲板上和舱内的箱格导轨结构是否与集装箱箱脚底座的位置设计相协调。

(三)集装箱船舶箱位分布

集装箱船舶箱位分布情况,主要是指集装箱船舶标准箱容量在甲板上和大舱内的分配量,在甲板上和大舱内各有多少标准箱箱位,以及在甲板上和大舱内 20 ft 和 40 ft 集装箱箱位的分配情况。

甲板上堆装的集装箱可堆装数层箱,但是必须满足集装箱船舶稳性的要求,货舱内装箱

量一般应大于装箱总量的60%。

（四）集装箱在船上的间隙

在集装箱船舶的舱内和甲板上，横向或纵向的两箱之间均有一定间隙，可从集装箱船舶资料中查到此间隙值。在积载超尺度集装箱时，应充分利用这些间隙，以减少船舶箱位的浪费，同时，还应注意舱内最上层集装箱和舱盖间的空隙，此间隙数值可查阅船舶资料获得。掌握此空隙的变化在积载中很有用，特别是在舱内装载超高箱时，只要其超高量未超过此空隙值，将它装载舱内最上层，既不影响其他集装箱的装载，又不浪费箱位。但空隙值不能全部占用，要考虑舱盖的少量变形。

（五）积载时应注意集装箱船舶舱盖的形式和堆积负荷

集装箱船舶的舱盖形式虽然较多，但大多采用一个40 ft集装箱的行位上，使用2～3个纵向箱型舱盖。这种舱盖形式将舱内的箱位分为左右两部分或左、中、右三部分，这就为挂港较多的集装箱船舶分港积载提供了便利条件。而且，积载时应注意堆积负荷，即集装箱船舶的舱底、甲板和舱盖上所允许集装箱堆积的最大重量，防止超负荷。此数值可从船舶资料中查取。

（六）特殊货物集装箱箱位配置

对于冷藏集装箱，要依据其冷却方式的不同来配置。例如，水冷式集装箱要配置在舱内，其装载位置应便于提供外接电源及有供给冷却水的设备；气冷式集装箱应配置在甲板上固定位置，便于散热。

对于危险货物集装箱，积载时要严格遵循相关规定和操作规范，例如，远离热源和水源，优先考虑舱内积载等。

对于超长大件集装箱，一般应考虑装在甲板上。对这类集装箱，为了充分利用舱容，装载时应充分考虑集装箱在横向或纵向的间距以及舱内最上层集装箱与舱盖间的间隔。

二、集装箱船舶配载的基本要求

（一）充分利用集装箱船舶的箱位容量

集装箱船舶箱位分布情况，主要是指集装箱船舶标准箱容量在甲板上和大舱内的分配量，在甲板上和大舱内各有多少标准箱箱位，以及在甲板上和大舱内20 ft和40 ft集装箱箱位的分配情况。

充分利用集装箱船箱位容量的主要途径有以下几点。

(1) 在集装箱船预配时，如某船舶离港状态箱源数量接近船舶标准箱容量时，应当注意使该离港状态下订舱单上所列的20 ft箱数量和40 ft箱数量与船舶20 ft箱容量和40 ft箱容量相当，以提高船舶的箱位利用率。

(2) 为提高中途港卸箱后的集装箱承载能力，尽量避免集装箱倒箱量，应尽量保持不同卸港集装箱垂直方向选配箱位和卸箱通道各自独立。

(3) 在装箱港箱源充足的条件下，选配特殊箱箱位时，应当尽量减少承运这类货箱引起的箱位损失数量。例如，在条件许可时，可以将原安排于舱内占用两个箱位的超高集装箱，选配于舱面的顶层，以减少舱内箱位的损失。

（4）要考虑受到稳性和吃水差要求的制约。集装箱船一般艏部箱位较少，故在配载时极易产生过大的尾吃水，尾吃水过大就需要用压载水来调整，从而增加压载重量，减少集装箱的装载量。满载时重心高度较高，为保证航行时的稳性，需在双层底加一定数量的压载水，这同样会增加压载重量，减少集装箱的装载量。因此，努力提高集装箱船舶配载计划的编制水平，合理确定不同卸港轻重集装箱在舱内和舱面的配箱比例，减少用于降低船舶重心所需打入的压载水重量，是充分利用集装箱船载重能力的主要措施。

（二）保证集装箱船舶具有适度的稳性

集装箱船航行于汪洋大海之中，必须保证其安全性，而稳性是衡量航行安全的最重要指标。所谓稳性，是指船舶受外力（如风力、浪涌）作用而发生倾斜，当外力消失后自动回到原来平衡位置的能力。由于集装箱船甲板装有大量集装箱，使重心上升，会造成船舶稳性下降。配载人员在配载作业中必须充分考虑这一因素，满足集装箱船的稳性要求。

为保证航行时的稳性，需加一定数量的压载水，但是航行时集装箱船的初稳性高度又不能过大，否则船舶横摇周期过短，使甲板上的集装箱受到很大的加速度。这将对集装箱本身的强度及系固、绑扎设备带来不利的影响，甚至使集装箱移动。所以，初稳性高度应保持在一定的范围内。

为此，在配积载时，应把重箱装在舱底，轻箱及结构强的集装箱装在甲板上，以保证船舶的稳性及集装箱的稳固。

（三）保证集装箱船舶具有适当的吃水差

吃水差是指船舶艉艏吃水的差值，适当的吃水差可以使船舶具有良好的航行性能，节省燃油，充分发挥主机功率。

在集装箱船舶积载时应注意集装箱重量在船舶纵向上的分配。在船艏附近的箱位，要求船舶线型和驾驶视线良好，应尽可能减少艏部甲板上的装箱层数，使艏部箱位少。加上集装箱船一般采用艉机型，艉部较重，为防止艉吃水过大，或避免用较多的压载水来调整吃水差，预配时应将较重的集装箱配置在船艏的箱位上。

在预配船舶进出吃水受港口水深限制的货载时，更应注意集装箱的纵向分布，以减少使用压载水来调整吃水差，从而减少船舶的总排水量和平均吃水，使船舶顺利进出吃水受限的港口。

（四）满足船体强度要求

首先，集装箱船的装载不能超过船舶允许的堆积负荷。集装箱船的舱内和舱面，均按设计规定了堆积负荷，在配载时要做到每列集装箱的总重量不能超过其允许的堆积负荷，否则将影响船舶的强度结构，危及安全航行，这在配载超重箱时尤要加以注意。必要时应减少集装箱的堆积层数，以防损伤船体结构。

其次，要保证集装箱船舶的纵向强度，防止船体中拱。集装箱船为最大限度地多装运集装箱，舱口均设计为大开口，加上集装箱船都为艉机型，空船的重量集中在船后部，这对船体的纵向强度不利，如配载不当会造成船体中拱。为防止这一现象，配载人员应将最后到港的箱子较多配于船中，以免中途港卸箱后因中拱而影响船舶的纵向强度。

（五）保证沿线挂港作业的顺利进行

配载时除考虑本港装卸外，还应考虑沿线挂靠港作业的要求。一般来说，要尽量避免以下的情况。

1. 避免中途倒箱

集装箱船一般途中均需要停靠多个中途港，尤其是远洋航线船舶，配载时要有全航线整体观念，箱位配置应满足卸箱的先后顺序，避免中途港倒箱，以免影响装卸效率及延长船舶在港停留时间，甚至延误船期。

2. 避免同卸港箱子过分集中

箱位配置还应考虑装卸机械作业的空间要求，例如，采用装卸桥装卸时，2 台机器不能并在一起作业，而应至少相隔 1 个舱。因此，对于箱量特别多的港口的集装箱，应分舱装载，不要集中装在一个舱内，以免造成重点舱，延长船舶在港装卸时间。

3. 避免"一边倒"配箱

所谓"一边倒"配箱，是指将某港或数港的箱子同时配于船的左侧或右侧。"一边倒"配箱，无论对装船或是卸船都有很大妨碍，特别是在中途港卸船时，会造成船舶在短时间内出现横倾，使装卸作业困难，影响装卸速度。因此，配载时要避免"一边倒"配箱，将同港或数港的箱子对称地配于船舶左右两侧。

（六）满足特殊集装箱的配积载要求

特种箱由于结构特点、尺寸特点或重量特点，对配载均有一定的特殊要求。对于冷藏箱，应根据其冷却方式选择适合的位置，要考虑冷藏箱电源插座和临近插座的位置，不能随意配置；对于危险货物箱，应配置在远离热源、机舱及船员生活的地方，满足相互间距要求和船舶对危险品箱的限制要求；对于超长和超宽箱，预配在甲板上时，为了减少箱位浪费，应充分考虑集装箱在横向或纵向的间距，相对集中，合理安排箱位；对于超高箱，必须配于舱内或舱面的最上层等，超高箱如配在舱内，其超高的尺寸应小于该舱内舱盖底与最高一层集装箱的间隙，否则，应减少集装箱的层数。此外，对于动物集装箱及装运水果、蔬菜的通风集装箱，均应配置在甲板上，平台箱只能配于舱内或甲板上最高一层，它的上面无法堆积任何集装箱。

（七）符合堆场取箱规则

集装箱码头因采用的装卸工艺系统不同，使用的机械不同，因而堆场取箱规则也不同。在制作配载计划时，应考虑码头的堆箱规则以免频繁地翻箱倒箱而无法顺利装船。例如，我国大多数集装箱码头采用的是龙门吊装卸工艺，其取箱规则是从外（通道侧）向里，从上到下，配载人员应使码头取箱规则与船舶从艏至艉、先外（海侧）后里（陆侧）、由下而上的装船次序相吻合，切不可只考虑船舶积载要求而忽视堆场取箱规则。

三、集装箱船舶配载的影响因素

在编制集装箱船舶配载计划时，配载人员在熟悉集装箱船舶和集装箱资料的基础上，不仅要考虑船舶稳性、强度和吃水差指标的要求，还要考虑如何既能最大限度地利用船舶箱位容量,又能尽可能减少倒箱;同时还应兼顾待装集装箱在码头的堆存情况。主要影响因素如下。

(1) 集装箱:包括航次订舱箱量、航次订舱总重量、航次装卸港、箱子特征(如箱类、箱号、重量、尺码等)、场箱位。

(2) 集装箱船:包括船舶类型、船长、型宽、吃水、载重量、货舱重心位置、静水力参数等船舶性能数据,以及船舶装箱容量、甲板箱位、舱内箱位、20 ft 箱位、40 ft 箱位、特殊箱位灯箱位分布资料。

(3) 配载要求:包括稳性、纵向强度、局部强度、吃水差及系固要求等。

(4) 其他:包括危险箱、冷藏箱、超尺度箱等特殊箱装载要求,中途港货箱顺利卸载要求,便于装卸、缩短船舶在港停泊时间要求等。

上述因素在集装箱船舶配载过程中既相互关联,又相互影响,有些相互间还存在矛盾,这都增加了集装箱船舶配载问题的复杂性。集装箱船舶配载的优化目标涉及船舶强度、稳性、装载能力和吃水差等多个方面,是一个复杂的多目标的优化问题。仅从船舶强度来看,包括总纵强度、局部强度和扭转强度,总纵强度和扭转强度分别以总纵弯矩和扭矩最小为目标,局部强度以甲板和舱内的局部负荷分别不超过甲板和舱内的允许负荷为要求。至于装载能力主要包括集装箱船的集装箱载重能力、容量能力和特殊装载能力,其中后两项能力还需利用专家知识解决。可见,集装箱配载方案的优化涉及复杂的工程力学知识和优化知识。因此,本文只对集装箱配载问题进行定性分析,略去具体的配载优化模型和算法。

第五节 集装箱运费计算

一、集装箱运输费用的构成

集装箱运输费用主要由线路费用、堆场服务费、货运站服务费、设备使用费、中转费等构成。根据运输区域的不同,包括不同的组成费用。以国际集装箱海上运输为例,运输的全程不仅包括集装箱海运,还包括内陆集疏运、堆场服务、货运站服务等多项费用,其构成非常复杂。因此,这里重点分析国际集装箱海运的运费计算方法,这其中也包括了国内集装箱运输费用的计算。

在国际集装箱货物运输全过程中,集装箱运输费用的构成如图 8-5 所示。

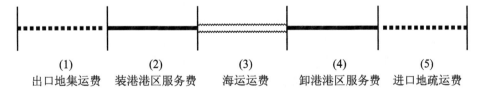

图 8-5 集装箱全程运费构成图

1. 海运运费

集装箱海运运费是指海上运输区段的费用,包括基本运费及各类附加费,是集装箱收入的主要部分。一般由集装箱运输承运人根据班轮公司运价的规定,向托运人或收货人计收。

2. 港区服务费

港区服务费包括集装箱码头堆场服务费和货运站服务费。

(1) 堆场服务费:也称码头服务费,包括图 8-5 中的(2)、(4)两部分,即装船港堆场接收出口的整箱货,以及从堆存搬运至装卸桥下的费用;同样在卸船港包括在装卸桥下接收进口箱,以及将箱子搬运至堆场的费用和堆存费用,还包括在装卸港的单证等费用。

不论集装箱运输交接方式如何,堆场服务费均是集装箱运价中必不可少的部分。堆场服务费可以在装卸港分别向发货人和收货人收取,也可并入海运运费或以附加费形式计收。

(2) 货运站服务费:指拼箱货物经由货运站作业时的各种操作费用,包括提还空箱、装箱、拆箱、封箱、做标记,在货运站内货物的正常搬运与堆存,签发场站收据、装箱单,必要的分票、理货与积载等费用。

由于拼箱货物在集装箱交接及运作上与整箱货物不同,故在实际拼箱运输操作中常把集装箱运费分为海运运费和拼箱服务费两大部分。拼箱服务费包括在装卸两端拼箱所有的操作费用,即拼箱货物的货运站服务费、从货运站至码头堆场的搬运费及堆场服务费等。

3. 集疏运费

集疏运费也称为转运费,指由发货地运往集装箱码头堆场或由集装箱码头堆场运往交货地的费用,包括图 8-5 中的(1)及(5)两部分。

经由水路转运(内河、沿海)的运费称为集散运输费,经由陆路(公路、铁路)转运的费用称为内陆运输费。根据陆路转运是由承运人还是由货主负责的不同,具体费用的收取也有不同。转运也可由水路和陆路两种以上方式共同完成。

二、集装箱海运运费计算

集装箱货物海运运价是集装箱运价中的主要组成部分,其计算办法与普通班轮运费的计算办法一样,也是根据运价本规定的费率和计费办法计算运费,分基本运费和附加费。

集装箱运输属于班轮运价范畴。班轮运价考虑的因素除运输成本外,还应考虑国际航运市场的竞争情况,由于竞争的需要,各公司的运价并不总保持在运价本说明的水平上。许多船公司采用降价手段来争取货源,集装箱运价波动很大。但由于适箱货物对运价承受能力相对较高,相当多的货主在选择承运人时并不仅仅关心运价的高低,而是综合考虑运输质量、服务水平(特别是安全、可靠、快速、方便性)等因素。

目前集装箱货物运价基本上分为两大类:一类是沿用件杂货运费计算方法,以重量吨/体积吨(W/M)为计算单位,加上相应的附加费;另一类是以箱为计算单位,按航线包箱费率计算。前一类计算方法对拼箱货运输更合适,后一类对整箱货运输更合适。

(一)集装箱海运基本运费的计算

1. 拼箱货运费计算

集装箱拼箱货运费的计算主要依据件杂货运费计算标准,按所托运货物的实际运费吨计费,即尺码大的按尺码吨计费,重量大的按重量吨计费;另外,还要加收与集装箱货运站作业有关的费用,如拼箱服务费、特殊作业费、超重或超大件作业费等。

2. 整箱货运费计算

在整箱货运输中,大多数公司采用以箱为单位的计费方式,实行包箱费率(box rates)。包箱费率是船公司根据自身情况以不同类型的集装箱为计费单位,确定整箱货的不同航线包干费,整箱货包箱费率通常包括集装箱海上运输费用和码头装卸费用。整箱货的另一种计费方式是按最低计费吨或最高计费吨确定运费。

1) 包箱费率

包箱费率有两种不同的确定标准。

第一种是不考虑箱内货物种类(仅对普通货物),不计箱内所装货物重量,只按照集装箱箱型统一收取的包箱基本运价。但对特殊货物,按一般化工品、半危险品、全危险品、冷藏货物四种类型制定基本运价。这是目前普通使用的一种基本运价形式,由于其对普通货物一律不计箱内货类、等级,省去了查找和核对货物等级的麻烦,实践中便于操作。

第二种是按货物的类别、级别和不同箱型确定的包箱费率,即货物包箱费率。在这种费率中,将1~20级普通件杂货分为4档制定运费标准。这比传统件杂货等级划分要简单。一般来说,低等级集装箱货物费率要高于传统件杂货低等级费率水平,高等级的集装箱费率要低于高等级件杂货费率;同等级的货物按重量吨计费的运价高于按体积吨计费的运价。船公司通过这种定价方式鼓励货主以高价货和体积货进行集装箱运输。

使用货物包箱率时应先根据货名查找货物等级,然后在航线运价表中按货物分级的大类、不同的交接方式及集装箱箱型查得相应的集装箱基准运价。

2) 按最低计费吨或最高计费吨确定运费

在整箱托运集装箱货物且所使用的集装箱为船公司所有的情况下,托运人按最低计费吨或最高计费吨支付海运运费。

最低计费吨运费是指,如果货主自装货物的重量或体积吨数没有达到规定的要求,船公司仍按规定的最低计费吨计算运费。最低计费吨可以是重量吨或尺码吨。

最高计费吨运费是指,即使货主自装的实际装箱货物重量或体积吨数超过规定计费吨,承运人仍按该箱子规定的最高计费吨收取费用,超出部分免收运费。这一规定的目的是鼓励货主使用集装箱装运货物,最大限度地利用集装箱的内容积。船公司通常都为各种规格和类型的集装箱规定了一个按集装箱内容积折算的最高计费吨(一般习惯按箱子内容积的85%计算)。最高计费吨之所以用体积吨而不用重量吨为计算单位,是因为每个集装箱都有其最大载重量限制,不允许超重,更不能鼓励超重。

实行最高运费规定对于货主和船方都有好处。集装箱的内容积是一定的,如果货物的外包装(形状和长、宽、高尺度)设计合理,积载合理,则可以有效提高集装箱的装载量。货主可以根据商品特点,通过改进外包装和合理积载以充分利用箱容,在不超重原则下尽可能多装载货物,以减少运费。而船公司一方面可以吸引更多货主整箱托运货物,另一方面在部分货物没有正确衡量、申报的情况下仍不少收运费。

从以上分析可以看出,最低计费吨或最高计费吨运费一般是在货主使用的集装箱是由船公司(或其他类型的运输经营人)提供的,由货主自行装箱且计费方法是按货物等级或不同计费标准条件下采用。当货主自备集装箱或由承运人货运站装箱时,一般不实行这种规定。

3. 特殊货运费计算

在一些特殊情况下,承运人也会根据装卸作业的复杂程度,在普通运费的基础上增加运费或给出优惠运价。

例如,对于高箱、开顶箱、平板箱、框架箱等特种箱,由于装卸作业的特殊性,一般在普通箱费率基础上加收一定百分比的运费。例如40 ft高箱比40 ft普通箱的运费率高10%,开顶箱、平板箱、框架箱的运价一般是普通箱运价的130%。

对家具、服装等特殊的商品,一般是按集装箱内容积的85%~100%收费。

如果是回程运货,承运人一般会给予一定的优惠。

(二)集装箱海运附加费的计算

集装箱附加费是海运运费的组成部分,主要包括以下费用。

1. 超重附加费和超长附加费

超重附加费(heavy additional)和超长附加费(bulky additional)这两项费用均只对拼箱货收取,如果集装箱交接形态为整箱-拼箱或拼箱-整箱,则按50%计收。

2. 燃油附加费

燃油附加费(bunker adjustment factor,BAF)指因国际市场上燃油价格上涨而征收的附加费。集装箱分别按拼箱货和整箱货不同计算标准征收。如整箱货以20 ft或40 ft一个箱子加收若干元征收。

3. 币值附加费

币值附加费(currency adjustment factor,CAF)指因某一挂靠港所在国货币币值与美元相比升值,为补偿船舶港口使用费而征收的附加费。由于日币与美元比值变化较大,船公司还可能单独征收日币币值附加费。

4. 港口拥挤附加费

港口拥挤附加费(port congestion surcharge)是指当港口拥挤或集装箱进出不平衡时,导致船舶长时间待泊或集装箱在港积压时间延长而增收的附加费。

5. 选港附加费和变更卸港附加费

选港附加费(optional additional)和变更卸港附加费这两项费用均只对整箱货收取。整箱货选港附加费以每箱(20 ft/40 ft)计收;整箱货变更卸港附加费以每票计收。

6. 空箱调运费

由于调运集装箱空箱而征收的一种附加费。

7. 旺季附加费

对集装箱货源旺季,船公司因舱位不足所征收的一种附加费。

8. 港口附加费

港口附加费是指在装港接受处理并把集装箱装上船舶,在卸港将集装箱卸离船舶并放置前方堆场以及处理相关单证而收取的附加费。

（三）集装箱不同交接方式下的运费构成

在集装箱不同交接方式下，运输全程中包括的运输方式、运输距离、中转地点和次数都有较大区别，因而集装箱运费的构成不同，拼箱货与整箱货的运费构成也不相同（见表 8-3）。

表 8-3 集装箱不同交接方式下的运费结构

交接方式	交接地——装港				海运	卸港——收货地				费用结构 T
	A_1	B_1	C_1	D_1	E	D_2	C_2	B_2	A_2	
D——D	A_1	B_1			E			B_2	A_2	$A_1+B_1+E+B_2+A_2$
D——CY	A_1	B_1			E		C_2	B_2		$A_1+B_1+E+C_2+B_2$
D——CFS	A_1	B_1			E	D_2		B_2		$A_1+B_1+E+D_2+B_2$
CY——D		B_1	C_1		E			B_2	A_2	$B_1+C_1+E+B_2+A_2$
CY——CY		B_1	C_1		E		C_2	B_2		$B_1+C_1+E+C_2+B_2$
CY——CFS		B_1	C_1		E	D_2		B_2		$B_1+C_1+E+D_2+B_2$
CFS——D		B_1		D_1	E			B_2	A_2	$B_1+D_1+E+B_2+A_2$
CFS——CY		B_1		D_1	E		C_2	B_2		$B_1+D_1+E+C_2+B_2$
CFS——CFS		B_1		D_1	E	D_2		B_2		$B_1+D_1+E+D_2+B_2$

上表中：A_1、A_2——装港与卸港的转运费；

B_1、B_2——装港与卸港的堆场服务费；

C_1、C_2——装港与卸港的装卸车辆费；

D_1、D_2——装港与卸港的货运站服务费；

E——海运运费。

三、集装箱内陆运费计算

（一）公路集装箱运费计算

公路集装箱货物运输费用以"元/箱·千米"为计价单位，由基本运价、箱次费和其他收费构成。

1. 公路集装箱运输基本运价

公路集装箱运输基本运价是指各类标准集装箱重箱在等级公路上运输的每箱千米运价。

标准集装箱重箱运价按照不同规格的箱型的基本运价执行；非标准箱重箱运价按照不同规格的箱型，在标准集装箱基本运价的基础上加成计算；特种箱运价在标准箱型基本运价的基础上按所装载货物的不同加上一定幅度计算。各种箱型的空箱运价在同型号集装箱重箱运价的基础上减成计算。

非等级公路货物运价在货物基本运价的基础上加成 10%～20%。

2. 箱次费

对汽车集装箱运输,在计算运费的同时,加收箱次费,按不同箱型分别确定。

3. 其他收费

根据集装箱货物运输过程的具体情况,承运人可征收其他相关费用。主要包括调车费、装箱落空损失费、道路阻塞停车费、车辆处置费、车辆通行费、运输变更手续费等。例如,应托运人要求,车辆往外省(市)运输但返回空驶的情况,就可按全程往返计收调车费。

此外,如果托运人有回程运输需求,回程运费往往较低。

4. 公路运输运费计算

公路集装箱运费计算公式如下:

$$\text{重集集装箱运费} = \text{重箱运价} \times \text{计费箱数} \times \text{计费里程} + \text{箱次费} \times \text{计费箱数} + \text{货物运输其他费用} \quad (8\text{-}1)$$

$$\text{空集集装箱运费} = \text{空箱运价} \times \text{计费箱数} \times \text{计费里程} + \text{箱次费} \times \text{计费箱数} + \text{货物运输其他费用} \quad (8\text{-}2)$$

(二) 铁路集装箱运费计算

根据我国《铁路法》规定,我国铁路货物运价率、货物运输杂费项目及收费标准是由国家铁路主管部门会同物价主管部门拟订的。铁路集装箱货物运费的计算有两种方法:一种是常规计算法,由运费、杂费、装卸作业费和其他费用组成;另一种是为适应集装箱需要而制定的集装箱一口价计算方法。

1. 常规计算法

1) 集装箱运费

集装箱运费的计算以箱为单位,由发到基价和运行基价两部分组成,其计算公式为

$$\text{集装箱每箱运价} = \text{发到基价} + \text{运行基价} \times \text{运价里程}$$

这里,发到基价率和运行基价率是根据"铁路货物运价率表"确定的;发站至到站的运价里程按"货物运价里程表"确定。

2) 铁路集装箱货物装卸作业费用

根据铁路管理部门规定,铁路集装箱货物的装卸作业,实行综合作业费率计费的办法。无论是集装箱整箱还是拼箱,装卸综合作业都包括了发送综合作业和到达综合作业。

3) 集装箱杂费

杂费是指与铁路集装箱货物的运输及装卸相关的辅助活动所支出的费用。主要包括过秤费、取送车费、铁路集装箱使用费和延期使用费、自备集装箱管理费、铁路集装箱清扫费、货物暂存费、集装箱拼箱费、变更手续费等。

2. 集装箱运输一口价

集装箱运输一口价是指铁路对集装箱货物自进发站货场至出到站货场,按铁路运输全过程各项费用的总和,一次计收集装箱运输费用的方式。除了包括铁路基本运价、装卸作业费、杂费及一些附加费外,还包括"门到门"运输取空箱、还空箱的站内装卸作业,专用线取送

车作业,港站作业的费用和经铁路管理部门确认的转场货场费用等。但是,货物的保价费用、快运费、委托装掏箱综合作业费、专用线装卸作业费用、超过免费暂存期产生的费用,以及由于托运人或收货人的责任而发生的其他费用,不包括在集装箱运输一口价中。

集装箱运输一口价由发站费用、到站费用、铁路运输收入三部分组成。铁路运输收入包含国铁运费、国铁临管运费、铁路建设基金、特殊加价、电气化附加费,以及铁路管理部门规定核收的代收款(如合资铁路和地方铁路的通过运费、铁路集装箱使用费或自备集装箱管理费等)。发站费用包括组织服务费、集装箱装卸综合作业费、护路联防费、运单表格费、签表格费、施封材料费等。到站费用包括到站集装箱装卸综合作业费、铁路集装箱清扫费、护路联防费。

集装箱国际铁路联运、集装箱危险品运输、冷藏、罐式、台架等专用集装箱运输等方式不适合采用一口价定价方式。

四、航空集装箱运费计算

国际航空集装箱货物运费的计算方法有两种:一种是常规运价计费法,另一种是新型运价计费法。

(一) 常规运价计算法

这是一种采用普通航空货物运费的计算方法。首先对两个城市机场间的航线制定出经营航班的运价,航空公司根据货物的重量或体积计算出应收的运费。此种运价需提交国际航空协会和有关政府,通过协议和政府批准后才生效。

按照常规方法计算航空集装箱货物运费时要确定3个因素:货物计费数量、运价种类和货物的声明价值。

1. 计费数量

货物的计费数量可以是其毛重,也可以是其体积。飞机装载货物同时受载重量和舱容的限制,为了使二者都得到最大限度的利用,承运人对重量大、体积小的货物按货物实际毛重计算运费;对体积大、重量轻的货物按一定比例将货物体积换算为计费重量以计算运费。

2. 运价种类

航空运价通常分为特种货物运价、等级货物运价和一般货物运价三种类型。

特种货物运价(special cargo rate,SCR)指航空公司对一些特定的货物在特定的航线上给予的一种特别优惠的运价。等级货物运价(class cargo rate,CCR)仅适用于少数货物,通常是在一般货物运价的基础上加或减一定的百分比计收。这两种运价都有最小重量规定(如100 kg),达不到所规定的最低重量则不能按此运价计算。当货物不适用前两种运价时就按一般货物运价(general cargo rate,GCR)计收。

三种运价规定的选择顺序是:优先选用特种货物运价,其次是等级货物运价,最后是一般货物运价。

3. 声明价值附加费

根据《华沙公约》的规定,如果托运人在托运时声明了货物的价值并记载于空运单上的,承运人对其责任期内造成的损害应按照该声明价值承担赔偿责任,而不再适用公约规定的责任限额,但以托运人支付声明价值附加费为条件。

（二）新型运价计算法

这是为适应航空集装箱运输的快速发展而使用的一种运价计算法。它不区分货物的种类、等级,只要将货物装在集装箱或成组器中运输,就可以将装在飞机货舱里的集装箱或成组器作为计价单位来计算运费。

对于大宗货、大件货物或时令货物,航空公司可参考市场运价,与货主协商具体的运价。

【经典案例】

集装箱货物的合理配载与积载

集装箱货物的合理装载对于保证集装箱运输的安全性、减少货物损失具有非常重要的作用。对于不同类的货物混合装载时,要注意不将相互之间可能会发生影响的货物配在一起;重货不应该放在轻货的上面;不同货物之间要用物料隔开,并注意固定;有特殊要求的货物应按要求进行特殊处理,等等。如果不注意这些问题就可能发生运输事故,造成经济损失,最终增加运输成本。下面介绍几个案例,说明集装箱货物装载的重要性。

一、混合配载导致肠衣串味

1988年7月某外运公司接受辽宁轻工的委托,为其在辽宁省某肠衣加工厂办理出口干肠衣口岸清关及订舱业务。鉴于秦皇岛无直达欧洲的货轮,每月只有一条至香港的班轮,因此,货运代理采用海运和陆海联运两种方式,经香港中转将货物运至目的港。1989年,货运代理在办理第14批和第15批肠衣货物的运输过程中,发生了肠衣被严重污染的质量事故,从而引发各方之间的纠纷。

1. 集装箱肠衣的两种运输方案

肠衣加工厂分别于1989年8月和9月填写了"海运出口货物代运委托单",委托货运代理办理第14批和第15批肠衣的运输。两批肠衣的运输方式及运输过程如下。

第14批肠衣出运采用的是陆海联运方式,于1989年8月19日由肠衣加工厂送至秦皇岛口岸货运代理仓库第16号库,该库通风、温度等均正常。8月25日货运代理办理完口岸清关,将66包货用塑料布等隔垫,与某进出口公司的猪革皮、羊剪绒坐垫、马尾鬃等商品一起装上火车发往香港。9月1日火车抵达香港,香港华润仓储公司又将肠衣与马尾鬃拼装于同一集装箱内,9月9日由"KAMAKURA"轮转运离港,10月2日抵达目的港——比利时安特卫普。此批货物由货运代理代香港华润仓储公司签发了该公司的多式联运提单,提单按照肠衣加工厂提供的委托书缮制,提单系记名提单,发货人为肠衣加工厂,收货人为比利时杜莱公司。

第15批干肠衣通过海运方式出运。肠衣加工厂于1989年9月19日将干肠衣50包送至秦皇岛口岸仓库第16号库,货运代理为其办理了口岸清关和订舱,货物于9月22日集港,9月29日装入某运输公司的"风宁"号轮,次日驶离秦皇岛。10月5日,"风宁"号轮抵达香港。香港招商局将该批肠衣与马尾鬃配装于同一集装箱,载入"KAMAKURA"轮转运至安特卫普,11月16日抵达目的港。此批货物是由船代公司代船东签发的提单,提单中标明经香港中转字样。提单系清洁提单,按照肠衣加工厂委托书的要求缮制,为记名提单,发货人为肠衣加工厂,收货人为比利时杜莱公司。

2. 肠衣被污染引发的官司

上述两笔业务中,货运代理均按照与船公司签订的合同,仅收取全部运费的5‰佣金。收货人收到上述两批货物后,先后于11月8日和11月20日申请检验。检验结果,肠衣严重被污染,全部肠衣不适合于原定的用途。

货损发生后,杜莱公司分别于11月15日和11月20日以电传、信函方式通告货运代理,并几次赴秦面谈,请货运代理协助调查有关装运、保险等情况。货运代理给予了积极的配合,对上述两批货物的中转情况进行了了解,为杜莱公司提供了有关承运部门、香港中转代理等情况,请杜莱公司根据提单向有关方面提出索赔,并十分遗憾地告诉杜莱公司的达曼先生,由于没有见到任何形式的委托,以上两笔货物均未投保。1991年4月,杜莱公司正式向货运代理提出索赔,两批货物的索赔金额分别为124337.6德国马克和103509.76德国马克。货运代理认为此事已超越货运代理的业务范围,况且提单时效已过,对此不予承担任何责任,于是再次请杜莱公司按照提单直接向过失方承运部门索赔。但杜莱公司仍坚持要与货运代理解决,彼此僵持不下。此后,杜莱公司提出仲裁解决,于是双方于9月10日达成仲裁协议。

经审理,仲裁庭认为:在仲裁庭不了解该合同全部条件的情况下,仲裁庭假设这些货物在托运时就属申诉人所有,而肠衣加工厂实际上是受申诉人的委托而签订上述代运委托单的。对于货损发生的时间,仲裁庭认为,虽然申诉人称达曼先生参观被诉人仓库时曾发现肠衣与带有樟脑的马尾鬃同存一库,靠近堆存,但不足以证明本案两批货物的污染发生在货物储存于被诉人的仓库期间。仲裁庭注意到,被诉人提供的1989年1月的铁路装车货物预配清单记载,58袋肠衣曾与467箱马尾鬃装入同一铁路车皮,然而该批肠衣由于在海运中未与马尾鬃装入同一集装箱而未被污染。因此,认定第14批和第15批肠衣的污染发生在集装箱运输的过程中是合理的,这同申诉人提供的检验报告的结论也是一致的。针对被诉人的法律地位和本案货损的责任,仲裁庭仔细审阅了双方当事人提交的证据材料,同时也注意到,当前国际、国内把承办货物运输的人是否作为承运人对待通常考虑的几个因素,即该人是以自己的名义还是以承运人的名义与托运人签订货物运输合同的,该人是否以自己的名义出具了运输单证,该人是自己收取运费还是代承运人收取运费。根据我国《海商法》第102条规定,多式联运经营人"是指本人或者委托他人以本人名义与托运人订立多式联运合同的人"。查本案事实,在第 14 批货物的运输中,被诉人是作为香港华润运输仓储有限公司的代理人签发的多式联运提单。多式联运提单条款的第 2 条也明确说明"承运人是由其代表签发本提单的人",即华润运输仓储有限公司。根据上述法律规定和国际惯例,被诉人不是该批货物的多式联运经营人。被诉人一方面代表托运人选择多式联运经营人,另一方面又作为该经营人的代理人签发多式联运提单,这种做法并不违反法律或法规,不改变被诉人货运代理的地位,也不是本案货物损坏的原因。在第 15 批货物的运输中,是船代公司代承运人,即风宁轮的船东签发的海运提单。被诉人仅是代托运人订舱,不是承运人。仲裁庭也未发现申诉人付给被诉人的运费同被诉人支付给承运人的运费有差别的证据。据此,仲裁庭作出如下裁决:驳回申诉人的索赔请求。本案仲裁费 9138 德国马克和实际开支 1500 美元由申诉人负担。本裁决为终局裁决。

二、箱内货物捆扎不牢造成的货损和箱损

这里介绍两则因箱内货物捆扎不牢固造成的货物损坏和集装箱损坏的小案例。

1. 箱内货物未固定造成车翻货损

1986 年某货运代理接受某机械公司的委托,承担从欧洲某国组织运输机械设备的任务。其中将一台设备装入 40 英尺的集装箱内。当时,箱高 2.4 米,设备高 2.3 米,为防止因颠簸而可能发生的碰顶现象,特使用了开口集装箱。6 月 25 日该设备从某市火车站被疏运出站到该货运代理集装箱场。次日,该货运代理又使用 40 英尺集装箱专用拖车继续运往另一城市的厂家。当车行至某公路 99 千米 600 米处时,集装箱向右倾斜,发生设备倾倒事故。该设备购入价为几十万美元。事故发生后,货主要求赔偿新设备,然而这时的货价已上涨了 30%。该货运代理和保险公司根据设备受损情况只同意按货价的 40% 赔付。

经过对整个案情进行仔细分析,发现卖方有违约行为。根据买卖合同的规定,集装箱内的设备应有包装,另外还须加固,而该集装箱打开时,箱内设备无任何包装,加固和定位措施极差。这样,经过长途的铁路和公路运输,货物发生移位,致使箱体重心偏向右前方,造成集装箱倾倒,以致车翻货损。这是事故产生的近因,卖方负有不可推卸的责任。对此,货运代理要求卖方赔偿损失,并根据买卖合同中有关货价的 15% 在设备安装调试一年后付给卖方的条款,拟将 15% 的货款全部扣下。在此情况下,卖方来人谈判,通过艰难的洽谈,最后卖方同意赔偿几万美元,保险公司赔偿几十万元人民币,货运代理因拖车上的两处固定点脱落,负有一定责任,赔付上千元人民币。

2. 钢管绑扎不牢冲出集装箱

某货轮从英国 FELIXSTOWE 开往我国某港口,航行途中遇到 6 级风浪,船员检查集装箱确认绑扎状况是否良好时,发现一 20 英尺集装箱内有货物移动

的声响,遂审核货物舱单,确认其内装有一重达 5 吨的钢管。后风浪加大,船舶摇摆剧烈,钢管冲出集装箱,并导致周围两个集装箱及其箱内货物发生货损。因风浪较大,船员当时无法采取紧固措施。船舶中途挂靠香港时,承运人安排检验,更换集装箱并重新装货、绑扎等,所产生的额外费用及确认波及其他受损集装箱箱体和货物的损失共计 30000 多美元。承运人对托运人提起追偿,托运人全额赔付了承运人。

三、案例的启示

从上述三则案例中,可以吸取以下一些教训。

(1) 货运代理对于自己负责安排或运输的集装箱货物要有所了解,尤其是一些特殊货物。例如对于价值昂贵的精密仪器,应进行特别的积载,或隔垫、或捆绑、或固定;对需要特别处理而产生的额外费用要事先与委托人达成协议。

(2) 集装箱货物的积载非常重要:代理运输食品类货物时,尤其要注意,切忌与其他易污染物拼装于同一集装箱。代理运输某些特殊物品时,如危险品、贵重物品、时令货、超长、超重物品、冷藏集装箱货物,以及货运代理对托运人提出的特别要求已表示确认的货物,均应在代运前给予足够的重视,并采取相应的措施,以防止事故的发生和造成被动局面。

(3) 集装箱货物装船前,在箱内的妥善积载是托运人的一项义务。整箱托运由托运人自己负责装箱、积载。货物积载不当导致运输途中的货物自身损坏及对其他货物、承运工具等的损坏,托运人负责装箱时需对此承担责任。

【思考与讨论】

1. 通过案例的学习,你觉得在进行集装箱货物装载时,应注意哪些问题?
2. 讨论对于食品货物、超大件货物在集装箱装载和积载时的注意事项。

【本章关键术语】

整箱货　full container load, FCL
拼箱货　less than container load, LCL
普通柜　general cargo
开顶柜　open top
集装箱堆场　container yard, CY
集装箱处理站　container freight station, CFS
20 英尺集装箱(标准集装箱)　twenty-feet equivalent units, TEU

【本章思考与练习题】

1. 简述集装箱运输的定义、作用以及发展趋势。
2. 说明集装箱运输系统的构成。
3. 集疏运系统在集装箱运输系统中起什么作用？由哪些部分组成？
4. 简述集装箱码头业务具体内容。
5. 如何根据货物种类选择集装箱类型？
6. 集装箱货物装载应遵循的基本原则是什么？对超大、超重货物的装载应注意哪些基本问题？
7. 简述集装箱船舶配载的基本要求。
8. 集装箱运输费用由哪些部分组成？

第九章 国际多式联运

本章重点理论与问题

在传统的运输方式下,国际贸易中的货物运输从最初起运地到最终目的地,要经过多个不同阶段,这一运输过程将由多个承运人采用接力的方式分段完成。托运人在货物运输的组织和实施过程中,不仅耗费大量时间、精力、费用,还无法保证货物运输的安全性。而集装箱多式联运改变了传统的国际货物运输组织方式。随着国际贸易的发展,集装箱多式联运正成为一种越来越重要的国际运输形式。本章主要介绍国际多式联运的概念、开展国际多式联运经营的条件;分析国际多式联运的主要业务及程序,运输组织形式及主要线路;概括国际多式联运单证编制、签发、转让等过程;最后,介绍国际多式联运过程中常见的货损事故,以及国际多式联运中经营人和发货人的责任、保险等内容。

第一节 国际多式联运概述

一、国际多式联运的概念

国际多式联运(multimodal transport)是一种以实现货物整体运输的最优化效益为目标的联运组织形式。它通常以集装箱为运输单元,将不同的运输方式有机地组合在一起,构成连续的、综合性的一体化货物运输,有时也称国际集装箱多式联运。然而,它与传统的单一运输方式又有很大的不同。根据1980年《联合国国际货物多式联运公约》(简称《多式联运公约》)以及我国的国际集装箱多式联运管理有关规则的定义,国际多式联运是指按照多式联运合同,以至少两种不同的运输方式,由多式联运经营人将货物从一国境内接管的地点运至另一国境内指定交付的地点的货物运输。可见,多式联运是将不同的运输方式组合成综合性的一体化运输,通过一次托运、一次计费、一张单证、一次保险,由各运输区段的承运人共同完成货物的全程运输,即将全程运输作为一个完整的单一运输过程来安排。

二、国际多式联运经营人

(一)国际多式联运经营人的定义

开展国际集装箱多式联运,往往涉及海、陆、空等不同运输区段的多种运输业务,因而必须有人(企业)对集装箱的运输全程进行组织、安排与协调,这就是多式联运经营人

(multimodal transport operator,简称 MTO),也称为契约承运人,即与货物托运人订有运输合同的人。通常,MTO 既可由参与某一运输区段的实际承运人担任,也可由不参加实际运输的经营人来充当。多式联运经营人多是由过去的货运代理人逐步形成和发展起来的。

国际多式联运经营人是国际多式联运的组织者或主要承担人。根据联合国多式联运公约和现行的国际多式联运业务,可以理解为:"多式联运经营人是指其本人或通过其代表订立多式联运合同的任何人,他是事主,而不是发货人的代理人或代表或参加多式联运的承运人的代理人或代表,并且负有履行合同的责任。"我国的国际集装箱多式联运管理有关规则对 MTO 的定义是:多式联运经营人"是指本人或者委托他人以本人名义与托运人订立一项多式联运合同并以承运人身份承担完成此项合同责任的人"。可见,MTO 是一个独立的法律实体,他的身份是一个对托运人(货主)负有履行合同责任的承运人。

MTO 往往在接受货主的委托后,自己办理和承担一部分业务,再将其余工作委托其他承运人完成。接受 MTO 委托的承运人,只是依据运输合同关系对多式联运经营人负责,而不与货主发生任何直接的关系。因此,MTO 与货主之间的合同关系、MTO 与区段承运人之间的合同关系,便构成了国际多式联运的主要特征。一方面,MTO 作为事主与货主签订一份运输合同,选择最佳运输方式与运输路线,完成或组织完成全程运输任务,为货主提供一次托运、一次收费、统一理赔、一单到底、全程负责的运输服务;另一方面,MTO 又与区段承运人和代理人及受雇人发生合同关系,通过他们完成全程联运任务。这两种合同关系,体现了 MTO 的性质及其在国际多式联运中的法律地位与作用。

国际多式联运的出现从根本上改变了过去传统运输的交接界限,使货物交接地点突破了过去的"港/港"或"站/站"的界限,向"收货地/交货地"两端延伸。MTO 接管货物的地点可以在某个港口的货场,也可以在某个内陆地点的货主工厂、仓库或集装箱货运站。只要是在多式联运经营人承运期间,不论在哪一运输区段发生货物损坏,货主都直接向 MTO 提出索赔要求,由 MTO 进行处理或赔偿。

(二)国际多式联运经营人的主要类型

随着国际经济贸易结构的变化,多式联运经营人向多样化方向发展。其中既有传统航运企业充当经营人的,如美国总统轮船公司、日本邮船公司、大阪三井商船等,也有贸易公司的运输部,如日本的三井、伊藤忠、九红和住友等国际贸易公司均组建了多式联运公司,开办无船承运人经营业务。此外,还有铁路航空和汽车运输公司也充当经营人,承担全程运输责任。

国际上通常根据国际多式联运经营人是否实际参加海上运输,将其分为以下两种类型。

1. 以船舶运输经营为主的多式联运经营人

随着集装箱运输的发展,众多船舶经营人将其服务范围扩展到陆上运输和航空运输,成为以船舶运输经营为主的多式联运经营人(vessel operating multimodal transport operators,VO-MTOs)。通常 VO-MTOs 不拥有也不从事公路、铁路和航空货物运输,而是通过与有关承运人订立分合同(subcontract)来安排这些类型的运输。此外,他们通常还会订立内陆装卸、仓储及其他辅助服务的分合同。目前 VO-MTOs 是多式联运经营人中数量较多的一种类型。

2. 无船多式联运经营人

无船多式联运经营人(non-vessel operating multimodal transport operators, NVO-MTOs)是指不拥有和不掌握船舶的承运人,利用船舶经营人的船舶,向货主提供运输服务并承担运输责任。国际上将此类经营人又称为"无船公共承运人"(non-vessel operating common carriers, NVOCCs)。起初,NVOCCs仅指无海上运输船舶,后来成为无运输工具的公共承运人的通用名词。无船公共承运人是多式联运发展的必然产物。在美国,1961年美国联邦海事委员会首次从法律上明确了无船公共承运人的地位,认为无船公共承运人与海上实际承运人之间属于托、承运关系。在欧洲,货运代理人在为货主办理有关货物运输业务时,处于货运代理人的地位;当他们在为托运人承担运输责任时,则处于无船承运人的地位。在日本,国际航运公司组建无船公共承运人子公司,其目的是为其母公司开展国际多式联运业务服务。

三、开展国际多式联运经营的条件

(一)多式联运应具备的基本条件

根据多式联运公约的规定和多式联运业务特点,多式联运应具备的条件如下。

(1)货物在全程运输过程中,作为负责全程运输的多式联运经营人必须与发货人订立多式联运合同。因为,该运输合同是多式联运经营人与发货人之间权利、义务、责任、豁免的合同关系和运输性质的确定,也是区别多式联运与一般货物运输方式的主要依据。

(2)多式联运经营人必须对全程运输负责。多式联运经营人不仅仅是订立多式联运合同的当事人,也是多式联运单证的签发人。多式联运经营人可将全部或部分运输委托他人(分运承运人)完成,并订立分运合同,但分运合同的承运人与发货人之间不存在任何合同关系。

(3)多式联运经营人接管的货物必须是国际货物运输,这不仅有别于国内货物运输,主要还涉及国际运输法规的适用问题。

(4)多式联运不仅仅是两种(或两种以上)不同的运输方式,而且必须是不同运输方式下的连续运输。

(5)货物全程运输由多式联运经营人签发一张多式联运单证,且应满足不同运输方式的需要,并计收全程运费。

(二)国际多式联运经营人应具备的条件

通常,从事国际多式联运的经营人应在技术、组织管理及经济方面具有足够的条件和能力。

1. 具有完成全程运输的技术能力

多式联运经营人必须建立自己的多式联运线路网络,有能力满足不同货主对货物运输的不同需求。开展多式联运业务的公司大多是在尽可能承办货主委托的前提下,重点办好几条联运线路。此外,多式联运经营人必须拥有起码的信息处理和传递的设备。至于完成多式联运所需的其他设备、设施,如集装箱货运站、拆装箱设备、堆场作业机械、各种运输工具等,多式联运经营人可以自己不拥有,但必须与相应的所有人订有长期的使用协议,才能完成货物运输的任务。

2. 具有完成全程运输的组织能力

多式联运经营人一般不会自己完成货物的全程运输,有些情况下甚至将全程运输都交给其他承运人完成,自己不实际承担任何一个区段的运输。这就要求多式联运经营人有将这些承运人有效地组织起来,顺利、高效地完成运输交接的能力。因此,多式联运经营人在其联运线路上要有由其分支机构、代表和代理人构成的业务网络。

3. 具有完成全程运输、对全程运输负责的经济能力

多式联运经营人必须具有开展业务所需的流动资金,而且其制定的单一费率应能够弥补其经营成本支出。同时,多式联运经营人应当具备对运输过程发生的货物灭失、损害和延误进行赔偿的能力。

四、国际集装箱多式联运合同

(一)国际多式联运合同的概念和性质

根据《多式联运公约》规定,多式联运合同是指多式联运经营人凭以收取运费、负责完成或组织完成国际多式联运的合同。我国国际集装箱多式联运管理有关规则对国际集装箱多式联运合同给出了相同的定义。依据上述定义,国际集装箱多式联运合同具有以下性质。

1. 有偿合同

根据当事人取得权利是否须偿付代价,合同可分为有偿合同和无偿合同。有偿合同是指享有合同权利必须偿付相应代价的合同;无偿合同是指享有合同权利而不必偿付代价的合同。在国际集装箱多式联运合同中,多式联运经营人以完成全程运输为代价取得收取运费的权利,而托运人或收货人实现货物位移的权利则是以支付运费为代价的。

2. 双务合同

根据当事人双方权利义务的分担方式,合同可分为双务合同和单务合同。双务合同是指当事人双方相互享有权利、承担义务的合同。在双务合同中,一方享有的权利正是对方承担的义务;反之亦然,每一方当事人既是债权人又是债务人。单务合同是指仅有一方当事人承担给付义务的合同。国际集装箱多式联运合同的双方当事人,即多式联运经营人和托运人,既负有义务又享有权利。如经营人有完成货物全程运输的义务和收取运费的权利;而托运人有支付运费的义务和完好收取货物并在货物出现损害时向经营人索赔的权利。

3. 诺成合同

依据合同的成立是否以交付标的物为要件,合同可分为诺成合同与实践合同。诺成合同是指当事人意思表示一致即成立的合同;实践合同是指除当事人意思表示一致外,还必须交付标的物才能成立的合同。在订立国际集装箱多式联运合同时,只要托运人与多式联运经营人意思表示一致,合同即依法成立。托运人向多式联运经营人交付集装箱货物属于合同的履行环节。

4. 不要式合同

根据合同的成立是否需要特定形式,可将合同分为要式合同与不要式合同。要式合同是指法律要求必须具备一定的形式或手续的合同;不要式合同是指法律不要求特定形式和手续的合同。虽然国际集装箱多式联运合同通常由多式联运提单来证明,但多式联运提单并不是运输合同本身。多式联运合同双方当事人可以口头、书面或以其他形式订立运输合同。

5. 涉他合同

以是否严格地贯彻合同相对性原则为标准,合同可以分为涉己合同和涉他合同。涉己合同是指严格遵循合同的相对性原则,合同当事人为自己约定并承担权利义务,第三人不能向合同当事人主张权利和追究责任,合同当事人也不得向第三人主张合同权利和违约责任的合同;涉他合同是合同当事人在合同中为第三人设定权利或约定义务的合同。国际集装箱多式联运合同的双方当事人是多式联运经营人和托运人,收货人并未参加合同的签订。但多式联运经营人应向作为第三人的收货人交付货物,收货人同时受多式联运合同中关于运费到付等条款的约束。

(二)国际集装箱多式联运合同的订立与主要内容

国际集装箱多式联运合同是处于平等法律地位的国际多式联运经营人与托运人双方的民事法律行为,在且只在双方意思表示一致时才能成立。

国际多式联运经营人为了揽取货物运输业务,会对自己的企业、经营范围等进行广告宣传,并通过运价本、提单条款等形式予以公开说明。此种行为并非要约而仅构成要约邀请。要约是指缔约一方以缔结合同为目的,向对方当事人提出合同条件,希望对方接受的意思表示。而要约邀请,又称要约引诱,是一方希望他人向自己发出要约的意思表示。一个意思表示要构成要约,必须具备法律规定的条件,否则只能为要约邀请。托运人或他的代理人向多式联运经营人或其代理机构申请货物运输时填写托运单,说明货物的品种、数量、起运地、目的地、运输期限要求等内容的行为,即为要约行为。

多式联运经营人在收到托运人或其代理人的要约后,将根据申请的内容,并结合自己的营运路线、所能使用的运输工具及班期等情况,决定是否接受托运。如果认为可以接受,则在双方商定运费率及支付形式,货物交接方式、形态、时间,集装箱提取地点、时间等情况后,由多式联运经营人在交给托运人或其代理的场站收据副本联上签章,以表明接受委托,多式联运合同即告成立。

托运人在约定的时间、地点将货物以约定的方式交给多式联运经营人或其代理之后,取得经签字的场站收据,即可到多式联运经营人处换取多式联运提单。多式联运提单是证明多式联运合同的运输单据,是经营人与托运人之间达成的运输合同的条款和具体内容的证明,记载了双方的基本权利、义务和责任。

第二节　国际多式联运的组织及管理

一、国际多式联运的主要业务及程序

国际多式联运的主要业务及程序有以下几个环节。

1. 接受托运申请，订立多式联运合同

多式联运经营人根据货主提出的托运申请和自己的运输路线等情况，判断是否接受该托运申请。如果能够接受，则双方议定有关事项后，在交给发货人或其代理的场站收据（空白）副本上签章（必须是海关能接受的），证明接受托运申请，多式联运合同已订立并开始执行。

发货人或其代理人根据双方就货物交接方式、时间、地点、付费方式等达成协议填写场站收据（货物情况可暂空），并把其送至联运经营人处编号，多式联运经营人编号后留下货物托运联，将其他联交还给发货人或其代理人。

2. 空箱的发放、提取及运送

多式联运中使用的集装箱一般应由经营人提供。集装箱空箱来源可能有三个：一是经营人自己购置的；二是租用的，一般在货物的起运地附近提箱而在交付货物地点附近还箱；三是由全程运输中的某一分运人提供，需要在多式联运经营人与该分运人（一般是海上区段承运人）订立分运合同后获得使用权。

如果双方协议由发货人自行装箱，则多式联运经营人应签发提箱单或将租箱公司（分运人）签发的提箱单交给发货人或其代理，发货人在规定日期到指定的堆场提箱并自行将空箱拖运到货物装箱地点，准备装货。如发货人委托亦可由经营人办理从堆场到装箱地点的空箱拖运（需加收空箱拖运费）。如是拼箱货（或是整箱货但发货人无装箱条件不能自装）时，则由多式联运经营人将所用空箱调运至接受货物的集装箱货运站，做好装箱准备。

3. 出口报关

若多式联运从港口开始，则在港口报关；若从内陆地区开始，应在附近的内陆地海关办理报关。出口报关事宜可以由发货人或其代理办理，也可委托多式联运经营人代为办理（需加收报关手续费）。报关时应提供场站收据、装箱单、出口许可证等有关单据和文件。

4. 货物装箱及接收货物

若是发货人自行装箱，发货人或其代理提取空箱后在自己的工厂和仓库组织装箱；装箱工作一般要在报关后进行，并请海关派员到装箱地点监装和办理加封事宜。如需理货，还应请理货人员现场理货并与之共同制作装箱单。对于拼箱货物，发货人应负责将货物运至指定的集装箱货运站，由货运站按多式联运经营人的指示装箱。无论装箱工作由谁负责，装箱人均需制作装箱单，并办理海关监装与加封事宜。

对于由货主自装箱的整箱货，发货人应负责将货物运至双方协议规定的地点，多式联运经营人或其委托代表在指定地点接收货物。如是拼箱货，经营人在指定的货运站接收货物。

货物验收后,联运经营人或其代表应在场站收据正本上签章并将其交给发货人或其代理。

5. 订舱及安排货物运送

经营人在合同订立之后,即应制定该合同涉及的集装箱货物的运输计划。该计划应包括货物的运输路线、区段的划分、各区段实际承运人的选择确定及各区段间衔接地点的到达、起运时间等内容。此处的订舱泛指多式联运经营人要按照运输计划安排洽定各区段的运输工具、与选定的各实际承运人订立各区段的分运合同。这些合同的订立由经营人本人(派出机构或代表)或委托的代理人(在各转接地)办理,也可请前一区段的实际承运人作为代表向后一区段的实际承运人订舱。货物运输计划的安排必须合理,注意保持相互联系,根据实际情况调整计划,避免脱节。

6. 办理货物运输保险

发货人应投保货物运输险,该保险由发货人自行办理,或发货人承担费用由经营人代为办理。货物运输保险可以是全程,也可分段投保。多式联运经营人应投保货物责任险和集装箱保险,由经营人或其代理向保险公司或以其他形式办理。

7. 签发多式联运提单,组织完成货物的全程运输

多式联运经营人收取货物后,经营人应向发货人签发多式联运提单。在把提单交给发货人前,应注意按双方议定的付费方式及内容、数量向发货人收取全部应付费用。接收货物后,多式联运经营人要组织各区段实际承运人、各派出机构及代表人共同协调工作,完成全程中各区段的运输、各区段之间的衔接工作,以及运输过程中所涉及的各种服务性工作和运输单据、文件及有关信息等组织和协调工作。

8. 运输过程中的海关业务

按惯例国际多式联运的全程运输(包括进口国内陆段运输)均应视为国际货物运输。因此该环节主要工作包括货物及集装箱进口国的通关手续,进口国内陆段保税(海关监管)运输手续及结关等内容。如果陆上运输要通过其他国家海关和内陆运输线路时,还应包括这些海关的通关及保税运输手续。

海关业务手续一般由多式联运经营人的派出机构或代理人办理,也可由各区段的实际承运人作为多式联运经营人的代表代为办理。由此产生的全部费用应由发货人或收货人负担。

如果货物在目的港交付,则结关应在港口所在地海关进行;如在内陆地交货,则应在口岸办理保税(海关监管)运输手续,海关加封后方可运往内陆目的地,然后在内陆海关办理结关手续。

9. 货物交付

当货物运至目的地后,由目的地代理通知收货人提货。收货人需凭多式联运提单提货,经营人或其代理须按合同规定收取收货人应付的全部费用。收回提单签发提货单,收货人凭提货单到指定地点提取货物;然后,收货人将集装箱空箱运回指定堆场,运输合同终止。

10. 货运事故处理

如果全程运输中发生了货物灭失、损害和运输延误,无论是否能确定损害发生的区段,发(收)货人均可向多式联运经营人提出索赔。多式联运经营人根据提单条款及双方协议确定责任并作出赔偿。如能确知事故发生的区段和实际责任者,可向其进一步进行索赔。如不能确定事故发生的区段,一般按在海运段发生处理。如果已对货物及责任投保,可向保险公司要求赔偿;如果受损人和责任人之间不能取得一致,可通过在诉讼时效内提起诉讼和仲裁来解决。

二、多式联运运输组织方法

货物多式联运过程可划为实际运输过程(即各区段载运工具运输工作过程)和全程运输组织业务过程两部分。实际运输过程是由参加多式联运的各种运输方式的实际承运人完成的,其运输组织工作属于各运输企业内部的技术、业务组织。全程运输组织业务过程是由多式联运全程运输的组织者——多式联运经营人完成的,主要包括全程运输所涉及的所有商务性事务和衔接服务性工作的组织实施。其运输组织方法可以有很多种,但就其组织体制来说,可分为协作式联运和衔接式联运两大类。

(一)协作式多式联运的运输组织方法

协作式多式联运的组织者是在各种政府主管部门协调下,由参加多式联运的各种方式运输企业和中转港站共同组成的联运办公室(或其他名称)。货物全程运输计划由该机构制定,货物联运的运输组织过程如图9-1所示。

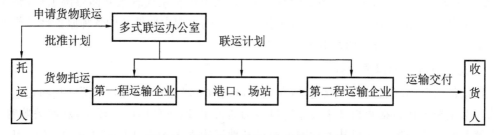

图 9-1 协作式多式联运运输组织过程

在这种机制下,需要使用多式联运形式运输整批货物的发货人需根据要运输货物的实际需要,向联运办公室提出申请并按月申报整批货物要车、要船计划,联运办公室根据多式联运线路及各运输企业的实际情况制订该托运人托运货物的运输计划,并把该计划批复给托运人及转发给各运输企业和中转港站。发货人根据计划安排向多式联运第一程的运输企业提出托运申请并填写联运货物托运委托书(附运输计划);第一程运输企业接受货物后经双方签字,联运合同即告成立。第一程运输企业组织并完成自己承担区段的货物运输到后一区段衔接地,直接将货物交给中转港站,经换装由后一程运输企业继续运输,直到最终目的地,由最后一程运输企业向收货人直接交付。在前后程运输企业之间和港站与运输企业交接货物时,需填写货物运输交接单和中转交接单。联运办公室(或第一程企业)负责按全程费率向托运人收取运费,然后按各企业之间商定的比例向各运输企业及港站分配。

在这种组织体制下,全程运输组织是建立在统一计划、统一技术作业标准、统一运行图和统一考核标准基础上的,而且在接受货物运输、中转换装、货物交付等业务中使用的技术装备、衔接条件等也需要在统一协调下同步解决并配套运行,以保证全程运输的协同性。这种多式联运的组织体制是我国国内目前主要采用的体制。

（二）衔接式多式联运的运输组织方法

衔接方式联运的全程运输组织业务是由多式联运经营人(MTO)完成的，这种联运组织下的货物运输过程可用图 9-2 来说明。

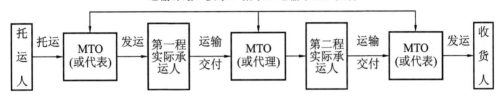

图 9-2　衔接式多式联运运输组织过程

在这种组织体制下，需要使用多式联运形式运输成批或零星货物的发货人首先向MTO提出托运申请，MTO根据自己的条件考虑是否接受。如接受，双方订立货物全程运输的多式联运合同，并在合同指定的地点（可以是发货人的工厂或仓库，也可是指定的货运站中转站、堆场或仓库）双方办理货物的交接手续，联运经营人签发多式联运单据。接受托运后，MTO首要选择货物的运输路线，划分运输区段（确定中转、换装地点），选择各区段的实际承运人，确定零星货物集运方案，制定货物全程运输计划并把计划转发给各中转衔接地点的分支机构或委托的代理人。然后根据计划与第一程、第二程等实际承运人分别订立各区段的货物运输合同，通过这些实际承运人来完成货物的全程位移。全程各区段之间的衔接，由多式联运经营人（或其代表、代理）采用从前程实际承运人手中接受货物再向后程承运人发运的方式完成，在最终目的地从最后一程实际承运人手中接受货物后再向收货人交付货物。

在与发货人订立运输合同后，MTO根据双方协议（包括其他与货物运输相关的服务业务），按全程单一费率收取全程运费和各类服务费、保险费等费用。MTO在与各区段实际承运人订立各分运合同时，需向各实际承运人支付运费及其他必要的费用；在各衔接地点委托代理人完成衔接服务业务时，也需向代理人支付委托代理费用。

在衔接式多式联运组织体制下，承担各区段货物运输的运输企业的业务与传统分段运输形式下完全相同，与协作式体制下还要承担运输衔接工作是有很大区别的。目前这种组织体制是国际货物多式联运的主要运输组织方式。

三、多式联运的运输组织业务

多式联运的运输组织业务主要包括以下方面。

（1）宣传与揽货工作组织。

（2）汇总合同，制订运输计划。包括：选择各票货物运输路线、运输方式、各区段的实际承运人及代理人；确定运输批量；编制订舱计划，集装箱调运计划，装箱、接货计划及各批货物的运输日程计划等。

（3）组织各项计划的实施。包括与各区段的实际承运人签订分运合同，将计划下达给有关人员或机构，监督其按计划进行工作，并及时了解执行情况，还要组织有关信息传递工作。

（4）监督计划执行情况及计划调整。根据计划执行情况反馈信息，检查、督促各区段和各转接点的工作；如出现问题则对计划进行必要调整，并把有关信息及时传给有关人员与机构，以便执行新的指令。

（5）组织货物交付、事故处理及集装箱回运工作。

四、国际多式联运的路线

由于每种运输方式都有其优点与不足，因此，国际多式联运规定必须采用至少两种运输方式组织联运，以便能综合利用各种运输方式的优点。目前，有代表性的国际多式联运主要有远东/欧洲、远东/北美等海陆空联运，其方式包括以下几种。

（一）海陆联运

海陆联运是国际多式联运的主要组织形式，也是远东/欧洲多式联运的主要组织形式之一。目前经营远东/欧洲海陆联运业务的主要有班轮公会的三联集团、北荷、冠航和丹麦的马士基等国际航运公司，以及非班轮公会的中国远洋运输公司、中国台湾长荣航运公司和德国那亚航运公司等。这种组织形式以航运公司为主体，签发联运提单，与航线两端的内陆运输部门开展联运业务，与大陆桥运输展开竞争。

（二）陆桥运输

在国际多式联运中，陆桥运输（land bridge service）起着非常重要的作用。它是远东/欧洲国际多式联运的主要形式之一。所谓陆桥运输是指采用集装箱专用列车或卡车，把横贯大陆的铁路或公路作为中间"桥梁"，使大陆两端的集装箱海运航线与专用列车或卡车连接起来的一种连贯运输方式。陆桥运输是一种海—陆—海的联运形式。下面简要介绍目前世界上最有影响的亚欧陆桥运输线和北美陆桥运输线。

1. 亚欧陆桥运输线路

亚欧大陆桥是指中国、日本、韩国及东南亚各国的货物经海运至俄罗斯或中国东部港口，再经跨越亚欧的俄罗斯西伯利亚铁路及亚欧各国互相衔接的铁路网运至欧洲的海铁联运通道。目前亚欧大陆桥共有三条线路。

第一条是西伯利亚大陆桥。其路径为：远东货物经海运至俄罗斯纳霍德卡港，换装转运经西伯利亚铁路至莫斯科进行二次编组转运，经布列斯特至西欧，或者，经圣彼得堡转海运至北欧以及其他中亚、西亚各国。

第二条为新亚欧大陆桥。其路径为：远东货物经海运至中国连云港，换装转运经中国铁路运至新疆阿拉山口，出境经哈萨克斯坦、俄罗斯及欧亚各国铁路运至欧洲、中亚、西亚各国。

第三条为经二连口岸出境的亚欧大陆桥。其路径为：远东货物经海运至中国天津新港，换装转运经中国铁路运至内蒙古二连口岸，出境经蒙古国、俄罗斯及欧洲各国，经铁路运至中欧、东欧、西欧各国目的地。

上述三条线路中，西伯利亚大陆桥是最早实现通运的，由苏联和日本发起，1967年试运行，1970年正式转入运营阶段。基于西伯利亚大陆桥运输的成功经验及其对沿桥各国经济发展的推动作用,1990年,我国开始分别与沿桥各国接触协商,探讨开行穿越中国中部的新亚欧大陆桥,并于1992年12月实现了新亚欧大陆桥试运营。经二连浩特出境的第三亚欧大陆桥同样由我国发起。

2. 北美陆桥运输线路

北美陆桥是指利用横跨北美洲东西海岸的大铁路进行从远东到欧洲的海—陆—海联运线路。该陆桥运输包括美国大陆桥和加拿大大陆桥两条运输线路。其中,美国大陆桥是世界上第一条大陆桥运输线。20世纪50年代初期,日本货运公司首先使用了美国大陆桥运输集装箱。货物运输线路有两条:一条线路是经美国西部太平洋沿岸(如洛杉矶、西雅图、旧金山等)至美国东部大西洋沿岸(如纽约、巴尔的摩等)的铁路和公路运输线,再到欧洲;另一条线路是货物经美国西部太平洋沿岸(如洛杉矶、西雅图、旧金山等)登陆,运至东南部墨西哥湾沿岸的铁路和公路运输线,再运到欧洲。

加拿大大陆桥于1979年开通使用,与美国大陆桥类似,货物经海运达到加拿大的西海岸温哥华,再经铁路运到加拿大东海岸的蒙特利尔或哈利法克斯,然后再与大西洋海运相接抵达欧洲。

但是由于美国东部港口和铁路货源过剩,运能有限,货物到港后往往很难保证及时换装,从而抵消了大陆桥运输所带来的时间节省。另外,由于西伯利亚大陆桥的出现和发展,给北美大陆桥带来了很大的冲击,目前北美大陆桥几乎陷于停顿状态。

北美陆桥运输线路除了大陆桥运输线路外,还有小陆桥运输(mini bridge)和微陆桥运输(micro bridge)等方式。小陆桥运输从运输组织方式上看与大陆桥运输类似,但所运送货物的目的地为沿海港口,比大陆桥运输方式少了一程海运。微陆桥运输与小陆桥运输基本相似,只是其交货地点在内陆地区,即只利用大陆桥的一部分把海上集装箱运输与一个内陆起点站或到达站连接起来的海陆联运方式。近年来,美国小陆桥和微陆桥运输主要吸引了来自日本和远东至北美墨西哥湾及内陆的进出口货物,运输时间和成本的优越性使北美小陆桥和微陆桥运输得到了快速发展。

(三) 海空联运

海空联运又被称为空桥运输(air bridge service)。在运输组织方式上,空桥运输与陆桥运输的差别是:陆桥运输在整个货运过程中使用的是同一个集装箱,不用换装;而空桥运输的货物通常要在航空港换入航空集装箱。

海空联运方式始于20世纪60年代,但到80年代才得以快速发展。这种联运方式的运输时间比全程海运少,运费比全程空运低。当然,这种联运组织形式以海运为主,只是最终交货运输区段内由空运承担。1960年年底,苏联航空公司开辟了经由西伯利亚至欧洲的航空线;1968年,加拿大航空公司参加了国际多式联运;80年代,出现了经由中国香港、新加坡、泰国等至欧洲的航空线。目前,国际海空联运线主要有以下几种。

(1) 远东—欧洲:目前,远东与欧洲间的航线有的以温哥华、西雅图、洛杉矶为中转地,也有的以香港、曼谷、海参崴为中转地。此外还有的以旧金山、新加坡为中转地。

(2) 远东—中南美:近年来,远东至中南美的海空联运发展较快,因为此处港口和内陆运输不稳定,所以对海空运输的需求很大。该联运线以迈阿密、洛杉矶、温哥华为中转地。

(3) 远东—中近东、非洲、澳大利亚：这是以香港、曼谷为中转地至中近东、非洲的运输服务。在特殊情况下，还有经马赛至非洲、经曼谷至印度、经香港至澳大利亚等联运线，但这些线路货运量较小。

五、我国国际多式联运线路

我国开展陆桥集装箱运输已有多年，在东北地区已有4条铁路与西伯利亚大陆桥连接，从东而起顺序为：绥芬河铁路、满洲里铁路、二连浩特铁路、欧亚大陆桥。

我国东北地区连接黑龙江北安市与黑河市的北黑铁路已重建通车，该铁路邻接俄罗斯布拉戈维申斯克市，方便了东北亚经济圈与欧洲的联系。我国西北地区已兴建连接乌鲁木齐至阿勒泰的新铁路，该铁路与相关铁路连接，延长了远东至欧洲内陆运输线的我国境内的运输距离。

在我国的南方，大陆与香港之间也有几条内陆运输路线，由香港中转的进口货可用集装箱卡车运往内地，也可用驳船在黄埔、广州等地的专用码头卸货，然后运往内地。另外，香港至深圳、深圳至北京的铁路线已有效地连接。这些内陆运输线为我国国际多式联运的开展创造了良好条件，有的已在国际多式联运中发挥了作用。

近年来，为适应我国对外贸易运输的需要，我国已开展的国际多式联运路线主要有：
(1) 我国内地—我国港口—日本港口—日本内地（或反向运输）；
(2) 我国内地—我国港口（包括香港）—美国港口—美国内地（或反向运输）；
(3) 我国港口—肯尼亚港口—乌干达内地；
(4) 我国内地—我国港口（包括香港）—欧洲有关港口—西欧内地（或反向运输）；
(5) 我国内地—我国港口—科威特—伊拉克；
(6) 我国东北地区—图们—朝鲜清津港—日本港口（或反向运输）；
(7) 我国港口—日本港口—澳大利亚港口—澳大利亚内地；
(8) 我国内地—俄罗斯西部边境—欧洲、中近东（或反向运输）。

由于我国内陆交通运输条件的限制，不少港口开展集装箱的多式联运还有困难，出口货物从内地启运到港口或货运站后，装载集装箱才能续运至国外；进口集装箱在港口卸船后，经掏箱才能续运至内陆交货地点。这在一定程度上影响了我国国际多式联运的发展。

第三节 国际多式联运的单证

一、国际多式联运单证概述

（一）国际集装箱多式联运单据的含义

国际集装箱多式联运经营人在接收集装箱货物时，应由本人或其授权的代表、代理签发国际集装箱多式联运单据（multimodal transport document，MT document）。多式联运单据并不是多式联运合同而只是多式联运合同的证明，同时也是多式联运经营人收到货物的收据和交货凭证，还是整个国际多式联运中有关方权利、义务、责任转移的凭证。

在国际集装箱多式联运中要处理的单证达 100 多种,其中与托运人、收货人、多式联运经营人关系均比较密切的单证有集装箱货物托运单、场站收据、设备交接单、装箱单、交货记录、多式联运单据等。其中,集装箱货物托运单是托运人根据贸易合同和信用证的有关内容,向多式联运经营人申请办理货物运输时的书面凭证。托运单记载的内容有托运人对货物运输的要求、关于货物的详细资料、对运费的安排,此外还有可否分批运输、装船期限、货物价值等项目。集装箱货物托运单经多式联运经营人确认后,便成为双方订立运输合同的凭证。场站收据、设备交接单、交货记录和装箱单是适应集装箱运输的发展而新使用的货运单证,并不是国际集装箱多式联运的专门单据。

国际集装箱多式联运单据的主要功能和作用如下:

(1) 是发货人与多式联运经营人订立的国际货物多式联运合同的证明;
(2) 是多式联运经营人接管货物的证明和收据;
(3) 是收货人提取货物和多式联运经营人交付货物的凭证;
(4) 是货物所有权的证明,可以用来结汇、流通和抵押等。

(二) 多式联运单据的内容

我国国际集装箱多式联运管理有关规则规定了多式联运单据的记载内容,包括下列事项:

(1) 货物名称、种类、件数、重量、尺寸、外表状况、包装形式;
(2) 集装箱箱号、箱型、数量、封志号;
(3) 危险货物、冷冻货物等特种货物应载明其特性、注意事项;
(4) 多式联运经营人名称和主营业所;
(5) 托运人名称;
(6) 多式联运单据表明的收货人;
(7) 接受货物的开期、地点;
(8) 交付货物的地点和约定的日期;
(9) 多式联运经营人或其授权人的签字及单据的签发日期、地点;
(10) 交接方式、运费的支付、约定的运达期限、货物中转地点;
(11) 在不违背我国有关法律、法规的前提下,双方同意列入的其他事项。

缺少上述事项中的一项或数项,并不影响该单据作为多式联运单据的法律效力。《联合国国际货物多式联运公约》对多式联运单据所规定的内容与上述规则基本相同,只是公约中还规定多式联运单据应包括下列内容:

(1) 表示该多式联运单据为可转让或不可转让的声明;
(2) 预期经过的路线、运输方式和转运地点等,如在签发多式联运单据时已经确知;
(3) 遵守《多式联运公约》的声明。

上述事项归纳起来有四大内容,第一是涉及当事人的记载;第二是对货物的记载;第三是有关运输的记载;第四是运输遵守法律公约(如《多式联运公约》)的声明。多式联运单据一般都应注明上述各项内容。

一般认为,只要所缺少的内容不影响货物运输以及各当事人之间的利益,多式联运单据依然有效。此外,在不违背单据签发国的法律时,还可根据双方的实际需要加注其他项目,如有关特种货物的运输说明、对收到的货物批注说明、不同运输方式下承运人之间的临时洽商批注等。

多式联运单据所记载的内容通常由托运人填写，或由多式联运经营人或其代表根据托运人所提供的有关托运文件制成。在多式联运经营人接管货物时，应视为发货人已向多式联运经营人保证其所提供的货物品类、标志、件数、重量、数量都是准确无误的；如系危险货物，还应说明其危险特性。

如货物的灭失、损害系由于发货人提供的内容不准确或不当所至，发货人应对多式联运经营人负责。即使发货人已将多式联运单据转让给他人也不例外。而且，多式联运经营人取得这种赔偿权利，也并不限制他按照多式联运合同对发货人以外的其他任何人应负的赔偿责任。

二、国际多式联运单据的编制、签发与转让

虽然多式联运单据的性质不同于多式联运提单，但是现行的联运或多式联运业务中所使用的单证一般都是多式联运提单或联运提单。下面主要讨论多式联运提单的编制与签发。

（一）多式联运提单的编制

多式联运单据的编制，习惯上由多式联运经营人或其代理人签发多式联运提单交发货人，由发货人通过银行转让给收货人。因此，多式联运单上的收货人或发货人，确系实际的收发货人。而多式联运提单上的通知方，则是目的港的或最终交货地点收货人指定的代理人。多式联运经营人与各区段实际承运人之间均订有协议（分包合同），就有关提单的制作、货物交接、双方责任划分、费用的支付、赔偿等均在协议中作出明确规定。

提单编制的主要步骤是：①签发海运联运提单，将货物从中国港口启运至目的港以外的一交货地点，这种做法是在货物运至目的港后由船公司代理人（或货主指定的二程代理人）安排内陆运输，将货物运至目的地交货；②签发货运代理人提单，以及一程海运提单，由货运代理人安排把货物运至目的地交货；③签发货运代理人提单，以及一程海运提单（从启运港至目的港），由货运代理人安排接运货物至收货人指定的地点交货。经过我国运往其他国家的过境货，我方只负责中国境内的运输。

（二）多式联运提单的签发

多式联运经营人在接管货物时，应签发一项多式联运单据。该单据应依发货人的选择，可为可转让的单据或为不可转让的单据。多式联运单据应由多式联运经营人或授权的代表、代理签字。

多式联运提单一般是在多式联运经营人收到货物后签发。经营人接收货物的地点可能是集装箱码头或内陆堆场、集装箱货运站和发货人的工厂或仓库。由于接收货物的地点不同，提单签发的时间、地点及联运经营人承担的责任也不同。而且根据多式联运的特点，托运人交出货物，即使货物没有装上船，也可以凭场站收据要求多式联运经营人签发提单。

多式联运经营人在签发多式联运提单时，应注意以下事项。①如签发可转让的多式联运提单，应在收货人栏列明按指示交付或向持票人交付；如签发不可转让的提单，应列明收

货人名称。②提单上的通知人一般是在目的港或最终交货地点,由收货人指定代理人。③提单的副本不具有提单的法律效力。

多式联运提单应有多式联运经营人或经他授权的签字。如不违背所在国法律,签字可以使用手签、手签笔迹的印章、符号或用其他任何机械或电子仪器打出。

（三）多式联运单据的转让

多式联运单据和提单一样可以转让,具有流通性。这是这类单据区别于其他运输单证的主要标志之一。如果发货人要求经营人签可以转让的多式联运单据,则应在此类单据上列明转让方法。可转让的提单又可以分为指示提单(Order B/L)和不记名提单(Blank B/L)两类,不可转让提单一般是记名提单(Straight B/L)。

(1) 指示提单是在收货人栏中填写"由某人指示"或者"指示"字样的多式联运提单。前者中的"某人"可以是银行,也可以是发货人;后者一般理解为发货人指示。两种指示提单需要指示人背书后才能转让和提货;如无背书,只有指示人才有提货权。

(2) 不记名提单又称为空白提单,是指在提单背面的收货人栏不写明具体的收货人或由某人指示,通常只注明"持有人"或"交持有人"字样的多式联运提单。不记名提单不需要背书就能转让,多式联运经营人或其代表应将货物交付给提单持有人,这对货物买卖双方均有较大的风险,实践中极少采用。

(3) 记名提单是指收货人栏中载明作为收货人特定的人(或公司)的提单,一般不发生转让流通。由于流通性差,在实践中较少采用,一般用于贵重物品、展品等货物运输。

多式联运公约规定:如签发一套一份以上正本的,应注明正本份数;如签发多份副本的,每份副本均应注明"不可转让副本"字样。对于签发一套一份以上的可转让多式联运单据正本的情况,如多式联运经营人或其代表已按照其中一份正本交货,该多式联运经营人便已履行其交货责任。

第四节　国际多式联运的事故与责任

在国际多式联运全程运输过程中,发生货损、货差等事故的可能性要比单一方式下更高。尽管多式联运全程使用了集装箱,减少了某些货损事故的发生概率,但也带来了一些新的问题。随着货损等事故的发生,不可避免地会发生索赔理赔等问题。

一、国际多式联运的货损事故

集装箱货物在运输中,由于箱内堆装方式不当、加固不牢、或集装箱在船上的配载不合适,可能造成货损、箱损事故。根据国际海上保险联合会发表的有关集装箱货损事故的统计文件,货物运输过程中发生货损的主要种类有破、擦损,水渍损,汗渍损,污损,被盗损,海难或共同海损及解冻、冻结损等。以上损失无论是数量上还是损失金额上均占货损的绝大部分。

国际多式联运货损事故的主要种类及原因如下。

1. 因雨水、海水而造成的水渍损

虽然集装箱有水密性的特点,但从货损例子看,集装箱箱门及其箱顶进水较为常见。不规范的装卸操作也会在箱顶和侧壁造成针尖大小的洞孔,造成进水。安装在集装箱门上的各种外凸的开关器具,如箱门把手、门锁、门锁杆、门钩、门铰链等,在与其他物品接触时,容易产生破损,给箱门部分保持完全的水密性带来困难。此外,集装箱箱底的破损比箱顶和侧壁的破损更难以被发现。集装箱所带的排水装置可以排出渗透的海水和雨水,也能使内部产生的水渍流入集装箱底部而排出箱外。但要保证箱内货物的安全,防止水渍损害是集装箱检查的关键。

2. 撞击损

集装箱在运输过程中常常会受到各种撞击,而且集装箱本身对于外部的压力没有缓冲的能力,因此需要箱内货物自身捆包、包装适当,同时要保证正确的集装箱配载。在内陆运输过程中,由于没有进行坚固的绑扎,在急刹车和急转弯时可能造成集装箱前后左右摇动,给箱内货物带来严重危害,甚至造成集装箱脱落或驾驶人员伤亡。在海上运输过程中,遇到恶劣天气使得船体剧烈摇动,会增加发生撞击的可能性;在集装箱中转、装卸过程中,若采用非专业装卸机械,或不规范作业,也可能造成箱内货物的撞击,发生破损或弯曲损。可见,正确的货物包装和合理的集装箱配载是防止破损的关键。

3. 汗渍损

对集装箱运输的研究表明,集装箱内部的气温、湿度等受外界影响发生变化时,箱内货物可能会遭受货损。在温度下降时,集装箱的侧壁和箱顶内侧就会产生水滴,水滴打落在货物上和箱底造成汗渍损;相反,气温上升时,集装箱内的水分变成蒸气在箱内循环,气温急剧下降,再次成为水滴。集装箱内货物配载时用的铺垫、充填物以及包装材料包含的水分,会给集装箱内带来湿气,这是汗渍损的主要原因。集装箱运输大大减少了杂货船运输的货损,却增加了发生汗渍损的几率。如使用集装箱集运的玻璃板,破损大为减少,但汗渍造成的变色污损频频发生;又如集装箱运输解决了罐头类物品的凹损,却很难避免罐头表面出现的锈蚀、霉变、污脏和变色。

4. 污损

性质完全不同的货物混装在同一集装箱内,或者尚未清除集装箱内的污物又装进其他货物,这样的行为易使货物受到污损。在发货人自己装箱或租用集装箱的情况下,对于箱内货物的污损,集装箱所有人和承运人往往以不负任何责任的条款签署集装箱租赁合同。此外,冷藏集装箱内壁的隔热材料含有黏着剂,因其溶化使箱内货物产生污损的事件也时有发生。

5. 气温变化

需要通风和湿度调节设备的货物,不宜装入密闭式集装箱;容易发热的货物以及在高温下容易腐烂变质的货物,禁止装入密闭式集装箱;装在甲板上的集装箱货物,更易受到外部气温变化的影响。为了适应气温变化,出现了各种配置内装设备的集装箱:自然通风式集装箱、配装排风器集装箱、内装隔热材料集装箱、干冰保冷式集装箱、冷藏集装箱、保暖式集装

箱等。其中保冷式集装箱内的干冰有效时间较短,一般在国内运输时使用;冷藏集装箱,箱内装有冷冻机,也有冷冻机与集装箱分体式的。集装箱专用船也出现了用安装舱内冷藏设备的冷藏方法,即用管道从集装箱船的冷藏间向单元结构式的船舱内注入冷气,从外部将集装箱冷却。

6. 盗窃

在集装箱运输过程中,把集装箱砸开或者把集装箱端门打开,或伪造铅封、盗走箱内货物的事件屡有发生。在美国、意大利等国家的内陆运输过程中,也常常发生类似盗窃事件,特别是装有贵重物品的大型集装箱。

7. 共同海损

共同海损是海上货物运输特有的制度。在多式联运过程中发生共同海损,承运人可能要求货主参加共同海损分摊。在货物运于最终目的地,提出有关共同海损的文件,或委托对具体业务和共同海损制度不熟悉的人(内陆承运人、货运代理人)去处理,可能会造成文件不齐全,共同海损不能理算。而且让陆路或空运承运人参加共同海损分摊,陆路或空运承运人能否接受海运发生的风险责任也是问题。在处理集装箱货物共同海损时,还有一个困难是如何确定分摊价值和补偿相关当事人因保护船货共同安全而使自己的货物和箱子灭失的损失金额。共同海损的分摊价值是按照在共同海损发生后货物实际净值,或者根据货主的商业发票来确定的;但商业发票中没有集装箱的价值,无法确定其净值。

二、国际多式联运经营人的责任

(一) 国际多式联运责任制

1. 国际多式联运责任制的类型

对多式联运经营人赔偿责任的分析,首先必须确定责任制,即其应承担的责任范围。在目前的国际集装箱多式联运中,经营人所负的责任范围主要有以下两种类型。

1) 统一责任制

统一责任制(uniform liability system,又称同一责任制)就是多式联运经营人对货主负有不分区段的统一原则责任,也就是说经营人在整个运输中使用同一责任向货主负责,即经营人对全程运输中货物的灭失、损坏或延期交付负全部责任。无论事故责任是明显的,还是隐蔽的;是发生在海运段,还是发生在内陆运输段,均按一个统一原则由多式联运经营人统一按约定的限额进行赔偿。但如果多式联运经营人已尽了最大努力仍无法避免的或确实证明是货主的故意行为过失等原因所造成的灭失或损坏,经营人则可免责。统一责任制是一种科学、合理、手续简化的责任制度。但经营人责任负担较重,因此目前使用还不广泛。

2) 网状责任制

网状责任制(network liability system,又称混合责任制)就是多式联运经营人对货主承担的全部责任局限在各个运输部门规定的责任范围内,也就是由经营人对集装箱的全程运输负责,而对货物的灭失、损坏或延期交付的赔偿,则根据各运输方式所适用的法律规定进行处理。如海上区段按《海牙规则》处理,铁路区段按《国际铁路货物运输公约》处理,公路区段按《国际公路货物运输公约》处理,航空区段按《华沙公约》处理。在不适用上述国际法时,则按相应的国内法的规定处理。同时,赔偿限额也是按各区段的国际法或国内法的规定进行赔偿;对不明区段货物的隐蔽损失,或作为海上区段按《海牙规则》处理,或按双方约定的原则处理。

网状责任制是介于全程运输负责制和分段运输负责制这两种负责制之间的一种责任制,故又称混合责任制。也就是该责任制在责任范围方面与统一责任制相同,而在赔偿限额方面则与区段运输形式下的分段负责制相同。目前,国际上大多采用的就是网状责任制,我国采用的也是网状责任制。

2. 国际多式联运公约采用的责任形式

联合国国际货物多式联运公约对于多式联运经营人的责任制形式,采用了"修正统一责任制"(modified uniform liability system)。不管是否能确定造成货损的实际运输区段,多式联运经营人对货损的处理,都将适用公约的规定。如果货物的灭失或损坏发生于多式联运的某一特定区段,而对这一区段适用的一项国际公约或强制性国家法律规定的赔偿责任限额高于公约规定的赔偿责任限额,则多式联运经营人对这种灭失或损坏的赔偿,应按照该国际公约或强制性国家法律予以确定。可见,在责任原则方面,国际多式联运公约遵循由经营人承担举证责任的严格责任主义,采用统一责任制;而在责任限额方面,则采用网状责任制,多式联运经营人对货损的赔偿首先要依据所适用的法律规定来确定所适用的责任制形式。

公约采用的这种责任形式,使国际多式联运中出现了双层赔偿责任关系,即多式联运经营人与货主之间的赔偿责任关系,以及多式联运经营人与其分包人之间的赔偿责任关系。前者的赔偿责任关系受制于多式联运公约的规定。由于多式联运公约的强制性,这一规定中多式联运经营人不能放弃或降低赔偿责任限制,也不能将自己承担的责任转嫁货主。而对多式联运经营人与其分包人的赔偿责任,多式联运公约并未作任何规定,在国际多式联运中极易产生纠纷;如海运方面至今采用的是"不完全过失责任制",航空方面则采用"完全过失责任制",而陆路运输方面(公路、铁路)均采用"严格责任制"。在上述几种责任制中,海上承运人的责任最轻。

(二)国际多式联运经营人的赔偿责任

1. 国际多式联运公约对承运人责任期间的规定

联合国国际货物多式联运公约根据集装箱货物在货主仓库、工厂以及集装箱货运站、码头堆场进行交接的特点,仿照《汉堡规则》,对多式联运经营人规定的责任期间是:"多式联运经营人对于货物的责任期间,自其接管货物之时起至交付货物时止。"

多式联运经营人接管货物有两种形式:①从托运人或其代表处接管货物,这是最普遍的方式;②根据接管货物地点适用的法律或规章,货物必须从运输管理当局或其他第三方手中接受,这是一种特殊的形式。在第2种接管方式中,如果多式联运经营人从港口接货时,货物在港口保管期间发生的灭失或损坏,多式联运经营人可以不负责任。

多式联运公约对交付货物规定的形式有三种:①将货物交给收货人;②如果收货人不向多式联运经营人提取货物,则按多式联运的合同或按照交货地点适用的法律规定或特定行业惯例,将货物置于收货人支配之下;③将货物交给根据交货地点适用的法律或规章规定的当局或第三方。

在收货人不向多式联运经营人提取货物的情况下,多式联运经营人可按上述第 2、3 种交货形式交货,责任即告终止。

2. 国际多式联运经营人的赔偿责任基础

在各类运输法规中,承运人的赔偿责任基础一般是指承运人在按运输合同规定完成运输的过程中(责任期限内)对发生的哪些事情或事故承担赔偿责任及按照什么样的原则判断是否应承担责任。

目前,各种单一运输方式的国际货运公约对承运人的赔偿责任基础的规定是不同的,大致可分为过失责任制和严格责任制两种。过失责任制是指承运人承担责任是以自己在执行这些合同过程中有过失,并因这些过失造成对货方或其他人的损害为基础而承担损害的赔偿责任。过失责任制又可分为不完全过失责任制和完全过失责任制两种。完全过失责任制是指不论承运人的过失是什么情况,只要有过失并造成了损害就要承担责任,如海运的《汉堡规则》和航空运输的《海牙认定书》就采取这种责任制;不完全过失责任制是指规定对某些性质的过失造成的损害可以免责(即不承担赔偿责任),如《海牙规则》就采用这种责任制,规定对管船的过失造成的损害可以免责,但对管货的过失应承担责任。严格责任制则是指除不可抗力造成的损害可以免责外,承运人要对责任期限内发生的各类损害承担赔偿责任,不论承运人是否有过失或损害是否由于过失造成。目前国际铁路、公路运输公约采用这类责任制。

国际多式联运公约仿照《汉堡规则》,采用了完全过失责任制,对多式联运经营人规定的赔偿责任基础是:"多式联运经营人对于发生在其掌管期间内货物的灭失、损坏或延误交货的损失应负赔偿责任。除非多式联运经营人能证明其本人、受雇人或其代理人或其他人为避免事故的发生和其后果已采取了一切符合要求的措施。"这个规定说明了多式联运经营人责任的范围和不承担责任的前提。这句话实际上是完全过失责任制的体现。

多式联运公约对延误交货的规定:"如果货物未在议定的时间内交付,或者无此种协议情况下,未在按照具体情况对一个勤奋的多式联运经营人所能合理要求的时间内交付,即为延误交货。"又规定如果货物在上述规定的交货日期届满后连续 90 日内未交付,索赔人即可认为这批货物业已灭失。对延误交货的规定可以分为两种情况:①未在双方议定(或合同规定)的时间内交货;②未在合理的时间内交货。

如何理解"勤奋的多式联运经营人"与"合理的时间",要根据不同情况加以判断,如由于气候、天气影响不能正常装卸和运输造成的延误交货不能作为未在合理时间内交货处理。

3. 国际多式联运经营人的赔偿责任限制

在各运输公约和法规中,承运人的赔偿责任限制是指在承运人掌管货物期间对应承担赔偿责任的货物灭失、损害和延误交货等造成货方损失进行赔偿的最高限额规定。该限额是由采用的责任形式和责任基础决定的。由于承运人为完成运输承担的风险和货物本身的特点(特别是本身价值)等不同,各国际公约或法规规定的赔偿责任限额也有较大区别。限额规定的形式有两种:一种是单一赔偿标准,即只规定对单位重量(毛重)货物赔偿限额;另一种是双重赔偿标准,即不但规定单位重量货物赔偿限额,也规定每一货损单位(每件或每一基本运输单元)的赔偿限额。现行的航空、陆运和海运的《海牙规则》中均采用单一标准，而海运的《维斯比规则》、《汉堡规则》则采用双重标准。

多式联运公约以双重赔偿标准与单一赔偿标准相结合的方式规定了多式联运经营人的赔偿责任限额。多式联运公约和各单一方式运输公约赔偿责任限额见表9-1、表9-2。

表 9-1 各国际公约赔偿责任限额表

公约名称	每件或每货运单位		毛重每千克		备注
	责任限额（SDR）	多式联运公约责任限额所占比例/(%)	责任限额（SDR）	多式联运公约责任限额所占比例/(%)	
多式联运公约	920		2.75		包括海上或内河运输
海牙规则	161	570			
维斯比规则	680	135	2.04	135	
汉堡规则	835	110	2.50	110	
CMR(公路)			8.33	33	
CIM(铁路)			16.67	16.5	
华沙公约(空运)			17	16	
多式联运公约			8.33		不包括海上或内河运输
CMR(公路)			8.33	100	
CIM(铁路)			16.67	49.9	
华沙公约(空运)			17	49	

注：SDR—特别提款权；CMR—《国际公路货物运输合同公约》；CIM—《国际铁路运输公约》。

表 9-2 各国际公约关于货物延迟交付赔偿责任限额的规定

公约名称	赔偿责任限额	赔偿责任总额
多式联运公约	应付运费的2.5倍	不超过合同应付运费总额
汉堡规则	应付运费的2.5倍	不超过合同应付运费总额
海牙规则	无限额规定	无限额规定
华沙公约	无限额规定	无限额规定
CMR(公路)	延迟交付货物运费总额	无限额规定
CIM(铁路)	应付运费的2倍	无限额规定

多式联运公约规定，如果货物的灭失或损坏已确定发生在多式联运的某一地区段，而该区段适用的国际公约或强制性国家法律规定的赔偿限额高于多式联运公约的标准，则经营人的赔偿应以该国际公约或强制性国家法律予以确定；如果货物是由集装箱、货盘或类似装运工具集装，并在多式联运单据列明在这种装运工具中的件数或货运单位数时，该件数或单位数应视为计算限额的件数或货运单位数，否则装运工具与其中货物应视为一个货运单位；如果装运工具本身灭失或损坏且该工具并非多式联运经营人所有或提供，则应视为一个单

独的货运单位;如果在货物的灭失、损害与延迟交付同时发生时,赔偿总额以货物全部灭失时应负的责任为限。

为了防止多式联运经营人利用责任限制的规定,对运输的货物安全掉以轻心或故意造成损害使货方遭受不必要的损失,多式联运公约还规定:如经证明货物的灭失、损害或延误运输是由于多式联运经营人有意造成或明知有可能造成而又毫不在意的行为或不作为引起的,多式联运经营人则无权享受本公约规定的赔偿责任限制权益。对他的受雇人、代理人或在履行多式联运合同为其服务的其他人也是如此。

三、国际多式联运中发货人的责任

(一) 发货人的义务

发货人是指其本人或以其名义与多式联运经营人订立多式联运合同的任何人。根据这个定义,多式联运的发货人有两种:订立多式联运合同的人和交货的人。这两种人有时是同一个人,有时并不是同一个人,一般取决于运输货物涉及的贸易合同采用的价格术语。

发货人将货物交给多式联运经营人或其代表时具有下列义务。

(1) 保证完成双方议定采用的交接方式下应承担的全部工作,在规定的时间、地点将货物交给多式联运经营人或其代表。

(2) 保证申报货物内容(包括名称、性质、包装、单件重、尺码等)准确、完整,铅封完好。

(3) 如使用自有箱,应保证集装箱符合有关国际公约和标准的规定,箱子与附属设备能适合多种运输方式。

(4) 货物包装应牢固,标志、标签应清楚、准确、完整。

(5) 如系危险货物,应说明其特征及应采取的措施、运输要求等。

(6) 保证向多式联运经营人提供办理通关、检查等手续所需的各类单证、文件的准确与齐全。一般多式联运经营人没有检查这些单证文件是否准确、齐全的义务。

(二) 发货人赔偿责任通则

《国际货物多式联运公约》对发货人的赔偿责任以通则形式规定其一般形式、内容与范围,又提出危险货物的特殊规则。公约中对发货人赔偿责任通则的规定是:"如果多式联运经营人遭受的损失是由于发货人的过失或疏忽,或者他的受雇人或代理人在其受雇范围内行事时的过失或疏忽所造成的,发货人对这种损失应负赔偿责任。"并且还规定:"如果损失是由发货人的受雇人或代理人本身的过失或疏忽所造成的,该雇人或代理人对这种损失应负赔偿责任。"

根据这个规定,在多式联运过程中,如果多式联运经营人遭受的损失是发货人或其受雇人、代理人的过失造成的,则发货人要对这一过失造成的损失负赔偿责任。这些损失不仅包括造成多式联运经营人的损失,也包括由于这一过失导致多式联运经营人要对实际承运人或其他第三者做出赔偿的损失。发货人赔偿责任一般包括:

(1) 对由于自行装箱不当、积载不妥引起多式联运经营人和其他第三者的损失负责;

(2) 对使用自有箱造成的货物损害和引起多式联运经营人和其他第三者的损失负责;

(3) 对自己负责的内陆拖运(不论是空箱、重箱)过失造成的箱、货或其他损失负责;

（4）对其受雇人、代理人的过失造成的损失负责；

（5）对由于没有完全履行前面规定的各项义务造成的多式联运经营人和其他第三者的损失负责。

对于发货人的义务和责任，一般在多式联运提单（背面）条款中都有详细规定，如发货人装箱计数（或不知）条款、货物拖运条款、对货物内容申述条款等。发货人在订立运输合同前应认真了解这些内容。

（三）发货人对危险货物的责任

《国际货物多式联运公约》还规定了危险货物的特殊规则，其内容如下。

（1）发货人应以合适的方式在危险货物上注明危险标志或标签。无论是在集装箱上还是在包件上都应有明显、准确的标志或标签。

（2）发货人将危险货物交给多式联运经营人或其任何代表时，应告知货物的危险特性，必要时还应告知应采取的预防措施及运输要求。如果发货人未告之而且多式联运经营人又无从得知货物的危险特性，则：①发货人对多式联运经营人由于载运这类货物而遭受的一切损失负赔偿责任；②视情况需要，多式联运经营人可随时将货物卸下、销毁或使其无害而无须给予赔偿。

（3）如果多式联运经营人或其任何代表在接管货物时已得知货物的危险特性，则不适用上述第（2）条的规定。

（4）如果第（2）条第②项规定不适用或不得援用，而危险货物对生命或财产造成实际危险，多式联运经营人可视情况需要将货物卸下、销毁或使其无害，除有分摊共同海损的义务或根据公约对赔偿有关规定承担应负的赔偿责任之外，无须给予赔偿。

危险货物特殊规则特别强调了发货人必须事先通知多式联运经营人（或其代表）货物危险特性，否则要对因运输这类货物所造成的一切损失负责，包括给多式联运经营人或实际承运人或其他第三者的运输工具、装卸设备、操作人员和一起运输的其他货物造成的损害，以及为了消除危险将货物卸下、销毁或使之无害，或将其他货物转移而产生的装卸费、搬运费、销毁或使之无害化的费用或由此引起的运输延误等损失。

四、国际多式联运货损事故处理

发生货损事故后，索赔和理赔工作应根据国家的对外政策、贸易合同、运输合同，以及有关的法律法规和国际惯例处理。一般应坚持实事求是、有根有据、合情合理、注意实效、区别对待等原则。

由于多式联运在运输组织、实际运输过程等方面与传统的分段运输有较大区别，多式联运的货损事故处理有以下几个方面的特点。

1. 索赔与理赔的多重性（多层次性）

货方通过与多式联运经营人订立一份全程的运输合同就可完成货物的全程运输，多式联运经营人承担货物全程运输任务，对全程运输中发生的货物损害负责；而多式联运经营人为了完成全程的运输任务，又需要与各区段的实际承运人订立分运合同，并与各区段之间衔接地点的代理人订立代理合同来实现各区段的运输和各区段间的衔接工作。各实际承运人与代理人分别对自己承担区段的运输与服务负责。这种实际运作过程体现了多式联运中的各当事人之间合同关系的多重性。多式联运中各当事人的责任、义务和权利是根据他们之间订立的合同确定的,因此多式联运的货损事故处理也明显地具有多重性。

在货方投保全程运输险和多式联运经营人投保运输责任险的情况下,货损事故处理中索赔和理赔的次数还会增加。如货方已投保全程货物运输险,则会增加多式联运经营人根据多式联运合同向受损人承担责任后,根据保险合同向保险人索赔,保险人赔偿后,再根据分运合同向责任人索赔的问题。

2. 多式联运经营人采用的责任形式对货损事故的影响

在统一责任制和网状责任制两种责任形式下,确定多式联运经营人责任的原则和赔偿额都有很大区别。

在统一责任制下,多式联运经营人要对运输全程负责。各区段的实际承运人要对自己承担的区段负责,无论事故发生在哪个区段,都按统一规定的限额进行赔偿。多式联运一般规定的统一赔偿限额比航空、铁路和公路运输公约规定的要低,但比海运公约规定的要高。因此各实际承运人,特别是海运段的承运人出于长期的习惯难以接受这一限额。这可能造成多式联运经营人向实际责任人追偿时得不到与已赔额相同的赔偿,特别是事故发生在海运区段,而事故原因又符合海运公约规定的免责条款时甚至会出现得不到任何赔偿的局面。

在网状责任制下,多式联运经营人对全程运输负责,各区段的实际承运人对自己承担的区段运输负责;在确知事故发生区段的情况下,多式联运经营人或实际承运人都按事故发生区段适用的国际公约或地区法律规定和限额进行赔偿。如果在多式联运中采用网状责任制,则在可以确定事故发生区段和实际责任人的情况下,多式联运经营人对货方的赔偿与实际承运人向多式联运经营人的赔偿都可按相同的责任基础和责任限额进行。由于目前的保险业也是以各种单一方式运输法规和地区性法规为基础的,因此即使在投保情况下,都可以有效地避免上述问题的发生。这也是目前在多式联运中大多采用网状责任制的原因。但采用这种责任形式会给货方索赔带来一定麻烦,与多式联运的初衷有所抵触。

3. 多式联运中对隐藏损害的处理

多式联运过程中发生的货物灭失、损害有一种"不能确定货损发生的运输区段及实际责任人"的情况,即在运输全过程中,集装箱均处于外表状况良好,铅封完整状况,在所有交接运输、装卸过程和有关文件、单证和记录中,没有发生和可能发生货损的记录,而在多式联运经营人在最终目的地交付货物,收货人或货运站拆箱后却发现货物已发生损害或灭失。这种损害一般称为"隐藏损害",是多式联运中所特有的。

发生隐藏损害时,多式联运经营人对货方进行赔偿后,由于不能确定事故发生区段和实际责任人,可能会造成多式联运经营人独自承担赔偿责任的局面。对隐藏损害的处理也成为多式联运货损事故处理中的一个特点。

为避免联运经营人独自承担隐藏损害的赔偿责任,可以采取的处理方式有两种:一种是联运经营人按统一责任制规定的限额对货方赔偿后,不再追究实际责任人,而由参加多式联运的所有实际承运人共同承担这些赔偿数额,一般按各承运人收取运费的比例分摊;这种做法很难被各实际承运人接受,他们可以无法证明是自己造成的损害为由拒绝承担任何责任,所以这种做法在实际中很少使用。另一种做法是假定该事故发生在海运区段,由于海运段运输风险最大,这种推断有其合理性,这种做法一般要与联运经营人投保运输责任险(特别是海运段责任险)相结合。多式联运经营人按统一责任标准或网状标准向货方赔偿后,可从保险人处得到进一步的赔偿。而保险人能否得到进一步的赔偿则是另外的事情了。这种做法目前已得到各方面的认可,在实际的隐藏损害处理中大多采用这种方式。

【经典案例】

国际多式联运中的事故与责任认定

一、案情背景概述

本案情中的原告是东方海外货柜航运有限公司,被告是中国外运江苏集团公司苏州公司。

2001年11月18日,华映公司与特灵台湾公司签订了进口3套冷水机组的贸易合同,交货方式为FOB美国西海岸,目的地为吴江。2001年12月24日,买方华映公司就运输的冷水机组向中国人民保险公司吴江分公司投保一切险,保险责任期间为"仓至仓条款"。同年12月27日,原告东方海外货柜航运有限公司从美国西雅图港以国际多式联运方式运输了装载有三个集装箱的冷水机组经上海到吴江。原告签发了空白指示提单,发货人为特灵台湾公司,收货人为华映公司。

货物到达上海港后,2002年1月11日,原告与被告以传真形式约定,原告支付被告陆路直通运费、短驳运费和开道车费用等共计9415元,将提单下的货物交由被告陆路运输至目的地吴江。事实上,被告并没有亲自运输,而由上海吴淞汽车运输服务公司(以下简称"吴淞公司")实际运输,被告向吴淞公司汇付了8900元运费。同年1月21日货到目的地后,收货人发现两个集装箱破损,货物严重损坏。收货人依据货物保险合同向中国人民保险公司吴江分公司索赔,保险公司赔付后取得代位求偿权,向原告进行追偿。原告与保险公司达成了和解协议,已向保险公司作出11万美元的赔偿。之后,原告根据货物在上海港卸船时的理货单记载"集装箱和货物完好",以及集装箱发放/设备交接单(出场联和进场联)对比显示的"集装箱出堆场完好,运达目的地破损",认为被告在陆路运输中存在过错,要求被告支付其偿付给保险公司的11万美元及利息损失。

二、裁判要点

上海海事法院经审理认为,涉案货物从美国运至中国吴江,经过了海运和陆路运输,运输方式属于国际多式联运。原告是多式联运的全程承运人,也即多式联运经营人,其与被告之间的传真事涉运费等运输合同的主要内容,双方订立的合同应属国际多式联运的陆路运输合同,合同有效成立,被告应按约全面适当地履行运输义务。涉案两个集装箱货物的损坏发生在上海至吴江的陆路运输区段,故被告应对货物在其责任期间内的损失承担赔偿责任。买方也即收货人华映公司与中国人民保险公司吴江分公司之间的保险合同依法成立有效,货损属于货物运输保险单下的保险事故范畴,保险公司对涉案货损进行赔付符合情理和法律规定。原告作为多式联运全程承运人对保险公司承担赔偿责任后有权就其所受的损失向作为陆路运输承运人的被告进行追偿。据此,判决被告向原告赔偿11万美元及其利息损失。被告提起上诉。双方当事人于二审审理过程中达成调解协议,由被告向原告支付11万美元结案。

三、案例评析

本案的争议焦点主要集中在以下两个方面:

(1) 原被告之间的法律关系如何界定?是陆路运输合同关系还是货运代理合同关系?

(2) 货物损失是否发生在陆路运输区段?被告是否应承担货损责任?

关于争议(1),被告指出,其与原告往来的传真件是代理协议,其根据传真出具的有关运费的发票抬头是货代专用发票,所以双方不存在承托关系,而是货运代理关系,被告作为原告的代理人委托吴淞公司进行实际运输。

然而并非如此。其一,虽然被告名义上是一家货运代理性质的公司,但不能仅仅凭此项来认定被告的真实身份。目前,随着大型集装箱船的广泛应用,货运代理人不断扩展业务范围,其角色已不单是传统上接受委托人的委托,就有关货物运输、转运、仓储、保险以及有关货运业务提供服务的货运代理人,货运代理人开始利用自己所具有的竞争优势,承担起承运人的责任,如无船承运人等。所以,货运代理人的身份定位在具体案件中要根据其从事的业务范围来判断。本案中,尽管吴淞公司为陆路运输的实际承运人,但被告无法以其为货运代理人的抗辩理由来摆脱自己是区段承运人的地位。

其二,原、被告之间往来传真的内容主要涉及的是被告收取内陆运费的事宜,而没有提及货运代理事项。根据合同法理论,合同的性质依合同的实质内容来确定,传真是合同法明确规定的、可以视为书面合同的形式之一,所以关于内陆运费的传真可以作为双方签订的陆路运输合同,真实有效。此外,货代专用发票只是被告业务中开具发票通常的格式化抬头,以此种表面格式来对抗原、被告之间的运输合同关系显然过于牵强。

其三,本案中,原告支付给被告内陆运费9415元,而被告最后支付给吴淞公司8900元运费,两者存在差额。被告解释称,其与原告传真中约定的短驳费用事实上没有产生,而将短驳费作为代理费来收取,但该辩称无证据佐证。货代公司视为承运人时,其与传统的货代公司之间一个显著的区别就是收取的费用性质不同。传统货代公司收取的是佣金,按运费的一定比例计算;而货代公司作为承运人时,收取的费用往往是运费的差价。本案中被告赚取的这笔差额,视为运费的差价比较妥当。

综上所述，原、被告之间的法律关系应该是陆路运输合同关系，而不是货运代理关系。

关于争议(2)，如何确定发生货损的运输区段问题，被告认为没有证据证明涉案货损发生在陆路运输期间。设备交接单仅用于集装箱及集装箱设备(例如冷藏箱的冷冻设备)在交接时是否完好无损的记载；只用于载有货物的重箱在交接时门封上的封志扣是否完好无损的记载，不能证明箱内货物的状况。况且，在货物到达目的地进行检验时，没有依照惯例请承运人和保险人代表到场，检验不公开，检验报告的结论应受到质疑。

在集装箱货物运输中，如本案集装箱中货物是整箱货(FCL)，由发货人自己装箱的，承运人在货物装船时一般无法对集装箱内货物的实际状况进行检查。所以，要证明是否有货损发生，通常是看集装箱进出堆场时设备交接单上的记载情况。若集装箱进场和出场的设备交接单上均记载"集装箱及其设备状况良好"且集装箱铅封完好，那么通常推定集装箱内的货物状况良好，承运人在运输过程中没有造成箱内货物的损坏。由此可见，尽管设备交接单的记载有关于集装箱及其设备的状况，但该记载并非与箱内货物的状况毫无关系，在没有相反证据的情况下，该记载可以作为推定箱内货物状况的初步证据。本案的集装箱在卸下船时良好，在陆运出场时也完好无损，而到目的地进场时出现破损，那么自然推定集装箱及箱内的货物损坏发生在陆路运输阶段。此外，在本案中，被告始终回避了一个问题，那就是其运输的集装箱为框架集装箱，货物包装方式为裸装，堆场负责人可以在集装箱进行交接时直接发现货物的表面状况，如在出场前即有破损自然会对在设备交接单上就货物表面状况进行批注。此外，对于货物损坏的责任确定是一个法律问题，但货物是否遭到损坏则是个事实问题。在对货物进行的几次检验和公估中，即便没有承运人和保险人代表到场，但货物受损的确是一个不争的事实，被告自己也没有否认。因此，被告的抗辩不能成立。

综上可见，集装箱内的货物确实在陆路运输阶段发生了损坏。在运输中，法律规定对承运人责任的归责原则为过错推定责任原则，只要货物在该运输途中发生了损坏，若没有相反的证据，就推定承运人存在过错，必须对自己的过错行为负责。因此，当多式联运经营人对受害人赔付后，向发生货损的区段承运人追偿于法不悖，法院追究被告承担货损的过错责任是公正合理的。

案例来源：上海海事法院。

【思考与讨论】

1. 通过对本案例的评析，你觉得该如何界定原、被告之间的法律关系？
2. 如何判断货物损失是否发生在陆路运输区段？被告是否应承担货损责任？

【本章关键术语】

多式联运　multimodal transport
多式联运经营人　multimodal transport operator, MTO
陆桥运输　land bridge service
货物赔偿　cargo indemnity

【本章思考与练习题】

1. 什么叫多式联运？国际多式联运经营人应具备哪些基本条件？
2. 协作式多式联运与衔接式多式联运有何区别？
3. 结合我国实际，讨论三条亚欧陆桥运输线路对我国经济发展的作用和启示。
4. 有无保留性批注对多式联运单据的效力有何影响？
5. 查阅资料，分析各种国际货运公约对承运人赔偿责任分别采用过失责任制或严格责任制的原因和历史背景。
6. 如何理解"多式联运经营人责任制的主要作用就是确定保险人对经营人行使代位追偿的权利"这句话？

第十章 物流运输发展趋势

本章重点理论与问题

> 进入21世纪以来,物流运输发展的内外部环境均发生了巨大变化。经济的全球化、网络化,促使物流运输需求朝大运量、远运距的方向发展;而网络技术、信息技术的发展以及供应链管理理念和可持续发展理念的普及,对物流运输的组织过程及管理模式均产生了很大的影响。本章首先概括介绍了物流运输的发展趋势;然后,重点介绍了物流运输的信息化和智能化、基于供应链的协同运输管理以及绿色物流运输模式的概念、组成和应用发展策略等。

第一节 物流运输业发展趋势概述

随着经济的全球化发展,运输市场面临的竞争状况日益激烈。另一方面,科技的进步、互联网等新技术的应用又给物流运输发展带来了创新活力。从世界范围来看,随着物流运输所处的内、外部环境的改变,标准化、智能化、平台化、集约化、绿色化等成为物流运输发展的主要方向。

(一)物流运输的标准化

标准化是物流高效发展的基础。物流运输标准化要求在编码、数据接口、电子数据交换、定位系统等方面实现标准化,以保证企业之间沟通的顺畅。最近几年,发达国家已经在条形码和信息交换接口方面有了很大突破。据2015版《物流标准目录手册》统计,美国与物流相关的标准约1200条,德国与物流相关的标准约2500条,而我国只有835条。

针对目前我国物流标准化现状,国家商务部、标准化管理委员会等部门近两年发布了相关政策,提出加快研究、制定和推广物流信息技术、编码、安全、管理和服务等方面的标准;推广托盘标准应用,鼓励企业使用标准托盘运输,使用标准化周转箱、笼车等物流设备,以提高物流配送标准化水平,提升物流整体运作效率。

因此,随着全球贸易的不断发展,物流运输质量、设施设备等方面的标准体系将不断完善,从而降低物流运输成本,提高物流运输效率。

(二)物流运输智能化

进入21世纪,计算机技术、通信技术、网络技术、自动识别技术等现代信息技术和智能技术得到快速发展,并成功应用于运输领域。物流运输信息化和智能化成为运输现代化的重要标志和必然趋势。智能化是建立在信息化基础之上的。

在各种运输方式中,公路运输的智能化发展最快,一系列智能运输技术如高速公路和城市道路智能控制系统、城市交通流诱导系统、车辆定位及通信系统、车辆安全系统、收费管理系统等得到发展并成功应用。铁路运输方面,列车自动驾驶系统、调度管理信息系统、运输信息管理系统等得到广泛重视。水路运输智能化包括船舶智能化、岸上支持系统智能化和水上运输系统智能化。航空运输系统智能化,包括通信导航及监视和空中交通自动化管理。物流运输智能化是智慧物流的重要构成,内涵十分丰富,本章第二节将对此进行详细介绍。

(三) 基于互联网的物流运输平台化

互联网技术的发展和应用,推动了电子商务的飞速发展,给现代物流业带来了前所未有的机遇与挑战,对快递包裹运输的需求大幅增加。据统计,从2012年到2014年间,我国包裹运输量增幅达到145%,但是,高速公路集装箱货车流量却不增反降了。快递包裹运输对运输质量、门到门的准时性和可靠性等提出了更高的要求,导致本地化、碎片化的运输服务需求的增多。为提高快递包裹运输服务的水平和效率,众多具有相同服务目标的物流企业形成联盟,借助"互联网+"构建各类物流运输服务平台,形成线上线下整合的物流运输生态圈。例如,国家物流公共平台、全国道路货运车辆公共监管与服务平台、国家交通运输物流公共信息平台、公路货运平台、电商物流平台、物流金融平台等等。

在几种运输方式中,围绕公路货运的物流互联网平台应用范围最广。平台整合的对象主要包括物流园区、仓库以及干线运输企业、支线运营企业、加盟店等,通过整合各自的线路、价格和运输时间,将碎片化的运输过程整合起来,提高效率。铁路运输方面,我国铁路部门2015年建立了基于"互联网+"的铁路货物运输平台,该平台主要提供三项服务:一是提供铁路货运电子商务服务,包括发货请求、运费查询、货物追踪等业务;二是提供大宗物资交易服务,支持煤炭、矿石、钢铁、粮食、化工、水泥、化肥、木材等十一个品类物资的在线交易并提供配套物流服务;三是提供小商品交易服务,包含商品选购、在线支付、物流配送、客户服务等。水路运输方面,航运企业和港口企业也开始构建"互联网+"信息系统管理平台,利用现代物流技术和电子信息管理技术,打造"智慧港口"。

(四) 物流运输的集约化

物流运输集约化指的是具有相同或互补运输优势的物流企业融合为一体,目的是扩张运输网络,提高运输效率,提高客户服务满意度。物流企业运输集约化发展主要表现在两个方面,一是借助物流园区实现集约化;二是通过与供应链成员之间的合作实现集约化。

物流园区是多种物流设施和不同类型的物流企业在空间上集中布局的场所,是具有一定规模和综合服务能力的物流集结点。基于物流园区的运输集约化根据包含的运输方式的不同,可以分为多种运输方式的集约化和以特定运输方式为核心的运输集约化两种。以德国为例,选择物流园区的区位,要求考虑多种运输方式衔接的可能性,选址尽量处于公路、铁路、水路运输的结合处,以实现多种运输方式的集约化。再比如,空港物流园区是以航空运输为核心的运输集约化。

另外,物流运输企业通过与其他运输企业以及供应链上下游成员间的合作实现集约化发展。一方面,大型物流企业通过并购,拓展其运输网络和市场;另一方面,通过与供应链成员间的合作,使运输业务成为供应链整体运作中密不可分的一环,提高运输的精准度。供应链协同运输就是这种集约化的典型范式,本章第三节将对此进行介绍。

(五)物流运输的绿色化

随着经济社会的快速发展,全球性的生态环境恶化和资源短缺的问题更加严重,"可持续发展"、"绿色发展"成为各国共同的发展准则。运输过程对生态环境的影响很大,主要包括大量的能耗以及大气污染物的排放等。随着世界各国对资源环境问题的更加重视,运输过程的节能减排已成为一种必然。在考虑物流运输成本及服务水平的同时,还要考虑物流运输过程的低碳化和绿色化,这将对运输方式和运输工具的选择、运输组织管理模式等产生重大影响。本章第四节将进行详细介绍。

第二节 物流运输的信息化与智能化

一、物流运输中的信息技术及其应用

信息技术在物流运输管理中的应用的普及,对于降低运输成本,提高运输效率和服务满意度,起到了极其重要的作用。下面主要介绍全球卫星导航系统、地理信息系统、自动识别技术及管理信息系统等技术及其在物流运输领域的应用。

(一)全球卫星导航系统

全球卫星导航系统 GNSS(global navigation satellite system)是通过精密的卫星导航和定位系统,实现对全球范围目标的高精度的导航、定位、通信等功能。目前最典型的 GNSS 是美国的 GPS(global position system)卫星导航系统、俄罗斯的"格洛纳斯"导航系统,欧盟的"伽利略"导航卫星系统,以及我国自主开发的北斗卫星导航系统。

美国的 GPS 全球定位系统是目前应用最成熟的 GNSS。它由美国国防部组织研制,开始于 20 世纪 70 年代初,历时 20 年,耗费巨资,于 1993 年全面建成。GPS 最初主要用于军事,随着相关应用基础研究的发展,目前已广泛应用于社会经济和科学技术的许多领域。GPS 系统由空间卫星系统、地面监控系统和用户接收系统三大子系统构成。其中,空间卫星系统由均匀分布在 6 个轨道平面的 21 颗工作卫星和 3 颗在轨备用卫星组成,24 颗卫星在空间上的分布方式,可以保证在地球上任何地点、任何时刻至少可接收来自 4 颗卫星的信号。地面监控系统由均匀分布在美国本土和三大洋美军基地上的一个主控站、三个注入站和五个监测站组成,以便对空间卫星系统进行监测和控制,并向每颗卫星注入更新的导航电文。GPS 用户接收系统由 GPS 信号接收机和 GPS 数据处理软件构成,其功能是根据 GPS 卫星所发送的导航电文,实时地计算出测站的三维位置、速度和时间,据以进行导航和定位。

北斗卫星导航系统(简称北斗系统)是我国自行研制的 GNSS。系统由空间端、地面端和用户端组成,可在全球范围内全天候、全天时为各类用户提供高精度、高可靠定位、导航、授时服务,并具有短报文通信能力。目前,北斗系统的应用特点主要包括:系统覆盖了我国

全部国土及周边区域系统定位,授时精度能满足导航定位需要,系统双向报文通信功能应用优势明显。因此,未来我国的交通运输行业尤其是物流运输行业将主要依靠北斗卫星导航系统实现对车辆行驶状态的全程动态监控,以提高车辆的行车效率、降低物流运输成本。北斗系统在物流运输中的应用范围非常广,例如:提供车辆定位、行驶路线监控及呼叫指挥等功能;通过北斗和地面通信网络可实时收集全路货车的动态信息,实现汽车、货物的追踪管理;还可直接利用移动通信网络和北斗系统短消息通信功能,进行全方位的汽车调度管理;通过与地理信息系统相匹配,实现路径选优、距离量算、辅助决策等功能。

下面以 GPS 为例,介绍卫星导航系统在货物跟踪管理方面的应用。

运输企业为充分发挥运输调度的作用,提高运输效率和运输服务的可靠性,需要实时掌握车辆和货物的准确位置,这就需要对在途货物进行信息跟踪。利用 GPS 技术进行货物跟踪的工作过程是:货物装车发出后,当运输车辆上装载的 GPS 接收机在接收到 GPS 卫星定位数据后,自动计算出自身所处地理位置的坐标,由 GPS 传输设备将计算出来的位置坐标数据经移动通信系统发送到公用数字移动通信网;移动通信网再将数据传送到基地指挥中心,基地指挥中心将收到的坐标数据及其他数据还原后,与 GIS 系统的电子地图相匹配,并在电子地图上直观地显示车辆实时坐标的准确位置,在电子地图上清楚而直观地掌握车辆的动态信息(位置、状态、行驶速度等);同时,还可以在车辆遇险或出现意外事故时进行种种必要的遥控操作。GPS 货物跟踪系统原理如图 10-1 所示。

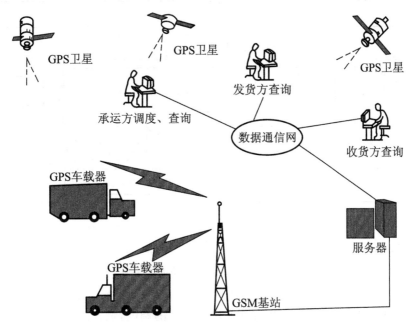

图 10-1　基于 GPS 技术的货物跟踪示意图

货物跟踪系统有利于提高运输企业的服务水平,对运输系统中的各方都有利。对客户来说,当需要了解货物的状态时,只要输入货物运输的发票号码,很快就可知道货物状态信息。对收货人来说,可提前获得货物运送状态信息,及时做好接货以及后续工作的准备。对于运输企业来说,通过货物信息可以确认货物是否能在规定的时间送到顾客手中,即时发现延时送达情况并及时改正,提高了运送货物的准确性和及时性,提高了顾客服务水平。

因此,货物跟踪已成为运输企业提供差别化服务、获得竞争优势的重要手段。

(二)地理信息系统(GIS)

地理信息系统(geographic information system,GIS)是一个能够获取、存储、管理、查询、模拟和分析地理信息的计算机系统,是一种综合处理和分析大量地理数据的通用地理信息技术。GIS是多学科交叉发展的产物。GIS按照地理特征的关联性,将多方面的数据以不同层次联系起来构成现实世界模型,在此模型上使用空间查询和空间分析的方法进行管理,并通过空间信息模拟和分析软件包进行空间信息的加工、再生,为空间辅助决策的分析打下基础。GIS的显示范围可以从洲际地图到非常详细的街区地图,显示对象包括人口、销售情况、运输线路以及其他内容。

物流分析决策过程中,80%以上的决策信息与空间地理有关,所以在物流系统决策分析中,GIS可以发挥重要作用。GIS在物流领域中的应用主要包括:运输路线的选择、仓库位置的选择、仓库容量的设置、合理装卸策略、运输车辆的调度、投递路线选择等方面的决策。

图10-2是基于GIS的配送管理系统结构。该系统将各种配送要求简化为订单,配送目的地简化为第二客户,系统集成了运输管理(包括车辆跟踪)模块,配送、装载及路线规划模型,客户配送排序模型等。

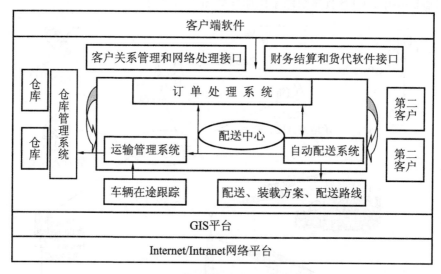

图 10-2　基于 GIS 的配送系统结构

这些模型能够对配送任务进行有效的组合分解,及时返回配送车辆的运行情况,对配送过程进行可视化跟踪管理,并且可以优化车辆与人员的调度,最大限度地利用人力、物力资源,使货物配送达到最优化。

(三)射频识别技术(RFID)

1. RFID 技术概述

RFID是radio frequency identification的缩写,即无线射频识别。RFID技术是一种非接触式的自动识别技术,它通过射频信号自动识别目标对象并获取相关数据,识别工作无须人工干预,可工作于各种恶劣环境。

射频识别系统主要由射频标签(tag)、射频读写器(reader)和天线(antenna)组成。射频标签由耦合元件及芯片组成,每个 RFID 标签具有唯一的电子编码,附着在物体上标志目标对象,俗称电子标签或智能标签;标签随着物品在全球流通,以便读写器对其进行识别和读写。射频读写器是读取(有时还可以写入)标签信息的设备,可设计为手持式或固定式。天线在 RFID 标签和读取器之间传递射频信号。一套完整的 RFID 系统还需具备数据传输和处理系统。

RFID 的工作原理是:标签进入磁场后,接收解读器发出的射频信号,凭借感应电流所获得的能量发送出存储在芯片中的产品信息,或者主动发送某一频率的信号;解读器读取信息并解码后,送至中央信息系统进行有关数据处理。

RFID 技术可识别高速运动物体并可同时识别多个电子标签,操作快捷方便。短距离射频识别产品不怕油渍、灰尘污染等恶劣的环境,可在这样的环境中替代条码,例如用在工厂的流水线上跟踪物体。长距离射频识别产品多用于交通系统,识别距离可达几十米,如自动收费或识别车辆身份等。

RFID 技术的应用非常广泛,典型的应用领域包括:生产线自动化管理、仓储管理、交通运输信息化、邮件和邮包的自动分拣系统、门禁保安、安全防伪等众多领域。RFID 应用到物流领域,主要是利用其功能实现对物品的追踪和控制,从而保证供应链的可视性。

2. RFID 技术在物流运输中的应用

RFID 技术可用于运输领域中的车辆监控、运输站场管理、铁路车号自动识别等方面。

RFID 技术对车辆的监控主要应用于具有固定行驶路线的汽车运输(如城市公共汽车客运等)。RFID 应用在公交管理系统中实现的功能主要有以下几个方面:①不停车远距离自动识别,实时定点采集公交车辆进、出站和通过站台的时间,确定公交车辆所处位置;②调度中心 LED 显示牌和站台显示牌可以分别显示公交车在某站台或站台之间的在线运行动态信息(包括车辆所处的位置、载客的拥挤程度、空车、正常信息提示),便于灵活调度车辆和方便乘客候车;③便于稽查公交车辆是否按规定的线路运行,提高车辆到达站台的准时性;④便于对车辆的调度、车辆考勤、任务考核、路单报表生成以及维修保养期提示、车辆维修记录、审验记录等方面的自动化管理。

RFID 技术用于客运场站管理已被用于探索解决春运难、客运站管理混乱等问题。通过在车辆前窗上粘贴一个透明、小巧的 RFID 标签,运输场站内架设的 RFID 识读设备就可即时、自动获取车辆的进场、出场及停靠地点、时间等信息,并对进出运输场站的车辆进行实时调度管理,从而解决因车辆晚点、提前发车、乱停靠等原因造成的调度信息混乱、滞后等问题。

铁路车号自动识别系统是 RFID 技术在铁路运输中的成功应用。在机车、车厢上贴上电子标签,读写器安装在铁路沿线,当列车通过时就可得到列车的实时信息及车厢内装的物品信息,从而大大提高了列车调度管理的信息化水平。

此外,RFID 技术在航空运输的行李识别系统、集装箱识别系统、公交车电子车票收费系统、高速公路不停车收费系统等方面均有应用。

(四) 物流运输管理系统

1. 物流运输管理信息系统的功能构成

物流运输管理信息系统的目的在于对物流过程中的信息进行管理、存储、汇总、分析,从而得到物流运输企业及顾客所需要的经提炼的信息,为物流企业及顾客的生产经营服务。要达到这一目的,信息系统的设计就必须做到对实时的业务进行监控,随时掌握指令的完成情况,及时对统计数据进行分析,并与历史数据进行比较,作出正确的决策。对用户来讲,信息系统的设计要做到对相关静态信息的管理,包括产品、合同管理等;对货物进行全程跟踪;对数据进行及时的统计、汇总和生成台账等。

对具体的企业来说,其运输管理信息系统可能具有不同的功能,根据第三物流运输企业的通常业务流程,运输管理信息系统的一般功能如图10-3所示,主要包括业务受理、计划调度、在途管理、客户关系管理、财务结算、决策支持、资源管理及安全监控管理等功能,此外还可包含成本核算等功能。

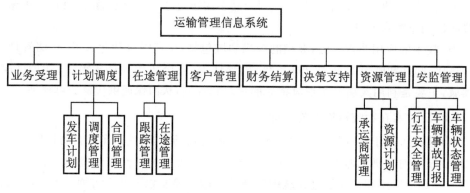

图10-3 运输管理信息系统的典型功能构成

随着各种现代技术在运输系统中的应用,运输管理信息系统向集成化方向发展。一方面,是将各种新技术进行集成,例如射频技术(RFID)、GPS卫星定位技术、地理信息系统(GIS),以实现货物跟踪、车辆管理等功能;另一方面,是与运输过程以外的其他系统集成,如仓储管理系统、配送管理系统、ERP(enterprise resource planning,企业资源计划)系统等。因此,运输管理信息系统正逐渐向供应链全过程演进,成为物流供应链全过程中不可缺少的一环。

2. 运输需求计划

运输需求计划(transportation requirement planning, TRP)是物流运输管理系统中的新技术,该系统能使托运人和承运人共享有关运输活动的信息,从而提高货物流动的效率和有效性。TRP系统可作为一个单独的系统,也可和企业资源计划系统联结在一起。图10-4是由美国宾夕法尼亚州立大学物流研究中心开发的TRP系统模型示意图,从图中可看出TRP系统需要从托运人和承运人那里获得的输入信息情况。根据这些信息,TRP系统能提供最佳的货运计划,合并托运人的货物,在不影响服务水平的前提下,降低承运人成本。TRP系统还能提供执行情况报告,并具有模拟分析功能,进行"如果……怎么样?"之类的分析。

图10-5说明了TRP系统中各信息系统之间的关系。该系统允许托运人、销售商、客户

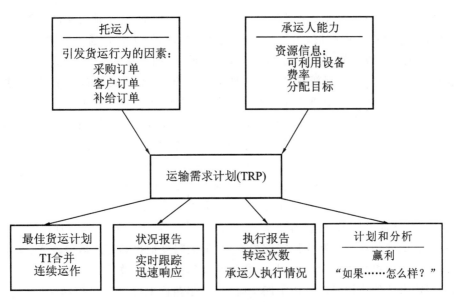

图 10-4　TRP 系统模型

及承运人之间进行信息沟通和联系，这些信息的共享对于优化货运过程是非常重要的。TRP 系统还可以利用远程数据库，为承运人运费支付系统提供输入信息。

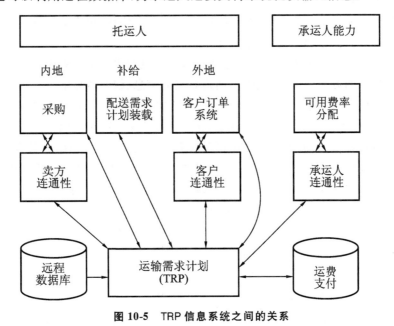

图 10-5　TRP 信息系统之间的关系

二、智能运输系统

（一）智能运输系统的定义

智能运输最早是为解决交通问题而产生的。城市的发展导致交通量的持续增长，也引发了交通事故、交通堵塞、环境污染、能源消耗等日趋严重而又急需解决的问题。传统的解决途径主要有两个：一是加大交通基础设施建设的投入，但资金、土地等稀缺资源是有限的，道路基础设施不可能无限扩展；另一个就是限制交通流量，主要是通过法律和行政手段实现，这些方法短期可以奏效，但有失公平、合理。因此，人们在面临交通问题所带来的种种困惑的同时，也开始借助各种高新技术寻求问题的解决方案，希望通过新技术、新方法提高现有道路的利用率，提高道路交通的安全程度和道路使用的舒适性。智能运输应运而生。

关于智能运输系统（intelligent transportation systems，ITS），目前各国和各方面专家有不同的解释，但较公认的定义是：ITS是将先进的信息技术及计算机处理技术等综合运用于整个交通运输管理体系，使人-车-路有机地结合起来，建立起一种实时、准确、高效的综合运输管理体系，最终实现最佳车流控制、交通运输服务和管理智能化。

ITS中的信息技术和智能技术主要包括：车辆实时跟踪与监控技术、车辆识别技术、网络通信技术、移动通讯技术、传感器技术、图像识别技术等。人-车-路有机地结合，其实质就是使这三者之间的相互配合和作用能够更有效，最大限度地提高交通运输效率、保障交通安全、改善环境质量、提高能源利用率，从而获得巨大的社会经济效益。

智能运输系统的应用发展经历了四个阶段：一是路网的交通信号控制和交通管理的实施；二是为驾驶员提供交通信息；三是为驾驶员的安全驾驶提供辅助巡航支持；四是提供自动巡航和操作支持。

（二）ITS在物流运输中的作用

如果将智能运输系统与物流运输相结合，可创造一个快捷、可靠的运输网络。这不仅可以降低运输成本，还可以提高物流运输服务水平。

智能运输系统通过技术平台可向物流运输管理提供的服务主要集中在物流配送管理和车货集中动态控制两方面。例如，提供当前道路交通信息、线路诱导信息，为物流企业制订、优化运输方案提供决策依据；通过对车辆位置状态的实时跟踪，可向物流企业甚至客户提供车辆预计到达时间，为物流中心的配送计划、仓库存货战略的确定提供依据，等等。

利用智能运输技术，物流车辆驾驶员可及时获得实时的交通信息，避开拥挤的路段，及时调整其行驶路线以便在客户需要的时间内尽快完成运输和配送任务，从而提高物流的服务水平和工作效率，减少物流成本，还有助于缓解交通状况。其次，能够为车辆的安全行驶提供保障。物流管理者通过车辆跟踪和定位，可实时地对在途货物进行监控，有利于保证运送货物的安全性，也利于对驾驶员进行监督。此外，当在途车辆或货物出现意外情况时，物流管理者可以根据监测到的信息迅速制定对策。最后，有助于物流管理者对运输车辆进行实时调度，充分满足消费者对物流需求适时变化的需要，为"零库存"的管理模式提供支持。

（三）智能物流运输系统组成

将各种智能技术与物流运输过程结合，可建立完善的智能物流运输系统，从而对物流运输全过程进行更有效的管理。智能物流运输系统框架如图10-6所示。

按功能划分，智能物流运输系统可分为三大子系统，分别是运输业务信息管理系统、可视化管理系统以及评价系统。

1. 运输业务信息管理系统

该子系统的主要任务是对货运信息和实时道路信息进行收集和处理。货运信息的来源

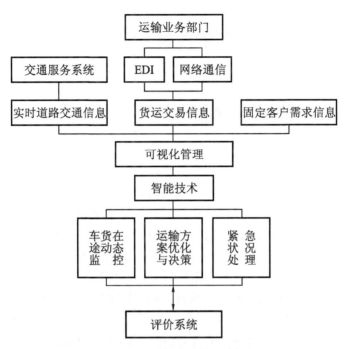

图 10-6 智能物流运输系统框架

有两方面:其一,通过网络通信技术和 EDI,收集运输市场的交易信息,存入数据库;其二,通过客户服务系统,取得长期、固定客户的业务需求信息,集中存于数据仓库中。实时道路信息主要来源于交通服务系统。

2. 可视化管理系统

可视化管理系统就是利用先进的信息技术收集车、货在运输途中的各项信息,并利用信息融合技术提取一切有效信息,最终对整个物流运输方案做出决策或者应对紧急突发状况做出决策。可视化管理系统是车辆在途状态实时监控、运输方案优化与决策以及紧急事件处理等工作的平台。利用 GPS 获取车辆的在途状态信息之后,在 GIS 的可视化环境中对物流进行可视化动态管理。可视化管理可以对在途车货的各种管理提供方便,比如货物的调动、配送路径的选择,以及用何种运输方式等,还可以及时调整运输方式、运输路线,以应对突发的交通问题。

3. 评价系统

评价系统可分为客户评价和自身评价两部分。客户的评价,就是提供平台供客户提出反馈意见和建议;自身评价,就是对每次运输作业的全过程中,智能物流运输系统在车辆调度、路线选择、运输方式选择,以及应对突发问题的解决方法上做出客观的评价和分析。有效的评价不仅能使运输企业了解客户的需求,还可以从评价中寻找自身不足,积累经验,使未来的物流运输决策更有效。

目前我国智能物流运输系统的发展还处于起步阶段,与日本、欧美等国相比都有较大的差距。但已有部分物流企业开始重视并应用智能运输技术进行管理。随着技术开发的成熟及应用的普及,智能运输系统将在我国物流行业得到广泛的应用。

第三节 基于供应链的协同运输管理

一、供应链协同运输的基本概念

（一）协同运输的类型

协同运输是各物流企业通过信息技术，共享运输信息和运输资源，为终端客户提供服务并协调所有的商务活动，以达到提高利润和绩效的合作运输模式。传统的运输模式下，各个运输企业独立组织货源，往返货运量很难匹配，因此，导致车辆空载率居高不下。通过运输企业之间或运输企业与货主的合作，实行协同运输，可有效提高车辆实载率。

根据协同运输主体之间合作关系的不同，协同运输可分为横向协同运输与纵向协同运输两种。横向协同运输是指同产业或不同产业的企业之间就运输业务达成协调、统一运营机制，除运输业务之外的其他合作较少。这种协同运输实际上类似于共同配送。

纵向协同运输是同一供应链或相近供应链上的企业相互协调，形成合作性、共同化的运输管理系统，企业之间除了运输业务的合作，还包括与运输相关的其他业务的合作。纵向协同运输实质是基于供应链上下游成员合作的协同运输。

（二）协同运输管理的含义

协同运输管理（collaborative transportation management，CTM）是在供应商管理库存（vendor manage inventory，VMI）和协同计划预测与补货的基础上发展而来的一种新型运输管理模式。CTM 将运输整合到供应链成员的运营计划中，准确预测运输需求，减少无效运输，提高整个供应链的客户响应能力。

VMI 是供应商与需求方之间的合作，即发货人和收货人之间的合作，VMI 并没有考虑与承运商的合作，因此，当承运商的能力受限时，会导致运输的延迟，从而影响 VMI 的实施效果，影响供应链的运行效率。针对此局限性，2000 年，沃尔玛向供应商宝洁（P&G）、货运巨头亨特提出了一种新型的合作方案，即要在三者间实现更透明的信息交换，通过信息共享和协作，制订运输、库存和补货计划，即将原有发货人和收货人之间的合作关系扩展到承运人或第三方物流服务商，这就是协同运输管理。

CTM 的雏形是货运合并，保持货车的满载移动，减少空载浪费。这种方法在北美相当流行，合作关系已在超过 1600 个合作伙伴中形成，他们建成一个统一的信息平台，通过多站式的装卸货，保持货车的最低空载率，降低运输成本。

根据 VICS（voluntary inter-industry commerce standards association）物流委员会 2004 年对协同运输管理的定义：协同运输管理是一个整体的流程——它把供应链的合作伙伴和运输服务商聚集到一起，达成协议，使运输规划和作业流程避免出现无效率的运作。其目的是通过促进供应链中运输作业活动的参与者（包括发货人、承运人、收货人、第三方物流企业等）的相互影响和协同合作，消除无效作业。协同运输管理始于订单发货预测（订单可能来自合作计划、补货或者其他程序），主要包括以下程序：运输能力的预测和时间安排、生成订单、装货、送货、付款。

二、协同运输管理的主要内容

协同运输管理作为一种新型的运输管理模式,更注重供应链范围内企业层面的战略性合作,同时也涉及战术层和运作层面的一系列问题。

(一)战略层

战略层决策包括明确实施协同运输管理的相关参与者之间的战略伙伴关系,以及战略合作的方式、保障措施等,具体包括签署正式合作协议,规定合作时间、合作范围,并决定流程,确定所需的共享数据及如何进行信息共享。此外,还包括货物条款中的关系各方(付款方、责任方)、指明运输服务商或物流企业由哪一方负责管理、运输的货物范围、运输的条款、涉及的场地、发货的类别及意外管理的条款;并细化由谁来负责运输路线的决策、运输方式以及其他的运输策略等。最后,协议还要细化预期收益的分享方式。

(二)战术层

战术层决策包括以制订产品/订单的预测计划为起点,制订运输流程的计划内容。产品/订单预测完成后,根据预定的装载策略制订发货计划(如集成或合并运输)。为了能够准确预测装载量,参与各方应尽早掌握发货计划,预测未来的运输量,以便承运人提前掌握装货期、运输时间、发货地和接货地等信息,准确预测未来设备需求。运输公司收到计划后,必须根据计划要求,确定承担运输的能力。如果运输能力无法达到要求,所有参与者都必须启用在协同运输管理的战略中所制定的"意外管理纲目",例如修改发货要求、改变运输公司或利用可以对接的公共服务等。

(三)运作层

运作层的决策主要是制定完成客户订单的物流运作具体操作方法,包括运输合同、配送策略(如集成、对接、组装、接力)、发货计划等。运输公司收到电子装货申请后,核实运输能力,如果运输能力有限,不能按计划提供运输工具,就启用"意外管理纲目"。承运人接受装货申请,落实运输时间后,接着做好装运/收货准备。在完成订单的装运任务过程中,所产生的相关文件单据(如发货通知、在途状况)以协议中所规定的格式文件进行传递。如果有影响到伙伴关系整体运作的意外事件发生(例如预计交货时间将被延迟),参照"意外管理纲目"处理。最后就是运费会计流程,确保承运人得到运输条款所规定的报酬,或者依据"意外管理纲目"解决各种争端。

三、协同运输管理的实施

CTM 模式的实施要求供应商、第三方物流以及零售商之间通过具体的框架协议来确定各自的责任和义务,提高集成模式的可操作性;而供应商、物流运输企业及零售商之间的相互信任是 CTM 实施运作的基础;另外,针对实施中的各种问题需要进行持续改进,最终使合作的各方实现共赢。

(一)CTM 的实施过程及步骤

如图 10-7 所示,CTM 的实施由计划、预测和执行三个阶段共 14 个步骤构成。

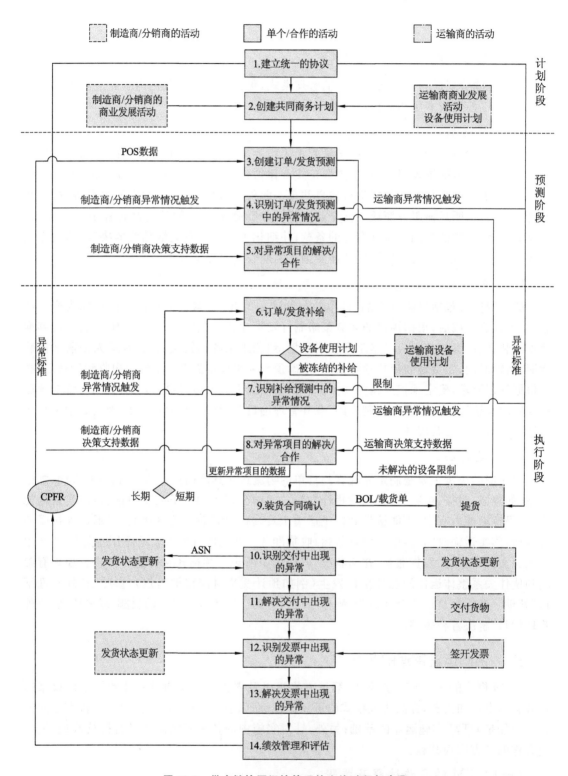

图 10-7 供应链协同运输管理的实施过程与步骤

1. 计划阶段

计划阶段由 2 个步骤组成,一是各个商务伙伴建立协作协议确立合作关系,确立运输出货、例外情况处理和主要绩效指数等多方面的关系协议和处理方法;二是建立总计划,决定资源和设备需求,并与运输计划相匹配。

2. 预测阶段

预测阶段由 3 个步骤组成,一是分享各自订单和出货计划,承运商根据计划量的变化来调整设备要求;二是发现生产商、分销商、承运商的例外情况;三是协同解决。

3. 执行阶段

执行阶段由 4 层次组成。

第一层次:货运补给,包括三个步骤,即:在已解决的订单预测中,创建订单和货运补给;在已知的设备能用性、装货和运输需求情况下,鉴别例外情况;协同解决。

第二层次:分配,包括三个步骤,即:创建最终运输合同,协同确定补给协议和运输条件;通过发现分配周期和任何例外情况,持续更新运输状态;解决运输例外情况。

第三层次:支付,包括发现支付中的例外情况、协同解决两个步骤。

第四层次:回顾,即衡量整个分配过程的绩效,寻找机会继续改进。

(二) 成功实施 CTM 的关键因素和障碍

CTM 要求供应链各方建立一种"共赢"的战略合作伙伴关系,站在供应链战略的高度实施。其成功实施的关键在于以下三个方面。

第一,建立和掌握运输的最佳实践。最佳运输实践主要包括良好的运输控制和集中运输管理,建立核心运输计划,制定合同条款,优化每天的运输计划,实施电子支付,撰写运输状态报告并使订单、运输和库存可视化;不断改进运作程序;进行运输成本分析等。最佳运输实践对于供应链的无缝连接有着非常重要的作用。

第二,注重供应链各方关系管理。供应链各方首先应认识到协同运输管理是供应链活动中的重要部分,成员之间理解共同利益,保证一定的开放性,实行信息共享,相互协调,相互信任,利益共享。

第三,应用先进的信息技术。信息技术是协同运输管理的神经系统,对于提高运输运作效率,保证资金、物资和信息的高效流动和交流起着至关重要的作用。各种信息技术,例如计算机软硬件技术、网络技术、条码技术、射频识别技术、地理信息系统、全球定位系统、电子数据交换技术、互联网技术、资源配置技术、云计算技术和物联网技术等,对于协同运输管理的成功实施都非常重要。

CTM 的成功实施也面临着很多障碍因素,主要包括:受传统管理思想的约束,仍采用传统的方法运作和进行成本核算;成员缺乏供应链整体视角,关注局部利益;谈判过程要花大量时间和精力;信息传递的不准确;等等。

四、 实施协同运输管理的价值

在供应链协同运输管理中,协同合作的参与者通过共享需求和供应信息(例如预测、事件安排、所需能力)、理念甚至运作能力来提高运输规划和作业整体流程的绩效。供应链各方协作的程度越高,实施协同运输管理的效果就越好,其价值就越明显。协同运输管理产生的价值大小随协作程度高低的变化关系如图10-8所示。

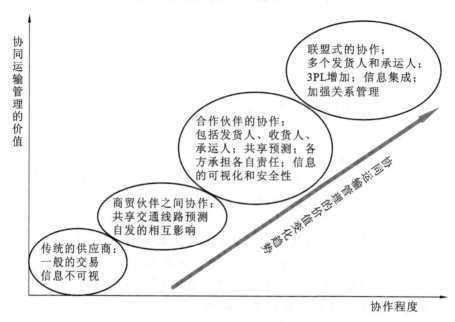

图 10-8　协同运输管理价值与协作程度的关系示意图

目前,协同运输已在北美、日本等国家和地区得到推广实施。这些国家和地区的实践证明,协同运输管理能给合作各方带来明显的利益。

对于供应商来说,可以提前与运输商分享信息,保证运输工具及时到位,提高回程货物装载率,并获得最低运价。统计数据表明,实施此战略后,按时送货率提高了35％,库存水平降低了50％,通过给客户增加服务,使销售量提高了23％,提前期缩短了75％,管理成本减少了20％。

对于运输商而言,减少了运输商装货卸货的等待时间,降低了空载率;减少了运输疏忽造成的货物损失;减少了单据错误和不准确的沟通。统计表明,无利润里程减少了15％,滞留时间减少了15％,运输设备利用率提高了33％,司机流动率降低了15％。

对于客户来说,客户满意度大大提高。

第四节　绿色物流运输模式

现代交通运输的发展对人类社会及经济的发展产生了巨大的作用,但运输的发展反过来也对自然环境产生了消极的影响,尤其是不恰当的运输规划加剧了环境污染,造成资源和能源的日益紧张。为此,从可持续发展的战略高度制定运输发展规划和运输管理策略,即可持续发展的绿色运输模式成为21世纪物流运输新的发展趋势。

一、可持续发展对物流运输的基本要求

从可持续发展的要求看,节约能源和资源、降低各种污染、保护自然生态环境,这三点是物流运输发展应该遵循的原则。

(一)可持续发展对运输设施的要求

运输的可持续发展是紧紧围绕社会经济可持续发展的总体目标进行的。对于经济水平落后的发展中国家,交通运输仍然是制约社会经济发展的因素,因此,建立满足可持续发展的交通网络和基础设施,对于发展中国家十分重要。为此,必须继续加强运输基础设施建设,满足社会经济可持续发展的需要;同时,要使运输能力的增长与经济社会的运输需求相匹配,使运输网络的布局适应工农业生产以及人口分布的需要。

在规划交通运输基础设施时,应重视道路、铁路的建设对生态环境和社会环境带来的影响。例如,过江隧道的修建要考虑是否会对鱼类的产卵、繁殖和生存造成影响,尤其是那些稀有的鱼类;陆上公路或铁路的修建要考虑是否会影响到动物的安全迁徙。因此,运输设施需要进行多方面的考虑和评估,如果没有可替代的方案,就需要采取相应的补救措施。

另外,在建设新的运输网络的同时,更应改造已有的运输设施,减少对土地资源的过度消耗。对于铁路、公路、水路、航空、管道五种运输方式,要合理配置,充分发挥各种方式的优势,保持相互之间协调配合,将各种运输方式的优势组合起来,避免重复建设,节约运力,提高整体综合能力。

(二)可持续发展对运输工具的基本要求

运输工具既是客货运输的载体,又是能源的直接消耗者和环境污染的直接产生者。可持续发展运输体系对运输工具的基本要求应该是既能以足够的能力和多样性的服务满足各种运输数量和质量需求,又能适应社会对降低能耗和减少环境污染的发展要求。

首先是低能耗及能源多样性要求。目前的运输工具大多以石油制品作为动力,运输工具每年消耗了全球石油产量的50%以上。因此,要求运输工具一方面能降低能源消耗,提高单位燃料所能行驶的千米数;另一方面要减轻运输工具对石油资源的依赖,开发和推广使用以其他能源为动力的运输车辆,如电动汽车、电力机车、太阳能汽车,以及可用各种替代燃料(例如乙醇、压缩天然气、氢气等)的运输工具。

其次是车辆行驶中的清洁性要求。运输工具的环境问题最主要是由于运输工具在使用过程中燃料燃烧排放的废气而产生的。要实行清洁运输,一方面,要尽量使用以清洁燃料为动力的运输工具;另一方面,就是要在车辆的生产制造环节就采取各种污染防治措施,例如,采取电控燃油喷射、三元催化转化器、废气再循环等污染控制技术是降低废气污染、改善大气环境质量的主要措施,这些防污装置应该在车辆出厂前就安装。

最后是运输工具的多样性要求。旅客和货物运输需求的多样性决定了运输工具的多样性,例如旅客运输中速度最快的飞机、适合中长距离的火车和长途汽车、方便灵活的小汽车等;在货运方面,还需要根据不同的货物选择不同的运输工具,如石油等液体货物需用油轮、罐车或管道,集装箱需用集装箱车/船,鲜活易腐货物需用冷藏车等。

二、各种运输方式的环境影响比较

运输业属于高能耗行业,但不同运输方式的能源利用效率(即每吨公里的能源消耗量)不同。根据国内外运输研究成果,水路运输的单位能消耗最低,其次是铁路运输和管道运输,航空运输单位能耗最高。衡量环境影响的另一指标就是各种运输方式的污染排放量,如大气污染物、水污染物、噪声等。以运输过程产生的温室气体排放为例,根据2013年美国的统计数据,在所有运输方式排放的温室气体中,公路运输的温室气体排放量约占84%,其次为航空运输,约占8.2%,水运约占2.6%,其余占5.2%。由于车辆性能及使用的能源结构的不同,不同国家的上述比值会有所差异,但总体上,公路运输的废气排放量最多,对大气的污染最严重。表10-1是德国不同运输方式的单位能耗和污染物排放量的统计数据。

表10-1 不同运输方式的单位能耗和污染物排放量的统计数据

运输方式		铁路	水路	公路	管道	航空
单位能耗/[kJ/(t·km)]		677	423	2890	168	15839
单位污染物排放量/[g/(t·km)]	CO_2	41	30	207	10	1206
	CH_4	0.06	0.04	0.3	0.02	2.0
	VOC	0.08	0.1	1.1	0.02	3.0
	NO_x	0.2	0.4	3.6	0.02	5.5
	CO	0.05	0.12	2.4	0.00	1.4

从表10-1可以看出,就物流运输而言,管道运输的能耗和污染物排放数量最少,水运和铁路次之,公路和航空运输最高。

我国学者也对我国运输行业的能耗和排放情况进行了统计分析,主要结论简介如下:

(1) 公路运输的温室气体排放物主要有CO、NO_x、HC、SO_2、CO_2等,不同类型的车辆使用不同的能源时,其单位能耗是不同的,如表10-2所示。

表10-2 不同车型油品的单位碳排放量   单位:g/(km·辆)

排放物	大型客车		大型货车		中型客车		轻型客车	
	汽油	柴油	汽油	柴油	汽油	柴油	汽油	柴油
CO	28.6	3.8	22.7	3.6	25.0	1.4	1.8	0.6
NO_x	2.8	9.8	1.7	11.8	1.7	3.8	0.3	0.8
HC	3.5	2.3	2.8	2.2	3.1	1.1	0.1	0.2
PM	0.0	0.6	0.0	0.8	0.0	0.3	0.0	0.1

(2) 我国铁路运输的污染物主要由内燃机机车牵引造成,污染物排放量由大到小依次为 NO_x、CO、HC、PM,具体比例随内燃机车类型的不同而变化。

（3）水路运输产生的污染物主要由柴油发动机产生，污染物成分取决于发动机的种类、运转速度、负荷及燃料成分。主要污染物有 CO、SO_x、NO_x、挥发性烃及低分子低重量的芳香烃及其衍生物。

（4）航空运输的温室气体排放源是喷气燃料和航空汽油的燃烧。民航飞机发动机燃烧航空燃油会直接排放 SO_2、CO、NO_x 和 HC（碳氢化合物）等大气污染物。

从能源消耗和环境污染情况来看，五种物流运输方式中，航空和公路运输的能源利用效率较低、污染大，因而可持续性较差。而管道、水运和铁路则具有较好的可持续性。

三、绿色运输发展策略

根据一些发达国家的经验，实施绿色运输的途径主要归纳为以下四个方面。

（一）通过技术进步降低各种运输方式的环境影响

针对公路运输高能耗、高排放的问题，通过车辆技术及燃料技术的创新研究，可有效降低运输中的单位能耗和排放量，改善公路运输的环境性能。

1. 研制使用更清洁能源的发动机

公路运输之所以会产生严重的空气污染，主要原因在于车辆是靠汽油或柴油驱动的。随着能源技术的发展，目前车用燃料正逐渐由单纯的化石燃料转向电能、天然气、氢能和生物质燃料等多种新型的清洁能源共存。美国早在上世纪90年代初就通过《清洁空气法》鼓励发展清洁燃料的汽车，一些先进的研究机构已研制出新能源车辆。目前，纯电动物流货车已经在我国一些城市配送中推广使用，并将成为今后城市物流配送的主要车型。根据国务院《节能与新能源汽车产业发展规划》，到2020年，我国的新能源汽车产销量将达到200万辆，保有量将达到500万辆。美国埃森哲公司预测，到2020年我国能源结构中新的替代燃料将占总能源的30%。新燃料的研发将大大降低公路运输产生的污染。

2. 研究提高车辆燃料效率和减少尾气排放的技术

国外很多运输企业主动进行发动机的改进，以降低能源消耗和运输成本。这类技术包括：对发动机、控制系统和排气装置进行技术改进；改善燃烧过程，完善进气、排气和混气的过程；改进发动机的结构和汽车空气动力学性能，降低燃料消耗和噪声级别。推广使用含硫黄、苯较低的燃料，使用低硫排放的柴油机、电动汽车等，均能明显降低城市空气污染程度。例如，英国 Thomas Nationwide Transport 运输公司，对每辆车花费3000英镑进行发动机和车辆性能改进，结果使每车每年的燃料节省3500英镑（按1991年的燃料成本），且货物的运输更可靠、更有效。英国货运协会曾出版了一部《燃料管理指南》（《Fuel Management Guide》），书中介绍了一些有效的管理燃料消耗的措施，通过这些措施可使货运车队的燃料消耗量降低20%。

（二）对汽车驾驶员的培训和绩效管理

汽车驾驶员是运输企业与其客户之间的一个关键界面，从广义上讲，也是物流企业与公众之间的接口。因此，物流运输企业应该将驾驶员及其驾驶行为标准纳入公司运作管理范畴。

可采用下面几项措施：①提供关于行车时的燃料管理知识和驾驶技术方面的培训，使驾驶员掌握在汽车行驶时节约能耗的方法，正确使用轮胎、加速器等；②对驾驶行为进行全方位的培训，包括在驾驶途中对道路交通法规的严格遵守，强调养成限速行驶的习惯，等等；③通过信息系统软件，对司机运输途中的燃料消耗情况进行记录和监测，并将有关信息在企业内公布，对有效使用燃料的司机给予奖赏和鼓励。

对驾驶员的培训管理对企业和驾驶员二者都有益处。对驾驶员来说，养成高标准的行为要求、遵守限速法规要求，能避免交通事故的发生，保证安全和身体健康；对企业来说，表现出色的司机能更有效地降低车辆燃料消耗，降低运输成本，避免事故造成的各种直接损失和间接损失，有利于改善企业业绩。

从某种程度上看，对驾驶员的培训和管理甚至比技术进步对环境的意义更大。当驾驶员培训计划与其他降低燃料消耗的方法相结合时，企业降低燃料消耗的成效才能显著。欧洲一些国家的成功经验可以说明这一点。例如，荷兰有一个"物流与运输企业家组织"，他们提出了一套培训计划和课程体系，指导驾驶员如何在行车的时候节约燃料消耗；奔驰汽车公司也开发了一系列驾驶员培训课程，接受这些培训的驾驶员能使公司的燃料消耗降低5%～10%。英国Blagden Packaging Ltd.公司采取了一系列措施鼓励驾驶员节约燃料消耗，例如，建立与燃料消耗业绩挂钩的奖金制度，鼓励驾驶员正确使用发动机，在等待装卸货作业时关掉发动机引擎，避免大的加速度，等等，通过这些措施，公司的燃料消耗降低了18%。

除了降低能量消耗外，上述培训计划还强调避免高速驾驶，这对于防止事故的发生、降低车辆磨损及破坏程度、减少维修费用、降低保险赔付成本等，都具有积极的作用，能保证公司可持续地降低燃料消耗、降低运营成本。

（三）选择环境更友好的运输模式

与公路运输相比，尽管铁路、水运、海运具有更低的噪声和能源消耗，但是，公路运输对很多企业来说仍然是唯一的选择，因为它准时、灵活、安全、成本低。如果在物流系统中，能尽可能多地利用铁路运输、海运、水路运输，或这几种方式与公路运输的联合，就属于环境友好的运输模式。

先看看国外一些企业的成功做法。德国一家食品公司Kraft Jacobs Suchard Deutschland，先用火车将包括咖啡豆在内的原材料，从德国西北部的不来梅市运到位于柏林的工厂，卸下原料后的火车在回程中又将咖啡产品运输到不来梅市。公司约46%的原料是由铁路运输的，仅此就可将能量消耗降低约40%。

瑞典家具与家用商品生产销售商IKEA的方针是尽可能地使用铁路运输。当运输距离超过200千米时，火车-货车的联合运输被认为是比汽车运输更好的方式。IKEA公司的创新之处体现在，他们通过在媒体上登广告，寻找具有同样铁路运输需求的合伙企业，共同安排运输计划，以便更充分利用车皮，获得更好的性价比。

从上述事例可以看出，所谓环境友好的运输模式，实际上就是尽可能多地利用水运或铁路运输实现物流运输的功能，即多种运输方式的联合。

(四)减少车辆对道路的占用

通过合理的物流系统规划,提高车辆装载效率,减少卡车、铁路车皮的空行驶、非满载运输等不合理现象,可有效降低道路上行驶的车辆数和里程数,既能降低运输成本,又有利于环境保护。主要途径包括以下方面。

1. 合并运输,保证车辆满载行驶,减少车辆出动次数

满载行驶能提高能源利用率,降低单位重量的能源消耗,也降低了单位重量货物对道路的占用。

专业配送企业一般都有广泛的货源地和目的地。将不同供应商的货物合并配送或与其他物流企业共同配送,可明显提高车辆的装载率,消除空载返回的现象。例如,英国一些连锁超市积极探索新的运输方式,通过将不同供应商的货物合并运输,显著降低了车辆出动次数。

另外,与竞争对手合作,也能明显降低运输车次,其效果远远好于一家企业单独寻找合伙运输所取得的效果。例如,同一地方的几家配送企业共同调整自己的配送体系,联合运输,能够更有效地利用铁路运输,降低对火车车皮的需求数。

2. 采用信息系统,优化配送路径,降低车辆行驶里程和车次数

挪威一家公司 Tollpost-Global 参加了一项国际性的名为"Greentrip"的项目,这是一个面向全球企业的、环境友好的物流运输项目。项目组开发了一个基于计算机的物流与运输信息系统,该系统集成了电子道路地图、客户信息、货物信息、车辆类型及运送地点、运送时间进度表信息,能辅助设计最短、最有效的行车路线。他们的预期目标是:将车辆行驶里程数降低 25%,运输成本降低 10%。

英国皇家邮政公司主要依靠公路运输完成送递业务,在其配送网络中,有 80 个重要的分拣中心、3400 个本地配送中心,每天处理约 6 千万个信件和包裹。公司每年出动车辆约 30000 次,行驶里程超过 7 亿千米,消耗燃料 1.2 亿升。为降低成本、优化配送和路线管理,该公司引入了 P-E 路线规划和日程排序系统。系统投入使用后,公司行驶里程降低了 18%,出动车辆减少了 18%,燃料消耗降低 24%。更重要的是,不仅降低了配送服务成本,降低了对环境的污染,而且还提高了配送服务质量。

3. 为车辆配置实时远程跟踪系统,为司机选择路线提供信息

这里的远程跟踪系统是将司机的驾驶运输过程与中心计算机联网,是运输计划安排之后的监控和信息处理,而上面第 2 条中采用的信息系统,是用来辅助运输决策和路线优化的。对运输车辆的跟踪和监控,能帮助司机在运输途中选择路线,也便于客户了解自己的货物行进到什么地方,可以提高客户满意度。

上述途径和策略具有双重的效益,既降低企业经营成本又改善环境特性。绿色运输模式树立了运输企业的社会形象,是企业社会责任的充分体现,对于环境意识强的客户来说,这样的企业及其提供的服务具有更大的吸引力,因而能增强物流运输企业的竞争优势。

【经典案例】

Sharp公司的绿色运输实践

"保护地球环境是全人类共同的课题",在这一认识愈来愈深化的背景条件下,Sharp公司本着以诚意和创意来贯彻"亲善对待人和地球"的企业方针和保护环境的基本理念,开发产品时考虑保护环境(即开发绿色商品),开展生产活动时也考虑保护环境(绿色工厂),形成有利于环境保护的企业风气(绿色意识)。

为实现社会的可持续发展,近年来,Sharp公司通过一个名为"Super Green Initiatives"的行动计划,对企业实行全面的环境管理,并且还对其供应商及供应的物资进行绿色评估。该计划包括了产品整个生命周期的环境管理和公司全体员工的环境管理。从产品的设计、制造、物流过程、使用及产品回收阶段,都制定环境管理目标和策略。

下面介绍Sharp公司在物流阶段的绿色运输实践。

1. 向铁路运输模式的转移

与公路运输相比,铁路运输和船舶运输具有更好的环境效果。因此,公司采取积极的措施,逐步用铁路货运方式取代载重汽车运输方式,尤其是长距离的货物运输。

在2002年,每月Sharp公司通过铁路运输的集装箱大约有311标箱,这样大约能减少131吨CO_2的排放,这一数值比上一年提高了31%。如果靠树木来吸收这些CO_2,那么所需的绿化面积相当于19个东京那么大。由此可见,减少公路运输量对环境的改善效果是非常明显的。图10-9是Sharp公司近几年铁路集装箱运输量的上升趋势以及CO_2排放量缩减的情况。

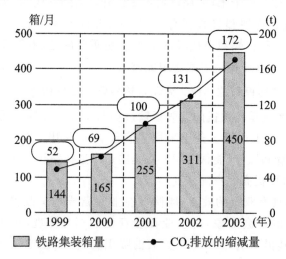

图10-9 铁路集装箱运输量和CO_2排放的缩减量

2003年,公司将目前普遍使用的5吨集装箱改装成10吨载重量的铁路集装箱,以此提高运输效率;同时,公司也准备采用船舶运输与铁路运输相结合的多式联运方式,也就是说,20英尺和40英尺的集装箱从海外用船舶方式运到日本后,再采用铁路运输方式。这样,每个月运输的集装箱就可以达到450标箱,比2002年增加了44.7%。公司正采取措施,加快向铁路货物运输方式转移的步伐。

2. 使用低污染的车辆

在物流中心,公司现在使用电动叉车完成搬运装卸作业。用电力驱动的叉车代替燃料驱动的叉车,不仅能减少CO_2的排放量,而且能够降低功率消耗,因为电动叉车即使是在功率较低时也能正常工作。2002年,公司已经淘汰了98%的燃料驱动叉车。

另外,政府也在不断地加大对卡车货运的法规限制。比如,通过颁布法令,控制车辆对氮氧化物的排放,限制排放该类物质的车辆上路行驶,限制车速,等等。随着这些法规条例的执行,公司还在不断寻求使用更低污染的货车,例如,使用天然气驱动的货车或混合驱动的货车。

3. 消除发动机空转等待

货车在物流中心、仓库等地,在等待装、卸货作业的时候,一般都是让发动机继续转动。前面我们分析过,发动机空转等待时排出的CO、铅化合物等废气量是正常行驶时的若干倍。因此,发动机空转等待既消耗能量,又严重污染空气。Sharp公司认识到这一问题,他们在货车上粘贴一些标语和海报,并对驾驶员进行环境保护知识宣传,鼓励驾驶员们在等待装货、卸货的时候,关掉汽车发动机引擎。通过这种方式,公司已经完全消除了发动机空转的现象。

4. 降低总的运输量

为了减轻运输对环境的压力,公司采取了一些措施提高物流效率。例如:提高一次运输的装载率,尽量满载行驶;提高从制造厂的直接装运量,减少中间转运量。目前,Sharp公司正在积极开发一套系统,这套系统可以确定公司的运输总量,并以此估计CO_2排放量降低的效果。

【思考与讨论】

1. Sharp公司绿色运输的关键问题是什么?
2. 将货物运输从卡车运输转向铁路运输,有利于环境问题的缓解。请分析这种转变对企业会有哪些不利的影响?

【本章关键术语】

智能运输系统　intelligent transportation systems,ITS

地理信息技术　geographic information system, GIS
运输需求计划　transportation requirement planning, TRP
绿色运输　environmental transportation
协同运输管理　collaborative transportation management, CTM

【本章思考与练习题】

1. 从世界范围看，物流运输发展的主要趋势是什么？
2. GNSS 和 GIS 技术在运输系统的管理决策过程中具有什么作用？
3. 比较水路运输、铁路运输和公路运输的资源环境特性。结合实际分析我国目前大力振兴水路运输的原因。
4. 什么样的运输模式是环境更友好的运输模式？如何评价公路运输的双重性？
5. 什么叫协同运输管理？试讨论它对供应链管理的作用。

参 考 文 献

[1] 骆勇.道路运输组织学[M].北京:人民交通出版社,2006.
[2] 王述英.物流运输组织与管理[M].北京:电子工业出版社,2011.
[3] 孙家庆.物流运输组织与管理[M].大连:大连海事大学出版社,2004.
[4] (美)约翰·J.科伊尔,等.运输管理[M].7版.北京:清华大学出版社,2011.
[5] 刘南.现代运输管理[M].张剑飞,袁宇,朱梓齐,等,译.北京:高等教育出版社,2006.
[6] 王长琼.绿色物流[M].北京:物资出版社,2011.
[7] 王长琼. 物流系统工程[M]. 北京:高等教育出版社,2016.
[8] 曲衍国.公路物流运输中的汽车利用效率问题[J].综合运输,2004(6):52-55.
[9] 王恒,杨巧丽,王俊红,等.提高公路物流运输中空车利用率的研究[J].交通标准化,2007(2/3):131-137.
[10] 杨浩.铁路运输组织学[M].北京:中国铁道出版社,2011.
[11] 李永生.水路运输与港口商务管理[M].北京:人民交通出版社,2007.
[12] 易华,李伊松.物流成本管理[M].北京:机械工业出版社,2014.
[13] (英)肯尼思·巴顿.运输经济学[M].李晶,译.北京:机械工业出版社,2013.
[14] 何德权.运输定价机理、模型与实践[M].上海:上海财经大学出版社,2007.
[15] (美)约翰 K 尚克.汤姆森成本管理经典案例[M].2版.李宏明,崔嘉芳,译.北京:中国时代经济出版社,2003.
[16] 马绝尘.沃尔玛降低运输成本的学问[J].中国物流与采购,2003(19):27.
[17] 王鸿鹏,等.国际集装箱运输与多式联运[M].大连:大连海事大学出版社,2010.
[18] 杨志刚,王立坤,周鑫.国际集装箱多式联运实务、法规与案例[M].北京:人民交通出版社,2006.
[19] 张飞舟,晏磊,孙敏.基于 GPS/GIS/RS 集成技术的物流监控管理[J].系统工程,2003,21(1):49-55.
[20] 李曼.智能运输系统在现代物流中的应用[J].中国水运,2007(4):126-127.
[21] 杨天军,杨晓光.运输管理信息系统的研究与设计[J].交通运输系统工程与信息,2004,4(1):102-103.
[22] 单天振.山东交运集团兔兔快运资源整合策略研究[D].济南:山东大学,2006.
[23] 徐秋华.Milkrun——循环取货方式在上海通用汽车的实践和应用[J].汽车与配件,2003(3):21-24.
[24] 程钢,盖宇仙.嘉峪关集装箱办理站装卸机械选型探讨[J].铁道货运,2007(1):40-41.
[25] Sun G, Kleeberger M. Dynamic Responses of Hydraulic Mobile Crane With Consideration of the Drive System [J]. Mechanism and Machine Theory, 2003, 38(12):1489-1508.

[26] The Waterfront Coalition. National Marine Container Transportation System:a Call to Action[R]. Washington:The Waterfront Coalition,2005.

[27] Tabernacle J B A. Study of the Changes in Performance of Quayside Container Cranes [J]. Maritime Policy and Management,1995(22):115-124.

[28] Bontekoning Y M,Macharis C,Trip J J. Is a New Applied Transportation Research Field Emerging—A Review of Intermodal Rail-truck Freight Transport Literature [J]. Transportation Research Part A,2004,38(1):1-34.

[29] Rondinelli D,Berry M. Multimodal Transportation,Logistics and the Environment: Managing Interactions in a Global Economy [J]. European Management Journal, 2001,18(4):398-410.

[30] Crantham P K H. Adaptive Route Selection for Dynamic Route Guidance System based on Fuzzy-neural Approaches[J]. IEEE Transactions on Vehicular Technology, 1999, 48 (6):2028-2041.

[31] Raman D, et al. Quantity of Material Handling Equipment—A Queuing Theory Based Approach[J]. Robotics & Computer Integrated Manufacturing,2009,25(2): 348-357.

[32] 许淑君,尹君. 运输管理[M]. 上海:复旦大学出版社,2011.

[33] 谢新连. 船舶运输管理与经营[M]. 大连:大连海事大学出版社,2009.

[34] 孙继湖. 航空运输概论[M]. 北京:中国民航出版社,2009.

[35] 李云清. 我国铁路快捷货物运输定价策略研究[J]. 价格理论与实践,2009(6):18-19.

[36] 武钧,任建伟,王文杰.我国铁路大宗货物运输定价方法与策略研究——基于收益管理理论分析[J].价格理论与实践,2016(3):70-73.

[37] 杨茅甄.集装箱运输实务[M].3 版.北京:高等教育出版社,2015.

[38] 刘银红,杨立强,邵春福.集装箱国际标准箱型的发展趋势研究[J].交通标准化,2010 (7):31-34.

[39] 孙家庆.集装箱多式联运[M].2 版.北京:中国人民大学出版社,2013.

[40] 朱俊涛,张颖. 基于北斗导航的现代物流综合运输服务系统[J]. 数字通信世界,2012 (12):74-76.

[41] 沈绪明. 北斗导航卫星定位系统在我国物流运输发展中的重要作用[J]. 物流技术(装备版),2014(2):12-14.

[42] 翁克瑞,诸克军,刘耕. 协同运输的路线整合问题研究[J]. 中国管理科学,2015(1): 135-140.

[43] 胡洪. 绿色运输——物流战略发展的新趋势[J]. 铁路采购与物流,2015(9):56-58.

[44] 赵光辉. 我国"互联网+"交通服务的演进与政策[J]. 中国流通经济,2016(3):39-48.

[45] 石友蓉,赵威.公路水路交通运输节能减排综合管理体系研究[J].武汉理工大学学报, 2010(4):31-37.

[46] 史立新. 交通能源消费及碳排放研究[M]. 北京:中国经济出版社,2011.

[47] Joelle Morana,Jesus Gonzalezfeliu. A Sustainable Urban Logistics Dashboard from

the Perspective of a Group of Logistics Managers [J]. Management Research Review, 2015,38(10).

[48] Fahimnia B, et al. Green Logistics and Transportation[M]. Switzerland: Springer International Publishing,2015.

[49] Pietro Evangelista. Environmental Sustainability Practices in the Transport and Logistics Service Industry: An Exploratory Case Study Investigation[J]. Research in Transportation Business & Management, 2014(12): 63-72.

[50] Athakorn Kengpol, Sopida Tuammee, Markku Tuominen. The Development of a Framework for Route Selection in Multimodal Transportation [J]. International Journal of Logistics Management, 2014, 25(3):581-610.

第二版后记

自本书第一版出版以来，物流运输的内外部环境都发生了很大的变化。一方面，我国的运输管理体制进一步完善，物流运输市场化进程进一步加快；其次，互联网技术、信息技术等新技术的发展和应用，推动了全球化、互联网经济和电子商务的发展。从现代物流的发展趋势看，物流的绿色化、网络化、全球化增加了运输系统的复杂性；而电子商务、跨境贸易的迅猛发展，对现代物流提出了更高的要求，尤其是对快速、高效、准时的物流运输提出了更高的要求，因此，必须通过科学、高效的物流运输组织与管理，来实现低成本、高效率的物流服务。这些变化对物流运输提出了更高的要求，也使物流运输组织与管理增加了新的学科内涵。正是在此背景下，我们对第一版进行了修订。

本次修订对第一版的内容进行了大量修改和更新，删除了与运输市场化脱节的内容和一些不常用的方法，增加了运输领域相关的新成果，对各章的习题和思考题进行了修改补充。

本书的特点是：以物流运输的"货源组织—运输经营管理、决策"为主线组织教材内容，同时考虑集装箱运输和国际多式联运，将定性分析与定量分析相结合，具有较强的系统性和科学性，适合本科生和研究生层次的教学。另外，每章附有典型的实践案例分析和大量的思考题，又使本书具有较强的实践性和实用性，既便于高校师生的教与学，又便于物流运输行业管理人员和技术人员自学、参考。

本书沿用第一版的体系结构，一共有十章。全书由王长琼负责全书的结构和最后统稿，并负责第一章、第二章、第三章和第四章的编写，袁晓丽负责第五章、第七章、第八章和第十章的编写，黄花叶负责第六章的编写，辜勇负责第九章的编写。邱杰、何芸梦、谢旸鑫、曹乜蜻、鲍晶晶、刘晓宇、王艳丽等参加了书中文献和案例整理、图表绘制和部分例题习题的计算工作。在此对他们表示真诚的感谢！

在本书写作过程中，参考了大量的国内外文献资料，作者已尽可能详细列在本书后面，在此对这些文献作者们表示深深的感谢！感谢华中科技大学出版社周晓方女士对本书的大力支持！感谢出版社工作人员的辛勤劳动！

物流运输组织与管理具有较强的综合性和实践性，随着国内外经济环境及科学技术的发展变化，其理论和方法仍将不断地发展和丰富。限于作者的水平，书中难免有疏漏和不妥之处，恳请广大读者批评指正，不胜感激！

编者
2016 年 9 月于武汉理工大学

与本书配套的二维码资源使用说明

本书部分课程及与纸质教材配套数字资源以二维码链接的形式呈现。利用手机微信扫码成功后提示微信登录,授权后进入注册页面,填写注册信息。按照提示输入手机号码,点击获取手机验证码,稍等片刻收到4位数的验证码短信,在提示位置输入验证码成功,再设置密码,选择相应专业,点击"立即注册",注册成功。(若手机已经注册,则在"注册"页面底部选择"已有账号?立即注册",进入"账号绑定"页面,直接输入手机号和密码登录。)接着提示输入学习码,需刮开教材封面防伪涂层,输入13位学习码(正版图书拥有的一次性使用学习码),输入正确后提示绑定成功,即可查看二维码数字资源。手机第一次登录查看资源成功以后,再次使用二维码资源时,只需在微信端扫码即可登录进入查看。

图书在版编目(CIP)数据

物流运输组织与管理/王长琼,袁晓丽编著. —2版. —武汉:华中科技大学出版社,2017.4(2023.8重印)
普通高等院校物流管理专业核心课程精品规划教材
ISBN 978-7-5680-2713-7

Ⅰ.①物… Ⅱ.①王… ②袁… Ⅲ.①货物运输-交通运输管理-高等学校-教材 Ⅳ.①U294.1

中国版本图书馆 CIP 数据核字(2017)第 057915 号

物流运输组织与管理(第二版) Wuliu Yunshu Zuzhi yu Guanli	王长琼 袁晓丽 编著

策划编辑:周晓方　陈培斌
责任编辑:章　红
封面设计:刘　卉
责任校对:祝　菲
责任监印:周治超
出版发行:华中科技大学出版社(中国•武汉)　　电话:(027)81321913
　　　　　武汉市东湖新技术开发区华工科技园　　邮编:430223
录　　排:武汉正风天下文化发展有限公司
印　　刷:武汉邮科印务有限公司
开　　本:787mm×1092mm　1/16
印　　张:18.5　插页:1
字　　数:450千字
版　　次:2023年8月第2版第7次印刷
定　　价:55.00元

本书若有印装质量问题,请向出版社营销中心调换
全国免费服务热线:400-6679-118　竭诚为您服务
版权所有　侵权必究